2024

中国反侵权假冒年度报告

国家质量强国建设协调推进领导小组办公室　编

中国言实出版社

图书在版编目(CIP)数据

2024中国反侵权假冒年度报告/国家质量强国建设
协调推进领导小组办公室编. -- 北京：中国言实出版社，
2024.8. -- ISBN 978-7-5171-4926-2

Ⅰ. D923.04；D922.294.4

中国国家版本馆CIP数据核字第2024CV5169号

2024中国反侵权假冒年度报告

责任编辑：曹庆臻
责任校对：王建玲

出版发行：中国言实出版社

地 址：北京市朝阳区北苑路180号加利大厦5号楼105室
邮 编：100101
编辑部：北京市海淀区花园北路35号院9号楼302室
邮 编：100083
电 话：010-64924853（总编室） 010-64924716（发行部）
网 址：www.zgyscbs.cn 电子邮箱：zgyscbs@263.net

经 销：新华书店
印 刷：北京虎彩文化传播有限公司
版 次：2024年9月第1版 2024年9月第1次印刷
规 格：889毫米×1194毫米 1/16 19.5印张
字 数：541千字

定 价：398.00元
书 号：ISBN 978-7-5171-4926-2

《2024中国反侵权假冒年度报告》编辑委员会

主 任

况 旭　　国家市场监督管理总局执法稽查局局长

副主任

汤兆志　　中央宣传部版权管理局副局长、一级巡视员

邱国栋　　中央网络安全和信息化委员会办公室网络综合治理局副局长、一级巡视员

林广海　　最高人民法院知识产权审判庭庭长

王 健　　最高人民检察院第四检察厅二级高级检察官

赵怀勇　　国家发展和改革委员会财政金融和信用建设司副司长

刘伯超　　工业和信息化部科技司副司长

王志广　　公安部食品药品犯罪侦查局副局长、一级巡视员

傅道鹏　　财政部行政政法司副司长

温雪峰　　生态环境部固体废物与化学品司副司长

刁新育　　农业农村部农产品质量安全监管司副司长、一级巡视员

李 明　　商务部条法司副司长

韩继鹏　　文化和旅游部文化市场综合执法监督局副局长

李 斌　　中国人民银行征信管理局副局长

庞雪松　　国务院国有资产监督管理委员会办公厅副主任

杜宏伟　　海关总署综合业务司副司长

金 鑫　　国家税务总局稽查局副局长

宋蓓蓓　　国家知识产权局知识产权保护司副司长

委　员

叶婷婷　　中央宣传部版权管理局执法监管处三级调研员

赵　冬　　中央网络安全和信息化委员会办公室网络综合治理局协调管理处副处长

许常海　　最高人民法院知识产权审判庭综合办公室主任、三级高级法官

纪敬玲　　最高人民检察院第四检察厅三级高级检察官助理

范　坤　　国家发展和改革委员会财政金融和信用建设司信用处副处长

王　锐　　工业和信息化部科技司技术基础处处长、一级调研员

吕　伟　　公安部食品药品犯罪侦查局知识产权和制售伪劣商品犯罪侦查处处长

操佳佳　　财政部行政政法司中央行政二处处长

高兴保　　生态环境部固体废物与化学品司固体废物处处长

赵华军　　农业农村部农产品质量安全监管司应急与评估处处长

胡国磊　　商务部条法司知识产权法律处一级调研员

周　磊　　文化和旅游部文化市场综合执法监督局执法协调处副处长、二级调研员

武　晋　　中国人民银行征信管理局信用秘书处处长

刘开开　　国务院国有资产监督管理委员会办公厅电子政务与信息化处处长

张松泉　　海关总署综合业务司知识产权处处长

王明科　　国家税务总局稽查局合作协调处处长

周　勇　　国家市场监督管理总局执法稽查局双打督查联络处处长

韩尊亮　　国家市场监督管理总局执法稽查局双打督查联络处二级调研员

曹祎宇　　国家市场监督管理总局执法稽查局双打督查联络处副处长

朱晓东　　国家知识产权局知识产权保护司综合业务处处长

于　航　　北京市市场监督管理局公平竞争处处长

孙广臣　　天津市市场监管综合行政执法总队副总队长

宋世辉　　河北省市场监督管理局执法稽查局二级调研员

许　锋　　山西省市场监督管理局执法稽查处处长

王宏伟　　内蒙古自治区市场监督管理局执法稽查局局长

郭铁成　　辽宁省市场监督管理局执法稽查局二级调研员

余方波　　吉林省市场监督管理厅执法稽查局副局长

姜玉龙　　黑龙江省市场监督管理局执法稽查局副局长

周　琦　　上海市市场监督管理局执法稽查处副处长

唐　浩　　江苏省市场监督管理局执法稽查局副局长

石增根　　浙江省市场监督管理局执法稽查处处长

梁永彬　　安徽省市场监督管理局执法稽查处处长

陈　桦　　福建省市场监督管理局执法稽查局副局长

许居斌　　江西省市场监督管理局执法稽查局（反垄断局）局长

郭　冬　　山东省市场监督管理局执法稽查局四级调研员

周　遰　　河南省市场监督管理局反垄断处处长

王焕斌　　湖北省市场监督管理局执法稽查局局长、一级调研员

任德志　　湖南省市场监督管理局执法稽查局副局长

彭　帅　　广东省市场监督管理局执法监督处副处长

梁　燕　　广西壮族自治区市场监督管理局综合行政执法局副局长

王宗昌　　海南省市场监督管理局市场监督行政执法局局长

李　青　　重庆市市场监管综合行政执法总队总队长

胡海东　　四川省市场监督管理局综合执法稽查局二级调研员

周立新　　贵州省市场监督管理局执法稽查处处长

彭　磊　　云南省市场监督管理局执法稽查处副处长

平　卫　　西藏自治区市场监督管理局市场稽查协调处处长

郑爱民　　陕西省市场监督管理局稽查局副局长

王晓燕　　甘肃省市场监督管理局综合行政执法局副局长

吴　杰　　青海省市场监督管理局执法稽查局局长

雷　聪　　宁夏回族自治区市场监督管理厅执法稽查局局长

张云松　　新疆维吾尔自治区市场监督管理局执法稽查局局长

艾　强　　新疆生产建设兵团市场监督管理局质量基础设施和质量发展处四级调研员

行业专家

秦占学　中国建筑材料流通协会会长

丁　宇　中国外商投资企业协会优质品牌保护工作委员会主席

张洪波　中国文字著作权协会总干事、法人代表

刘　平　中国音乐著作权协会副主席兼总干事

马继超　中国音像著作权集体管理协会副总干事

殷荣伍　中国防伪行业协会理事长

马　夫　中华商标协会会长

《2024 中国反侵权假冒年度报告》编辑部

总　　编　叶宝文

执行总编　陈云华

主　　编　郑学伟

编　　辑　张　清　许晓凤　黄元春

英文翻译　郑学伟

地　　址　北京市西城区三里河东路 8 号

电　　话　010-88650620

传　　真　010-88650713

编辑说明

一、打击侵犯知识产权和制售假冒伪劣商品工作，关系国家治理体系和治理能力现代化、关系高质量发展、关系人民生活幸福、关系国家对外开放大局。为认真总结打击侵权假冒工作情况，持续推动打击侵权假冒工作，特编辑出版中国反侵权假冒年度报告，全面反映上年度中国反侵权假冒工作总体情况。

二、本报告设综述、部门工作、地方工作、行业协会工作、典型案例、政策法规、大事记7个栏目，涉及国家质量强国建设协调推进领导小组部分成员单位和全国31个省、自治区、直辖市和新疆生产建设兵团打击侵权假冒工作，为中国反侵权假冒和知识产权保护工作提供重要参考。

三、本报告由国家质量强国建设协调推进领导小组办公室会同部分成员单位及各地组成编辑委员会负责审定，编辑部设在国家市场监督管理总局发展研究中心。

四、本报告在编辑过程中得到国家质量强国建设协调推进领导小组成员单位和各地有关单位大力支持，得到相关行业协会积极帮助，谨此表示衷心感谢。本报告所涉及单位名称、相关人员职务均以截稿日期为准。

五、打击侵权假冒工作政策性强、涵盖范围广，水平所囿，本报告难免有不足、缺憾之处，敬请批评指正。

《2024中国反侵权假冒年度报告》编辑部

2024年7月

序

2023年是全面贯彻党的二十大精神的开局之年，是三年新冠疫情防控转段后经济恢复发展的一年。全国打击侵权假冒工作坚持以习近平新时代中国特色社会主义思想为指导，深入贯彻落实党的二十大和二十届二中全会精神，统筹部署、务实推进，为创新驱动发展提供有力支撑，为质量强国和知识产权强国建设提供坚实保障。

在顶层设计方面，中共中央、国务院印发《质量强国建设纲要》《关于促进民营经济发展壮大的意见》，对保护知识产权和打击侵权假冒工作作出部署。打击侵权假冒工作纳入质量强国建设总体规划，统筹协调力度进一步加大。一系列法律法规、司法解释、部门规章以及规范性文件发布实施。

在行政执法方面，围绕互联网、重点民生、体育赛事等重点领域，假冒伪劣农资、假冒伪劣食品药品、侵权假冒伪劣商品销毁等重点产品，进出口、寄递、知识产权申请和代理等重点环节，开展"剑网"、"铁拳"、"清朗"、"净网"、"龙腾"、杭州亚运会和亚残运会知识产权保护等专项行动，有效维护消费者和经营者权益，维护公平竞争市场秩序。

在司法保护方面，统筹推进刑事打击、检察监督、司法审判，深入推进夏季治安打击整治和"昆仑2023"等专项行动，依法严打各类侵权假冒犯罪。持续推进知识产权刑事、民事、行政、公益诉讼检察综合履职，加强知识产权综合司法保护。不断深化知识产权审判理念变革，深化知识产权审判领域改革创新，加强知识产权纠纷诉源治理，依法从严惩治侵权假冒。

在监管服务方面，提高信用监管水平，丰富纠纷化解方式，提升指导服务效能。全面推进企业信用风险分类管理，推动社会信用体系高质量发展。持续加强知识产权纠纷案件办理与调解，知识产权纠纷在线诉调对接实现省级层面全覆盖。全国商业秘密保护创新试点、版权示范单位、知识产权保护示范区等工作持续推进。

在宣传引导方面，发布一系列年度工作报告、典型案例等，全方位、多角度展示有效举措和工作亮点，大力营造不敢侵权、不愿侵权的行业风气。注重培育社会意识，召开中国质量大会，深化质量交流合作，举办系列主题活动，营造共同保护知识产权的良好环境氛围。

在国际合作方面，坚持人类命运共同体理念，深度参与世界知识产权组织框架下的全球知识产权治理。积极参加打击假药犯罪"盘古"行动、打击食品犯罪"奥普森"等联合行动。成功举办第六届虹桥国际经济论坛"保护知识产权 打击侵权假冒国际合作"分论坛、中国国际服务贸易交易会打击侵权假冒高峰论坛、中国—东盟博览会打击侵权假冒合作发展论坛等，为打击侵权假冒交流互鉴搭建重要多边平台。

2023 年，中国坚定不移加大保护知识产权和打击侵权假冒工作力度，坚定不移走深走实中国特色知识产权发展之路，赢得国际社会充分肯定。世界知识产权组织发布的《2023 年全球创新指数》显示，中国拥有的全球百强科技集群数量首次跃居全球第一。

坚持不懈做好打击侵权假冒工作，我们将坚持以习近平新时代中国特色社会主义思想为指导，全面贯彻落实党的二十大和二十届二中、三中全会精神，认真贯彻执行党中央、国务院决策部署，凝心聚力、奋发进取，进一步强化统筹协调，强化横向协作、纵向联动，提升知识产权保护整体合力，进一步加大行政执法、刑事司法工作力度，严厉打击侵权假冒违法行为，不断推动打击侵权假冒工作向纵深发展，在提升供给体系质量、有力推动高质量，净化消费市场、维护广大消费者权益，优化营商环境、建设更高水平开放型经济新体制等方面作出更大贡献。

国家质量强国建设协调推进领导小组办公室

2024 年 7 月

目 录

一、综 述

二、部门工作

三、地方工作

四、行业协会工作

五、典型案例

六、政策法规

七、附 录

Contents

I. Summary

II. Departments' Efforts

III. Provinces' Efforts

IV. Efforts of Trade Association

V. Typical Cases

VI. Laws and Regulations

VII. Attachment

一、综　述

I. Summary

全国打击侵权假冒工作综述

2023 年是全面贯彻党的二十大精神的开局之年，是三年新冠疫情防控转段后经济恢复发展的一年。面对复杂严峻的国际环境和艰巨繁重的国内改革发展稳定任务，全国打击侵权假冒工作坚持以习近平新时代中国特色社会主义思想为指导，全面贯彻落实党的二十大和二十届二中全会精神，按照党中央、国务院决策部署，强化政策引领，自上而下稳步推进质量强国和知识产权强国建设，在优化统筹协调、完善法律法规、强化行政执法、开展司法保护、凝聚社会共识、深化国际合作等方面全面推进，各项工作取得明显成效。

一、全面优化统筹协调

（一）改革体制机制

党的二十届二中全会发布的《党和国家机构改革方案》，将国家知识产权局调整为国务院直属机构，商标、专利等领域执法职责继续由市场监管综合执法队伍承担，相关执法工作接受国家知识产权局专业指导。国务院办公厅印发《知识产权领域中央与地方财政事权和支出责任划分改革方案》，从知识产权宏观管理、授权确权、运用促进、保护、公共服务、涉外工作、其他事项等 7 方面划分责任，健全充分发挥中央和地方两个积极性的体制机制。国家质量强国建设协调推进领导小组职能得到优化调整，打击侵权假冒工作纳入质量强国建设总体规划，统筹协调力度进一步加大。领导小组办公室印发年度质量强国建设工作要点，打击侵权假冒工作纳入中央质量督查考核，推进属地责任落实。

党中央、国务院批准设立国家知识产权强国建设工作部际联席会议制度，知识产权强国建设宏观统筹不断加强。印发并组织实施《2023 年知识产权强国建设纲要和"十四五"规划实施推进计划》《2023 年知识产权强国建设纲要和"十四五"规划实施地方工作要点》，完成知识产权强国建设纲要和"十四五"规划实施年度监测评估，以及知识产权"十四五"规划中期评估。

（二）作出统筹部署

2023 年 4 月 26 日，国家主席习近平向中国与世界知识产权组织合作五十周年纪念暨宣传周主场活动致贺信时指出，中国始终高度重视知识产权保护，深入实施知识产权强国建设，加强知识产权法治保障，完善知识产权管理体制，不断强化知识产权全链条保护，持续优化创新环境和营商环境。中共中央、国务院印发《质量强国建设纲要》，要求"加强专利、商标、版权、地理标志、植物新品种、集成电路布图设计等知识产权保护""依法严厉打击品牌仿冒、商标侵权等违法行为""依法依规严厉打击制售假冒伪劣商品、侵犯知识产权、工程质量违法违规等行为"。印发《关于促进民营经济发展壮大的意见》，要求"持续完善知识产权保护体系"。国务院印发《关于进一步优化外商投资环境加大吸引外商投资力度的意见》，国务院办公厅印发《专利转化运用专项行动方案（2023—2025 年）》，对强化知识产权行政保护，加快创新成果向现实生产力转化等作出制度安排。

（三）推进协同联动

在部门协同方面，国家药监局、市场监管总局、公安部、最高人民法院、最高人民检察院联合印发《药品行政执法与刑事司法衔接工作办法》，对药品行刑衔接工作加强规范和指导，强化大案要案多部门联合查处。商务部、文化和旅游部、市场监管总局、国家知识产权局等部门联合印发《中华老字号示范创建管理办法》，促进老字号创新发展。农业农村部与最高人民法院联合开展全国种业知识产权保护专题培训。国家知识产权局、中央宣传部、市场监管总局联合开展全国知识产权保护工作实地检查考核，督促各地落实属地责任。国家版权局会同工业和信息化部、国资委等相关部门持续推进使用正版软件督查，聘用第三方机构对 200 家单位 7.91 万台计算机进行核查。国家知识产权局与相关地方开展共建知识产权强省推进工作，打造知识产权强国建设战略支点。

在区域联动方面，北京市、天津市、河北省首次签订《2023 京津冀重点保护企业品牌备忘录》，修订完善《京津冀知识产权执法协作协议》，持续加大知识产权保护力度。辽宁省、吉林省、黑龙江省签订《打击侵犯知识产权和制售假冒伪劣商品工作区域执法协作备忘录》，加强知识产权执法合作。青海省、四川省、甘肃省、宁夏回族自治区、内蒙古自治区、陕西省、山西省、河南省、山东省签署《沿黄九省（区）地理标志产业发展战略合作协议》《沿黄九省（区）地理标志产品推广战略合作协议》，全面提升知识产权保护效果，营造更好的区域营商环境和创新环境。湖南省、湖北省、江西省签署《长江中游三省市场监管区域执法协作框架协议》，推动长江中游三省知识产权保护、打击侵权假冒一体化进程。重庆市、四川省签署《服务成渝地区双城经济圈高质量发展 建立川渝跨区域重大案件联合挂牌督办机制合作协议》，对跨川渝知识产权重大案件开展挂牌督办。四川省、重庆市、贵州省、云南省、西藏自治区签订《西南五省（区、市）知识产权合作协议》，促进区域知识产权协调发展。陕西省、甘肃省、宁夏回族自治区、青海省、新疆维吾尔自治区、新疆生产建设兵团开展丝路沿线西北省区市场监管执法协作，更加深度融入共建"一带一路"大格局。

二、持续筑牢法治保障

各地区、各部门坚持问题导向、重点推进，加强建规立制，围绕进一步加强行政管理，加大保护力度，优化工作机制等方面，持续完善打击侵权假冒法律法规与政策体系，着力强化法治保障。

（一）着力加强监管

国务院发布《关于修改〈中华人民共和国专利法实施细则〉的决定》，进一步完善专利申请、审查制度，加强专利保护、公共服务，加强同国际规则的衔接。国家网信办、国家发展改革委、工业和信息化部、公安部、广电总局等部门联合印发《生成式人工智能服务管理暂行办法》，对涉及的知识产权问题作出规定。国家版权局会同相关部门印发《军用计算机软件著作权登记工作暂行办法》。国家知识产权局发布施行《地理标志产品保护办法》，进一步完善地理标志产品保护审查标准和流程，强化申请人管理职责和生产者义务；发布施行《集体商标、证明商标注册和管理规定》，规范集体商标、证明商标的注册和使用管理，促进商标运用。适应新形势、新变化，将商标法修改列入全国人大常委会立法规划。广东省委、省政府印发《广东省质量强省建设纲要》，加快推进质量强省建设，全面提升全省质量总体水平。

（二）着力加大保护

新修订的《农产品质量安全法》正式实施，按照"四个最严"要求，进一步明确、压实各有关主体的农产品质量安全责任。市场监管总局发布施行《药品经营和使用质量监督管理办法》，规范药品经营和药品使用质量管理活动；发布《关于新时代加强知识产权执法的意见》，针对商标、专利等领域侵权假冒违法行为加大知识产权执法力度。国家知识产权局发布《2023 年全国知识产权行政保护工作方案》，持续推进保护工作。河北省发布《知识产权保护和促进条例》，进一步促进知识产权创造与运用，加强知识产权保护。内蒙古自治区、重庆市发布《专利促进与保护条例》，陕西省修订发布《专利条例》，进一步鼓励发明创造，保护专利权人合法权益，推动专利运用。上海市发布《优化营商环境条例》，在全国首创将"本市建立健全商业秘密保护体系，开展商业秘密保护示范创建，引导和鼓励企业加强商业秘密自我保护，加大行政保护、司法保护力度"作为其中重要内容。

（三）着力优化机制

市场监管总局修订施行《禁止滥用知识产权排除、限制竞争行为规定》，中国知识产权领域反垄断制度规则更加完善。国家知识产权局修改发布《专利审查指南》，发布《规范申请专利行为的规定》，维护专利工作正常秩序。最高人民法院发布《关于修改〈最高人民法院关于知识产权法庭若干问题的规定〉的决定》，进一步统一知识产权案件裁判标准，依法平等保护各类经营主体合法权益。最高人民检察院发布《人民检察院办理知识产权案件工作指引》，切实保障和规范人民检察院依法综合履行知识产权检察职责。江苏省出台《关于进一步加强全省市场监管领域知识产权执法的意见》《关于进一步提升市场监管综合执法效能的意见》，加强对全省知识产权执法工作的组织领导。陕西省法院、省市场监管局、省知识产权局联合印发《关于进一步强化知识产权协同保护的实施意见》，聚焦深化诉源治理，加强行政执法与司法衔接机制建设。海南省检察院、省市场监管局、省知识产权局联合印发《强化知识产权协同保护合作备忘录》，进一步提升知识产权执法司法协作水平。

三、不断强化行政执法

各地区、各部门聚焦重点领域、重点产品、重点环节整治，有序推进、接续发力，权利人、消费者权益得到更好维护，市场秩序得到更好规范，经营主体发展活力得到更大程度激发。

（一）聚焦重点领域整治

在互联网领域，国家版权局、工业和信息化部、公安部、中央网信办联合开展打击网络侵权盗版"剑网2023"专项行动，共删除侵权盗版链接244万条，关闭侵权盗版网站（APP）2390个，查处网络侵权案件1513件。市场监管总局牵头开展2023网络市场监管促发展保安全专项行动，查办网络违法违规案件2.7万件；组织开展优化平台协议规则专项行动，督促平台企业严格落实法律法规规定，854家平台企业累计修改优化协议规则3680项，切实保障消费者、平台内经营者和平台企业合法权益；清理各类平台违法违规信息30万条，网络直播乱象等问题得到及时处置，网络交易环境进一步净化；发布《互联网广告管理办法》，切实维护广告市场秩序，推动互联网广告业持续健康发展。

在重点民生领域，市场监管总局组织开展"铁拳"行动，共查办各类案件56.5万件，涉案金额28.1亿

元，严厉打击假冒知名品牌、恶意申请商标注册、违规代理等行为，累计查办商标、专利违法案件4.41万件，涉案金额8.39亿元；组织开展反不正当竞争"守护"专项执法行动，以规范民生领域营销行为为重点，查处各类不正当竞争案件12496件，罚没金额5.8亿元；开展重点工业产品质量安全隐患排查治理专项行动，挂牌督办制售假冒伪劣农资、燃气安全、食品安全等重点案件128件，交办转办重要案件线索68件；对143种产品组织开展国家监督抽查，抽查检验26472家企业生产经营的28265批次产品，发现并处理3302家企业的3476批次不合格产品，不合格产品中有172批次产品涉嫌假冒，已移送属地市场监管部门依法查处。国家药监局组织开展医疗器械质量安全专项整治工作，强化医疗器械上市后监管。国家版权局会同相关部门开展院线电影版权保护专项行动、青少年版权保护季行动，对广大人民群众反应强烈的侵权盗版重点领域重拳出击。福建省持续推动覆盖省、市、县三级的知识产权快速协同保护体系建设，不断深化民生领域案件查办工作。

在体育赛事领域，中央网信办、国家版权局联合开展"清朗·杭州亚运会和亚残运会网络环境整治"专项行动，围绕赛事举办突出问题开展集中整治，删除涉亚运侵权链接19.16万条，处置侵权账号3.7万个。国家知识产权局、中央网信办、公安部、海关总署、市场监管总局等5部门联合开展杭州亚运会和亚残运会知识产权保护专项行动，国家知识产权局组织开展成都大运会知识产权保护专项行动，加强快速立体保护，严打侵权违法行为。

（二）聚焦重点产品整治

在假冒伪劣农资农产品整治方面，农业农村部开展农资打假"净网"行动，并联合最高人民法院、最高人民检察院、工业和信息化部、公安部、市场监管总局、中华全国供销合作总社等部门开展2023年全国农资打假专项治理行动，指导各地加强隐患排查、产品抽检和执法办案。黑龙江省制定印发《关于加强五常大米品牌保护和市场监管的指导意见》，切实保护地理标志和品牌信誉。

在假冒伪劣食品药品整治方面，聚焦线上线下食

品安全，市场监管总局开展经营主体严重违法失信行为专项治理行动，发布《网络销售特殊食品安全合规指南》，保障网络销售特殊食品安全；组织开展涉疫药品和医疗用品稳价保质专项行动，震慑经营主体违法行为，整肃规范市场秩序。国家药监局组织开展药品安全巩固提升行动，全方位筑牢药品安全底线。重庆、四川、贵州市场监管部门联合签订《酒类产品市场监管及知识产权保护协作框架协议》，进一步强化酒类产品知识产权保护。

在侵权假冒伪劣商品销毁方面，国家质量强国建设协调推进领导小组办公室、市场监管总局联合组织开展 2023 年侵权假冒伪劣商品全国统一销毁行动，22 省（区、市）同步销毁侵权假冒伪劣防疫物资、食品药品、服装鞋帽、烟酒、化妆品和盗版出版物等 200 多个品种、重量 4734.2 吨，货值达 8.3 亿元。生态环境部加强无害化销毁指导工作，在"3·15"国际消费者权益日、"4·26"世界知识产权日，多地开展假冒伪劣消防产品、盗版出版物等销毁行动，形成强大声势。

（三）聚焦重点环节整治

在规范进出口环节秩序方面，海关总署开展全面加强知识产权保护"龙腾"行动、寄递渠道知识产权保护"蓝网"行动、出口转运货物知识产权保护"净网"行动，高压打击进出口侵权违法行为，全年累计查扣进出口侵权嫌疑货物 6.2 万批次、8288.9 万件。推动知识产权海关保护备案系统与"互联网＋海关"政务服务平台融合，知识产权保护备案与其他海关业务通办，2023 年海关总署核准知识产权海关保护备案 1.9 万件。

在规范申请、代理环节秩序方面，国家知识产权局严格规范专利和商标申请行为，严厉打击非正常专利申请和恶意商标注册行为。加强专利和商标代理行业行风建设和信用评价，开展商标代理机构重新备案，发布《专利代理信用评价管理办法（试行）》，强化专利代理信用评价结果运用，有力促进专利代理行业健康发展。广西壮族自治区指导相关行业协会，召开专利代理行业自律监督联合行动大会，贯彻落实《广西知识产权代理行业自律倡议书》。

四、高效推进司法保护

司法机关统筹推进刑事打击、检察监督、司法审判，对侵权假冒犯罪保持高压态势，知识产权综合司法保护能力和水平不断提高。

（一）强化刑事打击

公安机关深入推进夏季治安打击整治和"昆仑 2023"等专项行动，依法严打各类侵权假冒犯罪，共立案侦办侵犯知识产权和制售伪劣商品犯罪案件 4 万起。各地公安机关聚焦创新驱动，严打侵害科技创新成果的假冒专利、侵犯商业秘密等犯罪，破获一批大要案件；聚焦维护群众和企业合法权益，依法严厉打击儿童用品、家用电器、汽车配件、建筑材料等事关群众生命健康和公共安全的重点领域侵权假冒犯罪；聚焦百姓"舌尖上的安全"，依法严厉打击食品"两超一非"（超限量、超范围滥用食品添加剂和非法添加非食用物质）犯罪，以及利用电商平台、直播带货方式制售伪劣食品犯罪，依法严厉打击制售假劣农资等危害粮食安全的犯罪活动；聚焦民生安全，严打制售假冒伪劣药品、燃气具、电气产品等犯罪活动，积极推动源头治理；聚焦文化繁荣，严打侵犯著作权犯罪，切实维护版权市场秩序；聚焦营商环境，严打涉企侵犯知识产权犯罪，规范涉企执法行为，依法平等保护国企民企、内资外资、大中小微等各类经营主体合法权益。

（二）强化检察监督

最高人民检察院制定 45 项检察举措，持续推进知识产权刑事、民事、行政、公益诉讼检察综合履职，加强知识产权综合司法保护。2023 年，全国检察机关批准逮捕生产、销售伪劣商品犯罪 4702 件 8489 人，起诉 10794 件 21208 人；批准逮捕侵犯知识产权犯罪 3801 件 6071 人，起诉 7983 件 17728 人。共受理审查起诉侵犯知识产权犯罪案件 30684 人，同比上升 52%；受理知识产权民事行政诉讼监督案件 2508 件，同比增长 1.7 倍；办理知识产权公益诉讼案件 873 件。持续加大对信息技术、生物医药、新能源等高科技领域知识产权保护力度，针对涉知识产权恶意诉讼、恶意侵权多发问题，持续组织开展专项监督，促进营造良好创新生态和营商环境。始终保持打击生产、销售伪劣商品犯罪的高压态势。加大对重大假冒伪劣犯罪案件的督办指导力度，与公安部、农业农村部、市场监管总局联合挂牌督办 14 起制售假冒伪劣农资犯罪案件，与国家版权局等部门联合挂牌督办 3 批 150 件重大侵权盗版案件。持续开展"治违禁 控药残 促提升"专项行动和农资打假工作，起诉危害食用农产品安全犯罪案件570 人。联合相关部门开展医美专项治理工作，有效推动医疗美容行业常态化、规范化、法治化监管。

（三）强化司法审判

人民法院坚持严格保护，不断深化知识产权审判理念变革，依法从严惩治侵权假冒，用足用好惩罚性赔偿，依照法律应当受刑罚处罚的，坚决依法从严追究刑事责任。深化知识产权审判领域改革创新，加强知识产权纠纷诉源治理，努力提升知识产权审判质效。2023 年，人民法院新收侵犯知识产权罪一审案件 7335件，审结 6967 件（含旧存，下同），其中，侵犯注册商标类犯罪案件收案 6634 件，审结 6357 件，侵犯著作权类犯罪案件收案 627 件，审结 543 件。新收生产、销售伪劣商品罪一审案件 10777 件，审结 10616 件，其中，生产、销售有毒、有害食品罪收案 4785 件，审结 4776 件，生产、销售伪劣产品罪收案 2510 件，审结 2450 件，生产、销售、提供假药罪收案 1442 件，审结 1423 件。落实落细惩罚性赔偿制度，显著提高侵权代价和违法成本。2023 年，全国法院在 319 件知识产权案件中适用惩罚性赔偿，同比增长 117%，判赔金额 11.6 亿元，同比增长 3.5 倍。

五、推进优质监管服务

各地区、各部门提高信用监管水平，丰富纠纷化解方式，提升指导服务效能，治理方式更加多元，监管服务更加优质。

（一）提升信用监管水平

市场监管总局全面推进企业信用风险分类管理，建立通用型企业信用风险分类指标体系；开展全国企业信用监管数据质量全面提升行动，开展个体工商户信用监管数据质量提升试点，推动精准监管、精准帮扶、精准服务；部署开展经营主体严重违法失信行为专项治理，6890 户列入严重违法失信名单；完善国家企业信用信息公示系统，上线"信誉信息"板块，加大对守信企业正向激励；上线信用修复功能，助力经营主体高效便捷办理信用修复业务。国家发展改革委、中国人民银行联合印发《全国公共信用信息基础目录（2022 年版）》《全国失信惩戒措施基础清单（2022 年版）》，进一步推动社会信用体系高质量发展。

（二）加大纠纷调解力度

国家知识产权局新建快速维权中心 7 家，新设海外知识产权纠纷应对指导地方分中心 21 家、海外分中心 2 家，总数达到 45 家，累计指导企业海外维权 1300多起。持续加强知识产权纠纷案件办理与调解，2023年全国各级知识产权管理部门办理专利侵权纠纷行政案件 6.8 万件，知识产权纠纷在线诉调对接实现省级层面全覆盖，人民法院、各级知识产权管理部门诉前成功调解知识产权纠纷 7.8 万余件，努力实现案结事了人和。上海市知识产权局、市贸促会发布《关于加强海外知识产权纠纷应对机制建设的实施意见》，强化海外知识产权维权援助服务供给。

（三）提升指导服务效能

市场监管总局组织开展第二批全国商业秘密保护创新试点，进一步提升商业秘密保护工作水平。国家版权局发布新一批全国版权示范单位（含软件正版化）和园区（基地）。国家知识产权局确定第二批国家知识产权保护示范区建设名单，打造知识产权保护高地；发布《知识产权政务服务事项办事指南》，深入开展"知识产权服务万里行"活动；上线知识产权数据资源公共服务系统，开放数据总量达 59 种、专题数据库达 18个；上线运行专利智能审查和检索系统，优化升级商标审查管理系统。国家药监局开展药品网络销售平台企业行政指导，督促企业严格履行责任，以高水平安全保障药品网络销售高质量发展。浙江省开展"双打护权""回访暖企"执法大走访活动，着重收集需要跨部门、跨区域联合执法维权的事项，满足经营主体现实需求。安徽省创新实施重点市场专项治理提升行动，通过以打促改，重点打造一批样板市场。广西壮族自治区开展市场监管扶电商促发展行动，走访电商企业440 家。

六、持续深化宣传引导

各地区、各部门加大宣传引导力度，结合社会热点召开系列新闻发布会，结合重要时点举办系列宣传活动，打击侵权假冒社会影响力、品牌影响力进一步提升，尊重知识价值的社会氛围进一步形成。

（一）解读政策措施

国家版权局发布《关于 2023 年全国著作权登记情况的通报》《2022 年度中国网络版权保护报告》，海关总署发布《2022 年中国海关知识产权保护状况》，市场监管总局发布《中国反不正当竞争执法年度报告（2022）》，国家知识产权局发布《全国知识产权代理行业发展状况（2022 年）》，国家林草局发布《2022 中国林业和草原知识产权年度报告》，最高人民法院发布《知识产权案件年度报告（2022）》，国家质量强国建设协调推进领导小组办公室发布《中国打击侵权假冒工作年度报告（2022）》《中国反侵权假冒年度报告（2023）》，国家知识产权强国建设工作部际联席会议办公室发布《知识产权强国建设发展报告（2023 年）》，北京市发布《2022 年知识产权保护情况》，河北省召开打击侵权假冒工作情况新闻发布会，山西省召开"四季守护 铁拳出击"行动专题新闻发布会，全方位、多角度展示中国保护知识产权、打击侵权假冒有效举措和亮点工作。

（二）强化以案示警

国家版权局发布《2022 年度全国打击侵权盗版十大案件》，公安部发布公安机关加强知识产权刑事保护、支持全面创新十起典型案例和四起典型事件，农业农村部发布《2022 年农产品质量安全监管执法典型案例》《2023 年农业植物新品种保护十大典型案例》，市场监管总局发布《反不正当竞争优秀案例》、2022 年知识产权执法典型案件，国家知识产权局评选发布知识产权行政保护典型案例，最高人民法院发布第 39 批指导性案例，发布 2022 年中国法院十大知识产权案件和 50 件典型知识产权案例以及种业知识产权司法保护、电影知识产权司法保护、反垄断和反不正当竞争、农资打假、危害食品药品安全犯罪等典型案例 40 余件，最高人民检察院发布知识产权检察综合保护主题

指导性案例、《检察机关依法惩治侵犯著作权犯罪典型案例》《检察机关知识产权保护典型案例》《检察机关依法惩治制售伪劣商品犯罪典型案例》《检察机关依法惩治制售伪劣农资犯罪典型案例》，天津市制作专题片《严打盗版出版物——3·09 摧毁侵权盗版大案纪实》，大力营造不敢侵权、不愿侵权的行业风气。

（三）提升社会意识

中国质量大会发出《成都质量倡议》，深化质量交流合作，共同推动全球质量进步。市场监管总局指导成立企业信用同盟，推进经营主体信用体系建设，健全完善信用激励机制。国家知识产权局、文化和旅游部联合举办"知识产权文化在身边"主题活动。相关部门举办全国知识产权宣传周、全国食品安全宣传周、国家网络安全宣传周、全国质量月、全国安全用药月、中国公平竞争政策宣传周、知识产权服务万里行等活动，开展首届企业商业秘密保护能力提升服务月，各地同步开展相关活动，共同营造共同保护知识产权良好环境氛围。

七、务实开展国际合作

中国政府坚持人类命运共同体理念，持续深化全球治理、持续参与联合行动、持续拓宽合作渠道，国际参与度、全球影响力进一步加大。

（一）持续深化全球治理

深度参与世界知识产权组织框架下的全球知识产权治理，成功举办 2 场中国与世界知识产权组织合作五十周年纪念活动，参加第 64 届成员国大会及各专业委员会磋商，联合举办地理标志、技术与创新支持中心等国际交流会，联合发布《知识产权金融中国报告》，中国被授权实体加入无障碍图书联合会全球图书服务、更新签署版权领域双边合作谅解备忘录。深入研究《全面与进步跨太平洋伙伴关系协定》知识产权章节，对接国际高标准知识产权规则。积极参与世界贸易组织框架下的知识产权国际交流合作和相关国际规则制定，推动全球知识产权治理体系向着更加公正合理方向发展。广西壮族自治区在中国—东盟博览会框架下，与东盟国家驻南宁领事馆、驻南宁商协会、东盟企业建立常态化沟通机制，有力推动中国—东盟

区域知识产权、打击侵权假冒合作。

（二）持续参与联合行动

公安部与各国执法部门加强沟通协调，积极构建互利共赢的新型执法合作关系，深度参与全球知识产权治理，大力加强知识产权刑事执法国际交流，持续参与国际刑警组织框架下打击假药犯罪"盘古"行动、打击食品犯罪"奥普森"行动等联合行动，有效应对跨国侵权假冒犯罪问题。海关总署积极参加世界海关组织打击非法、假冒、不符合标准药品和医疗物资进出口国际联合执法行动及"阻止"联合执法行动，对侵权假冒防疫物资跨境流通实施有效打击，强化知识产权全链条保护。

（三）持续拓宽合作渠道

成功举办第六届虹桥国际经济论坛"保护知识产权 打击侵权假冒国际合作"分论坛、中国国际服务贸易交易会打击侵权假冒高峰论坛、中国—东盟博览会打击侵权假冒合作发展论坛、中国国际版权博览会暨国际版权论坛、中非版权合作论坛、2023 年金砖国家知识产权论坛，为交流互鉴、增进共识搭建重要多边平台。建立"中国—中亚五国"海关署长会晤机制，举办首届中国—中亚知识产权局局长会，持续深化亚太经合组织、中美欧日韩、金砖国家、"一带一路"、中日韩、中欧、中瑞（士）、中俄、中日等专利、商标、版权等知识产权领域机制性交流。推进第二批 350个中欧地理标志产品技术规范审查工作，与越南签署版权及相关权领域合作谅解备忘录，知识产权保护多双边合作日益深化。

（撰稿人：郑学伟）

二、部门工作

Ⅱ. Departments' Efforts

中央宣传部打击侵权假冒工作报告

2023年，中央宣传部（国家版权局）坚决贯彻落实习近平总书记关于全面加强知识产权保护重要指示精神，按照《质量强国建设纲要》部署，坚持稳中求进、守正创新，强化日常监管，加大专项治理，提升打击效能，进一步加大对侵权盗版打击力度，取得显著工作成效。

一、工作措施

（一）强化网络版权治理

会同公安部、工业和信息化部、国家网信办联合开展打击网络侵权盗版"剑网2023"专项行动，重点开展三方面集中整治：一是以点播影院、文博文创、体育赛事为重点，严厉打击点播影院、私人影吧放映传播侵权盗版院线电影以及点播设备生产商未经授权复制并通过网络传播热播热映影视剧等违法行为，加大对博物馆、美术馆、图书馆等文博单位文化创意产品和亚运会赛事节目的版权保护。二是以网络视频、网络新闻、有声读物为重点，集中整治社交、短视频、直播、知识问答等平台及各类新闻资讯聚合类网站（APP）未经授权转载新闻作品的违规传播行为，加强对知识分享、有声读物平台及各类智能终端的版权监管，着力整治未经授权通过网络传播他人文字、口述等作品的行为。三是以电商平台、浏览器、搜索引擎为重点，强化网站平台版权监管，压实网站平台主体责任。专项行动期间，查办涉网侵权盗版案件1513件，关闭侵权盗版网站2390个，删除侵权盗版链接244万余条。

（二）开展专项整治工作

一是开展打击院线电影盗录传播专项行动。巩固网络监测、水印检测、线索移转、执法协同、快速打击工作机制，对11批共计109部院线电影重点作品进行版权保护预警，相继查处"1·25"盗录传播春节档院线电影案、IBOY盗录传播院线电影案等一批大案要

案，删除涉院线电影侵权盗版链接5.3万余条，关闭非法网站（APP）224个，有效遏制了院线电影盗录传播势头。二是开展青少年版权保护季专项行动。各级版权执法部门出动执法人员25.9万人次，检查出版物市场、印刷企业及校园周边书店、报刊摊点、文具店、打字复印店等场所20万余家（次），查办侵权盗版教材教辅、儿童图书重点案件1130件，相继查办安徽安庆"7·29"侵犯专业考试图书著作权案、广东惠州杨某某等销售盗版教辅图书案等一批大要案。三是开展"清朗·杭州亚运会和亚残运会网络环境整治"专项行动。各级版权执法部门推动网络平台删除涉亚运侵权链接19.16万条、处置侵权账号3.7万个，关闭非法侵权网站149个。四是强化印刷复制发行管理。印发《关于做好2023年印刷复制发行管理工作的通知》，对北京、安徽、山西、黑龙江、青海等5个省（市）开展印刷发行领域"双随机、一公开"抽查，开展问题日历台历专项清理，督促相关电商平台规范网上图书发行秩序。五是组织"秋风2023"专项行动，监督指导各重点平台及时下架侵权盗版出版物，严格处置售卖侵权盗版店铺，有效抑制盗版图书线上销售。

（三）加大督促检查力度

会同全国扫黄办、公安部、文化和旅游部、最高人民检察院联合挂牌督办150起侵权盗版大要案，推动案件深挖溯源，解决地方在查办案件中存在的瓶颈问题。持续聘用第三方机构对中央单位、中央企业、金融机构、民营企业以及多个省（区、市）的软件使用情况进行年度核查，共核查200家单位的7.91万台计算机。

（四）巩固正版化工作成果

加强对各地区各部门软件正版化工作政策指导，持续巩固党政机关软件正版化工作成果，党政机关软件正版化工作机构、各项软件正版化工作制度等不断

完善。持续拓展企业软件正版化工作，在巩固中央企业和大中型金融机构软件正版化工作基础上，推动省属国有企业总部实现软件正版化。持续推动文化、教育、卫生、交通、能源、新闻出版等重要行业软件正版化工作制度化规范化。

（五）加强宣传教育培训

创新版权执法监管培训形式，与文旅部联合举办文化市场综合执法重大案件办理暨版权执法监管培训班，切实提升基层版权执法工作人员业务水平。举办"4·26"知识产权宣传周、第七届中国网络版权保护与发展大会、第九届中国国际版权博览会，开展多角度、多层次、全方位版权宣传工作，加强版权保护正面引导。

二、下一步工作

（一）不断强化版权法制化建设，完善版权保护法律框架体系

加快推进《著作权法实施条例》《著作权集体管理条例》《民间文学艺术作品著作权保护暂行条例》等著作权法配套法规的修订、制定工作，加快推进《著作权行政处罚实施办法》《作品自愿登记试行办法》《计算机软件著作权登记办法》等规章和规范性文件的修改，为版权保护工作提供更加完善的法律制度依据。

（二）不断提升版权专项治理水平，营造良好版权保护环境

持续会同相关部门组织开展打击院线电影盗录传播专项整治、青少年版权保护季行动、打击网络侵权盗版"剑网"专项行动等，加强技术监测和主动巡查，完善跨地区、跨部门版权执法协作，推进案件协查，加强案件督办，集中查处一批侵权盗版大案要案。

（三）不断巩固执法监管长效机制，构建版权保护共治格局

完善部门间联合挂牌督办、督导检查、线索通报等机制，加强跨地区线索移转、案情会商、案件协查、源头追溯、信息共享、案情通报及联合办案。加强版权执法培训，提高基层版权执法工作人员专业素养和业务能力。充分调动版权保护社会力量，建立版权纠纷"总对总"在线诉调对接机制，鼓励行业协会、版权联盟建立版权保护自律、信息沟通、快速维权等机制。

（四）不断拓展正版化工作领域，提升联合监管综合效能

进一步完善软件正版化工作机制，加强推进使用正版软件工作联合督查。加强软件资产管理，扩大联合采购范围，巩固企业软件正版化成果，推进软件正版化工作制度化、规范化。拓展软件正版化工作范围，推进教育、医疗等重点行业正版化工作。

三、典型案例

（一）山东枣庄"12·03"侵犯图书著作权案

2021年1月，根据群众举报线索，枣庄市公安局在版权管理和"扫黄打非"部门配合下对该案进行调查。经查，2012年起，刘某犯罪团伙未经著作权人许可印制各类侵权盗版图书，销售网络覆盖12个省区市，涉案金额7亿余元，非法牟利3200余万元。2023年8月，山东省枣庄市中级人民法院作出终审判决，以侵犯著作权罪判处刘某有期徒刑五年，并处罚金1026万元；以侵犯著作权罪、销售侵权复制品罪判处57名同案人员有期徒刑三年至拘役不等，并处罚金55万元至8万元不等。

点评：本案涉案人员众多、金额巨大，公安、版权部门协同配合、追根溯源，摧毁团伙、打掉网络，对58人进行刑事处罚，体现了版权执法部门不断加大版权执法监管力度、严厉打击侵权盗版行为的决心。

（二）安徽安庆"4·13"侵犯视听、音乐作品著作权案

2023年4月，根据工作中发现线索，安庆市岳西县公安局在版权行政执法部门配合下对该案进行调查。经查，2019年起，时某某等未经著作权人许可，复制销售含有电影、电视剧、戏曲、音乐等内容的TF卡372种、5743张，戏曲DVD光盘72种、24813张，涉案金额545万元。2023年12月，安徽省岳西县人民法院以侵犯著作权罪等罪执行数罪并罚，判处时某某有期徒刑十一年六个月，并处罚金5万元。

点评：本案涉案作品数量大、取证固证难，是国家版权局等五部门联合挂牌督办案件，公安部门会同版权行政执法部门组成专案组，实现"当年立案，当年挂牌，当年判决"，是高效执法的典型案例。

（三）浙江温州"6·05"侵犯亚运会吉祥物著作权案

2023年6月，根据工作中发现线索，浙江省温州市永嘉县公安局在版权行政执法部门配合下对该案进行调查。经查，2022年起，邹某某、杨某某、刘某等分别在上海、河北等地开设雕塑加工厂，未经第19届亚运会组委会许可，制售侵权盗版亚运会吉祥物景观雕塑，涉案金额1500余万元。2023年12月，浙江省乐清市人民法院以侵犯著作权罪，判处邹某某等有期徒刑两年、缓刑两年六个月至有期徒刑一年、缓刑一年四个月不等，并处罚金9万元至4.4万元不等。

点评：营造良好亚运版权保护环境，是我国承办杭州第19届亚运会的庄严承诺，该案被杭州亚组委评为"亚运知识产权保护典型案例"，通过及时快速打击侵权盗版行为，维护了良好的亚运版权保护秩序。

（撰稿人：叶婷婷）

中央网络安全和信息化委员会办公室打击侵权假冒工作报告

2023年，中央网信办坚持以习近平新时代中国特色社会主义思想为指导，认真学习贯彻落实习近平总书记关于宣传思想工作和知识产权保护工作重要讲话精神，按照党中央、国务院关于强化知识产权保护的决策部署，持续完善网络知识产权保护制度，加大网上违法违规信息处置和正面宣传引导力度，严厉打击侵犯知识产权和制售假冒伪劣商品行为，取得显著工作成效。

一、持续夯实网上知识产权保护法治基础

结合网上侵权假冒新趋势、新问题，尤其是人工智能等新领域带来的知识产权保护新挑战，及时完善管理规范，在相关立法中持续加强知识产权保护。联合国家发改委等有关部门制定《生成式人工智能服务管理暂行办法》，明确规定生成式人工智能服务提供者不得侵害他人依法享有的知识产权，强化对新技术新应用的知识产权保护。发布《关于加强"自媒体"管理的通知》，督促网站平台强化账号信息审核，对假冒仿冒党政军机关、新闻媒体、行政区划名称或标识的，不得提供相关服务，有效防止"自媒体"假冒仿冒行为。

二、从严打击网上侵犯知识产权违法违规行为

聚焦网上侵犯知识产权和制售假冒伪劣商品多发领域，严打侵权假冒违法违规行为。一是针对网络侵权盗版热点难点问题，联合国家版权局、工业和信息化部、公安部等部门，组织开展打击网络侵权盗版"剑网2023"专项行动，有效打击和震慑网络侵权盗版行为，规范网络版权秩序。二是配合国家知识产权局，开展杭州亚运会和亚残运会知识产权保护专项行动，依法从严处置侵犯杭州亚运会和亚残运会相关专利的行为。三是持续畅通举报渠道，通过中央网信办违法和不良信息举报中心官网、"网络举报"APP、12377热线、微信等渠道，开设涉仿冒国家机关网站、仿冒国有企事业单位网站、仿冒学术期刊网站等举报小类，认真做好涉侵权假冒相关举报受理工作。

三、压实网站平台信息内容管理主体责任

深入开展2023年"清朗"系列专项行动，通过集中清理网上侵权假冒违法违规信息内容，督促网站平台完善管理规范，自觉抵制网上侵权假冒行为。一是针对短视频领域传播虚假信息等问题，开展"清朗·整治短视频信息内容导向不良问题"专项行动，集中清理网红主播恶意营销、发布假冒伪劣商品、误导消费者等违规信息。二是针对涉企虚假不实和侵权信息问题，开展"清朗·优化营商网络环境 保护企业合法权益"专项行动，重点整治假冒仿冒他人企业名称、注册商标、品

牌等开设网站、注册账号、商家 APP 和小程序等乱象，为企业发展营造良好的网络舆论氛围。三是联合中宣部版权管理局、杭州第 19 届亚运会组委会办公室等部门，开展"清朗·杭州亚运会和亚残运会网络环境整治"专项行动，集中清理整治涉亚运会吉祥物和会徽等形象标志和美术作品侵权盗版信息。

四、强化打击侵权假冒网上正面宣传引导

一是围绕习近平总书记关于保护知识产权重要讲话和指示批示精神，指导中央新闻网站加强选题策划、创新传播方式，多维立体展现习近平总书记对知识产权保护工作的高度重视，反映各地区、各部门贯彻落实习近平总书记重要讲话精神的务实举措和显著成效。二是围绕 2023 年知识产权工作进展情况，聚焦打击侵权假冒、保护知识产权成效，做好权威发布和深入解读，展现我国知识产权工作取得的显著成绩。三是加强网络普法宣传，在 2023 年"全国网络普法行"系列活动中，指导有关地方新闻网站策划制作新媒体产品，积极宣介涉侵权假冒治理的相关法律法规知识，营造良好网络法治氛围。

下一步，中央网信办将继续贯彻落实习近平总书记关于网络强国的重要思想，坚持效果和问题导向，紧盯网上侵犯知识产权和制售假冒伪劣商品新形势新问题，配合相关主管部门，进一步细化网络知识产权法律法规体系建设，深入开展"清朗"系列专项行动，持续清理网上侵权假冒违法违规内容，做好网上宣传解读，切实营造网上知识产权保护良好氛围，推动形成知识产权群防群治、严抓严管的良好工作格局。

（撰稿人：张伟星）

最高人民法院打击侵权假冒工作报告

2023 年，最高人民法院坚持以习近平新时代中国特色社会主义思想为指导，深入贯彻落实习近平法治思想，全面贯彻党的二十大和二十届二中全会精神，深刻领悟"两个确立"的决定性意义，增强"四个意识"、坚定"四个自信"、做到"两个维护"，聚焦"公正与效率"工作主题，做深做实为大局服务、为人民司法，依法服务高质量发展大局，依法从严惩治侵权假冒，切实保障民生权益，严格保护知识产权权利人利益，助推营造市场化法治化国际化一流营商环境。

一、立足审判职能，依法惩处侵犯知识产权和制售伪劣商品犯罪

2023 年，人民法院新收侵犯知识产权罪一审案件 7335 件，审结 6967 件（含旧存，下同），其中，侵犯注册商标类犯罪案件收案 6634 件，审结 6357 件，侵犯著作权类犯罪案件收案 627 件，审结 543 件；新收生产、销售伪劣商品罪一审案件 10777 件，审结 10616 件，其中，生产、销售有毒、有害食品罪收案 4785 件，审结 4776 件，生产、销售伪劣产品罪收案 2510 件，审结 2450 件，生产、销售、提供假药罪收案 1442 件，审结 1423 件。

审理刘某生、刘某侵犯著作权罪案，明确对避开或者破坏技术措施行为追究刑事责任的有关标准，充分保障医疗设备软件著作权人的合法权益，依法惩治故意避开技术措施侵犯著作权犯罪行为。审理黄某霖等生产、销售假药案，依法严惩违法犯罪分子通过网店销售使用辣椒油等非药品生产黄道益活络油等药品，扰乱药品监管秩序、危害人民群众用药安全的违法犯罪。

全面准确落实司法责任制，压实院庭长审判监督"阅核"职责，进一步提升审判质效。加强裁判文书上网工作，重视保护涉案当事人隐私等合法权利，隐去相关识别信息，确保当事人及其家人生活工作、企业单位经营发展不受文书上网影响。深化司法大数据分析应用，完善智能辅助审判系统、在线诉讼服务平台功能，推动智慧法院迭代升级，提升案件审理、审判

管理、促推治理数字化、智能化水平。

二、深化审判理念变革，服务创新驱动发展

坚持严格保护、统筹协调司法理念，以严格公正司法树立鲜明导向，统筹公正合理保护和防止权利滥用、统筹高水平开放和高水平安全，以公正司法激励创新创造、维护公平竞争、促进文化繁荣，有效促进知识产权转化运用，有力支撑和服务中国式现代化。2023年，人民法院共审结知识产权民事一审案件460306件、审结行政一审案件22340件。

进一步加大对创新创造的保护力度。人民法院准确适用民法典和知识产权法律法规，落实落细惩罚性赔偿制度，依法从严惩治侵权假冒，显著提高侵权代价和违法成本。2023年，全国法院在319件知识产权案件中适用惩罚性赔偿，同比增长117%，判赔金额11.6亿元，同比增长3.5倍。注重依法及时救济，用足用好知识产权证据规则，积极发挥行为保全制度效能。进一步发挥服务新质生产力发展的作用。加强知识产权保护是发展新质生产力的内在要求和重要保障，人民法院立足司法的引领、规范和保障作用，不断完善高新技术成果和新业态新模式司法裁判规则，持续加大对大数据、人工智能、高端芯片和生物技术等关键技术、重点领域、新兴产业的知识产权司法保护力度，助推技术创新、产业创新、制度创新，有力支撑和服务新质生产力发展。

审理"蜜胺"发明专利及技术秘密侵权案，依法判令侵权方赔偿2.18亿元，执行中促成全面和解，侵权方获得使用许可，权利人最终获偿6.58亿元，刷新国内知识产权案件纪录。遏制"钓鱼式维权"，某公司宣传其"自助建网"软件可"免费"下载使用，却以用户未在网站页面保留其版权标识等为由，提起诉讼9000多件，法院审理认为，其以不当经营方式诱发大批量"侵权"，靠索赔获利不应支持，大幅下调判赔标准，批量诉讼应声而落。两家均拥有专利近千项、估值超百亿的"独角兽"企业多次互诉侵权，法院引导双方摒弃零和思维，就10多起专利纠纷促成一揽子和解。

三、总结审判经验，统一法律适用标准

最高人民法院召开第五次全国法院知识产权审判

工作会议，全面总结知识产权审判工作情况，系统谋划新时代新发展阶段知识产权审判工作。会议着重强调，要深化知识产权审判理念变革，引领、促进知识产权审判工作高质量发展。

推动技术类案件审判质效提升。最高人民法院印发《关于健全完善技术类知识产权和垄断案件审判质效通报反馈机制的意见（试行）》，切实强化对下监督指导。不断完善多元化技术事实查明机制，719名技术调查专家纳入"全国法院技术调查人才库"，实现机械、电学、化学、光电、通信、生物医药等主要技术领域全覆盖，全国范围共建共享、按需调派，有效缓解技术类案件事实查明难题。

规范市场竞争行为。持续加强反垄断和反不正当竞争审判，依法规范和引导资本健康发展。调研反不正当竞争司法解释适用情况，加强对混淆、虚假宣传、侵害技术秘密、网络不正当竞争案件的审判指导。探索新类型著作权案件裁判规则。审结酒店提供影视作品点播服务著作权侵权案，明确信息网络传播权侵权界限，为酒店、民宿经营者合法提供观影服务作出规则指引。最高人民法院组织开展"加强数据产权保护，推动数字经济高质量发展"课题调研，推动数据权益案件裁判规则不断完善。

加强司法解释和司法指导性文件工作。修改《关于最高人民法院知识产权法庭若干问题的规定》，调整技术类知识产权案件管辖布局，促进技术类案件审判资源进一步优化。加快推进反垄断民事诉讼司法解释制定，做好与反垄断法规政策衔接。研究起草《关于充分发挥审判职能作用依法惩处涉医疗美容犯罪的指导意见》，规范医疗美容行业诊疗秩序和市场秩序。会同最高人民检察院起草《关于办理侵犯知识产权刑事案件适用法律若干问题的解释（征求意见稿）》，并向社会公开征求意见。

加强案例指导工作。最高人民法院发布第39批指导性案例共8件知识产权与竞争纠纷案件，发布2022年中国法院十大知识产权案件和50件典型知识产权案例，分批发布种业知识产权司法保护、电影知识产权司法保护、反垄断和反不正当竞争、农资打假、危害食品药品安全、医疗美容药品制假售假犯罪等典型案

例 40 余件。以生动鲜活的司法案例向人民群众释放加强知识产权保护、维护公平竞争市场秩序、切实保障国家粮食安全和人民群众生命健康安全的法治信号，积极回应社会关切。

四、能动参与知识产权治理，推动构建大保护工作格局

人民法院坚持"请进来"与"走出去"相结合，依法能动履职，推动实现案结事了政通人和、双赢多赢共赢，推动加强打击侵权假冒工作合力。

完善协同配合机制。最高人民法院与国家知识产权局联合印发《关于强化知识产权协同保护的意见》，健全常态化交流会商机制。与农业农村部等部门联合开展"农产品质量安全'治违禁控药残促提升'三年行动"，联合举办全国种业知识产权保护培训，共同研究制定农产品质量安全行政执法与刑事司法衔接工作办法。与国家市场监管总局等部门联合开展医疗美容行业突出问题专项治理工作，共同研究食品中非法添加新型化合物类刑事案件检验鉴定等问题。协助国家药品监督管理局、公安部制定药品领域涉嫌犯罪案件检验认定工作指南。参与反不正当竞争法、商标法、专利法实施细则、著作权集体管理条例、植物新品种保护条例等法律法规修改工作。

加强纠纷源头治理。最高人民法院针对涉电影知识产权纠纷特点和成因，发布《关于加强知识产权保护 服务推动电影产业高质量发展的司法建议书》，推动在 2023 年金鸡百花电影节首次举办知识产权保护论坛，相关行业组织发布保护电影知识产权的倡议，有效促进涉电影知识产权纠纷的源头治理。

做强诉调对接。深化落实"总对总"在线诉调对接工作机制，2023 年，人民法院会同各级知识产权管理部门实现知识产权调解组织入驻人民法院调解平台全国范围内全覆盖，诉前成功调解知识产权纠纷 7.8 万余件，切实把非诉讼纠纷解决机制挺在前面。最高人民法院与国家知识产权局联合发布首批知识产权纠纷多元调解 10 条典型经验做法和 10 个案例。

五、依法平等保护，积极开展国际交流

人民法院坚持统筹协调理念，妥善审理与国际经贸活动有关的重大知识产权纠纷，依法平等保护中外当事人及各类市场主体合法权益。最高人民法院审结涉"西门子"侵害商标权及不正当竞争纠纷案，综合考虑"西门子"字号及商标知名度、侵权行为的性质、情节等因素，判令被告赔偿 1 亿元经济损失及相关合理开支，依法保护外方权利人的合法权益，传递加大知识产权保护力度、平等保护中外当事人的鲜明态度，彰显我国加强知识产权保护的负责任大国形象。

积极参与世界知识产权组织框架下的全球知识产权治理，推动全球知识产权治理体制向着更加公正合理方向发展。2023 年，最高人民法院同世界知识产权组织签署加强交流与合作谅解备忘录，参与世界知识产权组织"旗舰出版物"——《法官专利案件管理国际指南》"中国专章"的编写，入选 2023 年"中国法治国际传播十大典型案例"。加强与"一带一路"共建国家和地区知识产权司法协助和务实合作。举办中欧知识产权司法论坛，派员参加世界知识产权组织"2023 年知识产权法官论坛"、国际商标协会 2023 年年会、国际保护知识产权协会版权论坛等国际会议，向国际社会展现我国开放包容、平等公正的良好形象，为全球知识产权治理贡献中国司法智慧。

（撰稿人：张赫）

最高人民检察院打击侵权假冒工作报告

2023 年，全国检察机关坚持以习近平新时代中国特色社会主义思想为指导，认真贯彻落实习近平总书记关于打击侵权假冒犯罪工作的重要指示批示精神，充分履行法律监督职能，依法严厉惩治生产、销售假

冒伪劣商品犯罪和侵犯知识产权犯罪，积极参与诉源治理，服务保障国家经济社会高质量发展，取得积极工作成效。

一、依法严厉惩治侵权假冒犯罪，发挥法律震慑作用

一是加大侵权假冒犯罪打击力度。检察机关聚焦办案主责主业，依法严厉打击生产销售假冒伪劣商品犯罪，高质效办好每一个案件，以综合履职强化知识产权综合保护，筑牢消费者权益保护底线。2023年，全国检察机关批准逮捕生产、销售伪劣商品犯罪4702件8489人，起诉10794件21208人；批准逮捕侵犯知识产权犯罪3801件6071人，起诉7983件17728人。

二是加强对重大敏感案件的督办指导。最高人民检察院加大对重大假冒伪劣犯罪案件的督办指导力度，与公安部、农业农村部、市场监管总局联合挂牌督办14起制售假冒伪劣农资犯罪案件，与国家版权局等部门联合挂牌督办3批150件重大侵权盗版案件，持续跟踪指导，推进案件取得实质进展。首次以"知识产权检察综合保护"为主题，发布第四十八批指导性案例4件，涵盖刑事、民事、行政检察职能，对司法实践中的一些疑难问题有针对性提出指导意见。指导北京、上海、江苏等地办理了一批涉商业秘密、商标行政纠纷等疑难案件。

三是积极开展知识产权刑事附带民事诉讼工作。依法保障权利人合法权益，降低维权成本，提高维权效率。2023年，权利人提起附带民事诉讼636件，约占全部案件的8%。检察机关对侵犯知识产权犯罪案件作出不起诉决定后，向行政机关提出检察意见建议行政处罚2336人，占不起诉人数的55.9%；提出检察意见后，行政机关已作出行政处罚1738人，占提出检察意见的74.4%。

四是积极发挥法律监督职能，有效预防有案不立、有案不移、以罚代刑等问题。建议行政执法机关移送制售伪劣商品犯罪案件1155件1231人，监督公安机关立案1525件1632人，纠正漏捕428人，纠正遗漏同案犯2208人，纠正移送起诉遗漏罪行123人。建议行政执法机关移送侵犯知识产权犯罪484人，监督公安机关立案1263件，监督撤案413件。

五是加强知识产权民事行政公益诉讼检察工作质效。加大民事行政监督力度，加强知识产权综合司法保护，聚焦具有引领价值的典型案件提出抗诉，提升再审检察建议质量，发挥对类案的指导作用。稳步探索知识产权公益诉讼，维护国家利益和社会公共利益。2023年，全国检察机关共办理知识产权民事、行政、公益诉讼检察案件3381件。其中民事检察监督案件2293件，行政检察监督案件215件，公益诉讼案件873件。民事生效裁判监督案件中，提出抗诉和再审检察建议726件，同比增加8.1倍。

二、积极开展专项行动，推动打击侵权假冒活动深入开展

一是持续开展"治违禁 控药残 促提升"专项行动。重点打击农药兽药残留严重超标、非法制售使用"瘦肉精"等禁限用物质犯罪，持续加大对危害食品安全犯罪案件的打击力度。2023年，全国检察机关共批准逮捕危害食用农产品安全犯罪案件92件150人，起诉310件570人。

二是持续推进农资打假工作。2023年，最高检发布检察机关依法惩治制售伪劣农资犯罪典型案例5件，涉及农药、兽药、种子、化肥等多个领域，充分展示了检察机关从严惩治制售伪劣农资犯罪，能动保护农民合法权益的鲜明立场。

三是联合相关部门开展医美专项治理工作。最高检与市场监管总局、公安部等十部门联合印发《关于进一步加强医疗美容行业监管工作的指导意见》，有效推动医疗美容行业常态化、规范化、法治化监管，切实解决人民群众反映集中的医疗美容行业突出问题。

四是深入推进惩治知识产权恶意诉讼专项工作。最高检指导北京、浙江、湖南等地办理了一批恶意诉讼监督案件。如，某文化传媒公司假冒音乐电视作品著作权人，以KTV经营者侵权为由，批量提起虚假诉讼5800余件，最高检挂牌督办，指导广东、山东、陕西等9个省市检察机关同步依法监督法院再审，将涉嫌犯罪线索移送公安机关立案侦查，批准逮捕5名犯

罪嫌疑人，已依法提起公诉。积极参与对恶意注册、囤积商标、滥用诉权等突出问题的共同惩治，促进源头治理。国家知识产权局根据最高检移送线索，已将129件涉奥林匹克标志和英烈姓名的商标宣告无效。

三、不断完善制度规范，凝聚打击侵权假冒犯罪工作合力

一是健全行刑衔接机制。检察机关不断推动完善与行政机关协作机制，凝聚消费者权益保护合力。2023年1月，最高检会同国家药监局、市场监管总局、公安部、最高法印发《药品行政执法与刑事司法衔接工作办法》，明确药品领域行刑衔接工作规则，增强药品领域违法犯罪治理合力。对公安部、国家药监局起草的《办理危害药品安全刑事案件检验认定工作指南（试行）》，认真研提意见，推动解决检验认定难题。

二是积极开展知识产权检察综合履职。最高检成立专门的知识产权办公室，指导各地对侵犯知识产权案件开展"一案四查"，同步审查是否涉嫌刑事犯罪、民事侵权、行政违法和公益诉讼线索，稳步探索知识产权领域消费者权益保护。2023年以来，检察机关积极推进知识产权综合履职，通过提起知识产权刑事附带民事诉讼，一体解决刑事责任追究和民事责任承担，降低维权成本，提升维权效率，切实维护消费者合法权益。

三是及时出台工作机制规范。最高检制发《人民检察院办理知识产权案件工作指引》，提出45条检察举措，对知识产权检察案件范围、办案要求等分别作出规定，为办案履职提供具体指引。推动各地因地制宜设立知识产权检察部门或者专业化办案组织，优化专业人才力量，不断提升专业化水平。目前，全国各省级院均已设立知识产权检察部门，部分办案数量较多的市级院和基层院也设立专门的知产办或办案组。

四、坚持治罪与治理并重，依法能动履职

检察机关坚持治罪与治理并重理念，延伸办案职能，促进社会治理能力提升。对于检察监督履职过程中发现的苗头性、倾向性社会问题，深入调查研究，注重拓展检察保护新路径，通过制发社会治理检察建议、制定行业刑事合规指引等方式，助力知识产权领域社会治理能力和水平现代化。如，深圳检察机关制发电子产品翻新产业知识产权刑事合规指引，厘清合法经营与侵权犯罪的法律界限，相关刑事案件同比减少三分之二，为产业转型健康发展提供有力法治保障，获评国家知识产权强国建设典型案例，印送各省级人民政府综合借鉴。

五、加强法治宣传，提升人民群众维权意识和能力

最高检认真落实"谁执法谁普法"的普法责任制责任，在"3·15"国际消费者权益日、"4·26"知识产权宣传周、"6·7"世界食品安全日等重要节点积极开展普法宣传。最高检发布知识产权检察综合保护主题指导性案例、《检察机关依法惩治侵犯著作权犯罪典型案例》、《检察机关知识产权保护典型案例》、《检察机关依法惩治制售伪劣商品犯罪典型案例》、《检察机关依法惩治制售伪劣农资犯罪典型案例》，彰显检察机关依法从严打击侵权假冒违法犯罪的立场和决心，有效震慑违法犯罪，提升群众维权意识和能力。下一步，检察机关将从以下三个方面持续加强打击侵权假冒犯罪工作，一是依法严厉打击犯罪。保持打击侵犯假冒侵权犯罪的高压态势，以开展"检护民生"专项行动为契机，聚焦食品药品等重点民生领域，维护人民群众生命健康权。以"检护质量"专项工作，提升产品质量，维护消费者权益。二是加大法律政策供给。及时通过指导意见、通知等形式，回应地方检察机关办案实践中面临的程序规则和实体法律适用等普遍性问题，加强对办案的指导。三是强化行刑衔接。加强与农业农村、市场监管、公安等部门的协作配合，完善协作配合机制，提升打击侵权假冒犯罪工作合力。

（撰稿人：王健、纪敬玲）

国家发展和改革委员会打击侵权假冒工作报告

2023 年，根据全国打击侵权假冒工作部署要求，国家发展改革委认真重违法失信名单信息纳入，为打击侵犯知识产权和配合做好打击侵权假冒相关工作。一是依托全国信用信息共享平台推进侵权假冒领域信用信息归集共享，依法依规通过"信用中国"网站予以公示。目前，全国信用信息共享平台已联通 46 个部门和所有省（区、市），归集包括侵权假冒领域在内的信息超过 780 亿条。二是印发《国家发展改革委 中国人民银行印发〈全国公共信用信息基础目录（2024 年版）〉和〈全国失信惩戒措施基础清单（2024 年版）〉的通知》，将知识产权领域相关信用信息和严制售假冒伪劣商品工作提供支撑。

（撰稿人：崔园）

工业和信息化部打击侵权假冒工作报告

工业和信息化部全面贯彻党的二十大精神，按照全国打击侵权假冒工作部署，重点做好互联网领域侵权假冒治理和软件正版化等方面的工作，弘扬法治精神，传播知识产权保护理念。

一、2023 年度已开展工作

一是强化互联网基础管理，提升网络溯源能力。印发《工业和信息化部办公厅关于开展互联网"固源"专项行动的通知》，结合打击侵权假冒工作要求，对信息通信行业打击侵权假冒工作进行部署，明确职责任务，细化工作要求，要求各地通信管理局切实督促基础电信企业、网络接入服务商、域名服务商强化技术能力建设，加强信息报送和监督检查，为网络环境治理工作做好支撑服务。

二是严厉治理网络违法违规活动，净化网络环境。着力提升网络管控能力，积极协同市场监管等部门集中力量对侵权假冒开展专项整治工作。2023 年，部省两级电信主管部门配合市场监管等部门依法处置"央数商城"等涉侵权假冒的违法违规网站（APP）146 个。

三是持续优化软件正版化环境。发挥推进使用正版软件工作部际联席会议机制作用，作为组长单位赴重点单位开展正版化督查，加强软件正版化的检查和督导力度，持续推动软件正版化检查扩围、下沉，进一步提升软件版权保护意识。

四是提升企业知识产权保护意识和能力。完善产业知识产权工作体系，会同国家知识产权局发布《知识产权助力产业创新发展行动方案（2023—2027 年）》，进一步推动知识产权与产业协同发展。持续开展"制造业知识产权大课堂"培训，年度累计培育 2000 余人次，与世界知识产权组织共同启动"制造业知识产权国际化能力提升"系列培训，营造良好的知识产权保护氛围。

二、下一步工作考虑

按照全国打击侵权假冒工作部署，立足部门职责，继续做好打击侵犯知识产权和制售假冒伪劣商品工作。一是进一步强化 ICP 备案、域名和 IP 地址等互联网基础管理，不断提升技术管控手段和能力，为打击侵权假冒工作提供有效支撑。二是完善与市场监管等部门的协同工作机制，及时处置打击涉侵权假冒的违法违规网站（APP），保障人民群众合法权益。三是积极组织电信和互联网企业加强互联网领域侵权假冒治理工作宣传和科普教育，传播安全理念，营造良好的社会风气。四是弘扬法治精神，有力推动软件正版化相关工作。五是推动企业知识产权保护能力提升，持续开展"制造业知识产权大课堂"培训，组织开展知识产权保护宣传活动。

（撰稿人：冯博文）

公安部打击侵权假冒工作报告

2023 年，公安部深入学习贯彻习近平总书记关于全面加强知识产权保护工作的重要指示精神，认真落实党中央、国务院决策部署，组织全国公安机关进一步强化责任担当，充分履行打击犯罪职能，深入推进"昆仑 2023"等专项行动，依法严打各类侵权假冒犯罪，2023 年共立侵犯知识产权和制售伪劣商品犯罪案件 4 万起，取得阶段性成效。

一、全国公安机关打击侵权假冒工作情况

（一）强化产权保护，护航高质量发展

一是聚焦创新驱动，围绕关键核心技术、重点领域、新兴产业，加大对侵害科技创新成果的假冒专利、侵犯商业秘密等犯罪打击力度，组织侦办福建"10·28"窃取软件程序源代码商业秘密案等重点案件。指导江苏、浙江公安机关开展规范侵犯商业秘密犯罪案件受立案试点工作，着力破解侵犯商业秘密犯罪案件受立案难问题，以严格保护激发创新创造活力。二是聚焦文化繁荣，严打侵犯著作权犯罪，组织侦破北京"3·01"盗版教辅图书案、安徽滁州"11·23"盗版唱片案等重点案件，切实维护版权市场秩序。三是聚焦营商环境，坚持严格规范执法，依法平等保护国企民企、内资外资、大中小微等各类市场主体合法权益，严厉打击各类涉企侵权假冒犯罪。第五届民营经济法治建设峰会将"公安部部署开展'昆仑 2023'专项行动"评为民营经济法治建设"十大护航行动"。

（二）树牢底线思维，打造高水平安全

一是聚焦食品安全，全面落实"四个最严"要求，严厉打击有毒有害、不符合安全标准等食品领域犯罪，组织侦办黑龙江杨某等制售病死牛肉案、四川张某等制售假冒伪劣蜂蜜案等食品领域案件，努力让人民群众吃得更放心。二是聚焦粮食安全，严厉打击制售假劣种子、农兽药、肥料等农资犯罪活动，组织山东、河南等地公安机关侦破张某某等人制售伪劣小麦种子案等一批重点案件。三是聚焦药品安全，集中侦破河北"6·13"制售假血液制品案、山西"6·15"制售假儿童用药案等药品领域犯罪案件，切实维护人民群众生命健康。四是聚焦公共安全，严厉打击制售假冒伪劣消防器材、燃气设备、电气产品、建筑材料、汽车配件等犯罪，积极推动源头治理、综合治理。

（三）加强部门联动，构建大保护格局

一是融入大局促发展，推动将公安工作纳入知识产权强国、质量强国建设等重大部署中同步谋划，协同商务部做好自由贸易试验区建设、世贸组织贸易政策审议等有关工作，不断深化知识产权治理体系改革和建设。二是部门联动谋合力，会同中央宣传部等联合开展"打击院线电影盗录传播""青少年版权保护季"等专项行动，联合督办 70 余起重点案件。加强与国家知识产权局、国家药监局等部门在专业支撑、信息共享、通报表扬等方面的协作配合，制定出台《药品行政执法与刑事司法衔接工作办法》等规范性文件，形成优势互补联动模式。三是司法协同强法治，参与知识产权案件"三合一"机制改革专项调研，配合高法院、高检院研究起草知识产权刑事司法解释，为一线提供法律武器。

（四）广泛发动群众，推动共建共治

一是深入调研走访，组织全国公安机关持续开展

"惠民利企"调研走访活动，广泛听取社会各界的意见建议，畅通举报投诉途径。二是加强警企协作，指导各地公安机关因地制宜探索建立警企协作机制，推广浙江、湖南等地"知识产权警务联络官""知识产权保护驻企工作站"等措施经验，天津公安机关"知识产权保护流动警务站"和江苏公安机关"知识产权保护服务前哨"获评"知识产权强国建设第二批典型案例"。三是开展法治宣传，围绕全国"知识产权宣传周""质量月"等重要节点开展集中宣传活动，公布公安机关打击犯罪战果成效，曝光典型案例，发布消费预警信息，推动形成警民携手、共同打击犯罪合力。

二、下一步工作建议

当前，受多种复杂因素影响，各类侵权假冒犯罪高发多发，犯罪行为呈现网络化、链条化、复杂化等特点，总体形势仍较为严峻，打击犯罪的任务繁重艰巨。下一步，公安部将深入贯彻党中央、国务院决策部署，指导各地公安机关不断加强和改进打击侵权假冒犯罪工作，切实维护广大人民群众和企业合法权益，服务保障高质量发展。

（一）坚持严打方针

深入开展"昆仑2024"专项行动，精准对接高质量战略方向和产业发展需求，始终保持对各类侵权假冒犯罪活动的严打高压态势，坚决维护公平竞争市场秩序。

（二）深化部门协作

在质量强国等部门协调机制的总体框架下，加强与行政部门在案件移送、信息共享、专业支撑等方面的协作配合，持续凝聚工作合力。

（三）坚持主动警务

进一步完善和推广警企联系等机制做法，在打击侵权假冒工作方面靠前一步，推动从源头上防控风险。

（四）坚持社会共治

进一步加强法治宣传，适时曝光一批侵权假冒犯罪典型案例，以案说法、以案示警，推动形成共建共治共享的浓厚氛围。

三、典型案例

（一）打击盗录传播院线电影犯罪典型案例

2024年2月，按照公安部部署要求，浙江、安徽、江苏省公安机关紧密协作，在版权管理部门大力支持下，破获"2·12"系列盗录春节档院线电影案，成功摧毁多个影院盗录、网络销售盗版电影犯罪链条，抓获犯罪嫌疑人26名，摧毁侵权网站、APP及销售盗版电影的网店230余个，查获盗版《热辣滚烫》《飞驰人生2》《熊出没·逆转时空》《第二十条》等影视作品80余万部（集），及时遏制电影盗录传播风险，营造良好版权保护环境，服务支撑文化市场健康发展。

（二）打击侵犯民营企业知识产权犯罪典型案例

2023年12月，根据权利人企业举报线索，山东省菏泽市公安机关破获一起生产、销售假冒民营企业品牌洗衣机案，打掉一个将残损洗衣机进行拼接组装冒充正品销售的犯罪团伙，抓获犯罪嫌疑人6名，摧毁制假售假窝点9处，现场查获假冒品牌洗衣机7000余台，及时回应企业诉求，保护企业合法权益，有力护航民营经济发展壮大。

（三）打击危害民生安全假冒伪劣犯罪典型案例

2024年1月，根据权利人企业举报线索，重庆市公安机关破获一起生产、销售假劣电热毯案，打掉犯罪团伙2个，抓获犯罪嫌疑人11名，摧毁制假售假窝点8处，查获假冒品牌电热毯成品2万余条、半成品及温控器等零部件3.5万余件、假冒商标标识5000余套，涉案金额2000余万元。经鉴定，涉案假劣电热毯存在严重质量问题，容易引发火灾、触电等安全事故。案件的成功侦破阻断了假劣电热毯流入市场，切实保护了人民群众生命财产安全。

（四）打击危害公共安全假冒伪劣犯罪典型案例

2023年8月，根据工作中发现线索，黑龙江省哈尔滨市公安机关破获一起生产、销售伪劣电线电缆案，抓获犯罪嫌疑人11名，摧毁生产伪劣电缆工厂2处、销售窝点3处，查获伪劣电线电缆制造设备10台、伪劣电缆100余万米。经鉴定，涉案电线电缆电阻、绝缘体厚度、钢铠厚度不合格，存在短路、接地故障和引起火灾等风险。案件成功侦破后，公安机关将伪劣电线电缆销售流向通报行政部门，配合及时消除一批公共安全隐患。

（五）打击侵犯电商平台知识产权犯罪典型案例

2023年10月，根据权利人企业举报线索，上海市公安机关破获一起制售假冒知名电商平台品牌包材案，打掉2个以冒用该平台"官方鉴定真品"为名，实际对外销售假冒潮流商品的犯罪团伙，抓获犯罪嫌疑人26名，查获假冒电商平台品牌防伪扣、防伪证书、商标标识等170余万件，制假生产线3条、设备68套，涉案金额2000余万元，切实维护电商行业市场秩序，助力互联网经济健康发展。

（六）打击外贸领域侵犯知识产权犯罪典型案例

2023年4月，根据群众举报线索，四川省乐山市公安机关破获一起制售假冒品牌摩托车头盔案，打掉一个集生产组装、代理销售、外贸出口为一体的犯罪链条，抓获犯罪嫌疑人14名，捣毁制假售假窝点6处，查获假冒品牌头盔9000余顶，涉案金额1.1亿元，有力打击外贸领域制假售假犯罪，营造良好国际贸易环境。

（七）打击食品领域制售伪劣产品典型案例

2024年1月，根据工作中发现线索，河南省郑州市公安机关破获一起制售假冒国内知名食品企业品牌调味品、酵母案，抓获犯罪嫌疑人11名，捣毁制假售假窝点4处，现场查获大量散装调味品、酵母，以及假冒品牌包装袋20万余个，涉案金额800余万元，有力维护消费者合法权益和食品市场秩序，护航食品安全。

（八）打击制售假冒化妆品犯罪典型案例

2023年2月，根据群众举报线索，江苏省常州市公安机关破获一起制售假冒品牌化妆品案，打掉一个使用假冒包材加工生产知名品牌化妆品，并通过网络对外销售的犯罪团伙，抓获犯罪嫌疑人22名，捣毁制假售假窝点4处，现场查获面霜、粉底液等假冒品牌化妆品10万余瓶，涉案金额5000余万元，有力保障企业和消费者合法权益。

（撰稿人：何曌）

财政部打击侵权假冒工作报告

中央财政高度重视打击侵权假冒工作，积极做好中央部门相关工作经费保障。2023年安排专项经费，支持市场监管总局查处包括知识产权领域违法案件在内的大案要案、典型案件等，净化市场环境，维护市场秩序；支持国家知识产权局完善知识产权保护体系、开展知识产权法律制度建设以及相关安全保障与风险防控等；支持中央宣传部开展版权管理以及扫黄打非有关工作；支持中央网信办接受包括侵权假冒信息在内的互联网、手机客户端等渠道群众举报及搜集网站有害信息和上报处置等工作；支持文化和旅游部文化市场产权执法与规范整治等工作；支持公安部开展包括打击侵权假冒等打击治理食（品）药（品）环（境）相关犯罪活动在内的有关工作。下一步，将立足现有资金渠道，继续做好相关经费保障，为打击侵权假冒工作提供有力支持。

（撰稿人：张伟）

生态环境部打击侵权假冒工作报告

生态环境部按照《国务院关于新形势下加强打击侵犯知识产权和制售假冒伪劣商品工作的意见》（国发〔2017〕14号）和相关文件的要求，严格重点产品监管，持续督促地方做好侵权假冒商品环境无害化销毁工作。

做好侵权假冒商品环境无害化销毁。为做好收缴的侵权假冒商品环境无害化销毁工作，按照《关于做好侵犯知识产权和假冒伪劣商品环境无害化销毁工作的通知》（环办〔2012〕126号）、《关于进一步做好侵犯知识产权和假冒伪劣商品环境无害化销毁工作的通知》（环办函〔2014〕1830号）、《关于加强侵权假冒商品销毁工作的意见》（打假办发〔2020〕3号）等相关文件要求，生态环境部督促指导各省（市、区）公开并适时更新持有危险废物经营许可证企业名单，做好收缴的侵权假冒商品的环境无害化销毁和过程监管，及时报送销毁情况，确保应销毁尽销毁，防止侵权假冒商品再次流入市场和销毁造成二次污染，并配合开展相关绩效考核。

（撰稿人：高兴保）

农业农村部打击侵权假冒工作报告

2023年，为贯彻落实党中央、国务院决策部署，切实加强农资监督管理，严厉打击侵权假冒等违法犯罪行为，保障粮食安全和农产品质量安全，维护农民合法权益，农业农村部会同全国农资打假部际协调小组其他成员单位，积极开展农资打假专项治理行动，各地各部门协作配合，上下联动，齐抓共管，紧盯突出问题，强化监管执法，严查违法行为，农资市场秩序不断好转，农资打假工作取得积极进展，为保障粮食安全和农产品质量安全提供了有力支撑。

一、部署开展农资打假专项治理

2023年3月16日，联合最高人民法院、最高人民检察院、公安部等六部门在京召开全国农资打假专项治理行动视频会议，总结2022年工作，动员部署2023年农资打假专项治理行动。后续以七部门的名义联合印发《2023年全国农资打假和监管工作要点》，将视频会议精神和各项重点任务进行明确和落实，指导各地农业农村部门开展日常巡查检查、加强农资产品监督抽查、规范网络销售农资行为。

二、持续强化农资产品监管

各地农业农村部门按照农资打假工作部署，积极开展排查检查、监督抽查，在春耕备耕、春季田管、三夏、秋冬种等重点农时期间，组织开展农资质量拉网式排查，重点就农资生产企业和经营单位资质、进货查验制度、购销台账记录产品标签标识等开展检查，规范农资生产经营行为。针对不法分子"躲猫猫""打游击"等情况，采取不定期检查、暗查暗访、飞行检查等手段发现问题，持续加强种子、肥料、农药、兽药、饲料和饲料添加剂等产品的质量安全监管，加强豇豆农药残留攻坚治理。深入实施追溯，加强原料药追溯落实情况检查。浙江省以靶向抽检精准保障农资质量安全，坚持专项抽检和常规抽检相结合，紧盯社会关注、群众关切和历年执法查处问题多的重点领域，着力提升投入品监督抽检的靶向性、有效性。福建省全力建设农资监管信息平台，将6949个农药企业、1334个兽药企业全部纳入监管，并发掘平台大数据资源和智能化功能，创新"线上巡查＋线下核查"工作机制，实现了"源头可追溯、流向可跟踪、信息可查询、产品可召回、监管更有效"的工作效果，织密农资安全监管网。

三、不断提升农资执法效能

各级农业农村部门强化检打联动，持续对农资领域违法违规行为保持高压严打态势，依法查处制售假劣农资、破坏农资市场秩序、侵害农民利益的违法行为，对制假售假的不法分子形成有效震慑。组织开展种业监管执法年、农业综合行政执法"稳粮保供"、打击非标地膜"百日攻坚"等行动，发布"稳粮保供"典型案例和农用薄膜执法监管十大典型案例，聚焦品种权保护、农资质量、农产品质量安全等重点领域，紧盯关键主体、关键环节、关键产品和重要时节，依法严厉打击各类违法行为，有力维护了农民群众的切身利益和农业生产经营主体的合法权益。据统计，各级农业农村部门共出动执法人员 107 万人次，对 77 万个农资生产经营主体开展巡查检查，查办农资质量违法案件 26650 件。

四、持续发挥部门协同联动作用

农业农村部充分发挥农资打假部门协调机制作用，加强农资打假信息交流、情况通报、协同联动，切实形成工作合力，织密农资监管网。落实与最高人民法院关于加强种业知识产权保护的合作备忘录，与最高人民法院联合开展党团共建、专题培训、实地调研等活动，加快构建种业知识产权大保护格局。会同市场监管总局、工业和信息化部、生态环境部印发《关于进一步加强农用薄膜监管执法工作的通知》，切实加强农用薄膜生产、销售、使用、回收等全过程监管。

五、扎实推动农资宣传指导服务

各地农业农村部门下沉乡村，通过各种形式扎实开展放心农资下乡进村活动，组织专业人员深入田间地头，开展现场指导，向农民讲解辨假识假常识、优产增产技术和强农富农惠农政策，指导农民从正规途径购买农资、科学规范使用农资、推广绿色防控技术，落实休药期和安全间隔期等制度，进一步增强广大农民的质量安全意识，发放宣传资料 872 万份，接待咨询群众 159 万人次。山西省制作《农资打假专项治理》《农业投入品采购使用要求》《农药管理条例》《教你识辨假劣农资》等小视频，充分利用媒体进行宣传。江西、湖北等省份依托充分利用惠农直播室、广播电视台、微信公众号等形式，积极宣传农资打假知识，营造农资打假氛围。

2024 年，农业农村部将会同最高人民法院、最高人民检察院、工业和信息化部、公安部、市场监管总局、中华全国供销合作总社等部门，继续坚持问题导向，突出一个"严"字，发挥协调机制作用，持续推进农资打假专项治理。

一是加大执法力度，指导督促地方农业综合行政执法机构聚焦农资质量、农产品质量安全、豇豆专项整治等重点领域，组织开展专项执法行动，进一步加大"忽悠团"、网络违法售种等坑农害农违法行为打击力度。二是开展农资打假下乡进村活动，畅通绿色优质农资供应主渠道，确保好农资能下乡进村、到田到户，让农民买得到、用得上。同时，要广泛宣传识假辨假知识，引导农民群众合理购买、科学使用农资。三是用好协同联动机制，加强农资打假各部门间信息交流情况通报、检测鉴定和案件移送，形成农资打假工作合力。

（撰稿人：叶梦珺）

商务部打击侵权假冒工作报告

2023 年，商务部深入贯彻习近平总书记关于保护知识产权、打击侵权假冒工作的重要指示批示精神，认真落实党中央、国务院关于强化知识产权保护的决策部署，积极做好打击侵权假冒和知识产权保护相关工作，助力营造市场化、法治化、国际化营商环境。

一、2023 年开展工作及成效

（一）积极参与知识产权国际规则制定

一是积极参与世贸组织与贸易有关的知识产权（TRIPS）理事会议题讨论，在新冠诊疗产品知识产权豁免磋商陷入僵局时，积极促成 TRIPS 理事会召开外部相关方研讨会，主动介绍我国新冠诊疗产品发展及为全球健康所作贡献，取得良好效果。积极参与亚太经合组织知识产权专家组、金砖国家知识产权合作机制相关议题磋商，主动宣传我打击侵权假冒等知识产权保护工作进展。二是深入研究《全面与进步跨太平洋伙伴关系协定》知识产权章节，推动对接国际高标准知识产权规则。完成中国—尼加拉瓜、中国—塞尔维亚自贸协定知识产权章节谈判，推进中国—秘鲁、中国—洪都拉斯等自贸协定知识产权议题谈判。

（二）深入推进知识产权双边交流合作

一是高质量实施《中欧地理标志保护与合作协定》。与欧盟召开中欧地理标志联合委员会第二次会议，就推进协定实施、加强双边务实合作交换意见。会同农业农村部、国家知识产权局，开展协定第二批地理标志公示后异议处理及技术审查等工作。二是不断加强知识产权双边交流。组织召开中日知识产权工作组第9次会议、中瑞知识产权工作组第12次会议、中俄知识产权工作组第14次会议和中欧知识产权工作组第26次会议，与外方政府部门深入交流打击侵权假冒工作进展，加强经验分享和信息沟通，共同打击跨境侵权假冒违法犯罪。工作组会议期间举办产业圆桌会议，讨论解决中外企业关注的侵权假冒问题。

（三）大力支持我企业海外知识产权维权

一是指导中国保护知识产权网，为企业提供知识产权海外风险预警和维权信息服务。2023年网站发布国内外知识产权动态信息约7500条，编辑发布《知识产权海外风险预警专刊》12期、《知识产权国际快讯》48期以及英文版 *IPRFocus* 电子期刊24期，新建或更新知识产权国别环境指南18篇。二是通过商务部国别贸易投资环境信息网，发布《国别贸易投资环境信息》24期，为企业提供国外知识产权风险防范等信息服务。通过中国贸易救济信息网第一时间发布美国"337调查"案件预警和立案信息，指导企业提升维权意识和应对能力。

（四）平等保护外资企业合法权益

一是推动解决外方合理关注诉求。跟踪研究主要贸易伙伴发布的知识产权保护和执法报告，及时关注国外知识产权权利人打击侵权假冒商品的合理诉求，推动完善我知识产权保护制度，简化优化我知识产权保护程序。二是强化外资企业知识产权保护。定期召开外资企业圆桌会议，了解企业对于知识产权保护等领域的意见建议，协调相关部门推动解决。报请国务院出台《关于进一步优化外商投资环境加大吸引外商投资力度的意见》，提出强化知识产权行政保护、加大知识产权行政执法力度等政策措施。

二、下一步工作考虑

下一步，我们将继续全面贯彻落实党的二十大精神和习近平总书记关于知识产权保护工作的重要论述，认真落实党中央、国务院决策部署，积极开展与经贸相关的知识产权工作，充分发挥知识产权对于高质量发展的积极作用，推动质量强国建设取得实效。

一是积极参与完善知识产权国际规则。深入参与世贸组织、亚太经合组织、金砖国家等多边平台知识产权议题磋商，积极推进自贸协定知识产权议题谈判，牵头开展与主要贸易伙伴商签地理标志双边协定相关工作。

二是务实开展知识产权双边交流合作。继续深入做好中欧地理标志协定实施工作。充分利用双边知识产权工作组机制，加强与主要贸易伙伴的知识产权交流，积极倡导合作打击侵权假冒，推动解决企业关切。

三是持续做好知识产权海外风险预警和维权工作。加强海外信息服务平台建设，及时更新知识产权国别环境指南，及时发布国外知识产权动态和风险预警信息，不断提升企业海外维权和风险防范能力。

（撰稿人：胡国磊）

文化和旅游部打击侵权假冒工作报告

按照全国打击侵权假冒工作部署要求，文化和旅游部扎实推进文化市场领域打击侵权假冒相关工作。

一、工作措施

一是跨部门开展联合行动，形成执法监管合力。

会同中央宣传部版权管理局等部门联合印发《关于进一步加强青少年版权保护工作的通知》，部署开展"青少年版权保护季"行动，严厉打击各类版权违法违规行为，对28起违法情节严重的涉青少年版权保护重大案件联合挂牌督办，对12起社会影响恶劣的侵犯青少年版权典型案件进行联合宣传。配合中央宣传部版权管理局、电影局等部门开展院线电影版权保护执法行动，持续保持打击院线电影盗录传播高压态势。

二是建立联合督办机制，指导查处版权大案要案。与中央宣传部版权管理局等部门联合督办版权领域重大案件3批次142起，包括北京"2·23"涉嫌侵犯软件著作权案、江苏镇江"8·30"涉嫌侵犯高校教材著作权案、湖南衡阳"4·12"涉嫌销售侵权盗版教材案、湖南岳阳"4·27"涉嫌侵犯图书著作权案等一批涉案金额较大、社会影响恶劣的重大案件。据不完全统计，2023年，全国各级文化市场综合执法队伍共办理涉及版权事项案件2000余起，符合重大案件情形的有120起，其中9起被评为年度重大案件，对办案单位及办案人员进行了通报表扬。

三是创新开展联合执法培训，提升版权市场执法能力。联合中央宣传部版权管理局在浙江温州举办版权执法监管培训班，集合双方资源优势，突出版权执法特点，共培训各地文化和旅游、文化市场综合执法、版权管理等部门230余名学员，有效提升执法人员版权执法能力。聚焦馆藏文物文创产品版权保护，牵头制定《关于强化文创产品保护工作方案》并持续推进落实，会同国家文物局博物馆与社会文物司，邀请故宫博物院、国家博物馆、恭王府博物馆、北京鲁迅博物馆等单位以及中国博物馆协会召开座谈会，文化市场综合执法师资围绕文创产品版权保护进行专题授课，引导提升版权保护意识，形成打击整治文创产品侵权行为合力。

四是做好涉及侵权假冒举报受理办理工作。推进"全国文化和旅游市场网上举报投诉处理系统"升级改造，优化举报受理转办工作流程。组织开展专题业务培训，指导各地结合实际提升对涉侵权行为举报线索的识别、办理工作能力。依托系统及时接收分办群众网络举报，全年共处理群众各类举报信息3.9万余条，受理转办其中涉及侵权假冒的有效举报线索374条，做好跟踪督办，确保及时查处相关违法违规行为。

下一步，将指导各地文化市场综合执法机构持续加大打击侵权假冒工作力度，加强执法协作和重大案件督办，提升知识产权保护水平。

（撰稿人：周磊）

中国人民银行打击侵权假冒工作报告

中国人民银行配合国家发展改革委贯彻落实《国务院办公厅关于进一步完善失信约束制度 构建诚信建设长效机制的指导意见》（国办发〔2020〕49号）文件精神，2023年协同社会信用体系建设部际联席会议各成员单位，贯彻落实党中央、国务院决策部署，按照最新法律法规，更新编制《全国公共信用信息基础目录》《全国失信惩戒措施基础清单》，于2024年2月联合印发《全国公共信用信息基础目录（2024年版）》《全国失信惩戒措施基础清单（2024年版）》，明确13类公共信用信息收集规则及14类失信惩戒措施，依法依规开展失信惩戒，为打击侵权假冒工作提供信用政策支持。

下一步，人民银行将继续配合国家发展改革委推动社会信用体系建设，持续更新完善《全国公共信用信息基础目录》《全国失信惩戒措施基础清单》，为打击侵权假冒工作提供信用政策制度保障。

（撰稿人：朱烽枫）

国务院国有资产监督管理委员会打击侵权假冒工作报告

认真贯彻落实党中央、国务院决策部署，按照有关工作要求，结合国资央企工作实际，国务院国有资产监督管理委员会持续推动中央企业落实软件正版化工作主体责任，巩固工作成果。

一、2023 年工作情况

（一）基本情况

国务院国资委作为国家质量强国建设协调推进领导小组成员单位，根据职责分工，打击侵权假冒工作职责为指导所监管中央企业开展软件正版化工作。2006 年以来，国务院国资委紧紧围绕推进中央企业软件正版化工作，制定系列制度，创新工作方式方法；突出工作重点，逐级落实工作责任；加强组织领导，建立自上而下工作机制；重视基础支撑，提升督查宣传工作效果，中央企业软件正版化工作稳步有序推进。

（二）主要措施

一是加强工作部署，强化组织保障。印发《关于做好 2023 年中央企业推进使用正版软件工作的通知》，督促中央企业落实推进使用正版软件工作要求。进一步推动中央企业建立自上而下的软件正版化工作组织机构，部分中央企业成立推进使用正版软件工作领导小组。

二是建立长效机制，强化资产管理。推动中央企业巩固完善软件正版化工作长效机制，强化软件资产管理，建立健全软件正版化工作制度和软件日常使用、软件配置、台账管理、安装维护等方面工作管理制度。

三是持续推广联合采购，建立常态化机制。根据中央企业软件联合采购需求，依托中央企业电商、联盟等优势资源搭建联合采购平台，组织中央企业开展软件联合采购，最大限度降低软件采购成本。同时，积极探索开展 SaaS 应用试点和推进使用正版软件云服务新模式，进一步降低软件采购成本。

四是强化督促检查，创新核查方法。进一步强化督促检查，指导中央企业建立常态化督查机制，利用信息化手段，加大对所属企业的督查力度，及时掌握所属企业使用正版软件情况，确保软件正版化工作成效，不断巩固扩大软件正版化成果。指导有关中央企业全力配合第三方机构检查组开展中央企业软件正版化现场核查。

（三）工作成效

一是中央企业软件正版化工作成效显著。近年来，国务院国资委科学制定规划，明确目标任务。分类分阶段指导推动中央企业，按照带头使用、巩固成果、全面实现等阶段要求，巩固集团总部及所属各级单位软件正版化工作成果基础。各中央企业基本建立了软件正版化信息报送与自查长效机制，集团总部基本实现正版化。

二是中央企业软件正版化工作示范带头作用彰显。国务院国资委会同国家版权局连续多年对中央企业使用正版软件工作进行实地督促检查，并择优推荐优秀企业参加国家版权局组织的"全国版权示范单位（软件正版化）"评选。截至目前，中央企业集团总部及所属单位有 123 家被评为"全国版权示范单位（软件正版化）"，很好地发挥了中央企业的示范带头作用。

三是中央企业软件联合采购形成规模效应。国务院国资委常态化组织开展中央企业软件联合采购工作，采用集中谈判、公开价格、自愿采购的模式，组织中央企业有经验的专家组成谈判小组与厂商进行谈判，统一服务价格，各中央企业根据自身实际需求自愿采购。截至目前，累计完成采购金额约 7 亿元，节约成本约 3.6 亿元，切实解决了中央企业软件采购议价能力有限、谈判难度大、采购周期较长等难题，为加快推进中央企业软件正版化工作提供强有力支撑。

二、存在的问题及建议

（一）存在的问题

中央企业规模体量大、职工人数多、业务结构复杂、信息化发展水平参差不齐，软件正版化工作推进难度较大。目前，中央企业还未完全实现 100% 软件正版化。

（二）有关建议

一是建议国家有关部门加快推进国产软件产业发展，促进国产软件产品标准化，为软件正版化工作提供更完善的解决方案。

二是建议国家质量强国建设协调推进领导小组加强统筹指导，协调更多资源组织相关培训和指导，开展优秀解决方案和案例推广，供各单位在推进软件正版化工作中参考。

（撰稿人：唐世金）

海关总署打击侵权假冒工作报告

2023 年，海关系统坚持以习近平新时代中国特色社会主义思想为指导，深入学习贯彻党的二十大、二十届一中、二中全会精神，贯彻落实习近平总书记重要指示批示和给红其拉甫海关全体关员重要回信精神，按照党中央、国务院决策部署，在智慧海关建设和"智关强国"行动框架内优化完善知识产权海关保护体制机制，更好推进创新型国家建设、推动高质量发展、扩大高水平对外开放，紧盯重点领域创新保护，全力助推新质生产力发展，深度参与知识产权全球治理，依法平等保护中外权利人合法权益，进出口环节知识产权行政保护工作迈上新台阶，2023年全国海关在进出口环节实施知识产权保护措施 6.7 万次，实际扣留侵权嫌疑货物 6.21 万批、8288.94万件。

一、不断夯实执法规范化基础

海关总署发布《中华人民共和国海关行政处罚裁量基准（三）》，并于 2024 年 1 月 1 日起在全国海关施行，知识产权海关保护行政处罚裁量规则、阶次和幅度得到进一步统一和严格规范。开展共建"一带一路"国家和主要贸易国家及地区的知识产权海关保护法律制度比较研究。全国海关知识产权保护执法系统进一步完善，对案件办理流程进行梳理优化。持续完善"直属海关＋隶属海关"两级办案机制，不断提升执法规范化水平和整体工作效能。

二、持续精准施策提高执法效能

海关总署连续第七年部署全面加强知识产权海关保护"龙腾行动"，连续第四年部署寄递渠道知识产权保护"蓝网行动"和出口转运货物知识产权保护"净网行动"。针对跨境电商商品品类杂、批次多、货源渠道广等特点给海关知识产权保护工作带来的挑战，开展"加强新领域、新业态知识产权保护，促进外贸高质量发展"专题调研，下发相关工作通知，深化多方协作，推动企业自律，促进跨境电商业态规范健康持续发展。

三、稳步推进海关智慧知识产权建设

海关总署制定印发海关智慧知识产权场景应用方案，构建更加智慧便捷、精准高效的知识产权海关保护体系。推动"商标智能识别""非侵入式查验"等科技手段在查发侵权假冒商品中的广泛应用。推动知识产权海关保护备案系统与"互联网＋海关"政务服务平台相衔接，在"互联网＋海关"政务服务平台实现"一号登录"，海关业务一网通办。加快推进新一代知识产权海关保护执法系统改造升级，完善系统查询统计功能，优化非贸渠道办案流程，提升执法效能。

四、推动构建知识产权全链条保护格局

加强系统性、区域性侵权风险分析、动态监测和信息共享，推动京津冀、长三角、泛珠三角、粤港澳大湾区等区域海关开展执法协作。广东分署牵头组织3次粤港澳知识产权海关保护联合执法行动，行动期间广东省内海关查获侵权货物160万件，案值1011万元。海关总署与市场监管总局等13个部门联合开展2023网络市场监管促发展保安全专项行动，打击互联网领域跨境侵权贸易。与国家知识产权局等5部门联合开展杭州亚运会和亚残运会知识产权保护专项行动，服务保障亚运会和亚残运会顺利举办。

五、加深跨境知识产权保护合作

巩固加强海关执法国际合作机制，签署并落实《中欧海关知识产权执法行动计划（2021—2024年）》；召开中俄海关知识产权保护工作组第十三次会议；与欧盟、俄罗斯、日本、韩国等国家和地区海关持续开展数据交换、案件信息共享、立法及执法实践交流；分别与加拿大使馆、中国香港海关、世界海关组织跟班作业学员进行座谈交流；组织专家参与世界海关组织知识产权培训标准教材编写；选派业务骨干参加世界海关组织亚太地区知识产权保护专家认证研讨会；与世界轴承协会、国际商标协会等业界代表会见，回应知识产权关切问题。

六、优化服务提升知识产权企业获得感

制定发布海关优化营商环境知识产权保护措施，积极回应企业知识产权海关保护诉求，平等保护中外企业合法权益。加强对跨境电商企业知识产权政策宣讲和风险提示，开展跨境电商平台企业协同共治试点。强化自主品牌知识产权海关保护，为企业"出海"拓展国际市场保驾护航。实施"一企一策"服务措施，持续加大对创新型企业知识产权维权意识的培育力度，引导企业积极在海关备案，鼓励企业寻求知识产权海关保护，2023年海关总署受理知识产权海关保护备案申请21203件，核准备案申请19009件。

七、广泛宣传营造保护创新良好氛围

全国海关开展知识产权宣传周活动，加强海关保护政策解读，用好线上线下宣传媒体，讲好海关保护故事。海关总署参加《中国打击侵权假冒工作年度报告（2022）》新闻发布会，积极展示我国海关保护知识产权、打击侵权假冒工作成效，发布2022年中国海关知识产权保护状况及典型案例，为发展中国家海关和知识产权管理人员授课，加强中国海关知识产权保护理念、制度输出和影响。海关总署举办知识产权海关保护网络培训班，提升执法人员知识产权理论素养和真假产品鉴别、案件办理、服务企业维权等方面的业务能力，参加培训海关关员达4200多人次。全国海关累计开展各类知识产权保护相关培训957场，培训5.58万人次。

八、严把进出口商品质量安全关

持续开展打击进出口掺杂掺假、以假充真、以次充好商品和以不合格商品冒充合格商品等假冒伪劣行动。2023年海关查处进出口假冒伪劣案例777个，涉案金额2646万美元。

（撰稿人：孙晓璐）

国家税务总局打击侵权假冒工作报告

一、2023年工作开展情况

（一）加强组织领导，提高政治站位

税务总局高度重视打击侵权假冒工作，根据《国家质量强国建设协调推进领导小组近期工作重点》要求，制发文件明确工作任务，要求各地加强侵权假冒涉税案件线索接收，严肃查处相关税收违法行为。各地税务部门明确分工，压实责任，确保打击侵权假冒

工作落到实处。

（二）查处涉税违法，提升工作合力

各地税务部门依托税务、公安、法院、检察、人民银行、海关、市场监管、外汇管理八部门常态化打击涉税违法犯罪工作机制，聚焦侵权假冒重点治理的领域，对社会关注度高、违法问题高发行业开展税务检查，提升综合治理力度。云南税务部门在加油站专项检查中开展多部门分析研判、形成上下联动、部门协同、合力推进的工作局面；上海税务部门持续加强对医药生产流通、医疗服务等重点领域虚开发票、偷逃税款等涉税违法行为的打击力度，对医药购销领域非法利益链条产生强力震慑。

（三）营造舆论氛围，扩大宣传引导

税务总局要求各地税务部门将打击侵权假冒宣传融入税收宣传，利用办税服务厅、微信公众号等媒介引导纳税人缴费人诚信守法经营。天津、陕西等地税务部门利用办税服务大厅 LED 显示屏、印发宣传材料等形式进行打击侵权假冒的日常宣传；江西、河南、甘肃等地税务部门将打击侵权假冒宣传与"税收宣传月"相结合，营造保护知识产权、自觉抵制侵犯知识产权和假冒伪劣商品的良好社会氛围。

二、对策建议

为进一步提升打击侵权假冒工作综合治理水平，建议相关部门加强在打击侵权假冒工作中发现涉税违法线索的移送工作，税务部门将依法依规做好涉税违法问题的核查检查工作。

（撰稿人：智行）

国家市场监督管理总局打击侵权假冒工作报告

2023 年，国家市场监督管理总局坚持以习近平新时代中国特色社会主义思想为指导，坚决贯彻落实习近平总书记关于知识产权保护、打击侵权假冒工作的重要讲话和重要指示批示精神，认真贯彻落实党中央、国务院决策部署，持续加大打击侵权假冒工作统筹协调力度，持续深化知识产权执法工作，不断加强重点领域执法，有效维护经营者和消费者合法权益，各项工作取得积极成效。

一、组织开展执法行动

（一）持续开展民生领域案件查办"铁拳"行动

印发《2023 民生领域案件查办"铁拳"行动方案》，明确重点打击的 8 类违法行为：食品中非法添加降糖降压降脂等物质、假冒伪劣化肥、"刷单炒信"等虚假宣传、"神医""神药"虚假违法广告、生产销售劣质燃气具、违法生产使用小型锅炉和使用未登记电梯、利用不公平格式条款侵害消费者权益、假冒知名品牌及"傍名人""搭便车"行为，重点采取加强法治保障、强化技术支撑、完善长效机制三项措施，保障"铁拳"行动深入开展。召开全国市场监管系统执法稽查工作座谈会暨 2023 民生领域"铁拳"行动部署会，指导和督促各地深入排查隐患问题、着力解决深层次矛盾，不断提高案件办理质量和效率。2023 年各级市场监管部门查办民生领域违法案件 56.5 万件，涉案货值金额 28.1 亿元，向社会公开曝光 1034 起典型案件。

（二）不断深化知识产权保护

印发《关于新时代加强知识产权执法的意见》，针对当前侵权假冒行为的新特点，加强知识产权执法的法治保障，建立完善执法机制，依法平等保护各类经营主体的知识产权，为创新驱动发展战略实施提供有力支撑。严厉打击假冒知名品牌、恶意申请商标注册、违规代理等商标专利领域违法行为，查办知识产权案件 3.31 万件，罚没金额 4.89 亿元。开展侵权假冒伪劣商品全国统一销毁行动，集中销毁涉案商品 4700 余吨、货值 8.3 亿元。联合国家知识产权局开展杭州亚运会和亚残运会知识产权保护专项行动。

（三）扎实推进产品质量执法

突出重点领域、重点行业、重点产品，加大质量执法打击力度，查办违法案件5.67万件，涉案货值6.77亿元。大力推进燃气安全"灶、管、阀、气"专项执法，立案查处不合格燃气用具案件6101件、非法添加二甲醚案件237件。开展家居消费市场乱象整治，查办家居质量违法案件4406件，涉案货值2733.41万元。开展检验检测领域专项执法，立案查处检验检测机构违法案件1269件，撤销认证机构资质51家，对227家机构给予行政告诫和责令整改。开展重点工业产品质量安全隐患排查治理专项行动，挂牌督办制售假冒伪劣农资、燃气安全、食品安全等重点案件128件，交办转办重要案件线索68件；对143种产品组织开展国家监督抽查，抽查检验26472家企业生产经营的28265批次产品，发现并处理3302家企业的3476批次不合格产品，不合格产品中有172批次产品涉嫌假冒，已移送属地市场监管部门依法查处。

（四）深入开展反不正当竞争专项执法

组织开展反不正当竞争"守护"专项执法行动，将规范民生领域营销行为作为重点，查处各类不正当竞争案件12496件，罚没金额5.8亿元。进一步加大对科技企业、民营企业、外资企业等各类企业商业秘密保护力度，重点查处通过不正当手段获取商业秘密行为，2023年共查处侵犯商业秘密不正当竞争行为案件124件，罚没金额1377万余元。组织开展第二批全国商业秘密保护创新试点，指导试点地区积极探索商业秘密保护新机制新路径，截至2023年底，两批35个试点地区已经发布制度性成果86个。指导各地积极推动商业秘密保护关口从事后维权向事前预防转移，加快推进服务站点建设，截至2023年底，已建成商业秘密保护基地、指导站、联系点等服务站点8634个，在全国初步建立商业秘密保护服务网络。

（五）组织开展网络市场监管专项行动

发挥网络市场监管部际联席会议作用，牵头开展2023网络市场监管促发展保安全专项行动，查办网络违法违规案件2.7万件，移送公安机关267件；督促平台删除违法商品信息16万条，责令整改网站3.2万个次，关闭网站1374个次，责令停止平台服务网店7390个次。组织开展优化平台协议规则专项行动，督促平台企业严格落实法律法规规定，854家平台企业累计修改优化协议规则3680项，切实保障消费者、平台内经营者和平台企业合法权益；清理各类平台违法违规信息30万条，网络直播乱象等问题得到及时处置，网络交易环境进一步净化。

二、推动完善制度建设

（一）提升执法效能

持续强化局地协同、区域执法联动，与北京市市场监管局建立协同联动机制，挂牌成立市场监管总局综合执法实战实训基地，与中国人民公安大学合作共建"食品安全行刑衔接基地"。部署开展市场监管"数字＋执法"能力提升三年行动，全面建成上线全国市场监管行政执法平台，供全国3280个县级以上执法机构、32万名执法人员使用。加强执法数据源头治理，优化调整《执法数据汇总结构规范》，提升执法数据应用效能。

（二）强化信用监管

全面推进企业信用风险分类管理，建立通用型企业信用风险分类指标体系。开展全国企业信用监管数据质量全面提升行动，开展个体工商户信用监管数据质量提升试点，推动精准监管、精准帮扶、精准服务。部署开展经营主体严重违法失信行为专项治理，6890户列入严重违法失信名单。完善国家企业信用信息公示系统，上线"信誉信息"板块，加大对守信企业正向激励。上线信用修复功能，助力经营主体高效便捷办理信用修复业务。

（三）完善部门规章

修订施行《禁止滥用知识产权排除、限制竞争行为规定》，中国知识产权领域反垄断制度规则更加完善。发布《互联网广告管理办法》，切实维护广告市场秩序，推动互联网广告业持续健康发展。聚焦线上线下食品安全，开展经营主体严重违法失信行为专项治理行动，发布《网络销售特殊食品安全合规指南》，保障网络销售特殊食品安全。发布《药品经营和使用质量监督管理办法》，规范药品经营和药品使用质量管理活动。

三、积极开展宣传培训

（一）组织开展集中宣传活动

在"3·15"国际消费者权益日、"4·26"世界知识产权日等重要时间节点，开展集中宣传展示活动。知识产权宣传周期间筛选并在总局网站、局属媒体曝光商标侵权、假冒专利、恶意申请注册商标等典型案件。发布解读《中国打击侵权假冒工作年度报告（2022）》（中英文版），召开民生领域案件查办"铁拳"行动专题新闻发布会等，发布《中国反不正当竞争执法年度报告 2022》《反不正当竞争优秀案例》《知识产权执法典型案件》等，集中展示监管执法工作成效。

（二）加强培训教育基础工作

举办全国执法办案电子数据取证大比武、全国食品安全执法稽查优秀案件评审等活动。开通执法稽查"云课堂"，累计授课 42 期，培训 45.38 万人次。编制执法稽查疑难案例评析，发布化肥质量、检验检测等领域执法指引，汇编电子数据取证典型案例和成效。发挥综合执法人才示范引领作用，对综合执法入库人才开展任期考核，实行动态管理，推动执法人才跨区域协助执法。

（三）深化国际交流合作

与世界知识产权组织等共同举办虹桥国际经济论坛保护知识产权打击侵权假冒国际合作分论坛，在中国国际服务贸易交易会举办"打击侵权假冒高峰论坛"，在中国—东盟博览会框架下举办"中国—东盟打击侵权假冒合作发展论坛"，邀请国际组织、驻华使馆（团）、中外企业代表等参会，系统宣传我国保护知识产权工作成效，着力提升打击侵权假冒全球治理水平。

（撰稿人：曹祎宇）

国家知识产权局打击侵权假冒工作报告

一、加强知识产权法治保障，知识产权立法取得显著进展

一是完成专利法律制度配套优化。完成《中华人民共和国专利法实施细则》《专利审查指南》修改工作。配套发布规范性文件《关于施行修改后的专利法及其实施细则相关审查业务处理的过渡办法》《关于专利权期限补偿和专利开放许可相关行政复议事项的公告》。二是推动商标法律修订。推动《中华人民共和国商标法》修改列入十四届全国人大常委会立法规划，形成修订草案呈报国务院。《中华人民共和国商标法实施条例》修改同步推进。三是推进地理标志法律制修订。起草地理标志条例草案初稿，制定发布《地理标志产品保护办法》。制定发布《集体商标、证明商标注册和管理规定》。

二、健全知识产权体制机制，汇聚知识产权强国建设合力

一是加强知识产权强国建设宏观统筹。党中央、国务院批准设立国家知识产权强国建设工作部际联席会议制度。国办印发《知识产权领域中央与地方财权事权和支出责任划分改革方案》，健全充分发挥中央和地方两个积极性体制机制。二是强化部门间协同。印发实施《2023 年知识产权强国建设纲要和"十四五"规划实施推进计划》《知识产权强国建设纲要和"十四五"规划实施地方工作要点》，开展年度监测评估。

三、全面加强知识产权保护，社会满意度不断提升

一是知识产权保护重大任务有效落实。深入实施

中央《关于强化知识产权保护的意见》，高标准推进国家知识产权保护示范区建设，首批10家示范区建设全面启动，第二批15家完成遴选。二是保护体系建设持续强化。牵头制定《知识产权保护体系建设工程实施方案》。2023年新建8家知识产权保护中心、7家快速维权中心，总数达到112家。知识产权纠纷在线诉调对接实现省级层面全覆盖，全国知识产权系统指导管理的调解组织超过1900家，全年受理知识产权纠纷调解案件13.48万余件，成功调解8万件。新批准筹建20个国家地理标志产品保护示范区。知识产权侵权惩罚性赔偿制度逐步落地，2023年共319起知识产权案件适用惩罚性赔偿，同比增长117%，判赔金额11.6亿元，同比增长3.5倍。三是行政保护能力不断提升。印发年度知识产权行政保护工作方案，加强对商标、专利、地理标志执法办案的专业指导。审结10件重大专利侵权纠纷行政裁决案件和65件药品专利侵权纠纷早期解决机制案件，全系统办理专利侵权纠纷行政案件6.8万件。打击商标恶意注册47.19万件，主动驳回恶意囤积商标6.01万件，分别比2022年提高27%、72.3%。开展商标代理机构重新备案，备案代理机构由7.1万家压缩到3.56万家。组织开展成都大运会、杭州亚运会知识产权保护专项行动。知识产权保护社会满意度提升至82.04分，再创新高。

四、优化知识产权公共服务体系，便民利企水平不断提升

一是不断推进知识产权数据共享。通过国务院全国一体化政务服务平台，面向各部委、各地区及营商环境创新试点城市共享10种知识产权数据，切实提升政务服务效能。二是开展两批向电商平台共享专利权评价报告试点工作。新增与11家电商平台签订共享协议，支持电商加强知识产权保护工作。累计向京东和阿里巴巴等平台核验评价报告9万余份，支持电商平台快速处置权利纠纷700余件，有效提升电商平台受理专利举报投诉和处理专利侵权案件效率。三是积极推进知识产权保护信息平台建设。建立知识产权保护数据汇聚中枢和共享枢纽，开放知识产权行政保护相关功能，为打击侵权假冒工作提供信息化支撑。

五、知识产权转化运用加速推进，支持产业健康发展作用突出

一是严格规范知识产权代理行业秩序。严厉打击非正常专利申请代理、恶意商标注册代理、无资质专利代理等违法行为，促进代理行业高质量发展。二是不断完善信用评价管理机制。强化专利代理信用评价结果运用，启动开展商标代理信用评价管理试点工作，充分发挥信用监管机制对规范知识产权服务业健康发展的作用。

六、知识产权国际合作深化拓展，服务高水平对外开放作用日益彰显

一是深入参与知识产权全球治理。出席世界知识产权组织第64届成员国大会系列会议，深度参与执法咨询委员会等各专业委员会磋商。二是深化知识产权多双边合作。主办第14届中国—东盟知识产权局局长会和系列活动。持续深化中美欧日韩、金砖国家、中日韩、中欧等机制性交流。完成第二批350个中欧地理标志产品互认互保清单公示。三是海外知识产权纠纷应对指导体系进一步健全。新设海外知识产权纠纷应对指导地方分中心21家、海外分中心2家，总数达到45家，累计指导企业海外维权1300多起。

七、强化宣传引导，知识产权保护意识显著提升

一是开展案例宣传。全国知识产权宣传周活动期间，线上线下同步发布2023年度专利行政保护十大典型案例、商标行政保护十大典型案例、专利复审无效十大案件、商标异议、评审典型案例等一系列权威信息，发挥典型案例教育警示作用。二是强化信息发布。落实月度新闻发布会制度，围绕国务院第四次专题学习、专利转化运用专项行动方案和修改专利法实施细则、2022年中国知识产权发展状况等重大主题、重要数据，举办新闻发布会13场。围绕商标恶意注册整治、加强专利行政保护等社会公众关心的热点，及时回应社会关切，多方位展示中国保护知识产权、打击侵权假冒有效举措和亮点工作。三是培育社会意识。

继续推进中小学知识产权普及教育，创新教育新模式，建成以教育师资培训为实体，以远程教育平台和 B 站账号为两翼的中小学知识产权教育新模式，累计发布相关视频超百条，累计培训教师 15000 人次，有效提升青少年尊重和保护知识产权的诚信意识、规则意识。与文化和旅游部联合举办"知识产权文化在身边"主题活动，共同营造保护知识产权的良好氛围。

（撰稿人：朱丹）

三、地方工作

III. Provinces' Efforts

北京市打击侵权假冒工作报告

2023年，北京市深入学习贯彻习近平总书记关于打击侵权假冒工作重要指示批示精神，坚决贯彻党中央、国务院决策部署，按照全国打击侵权假冒工作安排，立足新发展阶段，贯彻新发展理念，融入新发展格局，进一步加强统筹协调，不断强化知识产权保护，注重重点领域治理，持续保持对侵权假冒违法行为的高压态势，扎实推进全市打击侵权假冒工作，连续两年被国家版权局评为查处重大侵权盗版案件有功单位。

一、基本情况

2023年，北京市打击侵权假冒工作领导小组成员单位按照职责分工，主动推进、认真履职，打击侵权假冒工作取得积极成效。全年，成员单位行政执法部门共查处打击侵权假冒类案件7110件，罚没款5650万元，捣毁制假窝点65个。公安机关侦破侵犯知识产权和生产、销售伪劣商品刑事案件472件，抓获犯罪嫌疑人480人，涉案金额超2亿元。检察机关依法批捕侵犯知识产权犯罪案件126件215人，起诉案件83件165人，监督公安机关立案21件22人。审判机关受理侵犯知识产权和生产、销售伪劣商品刑事案件140件，审结131件，判决226人。

二、主要做法和工作成效

（一）重点领域治理进一步深化

市场监管部门持续开展民生领域案件查办"铁拳""骄阳""守护"等行动，强化"互联网虚假违法广告整治"、"直播营销行业乱象整治"，先后查办了侵犯LV、Chanel等注册商标专用权商品案等一批典型案例，并在互联网上公开曝光，进一步打击了违法犯罪行为，震慑了违法犯罪分子；市场监管、公安部门联合开展老字号商标保护行动，保障人民群众"舌尖上的安全"，开展打击恶意抢注商标等违法行为专项行动，赴河北保定、秦皇岛四地开展调查，办理北京首件商标代理机构与委托人恶意串通制作、提交虚假商标申请材料的扰乱商标代理市场秩序行为案；农业农村部门开展农资打假专项行动，重点对涉及种子、农药、兽药、肥料等多种经营种类农资门店、农贸市场摊位加强排查，核实农资经营者上下游渠道是否正规，同时密切关注终端购买人相关情况，做到链条式可追溯管理；文化市场综合执法部门开展电影版权保护工作专项督导检查，现场宣讲版权保护知识，督促影院加强巡场管理，严防盗录行为；知识产权部门组织召开海外知识产权维权援助服务需求座谈会，邀请行业专家讲解海外知识产权维权政策措施，与参会企业共同研讨出海过程中面临的痛点、难点，为企业"走出去"提供积极助力。

（二）京津冀区域协作进一步推进

不断加大打击侵权假冒领域区域协作力度。京津冀三地打击侵权假冒工作领导小组办公室联系进一步加强，及时沟通情况，通报相关信息；三地知识产权部门联合召开知识产权一体化合作专题会商会，议定在提升知识产权协作法治化水平、案件及案件线索移送、技术调查官资源共享、重点领域保护协作、案件信息共享、试点示范、保护机构合作等方面进一步加强交流合作；三地海关加强知识产权保护协作，建设"数据共享、布控共商、监管共治、人员共训、创新共育"的知识产权海关保护体系，相互通报涉及各辖区的侵权货物信息，建立联动布控机制，加强与京津冀地方行政、司法部门的协同配合，整体提升京津冀区域知识产权海关保护工作综合成效；三地公安机关签署《京津冀三地公安机关"放管服"改革优化营商环境领域相关合作协议》，推出了新一批"同事同标""跨省通办""同案同罚"事项，持续拓展三地"放管服"协作成果。行业自律进一步强化，市场监管部门会同上海、四川等地，指导相关网络企业联合签署《网络直播和短视频营销平台自律公约》。

（三）打击侵权假冒领域行刑衔接不断加强

市公安局环食药旅总队联合市监管综合执法总队，组织东城、西城、朝阳、石景山、通州、大兴等区属地公安机关和市场监管执法力量，开展打击清理整治销售侵权假冒知名品牌商品的专项行动，查扣涉及侵权假冒 36 个知名品牌商品 6000 余件，公安机关刑事立案 10 起，市场监管部门行政立案 7 起。市打击侵权假冒工作领导小组办公室充分发挥统筹协调作用，统筹市级成员单位，及时将符合录入条件的案件信息，录入北京市打击侵权假冒行政执法与刑事司法信息共享系统，并同步到全国打击侵权假冒行政执法与刑事司法信息共享系统。截至 2023 年底，北京市打击侵权假冒行政执法与刑事司法信息共享系统累计录入打击侵权假冒类案件信息 29000 余条。

（四）积极开展侵权假冒伪劣商品销毁工作

认真落实全国及北京市侵权假冒商品销毁工作制度，连续 4 年参加市场监管总局统一组织的全国侵权假冒伪劣商品集中销毁活动。9 月 14 日，组织举办 2023 年侵权假冒伪劣商品集中销毁活动，集中销毁市场监管、公安等市级相关成员单位及各区近期查处罚没的服装、箱包、白酒、涂料、汽车配件、医疗器械、化妆品等 40 余种侵权假冒伪劣商品 30 吨，货值约 1300 万元。国家邮政局、商务部、最高人民法院以及北京市打击侵权假冒工作领导小组相关成员单位、各区打击侵权假冒工作相关负责同志共 50 余人参加活动。央视网、央广网、北京日报等多家媒体给予报道。

（五）打击侵权假冒对外宣传进一步深化

承办世界知识产权组织（WIPO）、市场监管总局、北京市人民政府、国家质量强国建设协调推进领导小组办公室、中国消费者协会、全球服务贸易联盟共同主办的 2023 年服贸会打击侵权假冒高峰论坛。"3·15"期间，市场监管部门发布消费者权益保护状况报告，各区行政执法机关加强专项执法检查，现场宣传普及识假辨假常识；"4·26"期间，市人民政府新闻办公室举行北京知识产权保护状况新闻发布会，发

布《2022 年北京市知识产权保护情况》；市场监管部门发布"西四包子铺"老字号知识产权保护系列案等知识产权执法十大典型案例；检察机关发布知识产权检察白皮书；司法机关发布《2022 年知识产权司法保护工作情况》，各区因地制宜举办多种形式的知识产权宣传周，利用展板展示、发放宣传资料等传统方式和网站、电子大屏等新媒体，普及保护知识产权、打击侵权假冒政策，提高群众参与意识。组织 2023 年市打击侵权假冒工作业务培训，市级成员单位和各区打击侵权假冒一线工作人员共 300 余人参加，邀请市场监管总局相关司局负责同志授课，进一步提高了工作的人员素质；市场监管部门组织知识产权执法业务培训，全市市场监管、公安、知识产权系统及津、冀市场监管系统百余人参加。编辑制作北京市打击侵权假冒工作专报 17 期，报送市场监管总局、市政府，印发市级成员单位及各区。

三、典型案例

（一）查处未经商标注册人的许可在同一种商品上使用与其注册商标相同的商标案

2023 年 2 月 17 日，北京市顺义区市场监管部门收到河北省某人民检察院的检察意见书，反映当事人涉嫌商标侵权违法行为。经查，当事人在未取得商标权利人授权的情况下，将在网上截取的"阿特拉斯·科普柯"商标图案打印裁剪后粘贴在购进的"海沃克"品牌液压扳手和法兰分离器上，并销售给廊坊某有限公司。构成未经商标注册人的许可，在同一种商品上使用与其注册商标相同的商标的违法行为，违法经营额为 174 万元。市市场监管部门及时启动京津冀知识产权领域执法协作机制，联合河北省市场监管、人民法院、公安等部门协同执法，依法对其违法行为作出罚款 87 万元的行政处罚。

（二）查处非法印制、批发、销售盗版图书窝点案

2023 年 2 月，北京市文化市场综合执法总队执法人员经过对某市场持续循线深挖，进一步摸排盗版图书总销、分销、印制环节线索，发现涉案盗版图书的印厂与上级经销商库房均位于京外。立即多次会同市公安局环食药旅总队召开专题会议，研讨市区两级、

京内京外两地联协作战行动方案。3月1日，京内外文化执法、公安部门同时行动，共查处涉嫌违法印刷厂3家、库房5处，打掉涉案窝点10处，查获涉嫌非法出版物261万余册，抓获非法印制、批发、销售盗版图书嫌疑人25名。

（三）查处某文化传媒有限公司虚假宣传案

北京某文化传媒有限公司在对其销售的酒水进行直播带货时，宣称"全球限量发行、在1915年巴拿马万国博览会一万多种酒中获得金奖、年销售量突破2亿"等。经查与实际不符；当事人售卖金六福并以五粮液作为赠品时，展示的是市场价较贵的浓香型"五粮液"酒，而实际赠送的是市场价较低的"尊耀"酒，并且虚构线下门店予以展示。2023年3月23日，市场监管部门依法对其作出罚款95万元的行政处罚。

（四）查处某化妆品企业违法生产儿童化妆品案

2022年初，市场监管部门开展药品、医疗器械、化妆品领域"骄阳行动"中，严厉打击生产、销售假劣药，生产、销售不合格化妆品，生产未取得注册证的医疗器械等违法违规行为。经查，某企业存在生产不符合化妆品备案资料载明的技术要求的化妆品、上市销售未备案的普通化妆品、更改化妆品使用期限、使用超过使用期限的原料生产化妆品的违法行为。市

场监管部门依法对其作出没收违法所得73万余元、罚款1445万余元，依法吊销该公司《化妆品生产许可证》，并对该公司法定代表人处以10年内禁止从事化妆品生产经营活动的行政处罚。

四、下一步工作设想

2024年，北京市将坚持以新时代首都发展为统领，围绕深入实施人文北京、科技北京、绿色北京战略，强化重点治理、完善协调保护、推进社会共治，推动我市打击侵权假冒工作再上新台阶。将聚焦互联网等重点领域、农村和城乡结合部等重点地区、进出口等重点环节、事关人民群众身心健康的重要产品等，进一步加大案件查办力度，严厉打击侵害人民群众利益的违法行为；聚焦知识产权行政保护，进一步加大网络版权执法监管力度，推进软件正版化；严查侵犯商业秘密、商标恶意抢注等违法行为，切实维护市场秩序、守护民生安全；聚焦首都高质量发展，坚持首善标准，深化知识产权领域改革创新，进一步促进知识产权国际交流合作，着力打造市场化、法治化、国际化的一流营商环境，为北京市高质量发展、促进科技创新、强化知识产权保护保驾护航。

（撰稿人：韩建中）

天津市打击侵权假冒工作报告

2023年，天津市委、市政府始终坚持以习近平新时代中国特色社会主义思想为指导，认真贯彻落实习近平总书记关于知识产权保护工作的重要指示批示精神，全面贯彻党的二十大精神，紧紧围绕天津建设国际消费中心城市和区域商贸中心城市、打造知识产权保护高地和创造运用强市目标，将打击侵权假冒工作作为维护市场秩序、维护公平竞争、维护人民群众利益、促进经济高质量发展的重要内容，与京津冀协同发展战略紧密结合，不断加强组织领导，统筹推进工作开展，创新工作举措，完善工作机制，依法严厉打

击侵权假冒违法犯罪，切实保护消费者和权利人的合法权益，全力营造市场化、法治化、国际化营商环境，助推天津高质量发展。

一、基本情况

2023年以来，市打击侵权假冒工作领导小组办公室（以下简称市双打办）统筹协调各区、各成员单位，按照市委、市政府统一部署，各司其职、各负其责，坚决扛起政治责任，严厉打击侵权假冒违法犯罪，扎实推进知识产权强市建设，促进公平有序竞争，打造

放心消费环境，持续优化营商环境，在落实知识产权"严保护、大保护、快保护、同保护"上取得了显著成效。

2023 年，全市各级打击侵权假冒行政执法部门共查办涉及侵权假冒行政案件 2840 件，办结 2501 件，罚没款 5432.37 万元，捣毁窝点 20 个，移送司法机关案件 42 件。

全市公安机关共侦破侵犯知识产权和制售假冒伪劣商品领域犯罪案件 845 起，打击处理犯罪嫌疑人 1106 人，涉案总金额 3.79 亿余元，并发起跨省市集群战役 3 起，部督案件 5 起，获公安部贺电 1 次。

全市检察机关共批准逮捕 46 件 70 人，提起公诉 200 件 342 人，监督公安机关立案 70 件，办理民事判决、裁定监督案件 24 件，办理公益诉讼案件 11 件。

全市法院共受理侵权假冒刑事案件 177 件，审结 159 件，判决 204 人。

二、主要做法和工作亮点

（一）加强组织领导，统筹协调推进

市委、市政府深入学习贯彻习近平总书记关于知识产权保护工作的重要讲话和重要指示精神，市委常委会会议、市政府常务会议多次研究部署知识产权保护工作，以"建设国际消费中心城市和区域商贸中心城市""打造知识产权保护高地和创造运用强市"为目标，持续加强消费领域知识产权保护。

市双打办坚持立足全局、高效服务，紧盯年度各项工作目标，组织业务培训，开展绩效考核，强化组织领导，细化任务分工，压实工作责任，不断加强横向沟通和纵向指导，促进各区、各部门始终把打击侵权假冒工作摆在重要位置，落实好地方属地责任和部门监管责任，在全市范围形成了"横向协作、纵向联动、同频共振、整体发力"的工作格局，确保年度打击侵权假冒工作各项任务高质量落实。

各区双打工作领导小组认真贯彻落实市双打办各项工作部署，提高政治站位，坚持把打击侵权假冒工作作为贯彻党中央决策部署和习近平总书记重要指示批示精神的重要政治任务来抓，通过强化体制机制建设，推动任务落实。

各成员单位全面落实市委、市政府关于打击侵权假冒工作要求，结合自身职能，细化阶段性工作任务，突出工作重点，全力推动打击侵权假冒工作向纵深发展。

（二）深化重点治理，强化监管执法

1. 加大整治力度，强化知识产权执法。市市场监管委严厉打击侵犯知识产权各类违法行为。印发《2023 年知识产权行政保护工作实施方案》《关于做好 2023 年度知识产权保护执法工作的通知》，细化全年知识产权执法工作重点，明晰职责任务分工。坚持日常监管与专项执法相结合，组织开展"2023 年文教用品市场联合整治行动""2023 年老字号企业商标和驰名商标执法保护专项行动""2024 年元旦春节期间老字号企业商标驰名商标保护暨打击侵权假冒专项行动"。2023 年，全市市场监管系统共查办知识产权侵权案件 628 件，涉案金额 2868 万元，罚没合计 773 万元，发布知识产权保护行政执法典型案例两批 16 件，侵犯商标、专利等知识产权违法行为得到有效遏制。

2. 聚焦虚假违法广告，扎实开展常态管控。市市场监管委持续强化广告导向监管，维护安全有序的广告市场环境。通过市广告监测平台对 66 个传统媒体，影响大的 400 家网站、APP、公众号，10 个直播平台以及主要道路大型户外广告等进行常态化监测，共监测各类广告 705626 条次，发现并派发涉嫌违法广告线索 1628 条次。组织各区局对全市 352 块广告大屏幕登记造册并开展常态化监管巡查。针对重大活动和重要节点，先后组织开展 5 次全市广告大屏幕广告排查清理行动、3 次飞行检查和应急演练。2023 年，全市共查处各类广告违法案件 907 件，罚没款 1027.5 万元。

3. 加大重点环节治理，确保药械化安全。市药监局持续推进药品安全专项整治常态化开展，组织开展 2023 年药品安全执法"利剑"专项行动、药品经营使用环节专项检查、可用于医疗美容医疗器械等专项治理行动。2023 年，市区两级药品监管部门查办普通程序案件 1648 件，罚没款共计 4862.08 万元，查处大案要案 25 件。

4. 加强农资监管，开展执法打假。市农业农村委制定"1+3"工作方案体系，整体部署农资打假专

项治理行动，分行业领域细化重点任务分工。2023年，共完成农资产品抽检1463批次，其中种子抽检331批次，合格率98.5%；农药抽检250批次，合格率96.4%；肥料抽检80批次，合格率100%；兽药抽检200批次，合格率100%；饲料抽检602批次，合格率99.5%。共查处农资打假案件87起，移送公安部门案件1起，罚没80余万元。

5.实施知识产权全链条保护，护航创新驱动发展。市知识产权局持续推动全市知识产权保护"一盘棋"，提升市区两级知识产权行政保护能力。一是组织开展全国专利行政执法培训班，邀请国家知识产权局和相关省市执法业务专家系统授课，全市260多名一线执法人员取得国家知识产权局执法证书。二是编辑印发《专利行政保护基层实务指南》和《专利行政保护案例汇编》2000册，指导基层执法。三是发布2022年度知识产权行政保护十大典型案件，震慑了知识产权侵权假冒违法行为。四是持续推动专利行政保护试点重点区域工作，对第一批区域专利行政保护试点工作进行交流总结，择优选取6个单位作为第二批专利行政保护试点重点区。五是发挥知识产权纠纷人民调解委员会作用，畅通司法、行政、人民调解对接渠道，快速调解各类知识产权纠纷300多件。六是持续深化国家专利行政裁决规范化试点建设，遴选国家专利审查协作（天津）中心和两个保护中心15名技术专家为我市首批技术调查官。七是加强"走出去"企业海外维权服务，组织双保护中心和市贸促会商法中心加强海外维权服务，为20批次海外参展企业提供知识产权保护指导手册，第一时间解决企业海外维权难题。八是推动数据知识产权保护，南开区建设"津证云"存证平台，滨海高新区建设数据知识产权一站式服务平台。河西公证处与"津证云"电子数据存证平台联合开展数据知识产权确权存证应用合作，共同探索"区块链存证＋公证"的数据知识产权确权新模式。

6.打击进出口侵权，优化口岸营商环境。天津海关持续加强海运、邮寄等多渠道执法，2023年关区共对263批次进出口货物、物品采取知识产权海关保护措施，查扣侵权嫌疑商品153批60.45万件，分别同比增长20.47%和1.49%。其中，货运渠道查扣110批，涉及机动车配件、童车、休闲鞋等商品60.14万件；邮寄渠道查扣43批，涉及机动车格栅、包、球等商品3122件。连续5年提前完成总署专项行动考核任务，查办侵权案件连续9年入选"全国海关知识产权保护典型案例"。

7.加强消毒产品备案管理，保障消毒产品卫生安全。市卫生健康委抽取全市相关生产企业消毒产品51个，其中消毒剂16个、抗（抑）菌制剂6个、消毒器械2个、其他卫生用27个。经检测，1个消毒剂主要有效成分含量不合格，该企业目前已经关闭停产，相关问题正在处理中。检查1185户经营使用单位的1963个产品，抽检41个膏霜剂型抗（抑）菌制剂，发现不合格产品26个，其中标签说明书标注不规范15个，违法违规宣传治疗6个，产品卫生安全评价报告不规范1个，非法添加禁用物质4个，办理案件18件，罚款2.35万元，发送案件协查函4份，各区已通知经营单位下架处理，并要求在全市范围内清查相关产品。

（三）部署专项整治，提高打击效能

1.聚焦重点节日，部署专项行动。市双打办聚焦春节、中秋、国庆等重点节日，组织各区、各成员单位，针对节日消费特点，聚焦重点商品、重点环节、重点区域，部署开展节日期间集中整治行动，严厉打击侵权假冒违法行为。专项行动期间，共计出动执法人员36013人次，检查企业21600家次，立案433件，办结案件237件，案值174.246万元，移送公安案件14件。

2.聚焦民生领域，打出"铁拳"整治。市市场监管委聚焦12类民生重点领域，周密制定"铁拳"行动方案，着力解决好人民群众急难愁盼问题。2023年，天津市市场监管系统共计立案18774件，结案18724件，罚没款12153.05万元，移送公安机关86件，其中"铁拳"行动重点案件1752件，移送公安机关47件。汇总各区局报送的典型案例10批459件，选送总局10批169件；上报总局工作信息26篇，被总局简报采用12篇；组织市区两级市场监管部门集中曝光典型案例9批112件，国家级、市级媒体刊发报道50余篇。执法总队获评全国突出贡献集体，全系统4名同志获评全国突出贡献个人。

3.执法"利剑"出鞘，守护药品安全。市药监局组织开展2023年药品安全执法"利剑"专项行动，围绕严重的、故意的、规范尚不到位的违法案件，明确了各领域各环节案件查办重点任务。组织开展药品经营使用环节专项检查，严厉打击医疗机构使用劣药、从非法渠道购进药品等违法行为，立案206件。开展可用于医疗美容医疗器械等专项治理行动，查处违法违规行为58起，有力净化了医疗美容市场。全年查处重点领域案件493件，同比增长307.4%，案件查办质量明显提升。

4."剑网"保护版权，营造清朗空间。市委宣传部（市版权局）会同市委网信办、市通信局、市公安局、市文化市场行政执法总队等五部门，积极开展"剑网2023""清朗·杭州亚运会和亚残运会网络环境整治"专项行动。公安机关通过大数据研判，破获在校大学生非法印售盗版教材教辅案件，抓获犯罪嫌疑人6名（其中5名为在校大学生），涉案侵权盗版教材8000余册，涉案金额20余万元。2023年3月，"天津谭某某运营盗版网络文学APP案"入选国家版权局等四部门联合发布的"剑网2022"专项行动十大案件。"天津宇达、凯达印务有限公司侵犯图书著作权案"被国家版权局评为全国打击侵权盗版十大案件。

5.加强海关保护，开展系列行动。天津海关对标海关总署工作要求制定"关区知识产权保护工作任务"，压紧压实工作责任，"精准化""精细化"推动专项行动深入、有序开展。在"龙腾行动2023"框架下，天津海关进一步部署开展了寄递渠道知识产权保护"蓝网行动"和出口转运货物知识产权保护"净网行动"。2023年，天津海关共查扣侵犯自主知识产权商品17批20.05万件，分别同比增长88.89%和82.48%；共有天堰科技等41家辖区企业，申请知识产权海关备案165项，分别同比增长36.6%和108.8%。

（四）强化司法保护力度，严厉打击刑事犯罪

1.坚持专项引领，强化侦查打击。2023年以来，全市公安环食药部门始终坚持对标"昆仑2023"、夏季治安打击整治等专项行动要求，积极以专项行动为引领推进打击整治工作。先后会同市文化市场行政执法总队联合开展"2023年度严打整治侵权盗版教材教辅违法犯罪专项行动"、会同市场监管综合行政执法总队联合开展我市"文教用品市场联合整治行动"、会同市消防救援总队、市市场监管委联合开展"2023年度消防产品质量专项整治行动"、会同市版权局等部门联合开展"剑网2023""青少年版权保护季"等专项行动，对影响恶劣、敏感性强，群众反映强烈的制假售假和侵犯知识产权犯罪行为，第一时间落实案件督办，明确督办责任人，实施多警种联动、同步上案，适时发起集群战役，集中力量攻坚，坚决斩断犯罪利益链条，摧毁跨省市犯罪窝点和网络，确保案件侦办取得最大战果，切实维护企业和人民群众合法权益。

2.三级联动聚力，落实检察保护。全市各级检察机关坚持案件指导一体化，三级联动办理重大复杂案件，办理最高检交办的某公司系列虚假诉讼案件、中宣部版权管理局等六部门联合挂牌督办的侵犯著作权案件等重大复杂案件。市检二分院办理的一起侵犯商业秘密案件中，组织专题研讨会，邀请鉴定人员、侦查人员及全市检察机关知识产权业务骨干共同参与、以案促训。市检一分院、西青区院办理"起士林"特许经营纠纷及相关联侵犯商标权犯罪案件，一体解决刑事责任追究、民事责任承担问题，持续落实对"老字号"品牌的检察保护。

3.创新审判机制，严格司法保护。市高级人民法院进一步推进知识产权"三合一"审判机制改革，会同市检察院、市公安局发布《关于调整第一审知识产权刑事案件管辖的通知》，明确了纳入"三合一"审判的知识产权刑事案件类型为《中华人民共和国刑法》分则第三章"破坏社会主义市场经济秩序罪"第七节规定的侵犯知识产权犯罪案件，包括数罪中涉及知识产权犯罪的刑事案件，围绕人民法院、人民检察院、公安机关在办理知识产权刑事案件中的侦查、批捕、公诉、审判等各个环节协调配合问题做出规定。同时，为充分发挥跨区域集中管辖技术类案件的专业化审判优势，将涉及技术性强的第一审刑事案件规定由天津知识产权法庭集中管辖，并对程序衔接问题予以明确，进一步统一了知识产权民事、刑事、行政案件的裁判尺度和审查规则，不断完善公检法机关在各个环节的协调配合，有效提升知识产权刑事案件审理质效。

（五）推动京津冀执法协作，加强知识产权协同保护

1. 强化京津冀执法协作，合力打击侵权违法行为。市市场监管委组织召开京津冀市场监管执法协作联席会暨业务培训会，共计培训三地执法人员 1000 余人次，有效促进了三地执法能力提升。同时组织京津冀三地市场监管部门通过充分调研考察，明确了三地 9 家重点保护企业，首次签订《2023 京津冀重点保护企业品牌备忘录》，持续加大知识产权保护力度，重拳打击侵权假冒违法行为。修订完善《京津冀知识产权执法协作协议》，有效提升了协议的可操作性和实用性。

2. 深化京津冀跨关区协作，护航天津外贸海外市场。天津海关持续推进京津冀三地海关知识产权保护执法协作；深化跨关区执法协作，通过与长三角、珠三角等地海关信息共享，协同防控，联合查扣侵犯天津莱特、北方同鑫等辖区企业商标权焊条、锁具、农具等商品 5 批共 6.8 万件，有效保护了天津市外贸企业的海外市场。2023 年以来，天津海关共向公安机关通报侵权案件线索 18 件，移送案件 6 起，接待人民法院协助司法事项 16 件。

3. 加强知识产权检察工作协作，主动服务京津冀协同发展。市检察院贯彻落实《京津冀检察机关关于加强知识产权保护　强化网络综合治理　维护金融安全跨区域协作的工作意见》，加强办案协作，就多起案件开展线索移送、异地企业合规。联合北京市、河北省知识产权检察部门举办"加强京津冀中医药知识产权司法保护检察实务课堂"。宝坻区院建立"京津中关村科技城检察服务站"，滨海新区院与河北检察机关共同签署《关于加强知识产权检察工作协作配合的意见》。

（六）坚持打建结合，构建长效机制

1. 组织集中销毁，加强宣传震慑。2023 年 9 月，市双打办按照 2023 年侵权假冒伪劣商品全国统一销毁行动部署，联合宝坻区人民政府组织承办天津分会场销毁行动。中宣部版权管理局领导莅临天津分会场现场见证销毁行动，根据不同销毁商品特性，采取分类处置方式进行无害化处理。销毁商品涉及市场监管、法院、天津海关等部门查获的假冒侵权阀门、酒、食品、服装鞋帽、化妆品、清洁用品、建材、防疫用品、自行车、五金农具、箱包、造假工具等 21 类 27.32 万件，约 151.47 吨，商品价值约 2186.38 万元。此次销毁行动是对我市打击侵权假冒工作成果的一次集中展示，进行了线上线下媒体广泛宣传，彰显了严厉打击侵权假冒违法犯罪活动的坚定决心和对假冒伪劣零容忍的坚决态度，形成了强大震慑效应。

2. 加强舆论宣传，营造良好氛围。市委宣传部（市版权局）持续做好反侵权盗版社会宣传工作，世界知识产权日版权宣传周期间，组织制作宣传海报，策划拍摄代表版权主题公益宣传片，联合市"扫黄打非"办制作专题片《严打盗版出版物——3·09 摧毁侵权盗版大案纪实》。组织安排地铁、中心城区户外 LED 以及电影院的片前公益广告循环播映天津版权主题宣传片。全市地铁、重点商圈、户外大屏、学校小区共计 14132 块多媒体显示屏滚动播放版权宣传视频，天津地铁每天播放量达 49.46 万次，总计受众人数超过 969 万人次。

三、存在不足之处

一是打击侵权假冒工作进展不平衡。个别区域和部门对打击侵权假冒工作的思想认识不深刻、统筹协调不到位、工作进展不平衡，影响工作落实。监管执法仍然存在宽松软的问题，综合治理能力还需进一步提升，行政执法手段和效能需进一步加强。

二是网络市场侵权假冒问题较为突出。随着电子商务迅猛发展，一些假冒伪劣和侵权商品借助互联网平台大行其道、畅销无阻，不仅损害我市经营者和消费者的合法权益，也扰乱了正常的市场秩序。

三是社会公众对侵权假冒危害认识不够。一些消费者防范维权意识不强，识假辨假能力不足，知假买假的现象还存在，滋生假冒伪劣的土壤没有根本铲除。

四、下一步工作

2024 年，天津市将继续坚持以习近平新时代中国特色社会主义思想为指导，全面贯彻党的二十大和二十届二中全会精神，深入落实习近平总书记视察天津重要讲话精神，按照市场监管总局工作部署，结合

全市工作实际，重点做好以下工作。

（一）进一步加强组织领导，压实工作责任

深入学习贯彻习近平总书记关于加强知识产权保护、打击侵权假冒工作的重要论述和重要指示精神，将打击侵权假冒工作作为保障国家知识产权战略深入实施、维护公平竞争的市场秩序、完善市场化法治化国际化营商环境的重要举措。通过实地调研、走访谈话等形式深入辖区企业了解企业在知识产权保护方面的现状和维权诉求，坚持问题导向，解决企业维权难题。

（二）进一步加强重点治理，查办大案要案

聚焦重点产品、重点领域、重点环节、重点市场，大力推进侵权假冒治理，严厉打击在线销售侵权假冒商品、虚假广告、虚假宣传、刷单炒信等违法行为。始终保持对侵权假冒行为的严打高压态势，加大案件查办力度，尤其是重特大案件、影响恶劣案件，对严重违法行为要依法从重处罚，大幅提升违法成本，做

到"让严重违法者付出付不起的代价"。

（三）进一步加强行刑衔接，形成打击合力

统筹协调各有关行政部门，强化沟通协作，实现信息共享，加大"两法衔接"工作力度，实现司法优先、案件优先，最大限度保障案件侦办，形成打击侵权假冒犯罪合力。充分发挥出行刑衔接机制的优势，坚决杜绝有案不移、以罚代刑和移案不接、降格处理的情况，切实做到当罚则罚、当刑则刑，让不法分子付出惨痛代价，真正起到严厉惩处和强烈震慑作用。

（四）进一步加强舆论宣传，推进社会共治

通过广播电视、报纸杂志、网络媒体等多种渠道，开展全方位、立体式宣传，加强舆论正面引导，广泛开展普法宣传，曝光剖析典型案例，展示打击侵权假冒工作成果，增强人民群众识假辨假能力，提高自我防范意识，自觉抵制侵权和假冒伪劣产品，形成全社会共同打击假冒侵权行为的良好舆论氛围。

（撰稿人：周恒）

河北省打击侵权假冒工作报告

2023 年，河北省打击侵权假冒工作坚持以习近平新时代中国特色社会主义思想为指导，贯彻落实党的二十大精神，紧密结合河北实际，在省委、省政府坚强领导下，严格按照市场监管总局相关工作要求，主动担当作为，坚持依法治理、强化"两法衔接"，坚持专项整治、打建结合，坚持统筹联动、社会共治，持续推进打击侵权假冒工作取得新成效，有力地维护了人民群众合法权益，圆满完成了各项工作任务，为助力全省经济发展、维护社会稳定作出了积极贡献。

一、强化统筹协调，精心谋划部署

省委、省政府高度重视打击侵权假冒工作，于2023 年 3 月 24 日召开打击侵犯知识产权和制售假冒伪劣商品领导小组会议，对年度工作进行周密安排部署。5 月 8 日，省打击侵权假冒工作领导小组办公室印发

《2023 年河北省打击侵犯知识产权和制售假冒伪劣商品工作要点》，部署开展互联网领域治理、重点产品治理、知识产权保护、打击违法犯罪等 8 个方面、64 项重点任务，突出重点难点治理、加强行政保护和司法保护、增强社会共治能力，制定工作台账，明确责任单位分工和完成时限，有效推动各项工作落实。

二、开展专项治理，推进工作落实

2023 年，省市场监管局联合省委宣传部、省公安厅、省文旅厅、省农业农村厅、石家庄海关等成员单位大力开展"剑网 2023""秋风 2023""昆仑2023""春雷 2023""龙腾 2023""铁拳""打假保名优"、知识产权执法"亮剑"等多个专项行动，对重点领域、环节的侵权假冒行为重拳出击。全省共立案查处侵权假冒行政违法案件 6953 件，捣毁黑窝点 97 个；

破获侵权假冒犯罪案件660件，抓获犯罪嫌疑人3500名；批准逮捕侵权假冒犯罪458件640人，起诉868件1491人；一审判决涉侵权假冒犯罪案件790件1385人，有效震慑了侵权假冒违法行为、遏制了侵权假冒违法势头，保护了企业和消费者合法权益。

（一）加大工作力度，强化知识产权保护

一是统筹安排部署。1月，省委主要负责同志召开全省优化营商环境企业家座谈会，提出要落实严格的知识产权保护制度，加强地方立法，《河北省知识产权保护和促进条例》经省人大常委会审议通过，并于11月1日正式施行。省政府主要负责同志出席全省知识产权保护和发展会议，对加强知识产权保护工作进行全面部署。二是开展专项执法行动。3月，部署开展河北省2023年知识产权执法"亮剑"行动，严厉查处滥用、冒用、仿冒、伪造商标、专利、地理标志、特殊标志和老字号等侵权假冒违法行为。在全省确定353个重点实体市场，建立重点市场名录，针对投诉举报较多的实体市场，组织省、市、县三级执法部门开展联动执法。行动开展以来，全省共办理商标案件1527件，涉案货值829.16万元，罚没款合计2629.38万元，移送司法机关31件，案件平均办理周期均同比缩短，有力震慑了侵权违法行为，切实保护了权利人和消费者的合法权益，维护了公平竞争的市场秩序。石家庄市局对商标印制企业进行集中整顿，共检查商标印制企业30家，查办侵犯注册商标专用权案件18件，没收相关物品12.6吨，罚款15.1万元。三是完善考核机制。将知识产权执法作为质量强省重要指标，纳入各级党委、政府绩效考核和营商环境评价体系，考核结果作为评价领导班子和领导干部的重要依据。

（二）开展联合行动，整治商品过度包装

省市场监管局联合发改、工信、商务、农业、供销社等部门印发茶叶过度包装专项治理行动实施方案，成立河北省茶叶过度包装专项治理领导小组和工作专班。在全省范围内组织开展常态化商品过度包装专项执法行动，在端午、中秋、国庆等重要时间节点，加大对月饼、茶叶、粽子等节令商品相关违法行为的打击力度。定期对全省专项治理行动进展情况进行梳理汇总，报送总局专项治理工作专班。组织各市、县市场监管部门执法骨干进行集中培训，讲解茶叶过度包装执法实务，提升执法人员在茶叶过度包装执法方面的业务能力。会同发改、商务、供销部门以及省消保委、茶叶流通协会深入石家庄第二届国际茶业博览会开展主题宣传，发布"倡导茶叶简约包装，推动绿色文明消费"倡议书。向省内外400余家茶叶生产经营企业宣讲法律法规、标准规范，接受消费者关于茶叶过度包装相关问题的咨询，发放倡议书及宣传页1000余份。发布2批12件商品过度包装典型案例，有效提升全省打击商品过度包装工作的社会影响力。

（三）部署专项行动，打击重点领域违法

一是开展加油机作弊综合治理专项行动。联合省公安厅、省商务局、省税务局、省政务办部署开展河北省综合治理加油机作弊专项行动，成立专项行动领导小组，组建综合治理加油机作弊专项行动工作专班及技术专家组，组织执法人员和技术专家，对全省工作开展情况进行督促指导。保定、唐山、廊坊等市查处涉及加油机作弊案值100万元以上案件共5件。通过省市场监管局微信公众号和官网发布7件加油机作弊典型案例。二是进一步强化燃气安全监管执法责任落实，加强燃气领域执法力度，坚决消除安全隐患，通过省市场监管局微信公众号和官网发布5件典型案例，行动取得初步成效。三是部署开展2023年化肥等农资产品质量安全专项整治行动，以化肥、农用薄膜等农资产品为重点，加大对农资领域制假售假等违法行为的打击力度、宣传力度和共治力度。河北省石家庄市藁城区市场监管局查处河北联丰肥业有限公司生产销售假冒专利的化肥案，河北省无极县市场监管局查处陈某某生产不合格化肥案，入选市场监管总局典型案例。四是开展儿童和学生用品安全守护行动。聚焦人民群众反映强烈、社会舆论关注和风险较大的儿童和学生用品，加大对新型"网红"玩具、危险文具用品、儿童纺织产品、婴童用品等重点产品的监管力度，持续开展监督检查和专项整治。共检查生产企业732家（次），重点商超和批发市场7822家，整治问题隐患105个，封存不合格产品及无"3C"产品3340台件，有效保障少年儿童身体健康安全。

（四）创新监管方式，有效助力企业发展

省市场监管局以企业实际需求为出发点，不断探索护航企业发展新模式，在全省范围内开展"打假保名优"活动，进企业、问需求，共走访企业 3294 家次，深入了解企业在生产经营中面临的困难和侵权假冒等问题，逐一制定针对性解决措施。并选取 1150 家省内外知名品牌产品生产经销企业，建立打击侵权假冒常态化协作机制，拓宽政企沟通渠道、强化政企交流互动，借助企业打假资源、拓宽案件线索来源，充分调动企业参与共治积极性。全省市场系统共查办侵权假冒和质量不合格案件 3503 件，涉案金额 2264 万元，有效遏制了侵权假冒违法行为的多发态势。石家庄市长安区市场监管局联合公安机关破获河北逸冠文化传媒有限公司涉嫌生产经营假冒高档白酒案，捣毁生产经营假冒白酒窝点 2 处，现场查获假冒"茅台""五粮液"等 13 个知名品牌白酒年份酒 6679 瓶，涉案货值超 5.77 亿元。省市场监管局指导市县两级执法部门查处邯郸市鸡泽县非法制造加工"蓝月亮"洗衣液黑窝点，共查获"蓝月亮"洗衣液产品 13 吨，"蓝月亮"包装纸箱 2400 个，"蓝月亮"洗衣液空瓶 720 个，货值总计 166624.8 元，当事人的违法行为涉嫌犯罪，已移交公安部门。开展宣传活动 1200 余次，打假保名优活动成效逐步显现，有力维护了公平竞争市场秩序和企业合法权益。

（五）畅通投诉渠道，全面及时核查处理

省市场监管系统已经实现投诉举报线上线下一体化，并统一应用全国 12315 平台处理投诉举报业务，投诉举报渠道主要有手机 APP、微信和支付宝小程序、互联网网站等线上渠道，以及 12315 电话、来人来函和 12345 转办工单等线下渠道。其中线上渠道的投诉举报工单，通过全国 12315 平台自动分发到被投诉举报对象所在县区局，线下渠道的投诉举报工单由全省各级 12315 部门全部及时录入全国 12315 平台。截至 11 月底，全省共接收打击侵犯知识产权和制售假冒伪劣商品、制售假冒伪劣产品类举报 15353 件，按时核查率 99.83%。

（六）加快数字赋能，优化执法平台应用

一是加强统筹协调。省市场监管局成立由执法稽查局、企业信用研究中心专门人员组成的工作专班，负责推进总局"数字 + 执法"能力提升三年行动各项工作任务落实。印发《河北省市场监督管理局关于加强市场监督管理行政执法平台应用管理工作的通知》，进一步推动市场监管行政执法平台的应用和管理。组织全省执法系统积极参加总局于 6 月 13 日组织的平台管理员集中培训，并派员对各地平台使用进行指导培训，提高各级管理员对总局平台操作应用能力。二是建立并优化执法办案系统。省行政执法办案系统 2019 年开发建设，2020 年 1 月开始启用，并按照总局数据规范标准进行了升级改造完善。实现了案件全流程办理、全省四级（省、市、县、所）应用。三是强化数据推送工作。11 月底，河北省市场监管局与总局执法办案平台实现数据全面对接交换互通。目前，2024 年执法数据同步向总局执法平台推送，2023 年执法案件数据已全部向总局执法平台完成推送，入库 73732 条案件信息。四是强化执法人员培训。为了积极推进"数字 + 执法"能力提升三年工作计划，分别对全省 1500 多名基层执法人员进行了系统操作以及行政处罚信息公示、信用修复、列入严重违法失信名单、"数字 + 执法"工作等有关内容的培训。五是积极推进总局执法平台认证。省市场监管系统辖区省级单位 1 个、市级单位 14 个、县级单位 173 个，合计 188 个单位，执法人员 20432 人，已全部通过认证、激活，全体执法人员可利用平台辅助开展执法办案，有效提升了市场监管执法效能，为全面应用总局市场监管执法平台奠定了良好基础。

三、加强机制建设，形成工作合力

（一）加强跨部门联动

贯彻落实《关于加强市场监督管理行政执法与刑事司法衔接工作的指导意见》，不断健全行政执法部门与公安、检察、法院行刑衔接机制，加大对违法犯罪案件查处力度，3 月 15 日，省市场监管局与省高级人民法院联合印发《关于落实强化知识产权协同保护意见的通知》，不断深化知识产权行政保护与司法保护合作，共同推动构建知识产权"严保护、大保护、快保护、同保护"工作格局。邯郸市场监管局综合执法局与邯郸市公安局食药支队实现执法力量深度融合，组建成立全省第一家"数据化合成作战中心"，打破部门间的数据屏障，实现信息共享，市场监管局10名执法人员与公安局15名民警混合编组，实行集中办公、联合执法，在执法手段上实现优势互补、强强联合，专司查处打击食品药品知识产权违法犯罪。该中心成立伊始，就一举打掉苗雪平涉嫌生产、销售侵犯他人注册商标食品黑窝点，共查封扣押涉嫌假冒食用糖、食用纯碱、奶茶预拌糖基料等30种成品和原料400.69吨，以及叉车、汽车、搅拌机、皮带传送机等用于违法生产经营的工具、设备。

（二）加强跨区域协作

一是深入推进打击侵权假冒跨区域协作，在《京津冀营商环境一体化发展监管执法领域合作框架协议》基础上，于11月27日签署《京津冀知识产权执法协作协议》，三地共同构建跨区域知识产权执法协作机制，强化跨区域知识产权保护。二是携手京津联合部署开展"打假保名优"活动和"知识产权亮剑"行动。联合查办"五粮液""华龙面粉""骆驼蓄电池"等一系列跨区域侵权假冒案件。三是推进执法协作在基层落实落地，指导张家口市与北京市朝阳区签署《跨区域市场监管综合执法协作协议》，指导怀来、赤城、涿鹿县与北京市延庆区、门头沟区签订《跨区域市场监管综合执法联盟协议书》，指导廊坊市香河县与天津宝坻区签署《津冀市场监管基层所综合执法合作协议》，省市县所四级执法协作机制日益完善。

四、加大宣传力度，推动社会共治

一是开展宣传活动。组织各成员单位围绕重要时点、重点部署、重大行动，开展各种形式宣传活动。举办"4·26"知识产权宣传周活动、开设知识产权相关课程、组织专题新闻报道等形式增强全社会尊重和保护知识产权的意识，向全省手机用户推送知识产权保护公益短信息1.6亿条，引导社会公众自觉抵制侵权假冒行为。二是开展销毁活动。省市场监管局分别于6月和9月组织开展民生领域案件"铁拳"行动罚没物品集中销毁活动和侵权假冒伪劣商品全国统一销毁行动（河北分会场），累计销毁食品、药品、烟草、日化品、农资、鞋服、童车、非法出版物等10大类300余吨假冒伪劣商品，向社会各界彰显了河北打击侵权假冒的决心。三是发布典型案例。省市场监管局定期向社会发布市场监管领域典型案例，曝光违法行为，发布各类典型案例21批174起。四是召开新闻发布会。12月12日召开"河北省打击侵权假冒工作情况"新闻发布会，向社会发布2023年以来全省打击侵权假冒工作等情况，进一步营造推进打击侵权假冒工作良好舆论氛围。五是制作电视节目。指导石家庄市局与石家庄广播电视台签署战略合作协议，共同推出《品牌石家庄》栏目，利用石家庄广播电视台媒体资源，采取"无线石家庄＋微信公众平台＋视频号同名账户"同步更新的方式，为优秀的石字号品牌进行全方位、多角度的品牌传播服务。

五、开展业务培训，增强执法能力

2023年，省市场监管局举办多期综合执法业务能力培训班和案例交流活动，通过集中授课、案例交流、以案代训等形式，为执法人员提供学习和相互借鉴先进工作经验的平台，全面提升执法队伍的政治素质、业务水平和作风素养。全省各级共举办知识产权行政管理和执法办案培训班218次，培训学员23272人次，主要涉及商标执法、专利执法、地理标志、海外纠纷应对等主题。省市场监管局还举办"知识产权保护能力提升专题网班"，对各市、县党委政府和雄安新区党工委管委会分管负责同志及知识产权议事协调机构成员单位分管负责同志等1295人进行专题培训。

六、下一步工作打算

2024年，全省将坚持依法治理、打建结合、统筹协作、社会共治，保持打击侵权假冒违法犯罪行为高压态势，坚决守住质量安全底线，为促进经济社会高质量发展提供有力保障。

（一）创新工作方式

针对侵权假冒行为新变化新特点，创新监管方式，深入分析侵权假冒趋势动态，提升行政执法、刑事司法和监管部门效能。统筹推进信用监管、智慧监管和"双随机、一公开"监管，增强侵权假冒防范预警和早发现、早查办、早处置综合能力。

（二）严打违法行为

部署开展守护知识产权专项行动，持续开展"打假保名优"活动，重点打击商标侵权、伪造或冒用地理标志、恶意申请注册商标等违法行为，为保护企业和消费者的合法权益提供坚实保障，助推企业健康快速发展。

（三）开展销毁活动

按照总局工作部署，结合全省工作实际，适时组织开展侵权假冒伪劣商品集中统一销毁行动，震慑和遏制侵权假冒违法行为，向社会各界展示全省市场监管部门在规范市场秩序、打击违法行为、保护消费者权益、维护社会公平正义方面取得的成效。

（四）推动社会共治

进一步加强组织领导，压实各方责任，持续完善各方参与、齐抓共管、协同高效的工作机制。深化跨区域打击侵权假冒执法协作，不断完善京津冀打击侵权假冒工作协调机制。加强社会共治，畅通投诉举报渠道。发挥行业自律作用，共同构建打击侵权假冒工作格局。

打击侵权假冒，关系人民群众切身利益，关系经济高质量发展，关系社会和谐稳定，是一项重要的"民心工程"，我们将在市场监管总局和省委、省政府的坚强领导下，攻坚克难、真抓实干，始终保持高压态势，更好维护广大权利人和消费者的合法权益，营造良好的市场环境。

（撰稿人：程鹏鹏）

山西省打击侵权假冒工作报告

2023 年，山西省坚持以习近平新时代中国特色社会主义思想为指导，认真贯彻落实党中央、国务院关于深化知识产权强国战略、有效支撑创新驱动发展部署要求，坚持以高质量发展为主题，注重统筹谋划、狠抓专项整治、强化协作配合、凝聚各方合力，严厉打击侵犯知识产权和制售假冒伪劣商品违法行为，有效激发市场主体创新活力，依法保护权利人、消费者合法权益，打击侵权假冒工作取得积极成效。

一、基本情况

2023 年，山西省各级各有关部门持续聚焦关系群众切身利益、侵权假冒伪劣问题突出的重点产品、重点区域和重点领域，深入开展"秋风""剑网""昆仑""蓝网""龙腾"和"四季守护 铁拳出击"等专项行动，严惩侵权假冒违法行为，打击侵权假冒取得显著成效。全省行政机关共查处侵权假冒案件 20975 件，罚没款 1.64 亿元，移送公安机关 193 件；公安机关破获侵权假冒刑事案件 823 件，抓获犯罪嫌疑人 1069 人；检察机关批捕侵权假冒犯罪案件 274 件，起诉 414 件；审判机关受理侵权假冒案件 368 件，审结 338 件，判决 574 人，释放出重典治乱的强烈信号。

二、主要做法和成效

（一）强化统筹谋划作用，坚持工作高位推动

山西省委、省政府高度重视打击侵权假冒工作，省委常委会、省政府常务会专题研究知识产权保护工作，将打击侵权假冒工作纳入全省经济社会发展的总体部署来抓，列入平安山西建设考核的重要内容。4 月 12 日，省打击侵权假冒领导小组办公室与中国外商投资企业协会优质品牌保护委员会在山西太原共同举办"打击侵权假冒 保护知识产权"交流活动，法院、检察院、公安、海关等 26 个成员单位和耐克、伊顿、索尼、西门子以及安踏等外资品牌企业深入交流打击侵权假冒工作，签署《打击侵权假冒协作机制合作备忘录》，切实保护国内外企业知识产权等合法权益，营造尊重知识产权、鼓励创新发展的良好营商环境。10 月 22 日，举办沿黄九省（区）知识产权协作保护暨地理标志产业发展系列活动，积极探索创新知识产权协作保护机制，加强政策协同，凝聚工作合力，为黄河流域发展战略提供新动能新助力。组织检察、公安、农业、邮政等部门对白酒、农资、食品等侵权假冒重点领域突出问题进行分析研究，明确职责任务、健全联动机制，狠抓工作落实，切实推动打击侵权假冒工作取得实效。

（二）突出重点领域整治，加大行政执法力度

省委宣传部、省版权局聚焦关键监管领域，联合省公安厅、省电影局等部门，组织开展院线电影版权保护工作，积极与中宣部电影质检所沟通，协助搜集案源线索，畅通线索移转渠道。印发《关于做好青少年版权保护工作的通知》，全面加强青少年版权保护工作，开展"青少年版权保护季"行动，对各类出版物市场、印刷企业、物流市场开展检查，严厉整治教材教辅、少儿图书等领域的侵权盗版问题。开展"剑网2023"专项行动，联合公安、网信、通信等部门狠抓网络环境下的侵权盗版问题，以查办案件为重要抓手，严打网络侵权盗版行为。全省查办各类侵权盗版案件53件，同比增长140%；晋城市公安、版权部门联合查办的"11·29侵犯著作权"被中宣部版权局等5部门重点挂牌督办。省国资委认真组织省属企业集团本部和子公司开展2023年度软件正版化核查工作，对省国资委机关和省属企业共计1000余人进行了软件正版化在线培训。积极选树典型示范，山西格盟中美清洁能源研发中心有限公司被授予"2023年度山西省版权示范单位"称号。省市场监管局聚焦关系群众切身利益的重点领域，开展"四季守护 铁拳出击"专项行动，严查质量不合格、掺杂掺假以及侵权假冒等违法行为，清除市场乱象、消除顽症痼疾，护航群众生产生活安全。开展知识产权执法"百日行动"，聚焦重点领域、区域和重点产品，严厉打击商标侵权、假冒专利以及违规使用地理标志等违法行为，及时公布典型案例，有力保护权利人合法权益，维护创新发展良好环境。太原海关以出境侵权邮件为打击重点，为邮件监管现场增配CT机，推广应用"智能审图"和查验单兵"商标智能识别"掌上查功能，辅助一线关员快速、精准判断侵权商标嫌疑。将知识产权保护工作融入全省产业发展战略，聚焦产业链、专业镇，深入陶

瓷、法兰、玻璃器皿等企业开展调研，指导企业申请知识产权海关保护备案。省农业农村厅全力推进农资打假专项治理，严查严打"农资忽悠团"，查来源、查兜售、查使用，对"农资忽悠团"线索实行"一处发现、各市联查、全省通报"，为广大农民群众构建"保护网"，有力维护了农资市场秩序，助推了"特""优"农业高质量发展。省药监局开展药品安全巩固提升行动，深化风险隐患排查，严厉打击违法违规行为，创新采用"穿透式""审计式""一企一策"等检查方法，筑牢"两品一械"质量安全防线。"山西运城6·15制售假儿童用药案"和"山西运城兰某等人制售假助孕药案"药品犯罪案件2件被国家药监局与公安部联合挂牌督办。省卫健委开展消毒产品监督抽检和抗（抑）菌制剂乱象治理，检查抗（抑）菌制剂实体经营、使用单位4956家，抽检产品1792个，电子商务平台29个。省林草局以全省重点造林工程为主，开展全方位、全覆盖多样式种苗执法检查活动，重点抽查造林工程用苗、种苗交易市场等关键部位，严厉打击假冒伪劣、无证无签、未审先推、抢采掠青等种苗生产经营违法行为，推动种苗许可、标签、档案、检验等制度落实。省委网信办高度重视网上侵权假冒信息清理工作，将侵权假冒相关信息作为日常监看重点，全时段、全网域、全平台加强相关信息的巡查监看、分析研判和转办督办，确保及时发现、及时处置热点敏感舆情和有害信息。省发改委信用信息共享平台归集涉及知识产权领域行政处罚668条，其中包括广告虚假宣传和违反商标法等内容，依法依规通过"信用中国（山西）"网站信用信息公示系统予以公示。省文旅厅部署开展文化市场"夏安""开学季"校园周边整治等专项行动，重点查处校园周边文化市场无证销售出版物、经营盗版教辅资料和非法出版物等行为，重拳打击通过网络传播、销售盗版影视作品、音乐作品、文学作品等行为。省商务厅从源头遏制侵权假冒风险发生，严格落实展会知识产权保护制度，全年发布知识产权保护典型案例48个，编制中英文版《山西外商投资指南》，为外资企业在晋投资创造良好营商环境。省通信管理局开展2023"固源行动"专项治理加大监管措施，建立24小时违法违规网站应急处置机制，配合相关成

员单位处置违法违规网站 25 个，全省网站备案率达 100%。人行太原中心支行积极推进全省涉企信用信息归集，确保征信平台数据持续增量扩面，"信通三晋"服务平台已归集共享 99 各部门和单位等涉企信用信息 15.93 亿条，累计帮助 1.05 万户企业获得授信 7567.91 亿元、实现融资 2436.17 亿元。

（三）提升司法保护力度，营造公平竞争环境

省公安厅部署开展"昆仑2023"专项行动，严厉打击食品、药品、日用品以及侵犯知识产权等重点领域制假售假违法犯罪，全省公安机关相继侦破晋城"8·25"销售假冒注册商标的矿用设备案等一批重大案件并及时上报公安部，共有 15 起案件被列为公安部督办案件。其中，太原"8·11"假冒注册商标案受到公安部高度关注，晋城"11·29"侵犯视听作品著作权案被中宣部版权局、公安部食药侦局等五部门列为联合挂牌督办案件，临汾"3·15"生产、销售伪劣电缆案、运城"6·15"生产销售假儿童用药案等 4 起案件受到公安部贺电表扬。省检察院发挥刑事、民事、行政、公益诉讼检察职能，积极创新检察监督质效，以"打击侵权假冒""食用农产品三年专项行动""质量强省"等专项行动为抓手，积极推进打击侵权假冒工作。省法院以优质高效的知识产权审判服务和保障高质量发展，在涉及老传统特色产业产品的注册商标保护上确立权利共存原则，依法审理"沁州黄""诚意祥""汾酒"等涉及传统特色产业产品商标侵权案，综合考虑历史因素和现实情况，满足社会公众对公平正义期待的同时，促进社会经济健康发展，受到最高人民法院的肯定。

（四）加强专业人才建设，提升履职尽责能力

省市场监管局举办首届执法办案技能大比武，选拔优秀电子取证人才，组建全省执法稽查电子取证人才库，在第三届全国市场监管系统执法办案电子数据取证大比武中，山西代表队取得团体三等奖的好成绩。组织开展全省侵权假冒案件查办情景教学培训班暨首届案例评审活动，采用"办案人讲述＋专家点评""PPT展示＋案卷查阅"的新模式，强化案件指导、增进执法交流，全面提升基层执法人员处置复杂案件问题的能力水平。省版权局于 2023 年 9 月 4 日至

9 日在中南大学举报全省版权工作业务培训，持续巩固政府机关和国有企业软件正版化工作成果，逐步推动民营企业软件正版化工作。全省各级政府机关、企业组织软件正版化工作培训 371 次，参训单位达到 2338 家次，参训人数达到 87510 人次。省公安厅开办线上"公安食药侦大讲堂"培训班 4 期，专题讲解新颁布实施的司法解释、部门行业标准等内容，参训人员 2440 人次。举办全省公安食药侦业务培训班和大比武活动，邀请公安部和部属公安院校专家、全省基层实战能手，对食药环领域的法律适用、办案技巧进行培训，讲解剖析典型案例，总结提炼技战法，取得良好效果。省检察院于 5 月 29 日至 6 月 2 日，联合省市场监管局（省知识产权局）在国家检察官学院山西分院举办以"知识产权协同保护、提升知识产权案件办理水平"为主题的同堂培训班，全省检察、知识产权和公安机关共 140 余名知识产权执法骨干同参加培训，统一工作认识，促进部门协作，实现"高质效办好每一起知识产权案件"。省法院于 6 月 5 日至 8 日举办全省法院知识产权审判工作培训，全省各级法院从事知识产权审判工作业务骨干共计 80 人参加培训，切实解决知识产权案件审判实务中遇到的疑难问题，提升全省审判工作质效。

（五）强化正面宣传引导，营造社会共治氛围

省政府新闻办组织召开"知识产权保护工作"专题新闻发布会，从公正司法、监督执法、打击犯罪、依法行政等角度介绍全省保护知识产权、打击侵权假冒工作成效、典型案例。定期指导协调各市新闻办和有关部门在当地主流媒体和门户网站，对打击侵权假冒工作进展、阶段性成果等信息进行公开。省市场监管局举行"四季守护 铁拳出击"行动专题新闻发布会，介绍专项行动的整治重点、时间安排、主要举措以及重要意义，通报市场监管在打击侵权假冒工作的推进情况和取得的主要成效。分批分类发布典型案例 10 批次 90 起，新华网、央广网、中国质量网、中国市场监管报等中央媒体报刊多次对山西打击侵权假冒工作做了宣传报道。省委宣传部以"加强版权法治保障 有力支持全面创新"为主题，围绕版权创造、运用、保护、管理、服务各个环节，在全省范围内组织

开展版权宣传进企业、进校园、进机关、进媒体、进商圈、进街区、进景区"七进"活动，努力营造"尊重版权、崇尚知识、诚信守法"的良好舆论氛围。太原海关紧扣"保护知识产权　推进创新发展"主题，开展知识产权保护进企业宣传活动，运用实物、图片资料等展示典型案例，宣传海关知识产权保护专项执法行动取得的成果，听取企业诉求建议，现场答疑解惑。省税务局将打击侵权假冒工作与各项税收日常工作结合，积极发挥税收职能，利用办税服务大厅电子显示屏、宣传海报等方式大力宣传打击侵权假冒、保护知识产权法律科普知识，引导和调动纳税人和缴费人守法意识，提升行业自律，形成社会共管共治、经济良性健康发展新局面。全省各级人民政府和相关职能部门，积极畅通投诉举报渠道，鼓励社会公众通过政府12345政务服务便民热线、12315投诉举报平台（山西）以及政府门户网站、信箱信访等途径，反映各类侵权假冒伪劣问题，及时核查处置和结果反馈。定期发布"全省市场监管类投诉举报数据分析报告暨消费提示"工作，极大保障消费者的知情权和选择权，努力营造安全放心舒心消费环境。

三、存在的主要问题

在打击侵权假冒工作中，部门间执法协作信息化手段运用还不够有力，问题线索推送、案件信息共享以及协查互认等机制建设仍需深入推进。执法队伍建设还需加强，复合型执法人才数量少，基层执法力量、人员结构以及执法装备保障等与当前打击侵权假冒任务要求仍有差距。领导小组、工作机构调整后，成员单位职能职责、主要任务以及工作运行机制需要进一步优化完善。

四、工作建议意见

一是要完善工作运行机制。增加基层调研的频次，在打击侵权假冒工作顶层设计、统筹谋划中，紧贴当前打击侵权假冒工作重点和基层工作实际，切实提升各地打击侵权假冒工作针对性、有效性。

二是要优化"两法衔接"信息平台。目前打击侵权假冒"两法衔接"信息共享平台存在功能单一、信息分散和数据要素不全等现象，建议进一步优化整合现有平台或信息系统，便于各地精准掌握侵权假冒相关信息，针对性地开展打击侵权假冒工作。

三是要加大激励机制建设。进一步加大打击侵权假冒先进个人、办案能手及优秀案例的评选活动，建立表彰激励制度，予以适当的物质及精神奖励，进一步提高成员单位和基层执法人员工作积极性和荣誉感。

（撰稿人：赵秋生）

内蒙古自治区打击侵权假冒工作报告

一、主要工作措施

（一）完善制度法规

一是为深入贯彻落实中央宣传部、最高人民法院、最高人民检察院等九部门联合印发的《关于加强侵权假冒商品销毁工作的意见》，制定印发了《内蒙古自治区侵权假冒商品销毁工作制度》，完善了制度保障。二是印发《内蒙古自治区党委、自治区人民政府贯彻落实〈知识产权强国建设纲要（2021—2035年）〉实施方案》，提出23条加强知识产权强区建设和保护工作的具体措施。三是起草了《内蒙古自治区专利促进与保护条例（草案）》，并列入2023年自治区人大审议项目，2023年9月27日由内蒙古自治区人大常委会发布，2023年12月1日起施行。四是提请自治区人民政府印发《内蒙古自治区专利奖评奖办法》，就做好全区专利奖评奖工作提出具体要求（共计24条），知识产权地方法规和相关政策不断完善。

（二）加强培训提升

组织"全区市场监管系统执法骨干人员业务能力提升培训班"、"全区知识产权高质量发展及保护能力提升培训班"围绕知识产权执法、打击侵权假冒工作实践等内容开展培训工作。通过培训有效提升了打击侵权假冒工作人员的责任意识和业务水平。

（三）强化绩效考核

打击侵权假冒工作纳入内蒙古社会治安综合治理工作（平安建设）考核，积极参与对盟市的社会治安综合治理工作（平安建设）年终绩效考核，2023年1月，对盟市双打工作完成评分，形成《2022年自治区打击侵权假冒工作考核结果报告》报自治区平安办。

二、工作亮点

（一）组织开展侵权假冒案件查办工作

组织各盟市及相关成员单位围绕农资、食品、药品、文化用品等重点产品，以商场、超市、专业市场等重点领域，组织开展执法检查行动，严厉查处各类侵权假冒违法犯罪行为。2023年，全区行政执法机关共查办侵权假冒案件3050件，办结3092件，涉案金额4073.9万元，罚没金额2088.01万元，移送司法机关56件4人，捣毁窝点1个；公安机关破获1036件，抓获犯罪嫌疑人1429人，涉案金额115357.88万元；检察机关批捕案件207件335人，起诉590件984人；审判机关受理案件315件，审结208件，判决400人。全区市场监管部门共查办侵权假冒案件2255件，办结2089件，涉案金额908万元，罚没金额1322.3万元。

（二）开展打击侵权假冒销毁工作

组织各成员单位围绕"4·26"等重要节点，开展打击侵权假冒伪劣商品集中销毁活动，制定印发了《2023年内蒙古自治区打击侵权假冒工作领导小组办公室开展侵权假冒伪劣商品集中统一销毁工作方案》，强力表明全区监管执法部门打击侵权假冒行为，维护消费者合法权益的决心和信心，有力震慑了侵权假冒违法分子。2023年，全区各盟市及相关成员单位组织销毁假冒伪劣商品中主要包括食品、烟酒、纺织服装、建筑管材以及侵权假冒农资产品等1170.97吨，货值4813.92万元。其中，自治区市场监管局执法稽查局联合呼和浩特市市场监管局开展打击侵权假冒伪劣商品集中统一销毁行动。此次依法销毁侵权假冒伪劣商品有防疫物资、食品、烟酒、手表等共计30余吨，货值613.54万元。销毁在环保部门的监督下采取碾轧、拆解、破碎等符合环保要求的无害化处理方式进行。

（三）"衣食住行"等重点民生领域"铁拳"整治工作持续开展

为进一步解决人民群众在"衣食住行"领域消费的难点、痛点、堵点问题，自治区市场监管局连续五年在全区范围内开展"衣食住行"领域专项整治工作，深入打击"衣食住行"领域质量不合格、仿冒混淆、侵犯知识产权和制售假冒伪劣商品、侵害消费者合法权益等违法行为，进一步优化营商环境，让老百姓买得放心、用得放心、吃得放心。截至11月底，全区各级市场监管系统在开展专项整治中共出动执法人员28.01万人次，检查经营主体14.96家次，立案查处17166件，移送公安机关91件，查办大要案156件，涉案货值1142.17万元，罚没款金额11544.59万元。向社会发布典型案例14批130个案件。通过开展专项整治，一批突出问题得到集中处置，有力震慑了不法行为，净化了市场环境，维护了消费者合法权益，赢得了国家双打考核组的充分肯定和人民群众广泛好评。

（四）开展加油机作弊专项整治行动

2023年8月，自治区市场监管局联合公安厅、商务厅、税务局制定印发《综合治理加油机作弊专项行动方案》（内市监稽字〔2023〕469号），按照"打团伙、追源头、断链条、补漏洞"总要求，在全区范围内开展加油机计量作弊专项行动。截至11月底，检查组共对全区各盟市的262家加油站（其中包括市场监管总局、自治区公安厅移送的案源线索24家）进行了执法检查，共立案27起，结案2起，责令整改16家，没收加油机8台，罚款4000元，没收非法所得1186.93万元，移交税务机关涉税案源线索9条，现已补缴税款、罚没款共计2968.88万元，其余涉税案源线索正在核实中。

（五）持续开展商品过度包装治理工作

自治区市场监管局、自治区发改委联合制定印发

《进一步加强商品过度包装治理 2023 年工作要点的通知》（内发改环资字〔2023〕682 号），在全区范围内开展商品过度包装治理工作。2023 年 5 月，自治区市场监管局联合自治区发改委、工信厅、农牧厅、商务厅、供销合作社联合社印发《茶叶过度包装专项治理行动实施方案》（内市监稽字〔2023〕240 号），在开展茶叶过度包装专项治理行动中，截至 11 月底，全区共出动执法人员 5481 人，检查经营主体 3155 家，责令改正并警告 2 件，查处涉茶叶案件 1 件，罚没款合计 5020 元。自治区市场监管局开展专项整治行动取得的成效被总局茶叶过度包装治理行动简报第 3 期和第 10 期采用。

（六）严厉打击商标侵权假冒和商标恶意抢注行为

印发了《2023 年知识产权执法专项行动方案》（内市监稽字〔2023〕495 号）针对食品、化妆品、防疫用品、农资、汽车配件、家用电器等重点商品和集贸市场、批发市场、商场、超市、专营服务店等重点场所，加大监管执法保护力度，严厉查处各类商标侵权假冒行为，并在全区开展实施，构建自治区、盟市、旗县（区）三级知识产权行政执法联络体系，确立执法联络员。1—12 月底，全区共部署开展知识产权执法行动 5013 次，共出动执法人员 21107 人次，开展实体市场执法行动 5121 次，实体市场出动执法人员 12554 次，辖区重点实体市场 2464 个。其中，立案 436 件，结案 426 件，涉案金额 442.46 万元，罚没款金额 358.72 万元，移送司法机关 15 件。

（七）加强专利侵权纠纷行政裁决

印发了《内蒙古自治区知识产权局加强专利侵权纠纷行政裁决工作实施方案》，提出规范办案程序等八项重点工作，确定呼和浩特、通辽等 4 个盟市为首批自治区级专利侵权纠纷行政裁决示范建设地区。制定《内蒙古自治区市场监管局 知识产权局专利侵权纠纷行政裁决办法》，进一步细化了专利侵权纠纷行政裁决程序规范和实体标准。2023 年，全区共办理专利侵权纠纷案件 44 件，其中以行政调解书方式办结 10 件，以行政裁决决定方式办结 30 件，撤案 4 件；知识产权技术调查官参与办理案件 40 件，参与人员 127 人次。同时，认真落实自治区高级人民法院、市场监管局、知识产权局《关于深入推进知识产权纠纷多元化解工作的实施意见》，2023 年共办理知识产权纠纷行政调解司法确认案件 24 件，较 2022 年增加 16 件，增长 200%，知识产权纠纷调解能力明显提升，诉调对接机制作用充分发挥。

（八）开展"昆仑 2023"专项行动

按照公安部部署，内蒙古自治区公安厅成立了由主要负责同志任组长的专项行动工作领导小组，并制定了《全区公安机关"昆仑 2023"专项行动工作方案》，持续推进打击假冒伪劣犯罪工作。截至 12 月底，全区公安机关侦破侵犯知识产权和制售伪劣商品犯罪案件 790 起，抓获犯罪嫌疑人 1033 名，涉案总价值 15.23 亿元。破获非标油案件 70 起，抓获犯罪嫌疑 94 人，涉案金额达 2.8 亿余元。9 起案件申报公安部督办案件，47 起案件列为厅督办案件。

（九）部署开展"知识产权检察护航'内蒙古品牌'专项监督活动"

2023 年 3 月，为深入贯彻落实全区检察长会议精神，积极推进老字号、新品牌的知识产权法治保障，充分发挥检察机关打击侵权假冒、维护公平竞争、服务创新发展等职能，全面服务保障内蒙古品牌创新驱动发展战略，自治区检察院围绕中国驰名商标、国家地理标志证明（集体）商标、中国地理标志保护产品、中华（内蒙古）老字号等在全区检察机关开展知识产权检察护航"内蒙古品牌"专项监督行动。

（十）开展"龙腾"专项行动

连续 7 年组织开展"龙腾"行动，重拳打击进出口环节侵权违法行动，营造良好营商环境。2023 年，呼和浩特海关启动知识产权海关保护措施 35 次，查扣侵权案件 34 批次，涉及电子产品、服装、鞋袜、汽车用品等侵权货物总数 3063.5 个 / 件，涉案金额共计 26401.40 元。印发《2023 年呼和浩特海关知识产权保护专项行动方案》，在寄递渠道开展知识产权保护专项执法行动（代号"蓝网行动"），分管关领导主持召开知识产权海关保护专题工作会议，确保"龙腾"行动有序推进。结合关区实际，继续加大货运渠道打击力度，针对关区铁路、陆路口岸出口货物特点，定期开展侵权风险评估情况，实现长效监督"无中断"。

（十一）开展药品、医疗器械专项整治

自治区药监局始终坚持"以人民为中心"的监管理念，贯彻落实"四个最严"要求，加大案件查办力度，守牢药品安全底线不放松，部署实施中药饮片、儿童化妆品等专项检查，组织开展医疗器械质量安全风险隐患排查治理，在监督检查、执法办案的有效衔接上求突破，依法严厉打击侵权假冒违法行为，1—12月，全区查办"两品一械"普通程序违法案件4318件，同比增长50.66%，货值金额1000万元以上案件3件，责令停产停业26户，撤销药品经营许可证3张，移送公安机关案件218件，罚没款5819.06万元，形成强有力震慑态势，有效营造公平竞争市场环境。

（十二）积极推动建立联动执法协作机制

一是加强部门执法联动。自治区市场监管局、公安厅、检察院、高级人民法院、药监局印发《内蒙古自治区市场监管领域行政执法与刑事司法衔接工作实施（暂行）办法》，被公安部七局以典型经验在全国推广；自治区市场监管局、知识产权局、公安厅印发《关于在打击侵权知识产权违法犯罪工作中加强行政执法与刑事司法衔接配合的暂行规定》；自治区检察院、自治区知识产权局、自治区版权局共同印发了《加强知识产权协同保护合作框架协议》严厉打击侵权知识产权违法犯罪活动；自治区公安厅、检察院、高级人民法院印发《关于办理成品油违法犯罪案件规范扣押油品处置工作的通知》，进一步明确和规范了案件移送、审查监督、成品油扣押处置等工作。二是开展跨区域执法协作。自治区双打办联合印发《京津冀晋蒙五省（区、市）打击侵权假冒区域协作共同指引》；自治区公安厅与北京市公安局签订《京蒙食药环侦业务领域合作协议》；自治区市场监管局签订《东北三省一区市场监管部门知识产权执法协作备忘录》；自治区知识产权局签订《华北五省市区知识产权行政保护协作协议书》《黄河生态经济带知识产权保护合作协议书》，取得了积极的成效。三是开展跨部门执法协作。自治区市场监管局执法稽查局、自治区公安厅环食药侦总队、自治区农牧厅综合行政执法局、锡林郭勒盟羊羊牧业股份有限公司、内蒙古额尔敦羊业股份有限公司共同签署《政企联合打假促进内蒙古牛羊肉产业高质量发展战略合作备忘录》；自治区公安厅环食药侦总队与知识产权保护中心签订了《知识产权保护协议》并进行了"知识产权保护工作联络站"的揭牌活动，实现双方工作互动、信息互通、经验互鉴，有效提升知识产权保护能力。四是全区12个盟市知识产权局全部签署知识产权执法保护协议，"区内盟市全覆盖、周边省区全贯通、重点省市有协作"的知识产权执法保护工作协作机制初步建立。

三、加强宣传引导

（一）围绕重要时间节点开展系列宣传活动

组织各盟市围绕"3·15""4·26"等重要时间节点，开展专题宣传活动。按照全国双打办要求，定期向中国打击侵权假冒工作网（内蒙古）报送工作动态、政策法规等信息。截至4月底向中国打击侵权假冒工作网（内蒙古）报送信息85篇。在"4·26"知识产权宣传周期间，自治区双打办组织协同自治区、呼和浩特市两级林草部门开展"严厉打击侵犯林草植物新品种权和制售假劣林草种苗行为"主题普法宣传活动。4月22日，联合自治区公安厅生态环境食品药品侦查总队共同在内蒙古工业大学开展校园知识产权宣传活动。

（二）举办新闻发布会扩大宣传效果

自治区高级法院召开知识产权司法保护状况暨典型案件发布会，通报上一年度知识产权案件审理情况、亮点工作及知识产权保护典型案例，集中展示了全区法院关于知识产权保护和打击侵权假冒工作的执法办案成效。自治区检察院召开全区知识产权检察工作新闻发布会，发布五大内蒙古检察机关保护知识产权典型案例。自治区公安厅召开"4·26"世界知识产权日新闻发布会。会上通报了2022年以来全区公安机关打击侵犯知识产权和制售假冒伪劣商品领域违法犯罪工作成效和下一步主要工作举措，并对5起典型案例予以公布。充分发挥了典型案例以案释法、教育警示和社会舆论监督作用。

四、下一步工作

一是深入开展知识产权执法保护专项行动，以保护驰名商标、地理标志、涉外商标、老字号和发明、实用新型、外观设计专利为重点，进一步强化知识产权保护执法力度，严厉打击商标专利侵权假冒违法行为。二是持续开展打击侵权假冒伪劣商品集中销毁活动，强力表明全区监管执法部门打击侵权假冒行为，维护消费者合法权益的决心和信心，有力震慑侵权假冒违法分子。三是针对侵权假冒高发多发的重点市场、重点领域和关系人民群众健康安全的重点商品，加强违法线索摸排，通过投诉举报、明察暗访推进跨区域、全链条执法，强化案件督查督办，依法严厉查处国家、自治区政府转办交办的案件线索。四是扎实推进知识产权保护跨部门跨区域执法合作，计划与相关部门和省区市知识产权执法部门开展协作配合，推进知识产权保护跨部门跨区域各项执法协作机制的有效落实。

五是对各类侵犯知识产权案件的分析研究，及时解答基层疑难案件、指导基层执法办案，不断提高基层执法办案的能力和水平。六是做好宣传引导，推进社会共治。围绕重要节点开展宣传活动，及时曝光典型案例，实施有效引导。发挥社会监督共治作用，积极营造良好的法治环境和公平竞争的市场环境，助推全区经济高质量发展。

五、工作建议

建议进一步加强队伍建设，强化基层执法人员培训。打击侵权假冒工作涉及行业领域较多，各条战线同志急需提升发现和堵截侵权假冒工作的专业能力，期盼加大对基层执法人员的培训力度。

（撰稿人：李芬芳）

辽宁省打击侵权假冒工作报告

2023 年，辽宁省深入贯彻落实习近平总书记关于东北振兴的重要讲话精神，认真落实党中央、国务院决策部署，按照省委、省政府工作安排，坚持专项整治、打建结合，坚持统筹联动、区域共治，推进跨部门、跨领域、跨区域执法联动，严厉打击侵权假冒违法犯罪行为，为维护公平竞争的市场秩序，坚定不移推动高质量发展，营造法治化营商环境，为开创辽宁全面振兴全方位振兴新局面贡献力量。

一、2023 打击侵权假冒工作总体情况

（一）开展商标专利执法机制建设和知识产权领域执法工作

认真贯彻落实打击侵权假冒工作部署，立足职能做好相关工作。

1. 商标专利执法机制建设

一是理顺上下联动、区域协作、跨部门衔接工作机制。在 2020 年签订《东北三省一区知识产权执法协议》的基础上，加强省直相关单位横向联系。同时不

断完善知识产权保护制度，细化《辽宁省知识产权强省建设纲要》，研究贯彻落实《中共中央国务院关于加快建设全国统一大市场的意见》责任分工。二是上下联动、区域协作，对知识产权领域违法违规行为依法严格查处，维护公平有序的市场经营环境。2023 年以来，全省市场监管系统共查处知识产权案件 533 件，罚没 373.9 万余元，其中查处商标案件 518 件，专利案件 15 件，移送司法案件 3 件。三是将顺省、市、县（区）知识产权执法联络，畅通上传下达、指挥协调工作机制，确保各项工作部署得当，行动有力。

2. 开展知识产权领域执法

一是部署开展知识产权执法工作。会同省知识产权局联合下发了《2023 年度辽宁知识产权亮剑护航专项执法行动方案》，在全省部署开展专利、商标、地理标志、奥林匹克标志、知识产权代理服务领域执法保护专项行动并取得积极成效。二是组织开展执法培训。省市场监管局组织了面向基层执法人员的执法培训班，邀请总局相关司局领导专家授课答疑，重点从能力提

升角度，开拓执法人员视野。联合省知识产权局分别在沈阳和大连组织2期基层执法人员培训，强化业务能力。三是加强知识产权领域执法宣传。在中国质量报、东北新闻网、腾讯新闻网、中国消费报、市场监管总局和省局官方网站、公众号等媒体宣传全省打击侵权假冒工作的举措和成果，做好法律法规和政策文件解读，在"3·15"国际消费者权益日、"4·26"世界知识产权日等重要时间节点开展各种形式的普法宣传活动，引导群众增强守法意识。全年在中央及省级媒体宣传报道典型案例22件，典型做法2件，对假冒伪劣形成有力震慑。四是对市场监管总局交办、督办等大案要案严格依法处置。全年共督办、交办知识产权案件8件。五是按时上报工作数据。根据工作要求，认真汇总统计各项工作数据，按时填写上报。六是按要求做好典型案例上报、发布工作。2023年以来，上报市场监管总局典型案例信息22件。

（二）打击侵权假冒工作

认真贯彻落实打击侵权假冒工作部署，坚持专项整治、打建结合、统筹联动、区域共治，推进跨部门、跨领域、跨区域执法协作，加强两法衔接，严厉打击侵权假冒违法犯罪行为。全省市场监管部门累计查获各类侵权假冒案件1583件，涉案金额近千万，移送公安机关案件62件。在春节、"3·15""4·26"等重要时间节点，组织各市市场监管部门对涉案的假冒伪劣商品180余吨进行销毁，拆解加油机8.67吨。组织各成员单位在"3·15""4·26"等重要时间节点采用新闻发布会、曝光典型案例等多种形式开展普法宣传。

1.做好组织协调工作，实现全省打击侵权假冒工作步调一致、统一指挥

一是落实党中央、国务院决策部署，省政府对打击侵权假冒工作专题研究部署，审议通过《辽宁省质量强省建设纲要》，要求全省加强组织协调，定期调度情况，加大监管执法，严厉打击质量违法违规行为。二是积极开展打击侵权假冒跨区域、跨部门执法协作。会同公安部门开展保障节日食品安全联合执法，严厉打击食品安全领域违法犯罪行为。会同省应急管理厅等6部门开展互联网销售危险化学品专项治理行动，

监测网站网店15387个次，发布危险化学品科普文章和视频93个，召开行政指导会59次，督促电子商务经营者删除（下架、屏蔽）违法商品信息7条，移送公安部门线索1条。省农业厅、省市场监管局等七部门联合下发2023全省农资打假工作要点通知，以化肥、农膜、农用管材管件、农用泵等农资产品为重点，加强产品质量安全监管，严厉打击农资产品质量违法行为，各级市场监管部门共检查各类农资产品生产企业243家次，发现问题企业26家，检查经营单位7331家次，发现问题企业136家。沈阳市市场监管局收到转办案件线索，联合公安机关于2月24日捣毁一个名酒商标侵权标识售假窝点，抓捕犯罪嫌疑人4名。三是开展无害化销毁活动。省市场监管局根据《关于加强侵权假冒商品销毁工作的意见》（打假办发〔2020〕3号）下发了《关于印发辽宁省打击侵权假冒商品销毁制度的通知》，并要求各市均制定相应的销毁制度。2023年，各市市场监管部门积极参与假冒伪劣商品全国统一销毁活动，在春节、"3·15"国际消费者权益日、"4·26"世界知识产权日等重要时间节点，各市对大量涉案假冒伪劣商品进行了销毁，累计销毁饮料、酒类、烟草、食品、农药、种子等假冒伪劣商品180余吨。四是持续加强两法衔接。每月均向中央平台进行两法衔接案件数据等信息报送，截至2024年4月累计传输402件。

2.积极开展宣传，壮大打击侵权假冒工作声势

一是于3月14日，辽宁省市场监管局召开"3·15"国际消费者权益日新闻发布会，发布2022年消费维权工作成果，介绍2023消费维权工作重点。从统筹发展和安全，筑牢消费安全底线；强化监管执法，维护市场秩序平稳运行。持续开展民生领域"铁拳"行动；健全消费维权机制，强化消费环境协同共治三方面介绍了2022年以来全省消费者权益保护、食品安全、打击侵权假冒工作情况。同时组织各市在消费者权益保护日、知识产权日等重要节点开展各种形式的普法宣传活动，宣传全省打击侵权假冒工作的举措和成果，做好法律法规和政策文件解读，引导群众增强守法意识，深度曝光一批影响坏、性质恶劣的典型案件，形成震慑作用。二是强化队伍建设，做好业务培

训工作，省打击侵权假冒工作领导小组办公室于2023年10月17日开展了行政执法与刑事司法衔接平台录入工作在线培训，省直及各市共574人参加了培训。

（三）推进过度包装治理、做好打击加油机作弊等专项整治工作

1. 推进商品过度包装治理

一是多部门协同，周密组织部署。2023年2月，省市场监管局、省委宣传部、省发展改革委等十三个部门联合印发了《关于加强商品过度包装治理的实施意见》，建立了辽宁省加强商品过度包装治理工作会商机制。2023年6月，省市场监管局、省发展改革委等六部门印发了《辽宁省茶叶过度包装专项治理行动实施方案》，组建了工作专班，从2023年4月至2024年4月联合开展茶叶过度包装专项治理行动。将食品过度包装纳入省级监督抽查计划，开展茶叶过度包装监督抽查，督促企业落实主体责任。依法严格查处生产、销售过度包装商品的违法行为。7月26日，省局召开执法稽查集中调研会议，对茶叶过度包装专项治理行动进行再动员再部署再推进，以高度的政治责任担当，不折不扣抓好工作落实。全省共检查茶叶、月饼经营主体10605家次，责令整改过度包装问题51个。二是按时上报工作数据，发布工作信息。根据总局要求，认真汇总统计各项工作数据，按时填写上报。截至2024年4月，共上报15条次，被总局采用3次。三是积极向总局上报典型案例。截至2024年4月已向市场监管总局上报茶叶过度包装案例5件。四是加强普法宣传，推动社会多元共治。省局、省消协和沈阳市局、市消协借第7届中国（沈阳）国际茶产业博览会时机，联合举办"倡导茶叶简约包装，推动绿色文明消费"主题倡议活动。省局发布中秋、国庆双节月饼、茶叶过度包装消费提示，推出公益标准宣传视频"身边的标准"之《限制商品过度包装》。参赛作品《过度包装》荣获"2023年市场监管科学实验展演第二阶段活动"一等奖，已连续两年荣获总局科学实验展演活动一等奖。坚持边执法边普法，开展限制商品过度包装相关法律法规、标准规范的宣传及培训。全省组织标准宣贯896场次，发布宣传信息1464次，发布典型案例2个。

2. 打击重点产品治理违法行为

（1）针对加油机、燃气具、农资、老人儿童用品等特定行业领域，认真部署开展整治行动按照工作要求，省市场监管局会同相关单位，制定下发整治工作方案或工作通知，在全省开展相关领域整治工作。

一是部署加油机作弊整治。省市场监管局、省公安厅、省商务厅、省税务局联合下发了《辽宁省综合治理加油机作弊专项行动工作方案》，部署加油机作弊整治行动。发挥沈阳市局的带头作用，推动相关市局签订了沈阳都市圈市场监管加油机作弊执法稽查合作协议。在协调核实证据、联合执法以及协作联动等方面开展协作，提升行动效果。配合湖北、海南省局执法人员对全省相关企业开展制法活动，做好协查工作。推荐该领域执法骨干参加全国综合治理加油机作弊工作研讨活动，并就查处加油机作弊相关执法问题给全国授课。指导一些行动快的市局组织开展作弊加油机销毁活动，营造专项行动良好氛围。9月6日，阜新市市场监管局组织集中销毁活动，对近两年来没收的11台计量作弊加油机实施集中销毁；9月12日，朝阳市市场监管局对执法检查中没收的46台计量作弊加油机和65块加油机计控主板进行集中销毁，有效震慑了加油机计量作弊违法违法行为。组织系统积极排查总局交办的案件线索。对涉及全省7个地区15条涉嫌加油机作弊线索进行核实。已确认12条线索没有违法行为；3条线索指向同一家加油站，初步判定存在违法行为，已立案调查。对总局监测发现的279个成品油销售价格背离市场规律的加油站线索，分别交各市局核查，督促各地对存在质量、计量等违法行为的加油站及时立案查处。截至2024年4月，全省针对加油机作弊及计量违法行为已立案9件，结案5件，没收作弊加油机10台，罚没款89.95万元。其中，盘锦海通加油站有限公司破坏加油机计量准确度案件罚没合计81.1万余元。

二是部署燃气安全专项整治。先后下发了《辽宁省市场监督管理局关于开展市场监管领域重大风险隐患排查整治的通知》《全省化工企业特种设备安全隐患排查整治"百日攻坚"行动实施方案》《市场监管领域城镇燃气事故隐患突出问题专项整治工作方案》《市场监管领域城镇燃气安全专项整治行动实施方案》等文件，开展市场监管领域重大风险隐患排查整治和城镇燃气安全专项整治等工作。2023 年以来，全省共查办生产销售伪劣燃气具及配件案件 58 件。

三是部署化肥等农资专项治理。下发了《辽宁省市场监督管理局关于开展农资打假专项治理行动的通知》，会同省农业厅等四部门下发了《做好 2023 春耕农资打假通知》，以化肥等为重点，全面开展整治工作。2023 年以来，系统查办假冒伪劣化肥案件 74 件，罚没款 195 万元；查办其他假冒伪劣农资案件 15 件，罚没款 22.1 万元。

四是部署开展儿童用品整治。省市场监管局、省教育厅等四部门联合发文，开展 2023 儿童用品守护行动。今年以来，全省共查办儿童用品案件 9 件。

（2）认真查办大要案件

省局执法稽查局接收总局转来的涉及多省区市的电商平台售卖假冒茅台、五粮液标识和"3C"认证标签的案件线索后，交由属地沈阳市市场监管局依法核查处置。沈阳市局联合公安机关于 2 月 24 日共同行动，捣毁了位于沈阳市不同小区的名酒商标侵权标识售假窝点两处，现场查获笔记本电脑、硬盘等涉案工具及大量名酒防伪标识近 20 万件，并抓捕 4 名涉案人员。该案已依法移交公安机关，3 名犯罪嫌疑人被批捕，1 人取保候审。积极申请挂牌督办，沈阳市查办的王某某等人无证生产未按规定注册的保健食品案、大连市查办的辽宁大连中科海产品发展有限公司等企业涉嫌生产销售有毒有害食品、食品添加剂案列为总局挂牌督办案件。

（3）以案释法，曝光典型案例，震慑不法经营者

以开展民生领域"铁拳"行动为抓手，全省各级市场监管部门积极行动起来，聚焦关系群众生命健康安全的重点商品、贴近群众生活的重点服务行业，以及农村与城乡结合部市场、制售假冒伪劣产品多发的重点区域，监管与执法部门紧密衔接、有效配合，形成上下联动合力，重拳打击违法行为，严惩了一批违法主体、曝光了一批典型案例，有力震慑了不法经营者。截至 2024 年 4 月，省市场监管局先后公布 23 批 129 件涉疫商品、违法广告、医疗美容、食品浪费、食

品安全、燃气安全等民生领域典型案例。

（四）"数字＋执法"、扫黑除恶市场流通领域整治和投诉举报工作

1."数字＋执法"能力提升

开展市场监管领域"数字＋执法"能力提升行动。一是对照总局《行政执法数据结构汇总规范》升级改造辽宁省案件子系统，已实现案件子系统与总局执法办案平台数据对接交换互通。二是按照市场监管总局《市场监管"数字＋执法"能力提升三年行动计划（2023－2025）》要求，开展执法数据治理工作，印发《关于认真贯彻落实市场监管"数字＋执法"能力提升三年行动计划的通知》，对全省存量执法数据开展自查整改，对增量数据进行规范。2023 年度全省执法案件系统已结案案件数量、罚没金额等数据指标与统计系统基本一致，误差率不超过 10%。执法平台认证率 100%，未脱敏行政处罚决定书已整改完毕。

2.扫黑除恶市场流通领域整治

一是加强组织领导，周密部署，认真贯彻落实。根据扫黑除恶市场流通领域行业整治工作需要，调整了省市场监管局扫黑除恶斗争工作领导小组，加强了组织领导，把常态化扫黑除恶斗争、市场流通领域行业整治各项工作任务与业务工作同部署、同推进、同落实，确保常态化开展扫黑除恶斗争工作不松劲。省市场监管局联合省药监局、省知识产权局印发了《关于做好扫黑除恶市场流通领域行业整治工作的通知》，明确了行业整治的指导思想、目标任务、工作内容、时间步骤和工作要求，针对反垄断执法、网络交易监管、食品药品监管、工业产品质量监管、特种设备监管、打击传销、知识产权保护等重点领域开展专项整治。二是加大宣传。全省各级市场监管部门按照省局部署，将《反有组织犯罪法》宣传贯彻工作纳入法制学习计划或者党组理论学习中心组学习计划，并结合市场监管职能分工，通过网络媒体、报刊、电子显示屏滚动播放、微信公众号、公益广告、印发传单、宣传册、张拉标语横幅、宣传布包等载体，面向广大经营者和人民群众，开展多种形式的宣传贯彻活动，全省开展普法宣传 580 次，新闻报道 1266 次。三是强力推进，市场流通领域行业整治取得明显成效。扎实

开展反垄断执法，维护公平竞争环境。制定《辽宁省市场监督管理局重点民生领域反垄断执法专项行动方案》，部署开展破除地方保护和行政性垄断暨"净源"2023专项行动，努力构建公平竞争的市场环境。做好网络交易监管，强化网上市场秩序整治。开展互联网销售危险化学品、制止餐饮浪费落实平台主体责任、涉疫药品和医疗用品网络交易监管执法等专项治理行动。组织开展"神医""神药"虚假违法广告专项整治、广播电视违法违规广告专项整治"百日行动"等行动，全面规范广告发布秩序。深入开展"食品药品安全三年攻坚行动"。印发了《实施方案》，制定了2023年重点工作任务清单，深化食品安全"守底线、查隐患、保安全"专项行动，组织开展药品安全风险排查和专项监督检查，严厉打击食品药品安全违法犯罪行为。加强传销行为监管执法力度。省市场监管局积极联合公安、网信等部门，加大对网络传销的监测和防范，组织开展2023年打击传销专项整治行动工作。联合省公安厅制定《辽宁省2023年打击传销工作考核评价标准》，确保全年打击传销工作落实到位。

3.扎实开展投诉举报处置工作

一是举报按时核查率情况。全省举报按时核查率为94.06%，年底能够达到总局考核90%的要求。二是完成市场监管投诉举报线上线下一体化情况。已实现市场监管投诉举报线上线下一体化。全省市场监管机关能够统一应用全国12315平台处理投诉举报业务，对网络、来信、来人等不同渠道的投诉举报诉求统一登记录入全国12315平台进行分办流转和办理。已完成12315平台与12345平台的对接开发工作，全省已上线运行。

二、工作亮点

（一）打击侵权假冒跨区域、跨部门执法协作

大连市市场监管局、市公安局食药侦支队、市公安局西岗分局于2023年5月17日赴广东省东莞市开展联合收网行动，现场协助抓捕犯罪嫌疑人6人，现场查获益安宁丸56万粒及其包装盒4000余盒、商标5000余张；查获牛黄安宫丸、舒筋健腰丸、痛风散等三种产品1万余瓶，半成品药丸5000余公斤，用于制造的原材料、包装盒、包装品1万余件；查获生产线

设备3台，打掉黑加工厂2处，储货仓库1处，涉案价值2000余万元。该案实现了从销售到生产源头全链条成功破获。

（二）过度包装

以召开第7届中国（沈阳）国际茶产业博览会为契机，省市场监管局联合省消协、沈阳市市场监管局、市消协等单位，共同主办了"倡导茶叶简约包装，推动绿色文明消费"主题倡议活动，扩大共同抵制茶叶过度包装不良风气的影响力，促进绿色低碳发展理念的普及。参加茶博会的茶业行业协会、茶叶生产经营企业、消费者代表纷纷表示，积极响应抵制茶叶过度包装倡议，并承诺：严守国家规定，坚决依法生产经营；公平公正竞争，尊重消费者合法权益；弘扬节俭风尚，推进绿色简约消费；加强行业自律，推动茶产业健康有序发展。

三、问题和不足

一是面对新形势、新任务，面对新兴行业领域中不断涌现出来的新问题，从高标准和严要求的角度看，市场监管部门在思想观念、方式方法上还有很大差距，对经济形势、市场规律、市场监管发展趋势的把握不够准确。二是市场监管执法队伍建设还存在许多不足，在机构设置、人员结构、人才培养等方面，越到基层越薄弱，人才储备、能力水平还需大幅提升。三是在处理投诉举报方面，当前职业投诉举报多发，行政复议、行政诉讼浪费了大量的行政资源，没有相应的法律法规予以规制，对基层工作造成极大困扰。另外，市场监管与其他政府职能部门的职责边界也不清晰，一定程度上影响了处理12345诉求分办的工作效率。

四、下一步打算

（一）商标专利等知识产权领域执法工作

一是提高认识，统一思想。按照党中央、国务院的决策部署，结合自身职责，瞄准薄弱环节，完善知识产权保护的各项工作制度，保障工作有序开展。二是提升队伍执法能力。采取线上线下相结合的方式，加强对知识产权执法业务的培训力度，进一步提高案件查发意识，提升案件办理效能。

（二）打击侵权假冒工作

一是进一步健全跨部门跨领域跨区域和线上线下协同联动监管机制，针对重点领域，强化监管协作和联合执法。二是畅通投诉举报渠道，追根溯源，强化全链条整治，加大打击力度，持续严厉打击侵权假冒违法行为。三是推进侵权假冒领域信用信息归集共享，推动守信联合激励和失信联合惩戒，做好长效机制建设。四是加强业务培训和对下指导，提升执法人员业务能力水平。五是积极宣传展示工作成效，曝光典型案例，推动构建多方参与的社会共治格局。

（三）过度包装、加油机等整治工作

1. 过度包装：结合元旦、春节等重要时间节点，认真贯彻强制性国家标准规定，对茶叶等过度包装问题持续开展执法检查，对监督检查和投诉举报线索中发现的违法违规行为依法依规严厉查处，及时曝光典型案例，坚决遏制茶叶等过度包装行为。同时积极引导经营者守法规范经营，不采购、不销售过度包装茶叶，引导广大消费者践行绿色低碳生活方式。

2. 其他专项整治行动方面：将深入贯彻总局"铁拳"行动统一部署，督促调度全省市场监管系统，围绕重点地区、重点领域、重点行业，进一步推动监管执法的协作配合和有效衔接，形成合力，持续深入开展民生领域案件查办工作，办好、办实大案要案，加大曝光力度，发挥典型案例警示震慑作用，着力化解和防范市场风险，让"铁拳"行动掷地有声，打造市场监管执法品牌。

（四）"数字+执法"、扫黑除恶、投诉举报工作

1. "数字+执法"下一步工作：以总局"数字+执法"能力提升三年行动为契机，加快推动各地行政执法规范化建设，进一步推进省局案件子系统应用，全面汇集各级市场监管部门执法案件数据，加强执法数据治理，不断完善存量执法数据，规范增量数据质量。

2. 扫黑除恶市场流通领域整治：进一步提高思想认识，提升政治站位，落实监管责任，加大执法力度，持续做好常态化扫黑除恶斗争工作，扎实有效推进扫黑除恶市场流通领域行业整治。

3. 投诉举报方面：一是畅通12315投诉举报渠道。推进12315平台与12345热线平台的数据共享，实现互联互通。开展12315效能评估评价工作，提升12315平台工作质量。二是依托12315投诉举报平台的数据系统，对全省市场监管领域投诉举报办理情况和相关数据进行统计分析，服务市场监管工作。

（撰稿人：郭铁成）

吉林省打击侵权假冒工作报告

2023年，吉林省贯彻落实党中央、国务院决策部署，按照省委省政府、市场监管总局关于打击侵权假冒工作安排，聚焦民生领域，以打击侵权假冒和查处质量安全案件为抓手，部署专项行动，打造执法品牌。

一、工作部署

2023年，吉林省市场监管厅先后印发《吉林省市场监管系统"雷霆2023"农资打假专项执法行动方案》《全省市场监管系统"雷霆2023"知识产权专项执法行动方案》《全省市场监管系统2023民生领域案件查办"铁拳"行动方案》《吉林省综合治理加油机作弊专项行动实施方案》等。紧紧围绕打击侵权假冒、产品质量安全、加油机综合治理等开展专项执法行动，形成严厉打击假冒伪劣高压态势，树立了"雷霆""铁拳"执法品牌与权威。2023年，全省市场监管系统查处知识产权违法案件271件，案值325万元，罚没金额373万元。其中，商标类案件262件，案值322万元，罚没金额369万元；专利类案件9件，案值3万元，罚没金额4万元。

二、主要措施

（一）开展执法人才培训，强化队伍建设

印发《吉林省市场监督管理厅综合执法人才库管理暂行办法》，组织开展综合执法人才库人选推荐，推进市场监管部门综合执法队伍建设，加强综合执法人才培养。9月，省市场监管厅组织吉林省打击侵犯知识产权和制售假冒伪劣商品培训班，邀请市场监管总局相关司局同志、吉林大学教授专题授课，选取基层优秀执法办案人员进行优秀典型案例解析，参训学员交叉分组进行讨论交流。10月，启动2023年度市场监管系统"典型案例"及"办案能手"评选活动，成立全省综合执法人才库，遴选68名执法业务骨干进入人才库并实施动态管理。推动全省综合执法队伍建设。10月底，围绕基层反馈的疑难问题，省厅组织了3个典型案例巡讲团，分赴各地开展优秀典型案例巡讲活动10场，全省4200余同志参加本次巡讲，重点帮助解决基层"能力恐慌"和"本领危机"。

（二）积极推进专项执法，发布典型案例

每月调度各地典型案件，每季调度"雷霆""铁拳"专项执法行动情况，要求各地对有重大影响或需省厅协调办理的案件线索可随时报送。向全省发布征集涉民生领域的违法线索的通告，号召广大群众积极参与专项行动。5月，召开全省市场监管系统"雷霆""铁拳"行动推进会，研究解决工作中存在的问题和不足，安排部署下一阶段工作重点。2023年对外发布7批、共计56起典型案例，对违法者形成强大震慑，取得良好社会效果。

（三）建立协作机制，强化行刑衔接

建立健全跨区域执法协作联动机制，签订东北三省一区《知识产权执法协作协议》《东北三省打击侵犯知识产权和制售假冒伪劣商品工作区域执法协作备忘录》（试行），加强知识产权执法合作，提升知识产权保护水平，促进区域经济高质量发展。加强与公安机关执法协作，与省公安厅联合印发《吉林省市场监管厅 吉林省公安厅加强执法协作工作实施办法》，并协同确定行刑衔接基层示范点，2023年移送司法机关案件33件。进一步优化协作机制，强化行刑衔接。

（四）强化技术升级，构建智慧便捷的保障体系

依托吉林省市场监管智慧监管平台，深入实施"数字＋执法"能力提升三年行动计划，运用数字化、信息化为执法办案赋能增效。开发完成移动执法APP，通过随办随审，压缩审批时间，推动实现"简案快办"。持续强化对执法办案平台升级改造，完善执法案例库、人才库、文书库等功能模块，实现省、市、县、所执法即时联动，打造全省系统"智慧执法"调度指挥中心。举办全省电子取证大比武，评选出先进集体和先进个人进行表彰奖励，极大调动了基层办案人员学习参与度荣誉感，为执法办案夯实基础。

三、工作成效

（一）根据市场监管总局印发《关于举办2023年侵权假冒伪劣商品全国统一销毁行动的通知》相关要求，作为分会场之一周密计划、精心组织销毁工作，对市场监管、公安、农业农村等部门依法罚没的12类、重约25吨、价值265万元的假冒伪劣商品进行集中销毁，严厉打击与震慑违法行为，严防假冒伪劣流入市场。

（二）推行"法规宣传、教育引导、告诫说理、行政处罚、监督整改"五段式执法模式。联合省司法厅发布23项市场监管领域轻微违法行为不予处罚清单，发布轻微违法行为不予处罚指导案例4批30个。全省市场监管系统累计对3167件案件免予或从轻、减轻处罚，占今年查办案件58%，同比增长327%，减免金额2992.7万元，同比增长114.1%，维护了市场正常经营秩序，全力维护市场秩序和消费者合法权益。全省查办案件6717件，同比增长2%，罚没7904万元，同比下降18%，办案数量和罚没金额自2018年以来首次出现"一增一减"，统筹执法力度与温度成效显现。

（三）开展"深入调研听诉求 案件回访暖人心活动"，通过"面对面"倾听诉求、"背靠背"征集意见、"手把手"指导整改，不断提升人民群众的获得感和满意度。全省共对1562户行政处罚当事人进行案后回访，回访中征集意见建议222条，解决问题257个，相关做法获市场监管总局领导充分肯定。

（四）加油机作弊整治专项行动成效突出，省市

场监管厅联合公安、商务、税务等部门，部署开展综合治理专项行动，从市场准入、质量、计量、税务、计算机信息系统安全等方面对加油站进行联合执法，实现"一次检查，全面体检"。同时，采取"执法人员＋技术专家"办案模式，围绕加油机构造和软硬件作弊方式进行深入研究，对现行的更换计量芯片、更换计控主板、安装作弊系统三大主流作弊手段，深入研究取得重大技术突破，依法查办、公开曝光一批大要案件，截至目前，全省各部门共查办案件 83 件，涉案金额 1.02 亿元，1—10 月全省加油站税收同比增幅达 150%，切实维护国家税收安全和广大人民群众利益。

（五）围绕重点领域和重点市场，"扫黑除恶"斗争取得成效。2023 年全省各级市场监管部门按照工作安排，将整治市场流通领域突出问题作为扫黑除恶斗争主要内容，严厉打击各类违法违规行为。整治行动期间，全省各级市场监管部门共组织召开部署会议 108次，开展督导检查 1483 次，检查市场主体 10.98 万家次，查办案件 2283 件，涉案金额 610 万元，罚没金额 1810 万元。

全省各级市场监管部门围绕市场准入、食品安全、药品安全、特种设备安全等重点领域，组织执法人员深入违法犯罪活动易发的重点区域，深挖市场流通领域涉黑涉恶和乱象线索。整治行动期间共受理投诉举报 38632 件，摸排线索 3060 条，移送公安机关 12 件。接收"三书一函" 86 份。

四、对策建议

（一）推动综合执法改革，切实解决执法人才紧缺问题

从全国看，市场领域综合执法改革工作进程相对滞后，市场监管执法权威没有凸显。建议尽快出台关于市场监管综合执法队伍的政策意见，为基层事业编制执法人员提供一次转变为行政编制的机会，从顶层设计上破解基层难题。

（二）给予财政资金支持，切实解决执法经费不足难题

地方财政紧张已经成为制约执法办案的重要因素。建议统筹财力分配，打破财政分级制约，在法律政策允许的前提下加大对基层市场监管部门的财政资金支持力度，以国务院或者市场监管总局名义向经济欠发达省份配发执法办案取证设备装备，调配基层使用，帮助经济欠发达地区提高查办大要案件能力水平。

（三）建立履职免责机制，着力提高基层执法办案能动性

建议协调最高人民检察院、最高人民法院、中央纪委国家监委等部门联合发布依法履职免责、失职追责问责等方面机制办法，制定详细操作办法，明确免责、追责和例外情形，在司法层面解决基层执法工作的后顾之忧，让执法人员打消办案顾虑，在依法行政的前提下敢于担当、勇于碰硬，提高基层执法人员的工作积极性。

（撰稿人：盖东）

黑龙江省打击侵权假冒工作报告

2023 年，黑龙江省坚持以习近平新时代中国特色社会主义思想为指导，深入贯彻落实习近平总书记在新时代推动东北全面振兴座谈会上的重要讲话和对黑龙江省重要讲话、重要指示精神，认真贯彻落实党中央、国务院工作部署，精心组织、压实责任，综合施策、集中攻坚，打击侵权假冒工作取得一定成效，为促进全省经济健康发展和社会和谐稳定提供有力保障。

一、强化思想认识，不断完善打击侵权假冒制度机制

把打击侵权假冒作为重塑黑龙江营商新环境、保护激励创新创业、维护消费者合法权益、服务创新龙

江建设的重要举措来抓，以完善制度机制为目标，以问题治理为导向，推动知识产权执法工作走深走实，为龙江高质量发展作出贡献。

（一）强化工作部署

2023年9月，习近平总书记视察黑龙江时强调加强知识产权保护工作。省市场监管局党组第一时间传达学习习近平总书记重要讲话和重要指示精神，主要领导研究部署相关工作，推动工作落实。在理论中心组第八次集体学习时，再次研究贯彻落实措施，全力服务全省加快构建"4567"现代产业体系。市场监管总局《关于新时代加强知识产权执法的意见》出台后，召开第七次局长办公会专题研究贯彻落实意见，下发《黑龙江省市场监督管理局关于新时代加强知识产权执法的通知》，在全系统做出工作安排，全面加强知识产权执法机制、能力建设，加强违法犯罪线索管理，推进跨区域全链条执法，加强案件督查督办，依法严厉打击商标、专利领域违法犯罪行为。

（二）增强制度供给

省市场监管局着力构建行政执法、行业自律、企业维权、社会监督协调运作的知识产权执法体系。建立跨省协作机制。签署东北三省一区《知识产权执法协作协议》。建立跨部门协作机制。省知识产权局、省市场监管局、省法院、省检察院、省公安厅、哈尔滨海关六部门制发《关于进一步健全知识产权保护协作机制的意见》。健全完善行政执法部门之间、行政执法部门和司法机关之间的案情通报、案件移送协调联动机制，促进行政执法标准和司法裁判标准协调统一，增强打击合力。建立跨区域协作机制。省市场监管局制发《关于全省市场监管系统加强区域执法协作的指导意见》，建立6个执法协作区，针对新型、疑难、典型案件，畅通会商渠道，互通裁量标准，健全完善跨区域案件移送、执法协助、信息交换、联合执法机制。建立社会监督机制。与省财政厅、省药监局、省知识产权局联合出台《黑龙江省市场监管领域重大违法行为举报奖励实施细则（试行）》，鼓励社会公众积极举报知识产权领域违法活动，构建公平竞争、规范有序的市场环境。

（三）发挥好考核评价能动作用

2022年度，省打击侵权假冒工作在全国双打考核中取得满分成绩，在平安建设考核中取得一档的成绩，在国家知识产权保护工作考核中，取得良好等级。在完成国家考核任务的同时，积极协调有关部门，把知识产权行政执法工作纳入到省质量强省（双打）、知识产权保护、平安龙江建设和优化营商环境考核评价体系中，发挥好考核评价指挥棒作用，督促检查各地对党中央、国务院关于全面加强知识产权保护工作有关决策部署，以及省委、省政府相关政策措施落实情况，加强知识产权行政执法保护的队伍建设、基础保障和案件办理等工作，落实属地责任。

二、明确主攻方向，聚焦重点领域热点难点持续发力

将人民群众关注关心的难心事烦恼事作为打击侵权假冒的主攻方向，敢啃"硬骨头"，打好"攻坚战"。

（一）重点打击

一是召开执法稽查系统会议，部署民生领域"铁拳"行动，聚焦人民群众急难愁盼的11个领域23项重点商品、重点领域和重点行业，发挥市场监管综合执法优势，集中力量，重拳出击，打出声威，释放警示震慑效果。全省"铁拳"行动共查办案件7819件。向市场监管总局报送典型案例信息88个，1例被总局选为典型案例。经验做法被市场监管总局"铁拳"行动简报编发3次。省市场监管局公布曝光典型案例3批19件。二是锚定黑龙江粮食安全"压舱石"重大政治责任，省局1号文件部署"农资打假保春耕"专项行动。与省公安厅、农业农村厅联合印发《"保供给 护春耕 守粮仓"专项整治暨"亮剑护农"专项行动和开展全省农资质量专项整治行动的通知》。省公安厅、农业农村厅联合督办案件两批12件。全省共查办案件219件，罚没款237.5万元。三是打击侵权行为靶向发力，大力保护知识产权。省市场监管局、省公安厅、省知识产权局联合印发《打击商标专利领域违法犯罪行为专项行动方案》。聚焦重点领域执法、实体市场执法、电子商务执法和申请环节执法四个方面任务加大打击力度。3月31日黑龙江省《新闻联播》给予报道。召开

2023 年度黑龙江省知识产权保护状况新闻发布会。哈尔滨 "8·24" 假冒注册商标案等一批案件被多部委评为 "全国打击侵权假冒经典案件"。2023 年，全省市场监管部门共查办知识产权违法案件 1292 件，同比增长 56.04%，罚没金额 414.67 万元，移送司法机关案件 8 件；查办质量违法案件 838 件，同比增长 14.17%，罚没金额 1013.99 万元，移送司法机关案件 11 件。

（二）难点突破

五常大米品牌保护是困扰全省多年的老大难问题。2023 年，央视内参反映五常大米掺假突出问题后，成立工作专班攻坚破难，对违法案件依法依规严查快处，省知识产权局向国家知识产权局申请注销涉案 5 家企业地理标志专用标志资格。制定印发《关于加强五常大米品牌保护和市场监管的指导意见》，提出有针对性意见 24 条，统一归口管理五常大米地理标志与 "五常大米" 证明商标，严格地理标志申请审查和注销，规范商标标识管理，公开地理标志使用情况信息，对违反相关规定的企业一律停止地理标志使用资格或终止证明商标使用许可，从制度上规范五常大米生产经营行为，切实保护地理标志和品牌信誉。

（三）警示教育

为进一步发挥典型案例的指导、示范和警示作用，评选了哈尔滨市南岗区市场监督管理局查处王某某销售侵犯注册商标专用权案等 10 件案例，作为十佳典型案件向社会公开。深入贯彻落实《关于加强侵权假冒商品销毁工作的意见》，印发《黑龙江省侵权假冒商品销毁工作制度》，联合省公安厅，以齐齐哈尔为主会场开展 2023 年度侵权假冒伪劣商品销毁行动，共集中销毁各类假冒伪劣食品、保健品近 20 吨，涉案金额 600 余万元。销毁商品来源合法、程序合规，销毁单位环评资质有效，达到无害化和资源再利用要求。在省知识产权保护状况新闻发布会上，发布知识产权执法工作情况。

（四）综合治理

省政府办公厅印发进一步深化市场主体信用分级分类监管若干措施，完善知识产权等领域信用评价机制，优化改进评价体系，提高信用监管规范化水平。省市场监管局印发《经营主体严重违法失信行为专项整治行动实施方案》，指导全省市场监管部门做好知识产权领域严重违法失信名单管理工作。双鸭山市市场监管局结合本地实际制定《双鸭山市知识产权领域信用分级分类管理办法（试行）》。开展 "企业商业秘密保护能力提升服务月" 活动，调研走访企业 428 家，线上线下专题宣传活动 213 场次，召开企业商业秘密保护座谈会、行政指导会 40 场次，编发省级、中央级媒体报道 6 篇。推荐牡丹江市、大庆市申报第二批全国商业秘密保护创新试点地区。制定发布《知识产权试点示范园区建设与运行规范》地方标准，加快研制《知识产权纠纷调解服务规范》《专利预审服务规范》等 5 项地方标准。

三、深化保障措施，行政执法的法治化智能化规范化水平持续提升

营造 "数管＋慧治" 执法环境，提升执法质效，树立执法形象，打造一支能力素质过得硬的执法 "铁军"。

（一）严格规范公正文明执法

按照《市场监督管理执法监督暂行规定》，2023 年 4—7 月，省市场监管局抽调 98 人对全系统 9 大类 312 份案卷进行评查，加强执法评议、案卷评查和纠正，强化了执法监督，中国质量报给予报道肯定。依据省市场监管综合行政执法事项指导目录，梳理分析商标、专利领域执法的难点堵点问题，研究细化执法工作规则，制定黑龙江省商标专利执法自由裁量基准，使 "从轻、减轻、从重、加重" 处罚都有规可依，做到刚柔并举、宽严相济、法理相融，更好地体现执法的时度效。以全系统行风建设专项行动为统领，在全省执法稽查战线开展严格规范公正文明执法百日行动，整治趋利性执法、选择性执法、滥用自由裁量、简单粗暴、违反廉政纪律等问题，服务勤廉龙江建设。

（二）强化执法技术支撑

以数字政府建设为契机，开展 "数字＋执法" 能力提升三年行动。省市场监管局投入经费专门用于知识产权执法信息化建设，打造 "数管＋慧治" 一体化平台，升级改造《黑龙江省行政执法与刑事司法衔接信息共享平台》，上线应用全国市场监管行政执法平

台，运用信息技术为执法办案赋能，实现情报实时归集、线索科学分析、数据有效利用，及时发现苗头性、倾向性、潜在性问题，高效精准防范化解风险隐患。利用网络交易监测系统和12315平台，多方汇集违法线索，加强对违法信息的梳理研判，提高对违法行为的发现、甄别、挖掘和精准打击能力。依法规范商标、专利领域行政处罚信息公示、严重违法失信市场主体"列严"工作，通过"信用中国（黑龙江）"网站和国家企业信用信息公示系统（黑龙江）公示，做到了应示尽示。重视舆情管理工作，建立《黑龙江省市场监督管理局舆情监测关键词库》，收录商标专利知识产权监管和侵权假冒关键词105个。

（三）加强执法能力建设

建立健全省级执法办案人才库，首批入库专家达125人，加强动态管理，组织参与全省执法稽查重要课题研究、重大疑难案件会商研讨和案件查办。将知识产权执法培训纳入省市场监管局年度培训计划。通过国家市场监管执法稽查"云课堂"，举办知识产权执法办案培训班30次。印发《关于举办全省打击侵权假冒工作暨知识产权执法线上培训的通知》，全省市场监管系统参加培训人员929人，272人次参加执法人才库人员线上考试。组织开展全省知识产权行政保护业务专题培训，全省共计90余人参加培训。省市场监管局印发《市场监管系统容错免责清单（试行）》，保护执法人员工作的积极性。教育和引导执法人员把干净作为立身之本，把担当作为成事之要，时刻自重自省，严守纪法规矩，努力打造一支忠诚、干净、担当的新时代执法"铁军"。全省执法稽查战线荣获2022年度省知识产权保护工作先进集体5个、先进个人12人。

2023年，全省打击侵权假冒工作取得一定成绩，但是对照党中央、国务院部署要求，对照广大企业和人民群众期盼，还有一定差距。主要是侵权假冒违法问题依然存在、侵权假冒现象时有发生、对农村市场的监管还相对薄弱等。2024年，将继续以习近平新时代中国特色社会主义思想为指导，认真贯彻落实党中央、国务院决策部署，坚持依法治理、打建结合、统筹协作、社会共治原则，进一步建立健全工作机制，着力推进市场监管体系和监管能力现代化，与相关部门密切协作，全力做好打击侵权假冒各项工作，加快推进质量强省建设，为创新龙江建设贡献更大的市场监管力量。

（撰稿人：白靖）

上海市打击侵权假冒工作报告

2023年，上海市打击侵权假冒工作坚持以习近平新时代中国特色社会主义思想为指导，认真学习领会习近平总书记在上海考察重要讲话精神，全面贯彻落实国家质量强国建设协调推进领导小组办公室工作要求，按照市委、市政府工作安排，紧紧围绕中心工作，服务改革发展大局，坚持依法治理、社会共治原则，聚焦重点发力，狠抓工作落实，积极推动本市打击侵权假冒工作有序开展，并取得明显成效。

一、基本情况

2023年，全市各行政执法部门共查处侵权假冒案件7400件，累计罚没款6867万余元，移送公安机关86件。上海海关扣留侵权商品9150批次740.80万余件。全市公安机关共侦破侵权假冒案件1398起，抓获犯罪嫌疑人4266人，涉案总金额52.9亿元；全市检察机关受理侵犯知识产权犯罪审查逮捕案件425件738人，批准逮捕242件397人，受理提起公诉案件944件2072人，提起公诉784件1481人；审查起诉生产、销售伪劣商品犯罪案件219件378人，其中制售有毒有害、不符合安全标准的食品及假药案件195件328人。全市人民法院受理一审知识产权刑事案件843件，审结812件，受理二审知识产权刑事案件65件，审结二审知识产权刑事案件 71 件。

二、主要做法

全市各部门紧扣打击侵权假冒主题，关注社会热点，聚焦民生保障，严格依法履职，加强部门协同，严厉打击各类制售侵权假冒和伪劣商品的违法行为，为进一步推动经济高质量发展，优化营商环境，奠定了坚实基础。

（一）统一思想认识，精心谋划部署

1. 加强统筹协调，推进任务落实

市双打办全面落实贯彻习近平总书记关于加强知识产权保护、打击侵权假冒工作的重要批示指示精神，立足工作实际，积极发挥统筹协调职能，组织各区、各成员单位围绕重点，扎实开展打击侵权假冒治理工作。结合典型案例发布，加大普法宣传力度，有力推动社会共治格局形成。组织开展侵权假冒伪劣商品全市集中销毁行动，进一步巩固执法成果，充分彰显本市打击侵权假冒违法的决心和信心。

2. 明确职责分工，压实属地责任

市区各成员单位聚焦工作重点，坚持主责主业，强化履职担当，认真部署专项执法行动，明确目标要求，细化工作措施，压实属地监管责任，加强上下联动，跨部门协同，跨区域执法协作，健全全链条打击机制，形成强大执法合力，推动打击侵权假冒工作进一步走深走实。

3. 强化督促指导，夯实工作基础

市双打办坚持问题导向，牵头组织各成员单位开展业务交流培训和专题研讨会，有效提升打击侵权假冒执法能力建设。各成员单位以中央质量督察考核、市平安建设考核为抓手，强化责任落实，推动打击治理工作质效提升。

（二）聚焦重点产品治理，积极回应社会关切

1. 立足民生保障，强化产品质量安全监管。市市场监管局严守安全底线，强化监管，扎实推进质量安全专项整治工作。严格落实习近平总书记关于"6·21"燃气爆炸事故重要指示精神，对全市燃气用品生产、销售单位进行风险排查，启动全国首个燃气产品质量安全信息追溯管理平台试点。先后组织开展

电动自行车、消防产品、成品油、清洁空气行动、儿童和学生用品等专项整治行动，有力保障了产品质量安全，切实维护了人民群众的根本利益。2023 年，全市共立案查处产品质量案件 1923 件，结案 1684 件，罚没款 3742 万余元，移送公安机关案件 10 件。

2. 加强"两品一械"监管执法，确保药品安全。本市各级药品监管部门紧密围绕"防范风险、案件查办、能力提升"三大主线任务，持续加大监管力度，强化网络违法违规行为查处，严厉打击药品安全领域违法犯罪行为，切实保障公众用药安全。2023 年，涉及双打领域，共查处生产销售假药 1 件，生产销售劣药案 33 件，生产销售不符合标准的医疗器械 46 件，罚没款共计 1358.7 万元。其中，查办的瓷粉系列案系本市首例以无证原材料生产定制式固定义齿按第三类医疗器械管理案。

3. 强化农资领域打假治理和林业监管。市农业农村委强化履职担当，着力打击农资领域侵权假冒违法行为。制定印发《2023 年上海市农资打假和监管工作要点》《2023 年上海市农药、肥料质量抽查方案》等文件，持续保持农资打假高压态势，不断加大行政执法力度。积极开展市级农药监管检查、有机肥抽检等专项活动，联合市场监管部门对卫生用农药的农药质量、产品外包装标签等情况进行执法检查。2023 年，共查处侵权假冒和农资打假案件 43 件，罚没款金额共计 108.78 万元。

市绿化市容局深入持久开展林木种苗质量检查。2023 年，共检查林木种子生产经营许可证持证单位 89 家，抽查在建造林项目 31 个，苗批 952 个，严格落实林木种苗生产经营许可、自检、标签、档案等管理制度，确保本市生态公益林建设持续、健康发展。

（三）突出重点领域治理，规范市场经营秩序

1. 深入推进互联网领域侵权假冒治理。市版权局落实国家版权局工作部署，联合市公安局、市通信管理局、市委网信办、市文旅局、市文旅局执法总队等单位，组织开展打击网络侵权盗版"剑网 2023""夏荷行动""守护开学季"等专项执法行动。其间，共监测 109 部国家版权局重点作品版权保护预警名单作品，累计监测网络传播链接 53.538 万条。组织拼多多、小

红书、哔哩哔哩、SMG、阅文、喜马拉雅、抖音电商、我图网等主要互联网企业建立内部版权监控和管理机制,简化"通知—删除"处置流程。

市农业农村委扎实推进农资打假"净网"行动,派发涉及假劣农资等问题商品线索至各网络平台,要求平台及时核查处理,并做好日常网络监控。

本市各级市场监管部门坚持线上线下相结合,加强网络巡查和监测,严厉打击互联网直播带货中侵犯知识产权违法行为。杨浦区市场监管局打造线上检测平台直播间"数字监管员",通过大数据筛选采集主客体数据,精准抓取网络违法线索,不断提高监管智能化水平。嘉定区市场监管局查办的上海美奢汇网络科技有限公司销售"LV"侵权商品案,严厉打击了利用网络直播销售侵权商品的行为,对直播带货售假形成了有力震慑。

市药监局加强对网络交易第三方平台和网售企业监管,督促各平台关注药品网络销售禁止清单,全面清理平台内无证销售行为以及平台内个人(个体工商户)发布产品信息并引流销售的行为。

2.持续开展民生领域"铁拳"行动。市市场监管局认真研判、精准聚焦群众急难愁盼的"关键小事",在全市范围组织开展"铁拳"行动。全年共查办民生领域相关案件8879件,罚没款1.59亿元,156件涉嫌犯罪的案件依法移送司法机关处理。其中,市市场监管局联合公安部门查办以鸭肉冒充牛羊肉掺假掺杂系列案,对违法源头企业实施全链条打击,产生持续震慑效应。静安区市场监管局查办的多起"神医""神药"广告案,入选市场监管总局"铁拳"行动典型案例。

3.积极推进侵权假冒商品无害化销毁。市生态环境局、市固化管理中心积极参加全国侵权假冒伪劣商品集中销毁上海分会场活动,并给予现场指导、开展实时环境监督。同时,指导、督促相关企业在无害化销毁期间加强监测监控,确保污染物治理设施正常运转和达标排放,并做好相关台账。2023年假冒伪劣商品无害化销毁期间,未发现存在超标排放行为,全部落实环境保护有关规定,未对环境产生二次污染。

(四)加强知识产权保护,支持鼓励市场主体创新

1.加大制度供给。市知识产权局制定印发《上海市地理标志专用标志使用核准管理办法》,推进了地理标志专用标志使用核准改革。联合市高院、市检察院、市公安局、市市场监管局、市版权局,制定印发《关于加强本市知识产权鉴定工作的暂行实施办法》,进一步建立健全本市知识产权鉴定工作机制。会同市贸促会研究制定《关于加强海外知识产权纠纷应对机制建设的实施意见》,强化海外知识产权维权援助服务供给。

市市场监管局研究制定《新时代加强知识产权执法的指导意见》,为推动全市商标、专利执法工作,进一步明确了目标、方向和工作任务。制定发布《加强商业秘密保护工作若干措施》《关于进一步优化本市商业秘密保护示范区、示范站(点)创建工作的意见》等文件,全面推动本市商业秘密保护工作由强化监管向优化服务转变。在全国首创将"本市建立健全商业秘密保护体系,开展商业秘密保护示范创建,引导和鼓励企业加强商业秘密自我保护,加大行政保护、司法保护力度"写入《上海市优化营商环境条例》,为持续创建本市商业秘密保护示范区、示范站(点)提供法律保障。组织指导上海市市场监管局执法总队、区市场监管局编写商业秘密保护手册、指南和工作指引,提升企业自主保护意识,引导企业建立商业秘密自我保护机制。

2.强化执法保护。全市各行政执法机关牢固树立知识产权严保护意识,深入开展专项执法行动,不断完善协同合作机制,严厉打击侵权假冒违法行为,切实维护公平竞争的市场秩序。

一是严惩商标专利违法。市市场监管局全面贯彻落实市场监管总局《关于新时代加强知识产权执法的意见》要求,围绕重点产品、重点市场、重点领域、重点环节,持续加大商标、专利执法力度。2023年,组织开展了"铁拳"知识产权保护专项行动,迎进博知识产权保护百日执法行动以及杭州亚运会和亚残运会知识产权保护专项执法行动。全市市场监管系统共查处商标、专利违法案件共计1553件,罚没款金额总计1855万余元。

二是规范市场竞争秩序。市市场监管局将查处仿冒涉农产品、应用软件图标、网站页面设计、网络游

戏等混淆行为列为 2023 年反不正当竞争"守护"执法行动重点，集中力量查办一批有社会影响力、示范意义突出的大要案。全年共查处混淆案件 60 余件，罚没款 150 万余元。其中，徐汇区市场监管局查办的上海熵云网络科技有限公司不正当竞争案（混淆 chatgpt 服务来源）入选总局网络不正当竞争典型案例，奉贤区市场监管局查办的上海德堡包装制品有限公司不正当竞争案（混淆德国海德堡公司名称）得到市领导充分肯定。

三是开展进出口环节治理。上海海关以"龙腾行动"为总揽，协同推进"蓝网""净网"等知识产权保护和海关专项行动，围绕群众反映强烈、社会舆论关注、侵权假冒多发的重点渠道和商品，保持侵权打击高压态势。聚焦重点渠道，加大对转口环节高风险侵权邮包的拦截，严厉打击跨境电商"化整为零""蚂蚁搬家"式的进出口行为。聚焦重点商品，加大布控查缉力度，切实保障人民生命安全。强化协同合作，与市知识产权局、市市场监管局联合开展第六届进博会百日行动、网剑行动等，与市版权局配合协作，强化对进出口环节侵犯著作权行为的打击力度。

四是打击侵权盗版行为。市文化和旅游局执法总队全面加强版权保护，稳步推进执法工作。严格贯彻落实中央宣传部版权管理局等部门工作要求，积极开展本市院线电影版权保护专项工作、"青少年版权保护季"专项行动、"剑网 2023"专项行动、清朗·杭州亚运会和亚残运会网络环境整治。组织开展 2023"蓝光行动"集中打击网络销售非法进口黑胶唱片和含有侵害未成年人身心健康的进口电子游戏出版物，2023 年"绿网行动"集中打击网络销售非法教辅教材。2023 年，市、区两级文化执法机构检查出版印刷发行、音像制品、网络出版、版权等相关场所 12005 家次，立案处罚 355 件，罚没款共计 725 万余元，没收、收缴各类非法出版物（含音像制品）及印刷制品 14 万余件。

五是深化区域执法协作。市场监管部门建立健全跨区域执法协作机制，积极推进长三角地区联合执法行动。松江区长三角 G60 科创走廊知识产权行政保护协作中心制定并实施《关于长三角 G60 科创走廊知识产权行政执法协作的若干意见》，推进建立知识产权侵权案件协查绿色通道，缩短了案件协办时限。青浦

区市场监管局会同嘉善、吴江市场监管部门联合开展"明前茶"市场专项执法行动，三地市场监管部门共出动检查人员 190 人次，检查商户 45 户，出具责令改正书 18 份，立案 12 件。嘉定区市场监管局依托长三角执法协作机制，会同太仓市市场监管局，对太仓江南副食品城进行突击检查，查获涉嫌销售假冒太太乐调味料产品共计 500 余袋。

3. 提升监管效能。市知识产权局聚焦"严保护、大保护、快保护、同保护"关键环节，认真落实打击侵权假冒工作任务。2023 年以来，共立案受理专利纠纷案件 2576 件，结案 2569 件。其中，专利侵权纠纷行政裁决立案 70 件，结案 63 件，做出裁决决定 38 件，达成行政调解协议 7 件。以地理标志监管为重点，组织开展地理标志保护专项行动。其间，共出动执法人员 2000 余人次，线上线下检查商户 5000 余家，切实保障了地理标志权利人的合法利益。

（五）强化司法保护，完善两法衔接机制

1. 加大刑事打击力度。市公安局将"两超一非"、假劣药品、侵犯"进博会"和高新企业知识产权、跨境制售假劣商品等作为"昆仑 2023""夏季行动"工作重点，部署开展 6 批次集中清查整治。针对本市主要系问题食品药品和假劣商品流入地的情况，公安机关食药环侦部门对外省市上游包材印刷、原料提供、生产加工、仓储运输等团伙开展深挖打击。2023 年以来，共出动警力 7500 余人次，赴全国 20 余个省份侦破跨省市案件 730 余起，抓获犯罪嫌疑人 2500 余名。侦破新药品"司法解释"出台后全国首例跨境制售仿制药案，在境外老挝国和境内河南、山东等地全链条查处原料提供、压片包装、仓储分销犯罪团伙，抓获犯罪嫌疑人 31 名，捣毁生产、仓储、销售窝点 18 处，涉案金额 1.9 亿余元。公安机关食药环侦部门全面排查本市销售伪劣燃气灶具等线索，并会同市、区两级市场监管部门，在嘉定、宝山等地开展集中清查整治，共抓获涉案人员 10 人，查处涉嫌销售伪劣燃气灶具门店 5 处、仓储窝点 3 处，查获伪劣燃气灶具 200 余台，及时阻断涉案伪劣燃气灶具流入市场（主要销往小餐饮店和居民）引发爆燃隐患。

2. 落实检察保护任务。本市检察机关加强对侵犯

关键领域、核心技术的知识产权犯罪刑事惩治。办理了全国犯罪数额最高的侵犯著作权案（侵犯乐高玩具著作权涉案 11 亿元）、车载 U 盘侵犯音乐著作权系列案等，受到社会公众广泛关注。严惩危害食品药品安全犯罪。办理一批网络销售有毒、有害保健品案件，以及生产、销售染色小黄鱼系列案、全国首例销售涉他非类衍生物有毒、有害食品案等社会影响重大案件。加强新型疑难复杂案件办理。办理了全国首例规避技术措施侵犯著作权案、全市首例为境外刺探、非法提供商业秘密案等一批有影响的新型疑难案件。完善跨区域跨部门司法协作机制。市检察院、虹桥管委会、市市场监管局会签《服务保障进博会知识产权保护合作协议》，沪苏浙皖检察机关会签《数字经济知识产权保护框架协议》，进一步深化跨部门、跨区域横向知识产权保护与合作。

3. 强化司法审判职能。全市各级审判机关坚持严保护政策导向，在依法适用主刑的同时，加大罚金刑的适用与执行力度。市高院、市检察院、市公安局联合制定发布《关于办理商业秘密刑事案件若干问题的通知》，对本市商业秘密刑事案件提级集中管辖，切实提升商业秘密刑事案件办理质效。市三中院审结的涉故意避开飞利浦公司、通用医疗公司医疗设备软件技术保护措施的侵犯著作权罪案，为《刑法修正案（十一）》实施以来全国首例通过故意避开技术保护措施侵犯权利人医疗设备软件著作权刑事案件，入选"2023 年中国法院十大知识产权案件"。青浦、吴江、嘉善三地法院、检察院、市场监管局共同签署《长三角知识产权严重违法失信黑名单》，协同助力示范区知识产权大保护。

4. 推进两法衔接工作。市版权局通过开展"剑网2023""夏荷行动""守护开学季"等专项执法行动，协助公安机关侦办"3·21"侵犯著作权、销售侵权复制品系列案，抓获犯罪嫌疑人王某某等 32 人，捣毁印制、销售窝点 34 处，查处涉案网店 100 余家，现场查获侵权教材教辅、少儿图书 3 万余册，侵权教学光盘 2.5 万张，印刷设备 30 余台以及印刷模板 100 余份，涉案金额达 5000 余万元。

市市场监管局严格落实行刑衔接工作要求，不断完善行刑衔接机制。市、区两级市场监管部门与公安机关、司法机关加强协作，签订了行刑衔接相关实施意见。2023 年，全系统移送公安机关案件 83 件。

市药监局联合市市场监管局、市公安局等相关部门出台《上海市药品行政执法与刑事司法衔接工作实施细则》。深化行刑衔接工作，协同公安等部门开展假冒抗癌药物、假冒 HPV 疫苗、假冒注射用 A 型肉毒素及含司美格鲁肽药用成分的减肥注射剂、含麻醉药品成分美容用品、儿童化妆品非法添加等网络违法犯罪线索排摸和案件调查，联合侦破"1·30"妨害药品管理案、"8·29"跨境制售假抗癌药案、"9·5"生产销售非法添加药物成分的"诺必行"儿童化妆品案等重大案件，提高药品监管威慑力。

市烟草专卖局联合市公安局经侦总队开展"春雷2023"专项行动，其间共查获各类违法卷烟 23.84 万条、电子烟 28.73 万个，货值超 7800 万元。联合市公安局、邮政局、交通委等部门开展"平安寄递"专项行动，集中整治涉烟违法寄递行为，查获案件 80 起，其中假私烟案件 25 起，累计查获各类违法卷烟 209.35 万支，案值 197 万余元，涉刑 2 人。与市公安局、上海海关等七家单位联合开展打击海上走私罪专项行动，坚决遏制海上涉烟走私猖獗势头，维护国家经济安全。

市绿化市容局对上海高能景园绿化有限公司涉嫌生产经营假冒"东方杉"，侵犯上海市林业总站享有的植物新品种权，及时向公安机关报案。

三、存在的问题与不足

通过各部门持续加大打击治理力度，本市侵权假冒违法现象得到有效遏制，各项工作成效明显。但是结合实际，本市打击侵权假冒工作中仍存在一定不足，需要进一步完善。

一是全链条执法机制有待健全。发生在上海本地的侵权行为，多为销售终端。要实现全链条打击，必须穷尽调查手段，进一步追查上游供货商和生产源头。只有强化源头治理，才能从根本上降低侵权行为发生率。

二是行刑衔接工作需要强化。尽管全市各部门高度重视行刑衔接工作，并出台了相应的工作制度。但是在实操层面,仍然存在较多问题,如细化的程序要求,明确统一的证据标准还需要在实践中逐步完善。

三是知识产权保护水平需要进一步提升。知识产权侵权易、维权难的难题仍有待进一步化解,企业海外知识产权纠纷应对能力不足,知识产权保护意识和维权意识不强,有待政府部门进一步投入更多的人力物力,加强海外纠纷的应对工作。

四、下一步计划

2024 年,将按照国家质量强国建设协调推进领导小组办公室工作要求,扎实推进打击侵权假冒工作。围绕重点任务,具体做好以下四方面工作:

一是完善打击侵权假冒工作机制。充分发挥牵头抓总、统筹协调职能,加强跨部门的协作配合,开展侵权假冒重点市场整治,组织统一集中销毁行动。

二是深化区域执法协作。依托长三角执法协作机制,开展跨区域打击侵权假冒联合执法行动,探索实现长三角区域侵权假冒执法标准联通,信息数据共享、执法证据互认。

三是持续深入开展知识产权专项执法行动。突出执法重点,组织开展"守护"知识产权执法专项行动。围绕民生关切,深入开展"铁拳"知识产权保护专项行动。聚焦进博保障,大力开展迎进博知识产权保护百日执法行动。

四是强化打击侵权假冒普法宣传。积极利用"3·15""4·26""5·10"等重要时间节点,组织开展集中宣传活动,发布打击侵权假冒典型案例,推出生动活泼、寓教于乐的微视频,充分展示执法成效,有效发挥以案释法的宣传教育作用。

(撰稿人:巢鲲)

江苏省打击侵权假冒工作报告

2023 年,按照省委、省政府关于打击侵权假冒工作部署,根据市场监管总局工作要求,江苏省充分发挥市场监管职能作用,以案件查办为抓手,严厉打击侵权假冒行为,解决民生诉求,回应社会关切,查处了一批有影响的大案要案,有力维护了公平竞争的市场秩序,切实保护了权利人及消费者的合法权益,打击侵权假冒工作取得了良好的社会效果。截至 2023 年 12 月底,全省市场监管系统共查处侵权假冒违法案件 11296 件,罚没款 23645.78 万元。其中不正当竞争违法案件 1448 件,罚没款 7131.24 万元;知识产权违法案件 3494 件,罚没款 7775.9 万元;质量违法案件 6354 件,罚没款 8738.64 万元。

一、2023 年主要开展的工作

(一)提高政治站位,全面部署打击侵权假冒工作任务要求

为落实市场监管总局各项工作任务,省市场监管局专门召开专题部署会,全面部署 2023 年度打击侵权假冒工作。制定下发《关于印发 2023 全省市场监管领域打击侵犯知识产权和制售假冒伪劣商品行动方案的通知》《关于印发 2023 江苏省民生领域案件查办"铁拳"行动实施方案的通知》,系统动员部署,确立工作目标,锚定工作方向,树立工作标准,要求全省各地市场监管部门高度重视,精心组织,统筹推进。遵循 9 个执法重点基础上,将生产、销售及使用假劣纺织品、生产经营超范围、超限量使用食品添加剂的食品、涉农工程主要原材料假冒伪劣问题、制售不合格燃气和家居市场执法列为省市场监管局自选动作,要求各地根据实际情况不同,将"九类规定动作"与"自选动作"相结合,进一步突出本地重点,增加新的内容。

1.突出指导,统筹推进专项行动。组建工作专班,拟定专班工作制度、新闻宣传方案、工作调度制度等,明确职责分工、协作机制、信息简报等工作规则,强化上下之间的协作联动,每月定期汇总全省专项行动

中的案件查处情况，盘点工作进度，查找工作不足，提出改进措施，构建各专班成员处室协调一体的工作格局，有力指导了全系统"铁拳"行动相关工作。9月，省市场监管局分四个组对13个设区市进行"铁拳"行动督导，指导帮助基层解决难点问题。根据前期调研发现的问题，专班深入研究、反复推敲，围绕14个领域违法行为，制定下发《江苏省2023"铁拳"行动违法案件查处指南》《"铁拳"行动案源线索挖掘指引》，针对数字+执法工作要求，首次结合"铁拳"规定动作一对一增加《电子取证办案指南》，为一线执法人员作出详尽规范的操作流程。制定《2023年江苏省"铁拳"行动工作绩效评价办法》，聚焦案件办理不均衡和地区开展不平衡的问题，综合设定项目、合理配置分值，对各市局"铁拳"行动开展情况进行定期评价、通报得分情况。发挥指挥棒作用，将"铁拳"工作开展情况列入省质量工作专项考核和优秀评比等的重要参考依据，充分调动各市局推动"铁拳"行动工作的积极性。侧重面向基层分局、执法大队和一线办案人员，比拼"铁拳"工作实绩，对成绩突出的40个集体、60名个人进行通报表扬。

2. 靶向准自选精，聚焦主责主业。"铁拳"行动的落脚点最终还是案件办理，截至12月底，全省市场监管系统共查办"铁拳"行动案件8246件，案值1.41亿元，罚没款1.23亿元，移送公安机关案件325件。九大类案件中，共查处食品中非法添加降糖降压降脂等物质类案件137件，假冒伪劣化肥类案件246件，刷单炒信等虚构交易类案件298件，"神医""神药"虚假违法广告类案件469件，生产销售劣质燃气具及配件类案件850件，违法生产使用小型锅炉类案件28件，使用未登记电梯类案件269件，利用不公平格式条款侵害消费者权益类案件319件，假冒知名品牌及"傍名人""搭便车"行为类案件2196件。

3. 合唱响声势强，彰显社会效应。市场监管总局领导多次强调，"铁拳"行动的两大任务就是办案和宣传，只有宣传到位，才能保证"铁拳"行动打出声威。具体做法有：一是不断扩大群众知晓率。委托中国移动通信集团江苏有限公司根据手机用户画像的数据分析进行短信精准推送，全系统累计发送短信1200余万

条，收到短信的群众能够全面了解"铁拳"行动的打击对象、保护群体以及投诉举报途径。自主设计、印制公益宣传海报，在南京市主城20个小区的快递柜做警示告知，覆盖17120户近6.8万居民，提示广大消费者"擦亮"眼睛，让"刷单炒信"无处遁形，积极为市监部门举报线索。二是积极打造"一盘棋"声势。组织多地开展"铁拳"行动假冒伪劣商品集中销毁活动，销毁物品重达238.8吨，近300万件，货值逾千万元。4月20日，通过官微发布"铁拳"行动第一批典型案例，徐州等7地市局同日通过市局官微发布典型案例57件，形成一定声势，配合总局集中曝光日的统一步调。紧跟市场监管总局月度宣传主题，精心组织案例采编，发布典型案例9批共92件，13个地市发布典型案例92批次共533件。三是全力搭建交流"快车道"。一方面通过制定评价办法，发挥考核指挥棒作用，引导市县局积极报送典型做法，同时每月刊发工作信息简报，展示各地推动"铁拳"行动的亮点工作，供系统内执法人员相互借鉴学习。全年印发简报11期，向市场监管总局专报信息16期，被总局录用发布信息34条，位列全国首位，刊载全省各地工作动态216条，收集各地报送的"铁拳"行动典型案例1118件，报送总局186件，总局层面发布15件，位列全国第二。四是坚持创新宣传路径。鼓励市局围绕"铁拳"行动违法行为查处过程，录制短视频、微电影，增强宣传作品的生动性和可读性。无锡市市场监管局组织拍摄查办侵害消费者权益相关执法视频《强行搭售？3D眼镜免费提供没商量！》；南通市市场监管局拍摄"过度包装"、"灶管阀选购"科普视频和"向'刷单炒信'，说不！"动漫视频，都取得了良好的社会反响。五是激发队伍建设新动能。首次在官微开设"护民生 展风采"专栏，分三期刊发"铁拳"成绩突出集体和个人的先进事迹。通过讲述5个集体和8名个人在开展"铁拳"案件查办中的"感动点"，激励执法稽查条线干部汲取榜样力量。

（二）落实"四个保护"，扎实开展知识产权专项执法

1. 聚焦重点领域，扎实开展系列专项执法行动。3月，省市场监管局部署开展2023民生领域案件查办

"铁拳"行动。6月，部署开展2023全省知识产权保护专项执法行动，加大对重点产品、重点领域、重点市场的执法力度，关注互联网知识产权保护，强化线上线下一体化执法，加强源头治理和全链条、跨区域治理，严厉查处商标、专利、地理标志、商业秘密、知识产权代理服务等领域的违法行为，加大对恶意申请注册商标、违法使用商标行为的打击力度，强化案件查办，严惩违法行为，曝光典型案例，依法平等保护各类经营主体的知识产权。4月，南京市高淳局查办的一涵佳照明有限公司将"驰名商标"用于宣传案和无锡市锡山局查办的金卡印刷厂擅自印制地理标志证明商标案被总局评为2022年全国知识产权执法典型案例，数量居全国首位。

2. 深化工作指导，着力完善知识产权执法体系。省市场监管局出台《关于进一步加强全省市场监管领域知识产权执法的意见》《关于进一步提升市场监管综合执法效能的意见》，加强对全省知识产权执法工作的组织领导，发挥好统筹协调和上下贯通作用，结合市场监管综合执法改革，进一步完善知识产权执法机制。健全省、市、县三级知识产权执法联络体系，确立各级市场监管部门执法联络员，依托全国市场监管行政执法平台、苏知保等渠道搭建快捷高效的交流沟通平台，全力构建线上线下结合、上下联动、区域协作的全链条执法机制。

3. 开展案卷评查，不断加强执法队伍能力建设。6月，省市场监管局在全省组织开展市场监管系统行政处罚案卷评查，指导各地围绕处罚实施主体、违法事实、证据、适用法律、自由裁量等方面，通过对立案、调查取证、审查决定、执行与结案、案卷归档等环节开展自查，并按时报送自查报告。8月下旬，在南京组织召开会议，邀请执法一线专家骨干，对各地报送的十个领域共计130份案卷，开展互查互评和集中评查，推进执法文书规范化制作。经综合评定，印发《关于2023年度行政处罚案卷评查情况的通报》，评选出知识产权等领域30份行政处罚案卷为优秀案卷。

4. 探索线上监测，切实抓好网络主体责任落实。省市场监管局指导各地持续深入贯彻《电子商务平台管理规范》地方标准，广泛宣传贯标政策，及时解答企业疑问，有效推动贯标工作落地落实，对全省电商平台实施全覆盖指导。针对网络集中促销期间侵权易发多发的特点，部署开展"6·18"期间网络商品和服务集中促销专项监测，共发现37条涉嫌侵犯"妖精的口袋"、"桂花鸭"等商标专用权违法线索；加强重大庆典活动监测，对1725条涉杭州亚运会和亚残会商品信息，进行分析比对，共发现3条涉嫌商标侵权、不正当竞争违法线索，及时移交属地市场监管部门处理。

（三）明确执法重点，有序推进反不正当竞争执法

1. 强化反不正当竞争执法指导。4月初，省市场监管局印发《关于做好互联网、平台经济等领域反不正当竞争案件查处工作的通知》，将反不正当竞争法规定的混淆行为、虚假宣传、商业贿赂等七种违法行为贯穿全年执法工作，始终保持对不正当竞争违法行为的高压态势。通过案件线索投诉举报和案件线索摸排，加强不正当竞争违法线索的收集统计和分析研判，提高办案的针对性、精准性、实效性；针对利用互联网实施不正当竞争，瞄准新常态、学习新知识、掌握新技术、增强新本领，加强对互联网等新型反不正当竞争案件的研究，重点查办涉及直播数据造假、组织虚假交易等互联网反不正当竞争案件，努力提高对新业态案件办理能力。

2. 积极发挥统筹协调机制。召开省打击侵权假冒工作会议，全面部署双打年度工作。协调各省级成员单位参加全国双打办主任视频会议，并作为3个交流发言省份之一，在会议上作专题发言。举办双打工作业务培训班，总结各地双打优秀经验做法，对双打工作进行专题授课，提升全省双打业务水平。强化宣传引导，通过新闻发布会、宣传周等多种方式，积极开展多元化、常态化的宣传教育工作，营造打击侵权假冒工作的良好氛围。

3. 集中开展商品销毁活动。按照市场监管总局统一部署，省市场监管局与南京市双打办联合开展侵权假冒伪劣商品统一销毁活动，销毁食品、酒类、汽车配件、电动车、电脑配件、防疫用品、建材金属、服饰、鞋包、日化、润滑油以及非法出版物等假冒伪劣商品15大类，总重约140吨，货值1200余万元，有力震慑了不法分子制售假冒伪劣商品的违法行为。

（四）坚持精准发力，严查重处制售假冒伪劣产品行为

1.持续抓好质量违法案件查处。以守住质量安全红线为目标，严控产品质量安全和特种设备安全，筑牢安全底线。把特种设备、电动自行车、建筑用材、改装车辆等列入重点执法对象，坚决杜绝重特大事故发生。集中优势力量，重点打击边远农村和城乡结合部假冒伪劣商品，以小家电、洗化用品、五金电器、燃气灶具等日用消费品为重点，对发现的假冒伪劣商品、"三无"产品要追踪溯源，深挖违法活动的组织者、实施者，铲除销售网络，清理生产源头，依法查处无证照生产经营的"黑作坊""黑窝点"，净化农村市场环境。开展农资及农产品专项执法。在春耕、秋种等重要时点集中开展"农资打假下乡"行动，以化肥、种子、农膜、农机及其配件等产品为重点，依法查处不符合强制性标准和明示标准、虚假标识、无证生产、以假充真、以次充好、以不合格产品冒充合格产品等质量违法行为。强化农村"山寨食品"整治。从生产源头、流通渠道、消费终端入手，全面整治农村"山寨食品"。重点查处食品名称、包装、标识、商标等相同或近似的食品违法行为；强化食品商标保护，依法查处市场混淆、虚假宣传等不正当竞争行为，对违反生产经营者以及为其提供商标、广告、认证、包装等服务的经营者，依法进行全链条打击。

2.持续抓好食品领域案件查处。坚决守护食品安全底线，落实"四个最严"要求。针对群众较为关注的热点问题，着重开展了三项整治。一是强化校园周边食品整治。加强以学生为主要供餐对象的集体用餐配送单位执法检查力度，取缔无证无照经营户，进货查验制度，谨防校园内出现过期食品、腐败变质食品、劣质食品和"两超一非"食品，防止出现食物中毒、集体就医等重大事件。二是强化特殊食品整治。聚焦保健食品和婴幼儿配方食品，加强抽检力度，及时向社会公布抽检和不合格食品处罚结果。以保健食品标签标识、宣传材料、广告等未经批准，声称具有保健功能、疾病预防以及治疗功能等违法行为。三是强化餐饮浪费整治。严格落实市场监管总局为期3个月的制止餐饮浪费专项行动，从严从速查处纠正未主动提示、诱导点餐等违法行为；紧盯重点平台、重点环节和重点对象，解决了外卖点餐、婚宴、自助餐和单位食堂等存在的食品浪费行为。全年查处食品相关案件16316件，罚没款9034.9万元。

3.深入推进安全生产专项整治。2月10日，省市场监管局下发《2023年全省市场监管领域安全生产案件查办指导意见》，聚焦特种设备、车辆安全、消防安全、检验检测等重点领域、关键关节，持续抓好安全生产违法案件查处。2023年度累计办结安全生产领域案件4922件，罚没款金额约8773.36万元，移送其他部门4件，吊销证照7件。

二、存在问题及建议

（一）基层执法队伍的能力水平需进一步提升

当前新业态新模式随着技术进步不断出现，面对电子商务、网络购物、直播带货等新兴行业中不断涌现的价格欺诈、假冒伪劣、虚假宣传、不正当竞争等违法行为，基层执法队伍的能力水平还需要进一步提升。面对新的挑战，计划一方面加大指导力度，定期收集基层在执法办案过程中的热点难点问题，选取典型案件，提炼成功经验，形成指导意见；另一方面加强培训交流，在电子取证等办案手段的应用上加强培训，及时补齐基层短板弱项，聚焦当前热门的网络直播带货、网络传销等领域，组织研讨，深入交流，提升业务水平。建议市场监管总局层面组织相关业务培训，加强各省之间业务交流。

（二）一线双打工作的宣传思路需进一步创新

基层市场监管部门在打击侵权假冒工作中做了大量工作，但一部分工作成果未得到有效宣传，部分地区的宣传特点不突出，思路不开阔。省局计划一方面统筹加强打击侵权假冒工作的宣传力度，谋划好宣传的平台、媒体、内容、方式、节奏，既要用足权威性强的主流媒体，又要用好关注度高的社会媒体；另一方面积极引导基层上报好的工作素材，总结提炼后主动向市场监管总局汇报争取，通过总局层面的信息报道、现场会议、通报表扬、案例发布等形式，凸出江苏打击侵权假冒工作的积极影响。

（撰稿人：郑永飞）

浙江省打击侵权假冒工作报告

2023 年，浙江省打击侵权假冒工作坚持以习近平新时代中国特色社会主义思想为指导，贯彻落实党中央、国务院决策部署，忠实践行"八八战略"，根据全国打击侵权假冒工作要求，结合浙江高质量发展理念，深入开展重点领域治理和数字化改革，强化执法打击，加强司法保护，推进部门协作联动，完善长效机制建设，奋力推进"两个先行"，全力打造知识产权保护高地。全年查处各类侵权假冒案件 21644 件，涉案金额 90011.34 万元，罚没 21454.54 万元，移送司法机关 624 件。

一、工作部署

（一）加强统筹协调，高位推进部署

浙江省委、省政府高度重视打击侵权假冒工作，将此项工作纳入全省经济社会发展的总体部署，并列入平安浙江建设，作为平安浙江建设考核的重要内容。省双打办坚持立足全局、高效服务，紧盯年度各项工作目标，通过制订方案、调研督导、业务培训、绩效考核等多种途径，强化组织领导，细化任务分工，压实工作责任，持续加强横向沟通和纵向指导，促进各成员单位和各市双打办始终把打击侵权假冒工作摆在重要位置，落实好地方属地责任和部门监管责任，确保年度打击侵权假冒工作各项任务高质量落实。全年共印发各类文件 30 余件，培训人员 160 余人次。

（二）强化协同配合，落实工作任务

省级各成员单位和各市打击侵权假冒工作领导小组按照省双打办的要求，认真落实打击侵权假冒目标责任，专人负责双打工作，实行联络员所在处室牵头、相关业务处室配合的工作机制，并结合自身职能，细化阶段性工作任务，突出工作要点，全力推动打击侵权假冒工作向纵深发展。省公安厅与杭州第 19 届亚运会组委会办公室建立亚运特许商品知识产权刑事保护

应急联动机制，加大打击假冒亚运特许商品犯罪的力度。省检察院深化四大检察合力打击侵权假冒工作，注重执法司法协同保护，全年共向行政主管部门移送需要给予行政处罚的知识产权不起诉案件 183 件，综合运用检察建议、合规指引等方式促进源头预防治理。省高院与省市场监管局制定《关于强化知识产权协同保护的实施意见》，就建立失信联合惩戒机制、推进"法护知产"数字化改革等安排达成共识，全年全省法院共向市场监管部门发送联合惩戒司法建议 103 件，其中 86 件已被采纳，全面构建司法行政协同保护的整体框架。

（三）营造舆论氛围，深化信息宣传

省双打办发挥新闻媒体的正面引导和舆论监督作用，多次召开新闻发布会，大力宣传各领域打击侵权假冒工作取得显著成效，积极应用报纸、电视台等传统媒体和网站、微信公众号、抖音等新兴媒体解读政策措施、发布典型案例、宣传先进经验，普及知识产权和识假辨假知识，畅通侵权假冒投诉举报投诉渠道，营造打击治理侵权假冒良好社会氛围。全年共在各类媒体发布典型案例 55 件，受理侵权假冒投诉举报共 52.70 万件。

二、主要措施及工作成效

（一）突出重点领域整治，加大行政执法力度

省委宣传部（省版权局）联动上海、江苏、安徽等周边五省一市版权主管部门，建立亚运会版权保护快速响应联动执法机制，构建形成亚运版权保护共治格局，查办涉亚运侵权盗版案件 11 起。开展"剑网 2023"、青少年版权保护季、院线电影版权保护等专项行动，聚焦网络主战场，切实规范点播影院、文博文创等重点领域版权秩序。全省共删除侵权盗版链接 20037 条，关闭侵权盗版网站或 APP57 个，查办

或调解各类侵权盗版案件452起，25起案件获全国挂牌督办，数量全国第一。其中杭州"3·14"涉嫌侵犯教辅图书和网课著作权案入选全国典型案例，金华"1·25"盗录春节档院线电影案等典型案件在全国版权执法监管座谈会上作经验交流，中央电视台等8家央媒专门来浙采访。

省农业农村厅严格落实中央农村工作会议和全国农资打假专项治理行动视频会精神，按照新时代浙江"三农"工作"369"行动部署要求，聚焦保障春备耕生产和杭州亚运会等重点，持续深化"绿剑"执法系列行动，打好农资打假"组合拳"。全省全年检查各类生产经营场所5.78万家次，抽检农资产品4700余批次，办理农资打假一般程序行政处罚案件2115件，罚没款合计654.88余万元，移送司法机关案件数达262件。台州市、黄岩区两级农业农村部门会同公安机关，破获一起通过互联网无证生产、经营假兽药案，刑拘涉案人员20名，涉案金额超过8000万元，被列为公安部督办案件。

省文化和旅游厅进一步强化执法办案力度，严厉打击文化和旅游市场侵权盗版行为。重点做好两个方面：一是音像制品、书报刊、印刷业等出版物市场；二是网络音乐、网络动漫、网络游戏、网络表演等网络文化市场。2023年全年，日常巡查出动检查456898人次，检查企业190968家次，发现违规5799家次；举报（督查）受理250件，属实案件111件；行政处罚立案调查5405件，办结案件5266件，警告2450家次，罚款22696518.38元，停业整顿37家次，吊销许可证8家次，没收非法所得2051286.68元，没收违法物品310415个，听证5家次，重大案件68件，移交199家次。

省市场监管局推进质量强省、知识产权强省建设，维护企业合法权益，护航杭州亚运、亚残运会，开展"双打护权""回访暖企"执法大走访活动，倾听企业在高质量发展方面存在的现实需求，着重收集需要跨部门、跨区域联合执法维权的事项，充分发挥省双打办组织协调作用，联合18个成员单位，在7—10月组织开展全省"双打护企"百日执法行动，累计查处各类侵权假冒违法案件9957件，涉案金额7.68亿元，收缴各类罚没款1.76亿元，破获涉侵权假冒伪劣商品犯罪案件412起，抓获犯罪嫌疑人1188名，推动打击侵权假冒工作向纵深发展。组织参加侵权假冒伪劣商品全国统一销毁行动，发布侵权假冒典型案例10件，对涉及食品、药品、服装农资产品等300多个品种200余吨的侵权假冒伪劣商品现场进行统一销毁，引起全省社会各界极大反响。

杭州海关、宁波海关按照统一部署积极开展全面加强知识产权保护"龙腾行动2023"、寄递渠道"蓝网行动2023"、出口转运"净网行动2023"专项行动及杭州亚运会和亚残运会知识产权保护专项行动，充分运用跨关区、跨部门执法协作机制，深化"长三角"一体化及杭甬海关知识产权执法协作，在侵权线索协查处置、口岸联防联控以及属地企业侵权信息交换等方面开展合作，共同构筑进出口侵权防线，有效堵截进出口侵权口岸漂移情事。全年共查办各类案件813件，移送公安机关11件，查扣涉嫌侵权货物（物品）3355批次、涉及货物数量3044.7万件，案值8795.4万元，查扣数量和案值均居全国第二。

省林业局部署年度种苗质量抽查工作，共抽检全省11家种苗生产经营和47家造林使用单位，抽检苗批214批次。组织开展林草种子生产经营许可事项事中事后双随机年度抽查，指导全省各级林业主管部门建立林业种苗审批事项抽查清单和执法人员名录库，全省完成"双随机"定向抽查林木种苗生产经营持证企业260家。印发《浙江省林业局关于组织开展全省林业"双打护企"百日执法行动的通知》，在全省范围开展打击制售假劣林草种苗和侵犯林草植物新品种权违法百日行动，出动执法人员1795人次，检查主体951家次，查处生产销售假冒伪劣林木种苗案件3起，无侵犯植物新品种权案件。配合开展林业系统知识产权技术调查官名录库建设，确定19名植物新品种技术调查官，为执法工作提供技术支撑。

省药监局印发《2023年浙江省集中打击整治危害药品安全违法犯罪工作要点》，确定省级药品打违工作二十方面重点，将工作责任分解落实到16个省级成员单位。与浙江省公安厅等五部门联合印发《协同打击治理医疗美容行业犯罪常态工作机制》，常态化协同打击医疗美容行业违法犯罪行为。组织打假治劣"药剑"行动，重点围绕老百姓关心关注的突出问题，聚焦疫苗监管、亚运保障等重点任务，严查重处违法违规行为，全省办结药械化违法案件4817件，罚没款1.72亿元，同比增36.8%。查办全国首例非法研发、生产、销售"司美格鲁肽"医美减肥针假药案，作为全国查办同类违法行为的典型案件被国家局专报刊发，并被中央电视台法制栏目正面报道。

省委网信办深入开展打击网上侵犯知识产权和制售假冒伪劣商品专项整治工作，全面清理属地网站平台涉侵权假冒负面有害信息。省卫健委按照《消毒产品生产企业卫生规范》开展抗（抑）菌制剂生产企业执法检查。省生态环境厅、省邮政管理局加大宣传力度，配合做好双打工作。

其他成员单位按各自职责做好打击侵权假冒工作。

（二）强化刑事打击，扩大社会震慑效果

省公安厅制订下发《全省公安机关"昆仑2023"专项行动工作方案》，开展以打击侵犯知识产权和制售假冒伪劣商品犯罪、危害食品安全犯罪、打击危害药品安全犯罪、打击污染环境犯罪等六大行动为重点的"昆仑2023"专项行动，推动相关领域系统治理、依法治理、综合治理和源头治理。全国首创"知识产权警官"，推出"浙江知产警官在线"平台特色服务，为企业打通知识产权保护线上联络通道，为企业答疑解惑、提供援助；下半年与省法院、省检察院、省市场监管局联合组织召开知识产权刑事司法保护联席会议，围绕知识产权刑事案件司法管辖以及知识产权犯罪罪名适用、实施认定等重点、难点问题进行协商并达成一致，有效统一了执法司法尺度。省公安厅食药环知侦查总队部署开展严厉打击伪劣消防器材犯罪、打击侵犯民营企业知识产权犯罪为主题的"剑锋2023-6号""剑锋2023-8号"收网行动，取得重要成效，全年查办案件1978件，涉案金额34838.08万元，有力震慑犯罪分子，达到护航经济发展的目的，7次获得省委省政府领导的批示肯定。

（三）强化司法保护，营造公平竞争环境

省司法厅积极做好知识产权保护，会同省市场监管局等部门，推进《浙江省知识产权保护和促进条例》的全面实施，完善有奖举报制度，电子证据的调查取证权，和技术调查官制度等机制，拓宽打击侵权假冒线索调查渠道、化解取证难、行政执法过程中专业能力欠缺等问题，加强打击侵权假冒行为力度。

省法院充分发挥刑事司法职能，贯彻宽严相济的刑事政策，规范缓刑适用程序和标准，对预防再次犯罪进行深层预防，完善"三合一"审判机制，依法从严从快打击生产、销售伪劣商品和侵犯知识产权犯罪；加强对下业务指导，提高全省知识产权审判水平，聚焦打造"精品工程"，发挥裁判示范作用；健全知识产权专门化审判体系，强化源头预防化解纠纷，深化协作联动，推动行政司法有机衔接，加强常态协作，为亚运保驾护航；加强新型成果保护，保障数字经济发展，持续推进数字化改革，推进"知识产权+共享法庭"建设，扩大知识产权司法保护影响力。全年共受理生产、销售伪劣商品犯罪一审案件680件；审结648件，共受理侵犯知识产权罪一审案件775件，审结653件。

省检察院全面履行法律监督职能，充分发挥批捕起诉一体化办案机制优势，从快从重打击生产销售伪劣产品和侵犯知识产权犯罪，形成对打击侵权假冒行为的高压态势，有力预防震慑犯罪。特别是聚焦民生安全领域生产销售伪劣产品犯罪，有力打击伪劣灭火器和燃气灶的生产和销售，保护人民群众的生命和财产安全。积极探索伪劣食药犯罪公益诉讼工作，扎实开展协同治理，着力优化打击侵权假冒工作，服务保障营商环境提升。全年批准逮捕生产销售伪劣产品犯罪157件284人，审查起诉683件1483人，对17件25人提起附带民事诉讼。全年批准逮捕侵犯知识产权犯罪291人，提起公诉1881人，入选最高检侵犯知识产权犯罪指导性案例1件，典型案例2件，全省知识产权检察工作整体质效稳居全国前列。

三、对策建议

一是进一步强化重点领域部位的打击力度。持续大力整治重点领域、重点环节、重点商品、重点市场，严厉查处商标侵权、地理标志侵权假冒、假冒专利、恶意重复专利侵权、侵犯商业秘密等各类违法行为，严厉打击不以使用为目的的恶意申请注册商标行为。

二是进一步强化服务企业优化营商环境的最终目标。强化政企合作，定期开展走访活动，及时了解企业诉求，及时互通打假维权信息，引导企业积极参与双打工作。强化双打工作宣传，增强公众法律意识，畅通举报投诉通道，确保打假网络全覆盖，通过"法治"打造"最好的营商环境"。

三是进一步完善协调有序沟通顺畅的工作机制。加强各成员单位协同配合，通过开展联合检查、协作执法等方式，有效凝聚各方力量，推进建立全方位、立体化的执法整治格局，推动建立齐抓共管、配合有序的工作局面。

（撰稿人：金毅）

安徽省打击侵权假冒工作报告

2023年，安徽省打击侵权假冒工作全面落实市场监管总局和省委、省政府重点部署要求，聚焦民生热点和社会关切，把加强综合执法作为规范市场秩序、服务保障民生、优化营商环境、助推高质量发展的有力手段，全系统共查处各类违法案件8.74万件。安徽省市场监管局在全国茶叶过度包装治理推进会等6次会议上交流发言，分别荣获全国市场监管系统"长江禁捕打非断链"三年行动先进集体、全国市场监管系统"铁拳"行动突出贡献集体、全国维护青少年权益岗。滁州市市场监管局综合执法经验做法被总局《市场监管研究参阅》全文刊载，得到总局领导批示肯定。

一、工作开展情况

（一）闻令而动，确保党中央决策部署落地见效

一是扎实推进茶叶等商品过度包装治理。安徽各地围绕新国标组织69次宣贯活动，8900余名监管执法人员和14000余家生产经销和包装设计单位参加培训。检查市场主体3.7万家次，开展监督抽查169批次，查处过度包装违法行为59起，其中淮北市、阜阳市等4起典型案例被市场监管总局发布。印制发放《应知应会手册》、倡议书和各类宣传资料6.1万份。商品过度包装治理工作入选省委、省政府"民声呼应"典型案例。

二是综合治理加油机作弊违法行为。加强与公安、商务、税务部门的协调联动，细化落实17项具体措施，开展加油站点全覆盖式清查，建立完善基础工作台账和问题线索台账，对4458家加油站的39778台加油枪全部完成计量检定。开展联合督导检查，随机抽查65家加油站点，移交属地问题线索15条并完成整改。组织部分执法骨干赴重庆、江苏等地学习观摩加油机作弊案件办理，深挖违法线索查办行政案件87件，刑事案件4件，采取强制措施37人，将3家加油站列入严重违法失信名单，有效维护了成品油市场经营秩序。

三是圆满完成长江禁渔"三年强基础"行动。全省市场监管系统主动担当作为，共检查各类市场主体127.7万家次，下架非法交易信息938条，撤除违规店招2342个，整改违规餐单8465份，查办案件1154件，其中3起案例入选市场监管总局公布的典型案例，1起案例入选市场监管总局专项行动指导手册。芜湖市市场监管局创新开展"三查"行动并长期坚持，安庆、铜陵、池州等地市场监管局开展禁渔区域协作。安徽省"长江禁捕 打非断链"专项行动的四项指标均位居全国市场监管系统前列。

四是扫黑除恶市场流通领域整治成效突出。全面落实《市场流通领域整治工作方案》，统筹推进市场监管领域扫黑除恶工作，共摸排涉黑涉恶线索642条，移送公安机关207条，全部得到规范处置。收到"三书一函"715份，均已落实到位。安徽省市场监管系统扫黑除恶市场流通领域整治成效得到省委政法委的充

分肯定，在市场监管总局扫黑除恶斗争综合评价中位居前列。

（二）重拳出击，"铁拳"行动持续发力打出声威

一是"铁拳"行动紧抓不放。安徽省市场监管局早谋划、早行动，在全国率先印发"铁拳"行动实施方案，把"铁拳"行动作为一把手工程来抓，实行月调度、季通报，强化约谈督促。结合全省实际，在市场监管总局原有 8 个规定动作之上，增加 3 个自选动作，严厉打击非法添加、傍名牌等侵害人民群众切身利益和生命健康安全的违法行为。累计发布 16 批 131 起典型案例，其中宣城、黄山等市 10 起典型案例被市场监管总局或公安部发布。市场监管总局"铁拳"行动简报共 19 次介绍安徽经验做法。"铁拳"行动入选全省行政执法十件大事。

二是"铁拳"效应持续显现。全省市场监管部门牢固树立执法办案鲜明导向，坚持线上线下一体化打击，对涉案金额巨大、危害严重、影响恶劣的大案要案紧抓不放。蚌埠、宿州、六安等地市场监管局联手公安机关查办的 5 起大案获总局挂牌督办，马鞍山等地市场监管局查办的 6 起案件获省局挂牌督办。宣城宁国市局从一条小线索入手，牵出一起涉案金额货值高达 2.5 亿元的特大假冒化妆品案，获省市场监管局、省药监局双挂牌。这些大案的成功查办，充分体现了市场监管执法队伍特别能战斗、特别能攻坚、特别能奉献的精神风貌。

三是行刑衔接提质增效。进一步完善行刑衔接工作规则，强化与公安机关的密切协作，健全涉刑物品检验绿色通道，为公安机关刑事立案、采取刑事强制措施提供扎实的证据支撑，全年移送公安机关案件 706 件。省市场监管局在蚌埠市召开部分地区行刑衔接工作推进会，全省 13 个市市场监管局与司法机关建立警务联络室或检务工作站，在鉴定固证、协助抓捕、完善监管等方面共同织密打击违法犯罪网络。宿州市市场监管局深化行刑衔接、提升打击效能入选公安部发布的 2023 年维护食品安全典型事例。

（三）齐头并进，食品等重点领域执法卓有成效

一是深入开展食品安全执法。安徽省市场监管局制订实施一系列强化食品安全执法的推进举措，坚持打击食品领域违法犯罪与强化日常监管、建立长效机制相结合，开展食用植物油等专项执法抽检，全面梳理投诉举报、监督抽检、日常监管、专项执法发现问题线索，省、市、县、所四级联动，从严从快查处食品违法案件，对违法行为形成强有力的打击和震慑。各地结合反食品浪费、"两超一非"、集中用餐单位整治等行动，共查办食品案件 3.29 万件，2 起食品案件被市场监管总局挂牌督办，宿州市市场监管局查办的 1 起食品中非法添加硼砂典型案例，在全国市场监管系统食品安全稽查执法典型案例研讨会上宣讲并获得现场评分第 5 名。铜陵市市场监管局执法人员突破执法瓶颈，创新制订的 5 种降压药物测定方法被市场监管总局论证后发文推广使用。

二是持续加强知识产权执法。省市场监管局印发推进新时代知识产权执法工作实施方案，构建全链条执法机制。全年共查办知识产权违法案件 3600 件，六安市市场监管局查办的 1 起侵犯注册商标专用权案入选市场监管总局知识产权执法十大典型案例。连续 13 年部署元旦春节期间执法打假专项行动，坚决压缩假冒伪劣产品生存空间。安庆市怀宁县坚持打建并举，有效开展辖区汽配市场专项治理，在全省重点市场治理推进会上作经验交流。以合肥市为主会场，全省集中销毁侵权假冒伪劣商品 14 大类 283 吨，全面展示打击侵权假冒工作成效。

三是同步推进重点工业产品执法。积极做好燃气整治相关执法工作，对燃气器具质量安全实行集中攻坚。共查办相关案件 165 件，其中蚌埠市市场监管局会同公安机关查处 1 起充装销售掺混二甲醚液化气案，货值 1400 余万元，51 名犯罪嫌疑人被依法公诉，央视《每周质量报告》予以深度采访。加强检验检测领域专项执法，在合肥市开展检验检测机构执法"行动周"现场连线活动。联合农业农村等部门开展农资打假行动，分别在临泉县、定远县召开农资产品专项执法研讨会，着力破解农资执法疑点和难点，查办农资案件 268 件，全力保护粮食安全和农民合法权益。

（四）强基固本，打击侵权假冒能力日益加强

一是排查整改推动行风建设。在全国率先启动全省市场监管系统行风建设"排查治理年"活动，制定《行风问题排查整治自查对照清单》，围绕41项履职事项220条注意事项开展全员自查。牵头做好公正文明执法工作组日常工作，共排查整改行政执法领域131个问题，其中市场监管总局通过行风问题征集系统交办9个问题线索均已处理完毕。

二是完善制度规范执法行为。编制《安徽省市场监管综合行政执法事项指导目录》，在执法"三项制度"及裁量规范的基础上进行动态优化。面对执法领域出现的新情况、新要求，主动融入长三角，联合出台《长三角地区市场监管行政执法取证规则》。认真落实《长三角地区市场监管领域轻微违法行为不予处罚和从轻减轻处罚规定》，统一区域执法尺度，全年办理免罚案件2950件，免罚金额8104万元。

三是多措并举提升执法能力。组织全系统4万人次执法人员参加66期市场监管总局"云课堂"学习，在池州市举办全省打击侵权假冒工作业务培训班，联合省司法厅、总工会在六安市举办"奋进新征程　建功新时代"全省法治安徽专项劳动和技能竞赛，省市场监管局荣获优秀组织奖，宿州市局、芜湖市局选派的参赛执法人员分别荣获"十大标兵""十大能手"荣誉称号。

四是强化调度推进系统应用。认真落实市场监管总局"数字＋执法"三年行动2023年计划要求，每季度进行通报调度，强力推进行政处罚信息系统应用，线上办案率达到96%以上。及时编制"互联网＋监管"1190条违法行为事项，全面融入全国执法办案体系。联合省发改委在淮南市开展试点，为全面打通企业信用公示系统打下坚实基础。顺利建成蚌埠、宿州市电子数据取证实验室，电子数据取证能力有效提升。

二、工作特色亮点

创新实施重点市场专项治理提升行动，纳入省市场监管局"优环境、激活力、促发展、保安全"十大创新提升行动之一，通过以打促改，重点打造一批样板市场，重点打击一批侵权假冒违法行为，服务各地重点市场建设发展。2023年，全省各地共选定16个重点市场，实现市级重点市场全覆盖。共查办重点市场各类违法案件528件，涉案货值664余万元，罚没款350余万元，移送公安机关24件，有力规范重点市场经营秩序，进一步提升重点市场经营规范化水平。

（一）在市场选定上，突出市场特色

各地选定重点市场时，重点考虑市场规模、产业特色、区域辐射等情况，确定在当地知名度较高的特色市场作为整治重点市场，实现重点市场专项治理市级层面全覆盖。

（二）在整治方式上，突出综合整治

强化部门内部监管与执法联动，加大便民抽检频次。强化部门间协作，充分发挥各地双打办的牵头协调作用，形成齐抓共管格局。强化政企联动，发挥企业在线索收集、识假辨假、技术支撑等方面的优势，实现精准打击。

（三）在整治目标上，突出打建并举

加强市场内经营主体诚信管理体系建设，指导督促经营户自我承诺，建立健全并严格落实材料进货查验、出厂检验、产品追溯等管理制度；开展放心消费创建活动，鼓励和引导市场内经营户积极参与放心满意消费示范店创建活动。

（四）在整治措施上，突出跟踪问效

深入蚌埠、芜湖、安庆等地实地走访重点市场内商户、随机抽查重点市场在售产品，督促宣传到位、打击到位、治理到位。按季度调度重点市场专项治理工作，对治理工作滞后的市局跟踪提醒。同时，将重点市场专项治理工作纳入2023年省平安建设考核指标，以考核倒逼责任落实。

三、下一步工作安排

（一）在强化行风建设上下功夫

扎实推进"深化拓展年"各项工作，坚决杜绝"小过重罚"，做到过罚相当。坚决纠正"类案不同罚"，从制度机制上防止出现畸轻畸重的问题。坚决防止"一刀切执法"，在依法履职中体现执法温度。四坚决避免"以罚代管"，严防逐利执法。

（二）在健全协作机制上下功夫

以长三角、淮海经济区市场监管执法协作机制为依托，完善区域协查、证据互认等制度，加强对跨区域违法案件的信息共享、案件协查，实行以案循案，深挖一个行业、一个区域的同类案件，彻底斩断源头和网络，全链条查办跨区域侵权假冒重大违法行为。

（三）在深化专业执法上下功夫

加快培养新业态、新模式尤其是电子数据取证人才，加强对侵权假冒领域疑难案件的深入研究，切实增强一线执法人员的突破能力。

（四）在提升行刑衔接质效上下功夫

开展"监管更精准、服务更高效、群众更满意"主题活动行刑衔接提升行动，重点围绕市场监管领域大要案查办，扎实推进行政执法与刑事司法高效衔接，共同织密打击违法犯罪网络，加大对市场监管领域违法犯罪行为打击力度。

（撰稿人：胡太桥）

福建省打击侵权假冒工作报告

2023 年，福建省坚持以习近平新时代中国特色社会主义思想为指导，深入贯彻落实党的二十大精神，按照党中央、国务院有关打击侵权假冒工作的各项决策部署，围绕统筹推进建设质量强省工程，锚定知识产权强省建设目标，提高政治站位，齐抓共管，严厉打击侵权假冒违法犯罪行为，积极营造法治化营商环境，取得良好成效。

一、基本情况和数据

2023 年以来，全省各级行政执法部门共查处侵权假冒案件 8511 件，罚没款 8916.24 万元，移送公安机关 161 件；福州海关、厦门海关共查处侵权假冒案件 113 件，查扣涉案商品 763.39 万件，移送公安机关 6 件；公安机关破获侵权假冒犯罪案件 1150 起，抓获犯罪嫌疑人 2450 人，涉案金额 19.88 亿元；全省检察机关批捕侵权假冒伪劣商品犯罪案件 349 件 653 人，提起公诉 657 件 1293 人；全省审判机关共受理侵权假冒伪劣商品犯罪案件 1512 件，审结案件 1345 件，判决 1278 人。

二、主要措施及成效

（一）强化统筹部署，有序推进打击侵权假冒工作

坚决贯彻落实习近平总书记关于加强知识产权保护、打击侵权假冒工作重要指示批示精神，高站位推动工作开展。省政府召开全省知识产权保护和发展大会，全面部署加快知识产权强省建设重点工作，深入实施《福建省贯彻知识产权强国建设纲要和"十四五"规划实施推进计划（2022—2023 年）》，印发《福建省知识产权公共服务普惠工程实施方案（2023—2025 年）》，全方位推进知识产权高质量发展目标任务。省委、省政府主要领导对加强直播带货等网络售假监管工作作出重要批示，省政府召开专题会议，部署推进全省打击侵权假冒工作。原省双打办发挥统筹协调作用，迅速组织成员单位联络员会议，传达贯彻落实会议精神。2023 年 12 月经省政府批准，打击侵权假冒工作划入省质量强省工作领导小组职责。省政府召开常务会议，部署推进全省质量强省工作。将打击侵权假冒工作纳入 2023 年福建省质量工作考核和平安建设考评指标体系，充分发挥考核督促作用，压实地方党委政府落实打击侵权假冒工作属地责任。

（二）突出专项执法，全面深化重点领域治理

市场监管部门聚焦群众反映强烈、社会舆论关注的突出问题，深入开展 2023 民生领域案件查办"铁拳"行动，严查 10 类违法行为，全年共查处民生领域违法行为 13691 件，移送公安机关 377 件，"面向未成年人无底线营销食品专项治理行动"和"福建泉州惠顺食品有限公司生产销售有毒有害食品案"获上级部门贺信表扬；部署全省"九市一区"持续开展净化重点市场环境整治工作，各地共立案查办重点市场侵权假冒违法案件 447 件，罚没 903.55 万元；围绕重点领域、重点市场、重点产品，组织开展全系统打击

侵权假冒专项行动，加大对侵权假冒线上线下全链条打击力度。版权部门强化涉网侵权案件办理，开展打击网络侵权盗版"剑网2023"专项行动，共立案涉网络案件10起，涉案金额253.853万元，其中三明市"5·10"柯某侵犯著作权案、宁德市Leviki的小日记已被列为国家版权局等五部门督办案件，福州市"刘某某微信小程序侵权案"入选全国"剑网2022"专项行动十大案件，有力保护了版权作品权利人的合法权益。农业农村部门围绕推进农资打假和植物新品种保护等工作目标，开展农资打假保春耕、秋冬季农资打假保安全促增收专项治理暨"净网"行动，共检查生产经营主体5.7万个次，查处农资违法案件446件，对侵权假冒违法行为始终保持严管重打高压态势。林业部门下发《2023年打击制售假劣林草种苗和侵犯林业植物新品种权工作的通知》，建立健全林草种苗侵权假冒违法投诉举报快速反应机制，共查处种苗案件3起，罚没金额1.05万元，严厉打击种苗侵权假冒违法行为。文旅部门以文化、出版、广播电视、电影为重点检查领域，抓源头、查市场，打击侵权盗版行为，2023年共检查经营单位7万余家次，查办侵权盗版案件35件。卫健部门结合"双随机"监督检查，开展抗抑菌制剂类消毒产品专项工作，规范抗抑菌制剂生产经营秩序。海关部门强化知识产权海关保护，以"龙腾""蓝网""净网"行动为抓手，全力推进关区知识产权保护工作，共扣留进出境侵权嫌疑货物6003批次、760.63万件。福州海关查获侵权案件连续6年入选全国海关知识产权保护典型案例。厦门海关查获出口侵权奢侈品牌包案入选中国海关知识产权保护典型案例榜首，"厦门海关多维画像 精准打击进出口侵权违法行为"创新举措入选国务院知识产权战略联席办评选的知识产权强国建设典型案例。邮政部门结合2023网络市场监管，开展平安寄递专项行动，重点打击网络销售侵权假冒产品行为。药监部门持续抓好药品行业专项整治，查堵打击药品、医疗器械、化妆品侵权假冒行为，全年共查办违法案件2941件，罚没金额10944.93万元。税务部门把打击侵权假冒工作与打击虚开骗税工作结合起来，抓好重点行业专项整治，做好侵权假冒违法案件线索的收集分析移送。国资部门开展打击假冒国企专项行动，共发现"无名无实"假冒国企5起，有力落实综合整治假冒国企央企行动工作要求。

（三）加大刑事打击，不断提升司法保护质效

省公安厅以"昆仑""春雷""食安""闽剑"等专项行动为牵引，严打侵害人民身体健康和侵犯企业合法权益类违法犯罪行为，组织厦门、泉州公安侦破特大跨省制售伪劣电子烟案，总涉案金额2.2亿余元；组织福州公安破获非法制售假冒瑞典Acne Studios公司品牌服饰案，获瑞典驻华使馆感谢；组织泉州公安破获国内生产假冒商标标识、国外生产假冒"闽商"品牌纸尿裤的"4·20"跨境侵犯知识产权案，助力民营企业"出海"；破获侵犯闽企知识产权犯罪案件100余起，有力保护40余个闽商品牌，护企安商"亲清八闽"为企服务专项行动获评全国民营企业产权司法保护协同创新百佳实践。厦门公安侦办全省首起制售假冒央企品牌"中茶"案，彻底斩断犯罪产业链。泉州公安捣毁制假酒窝点15处，总涉案金额6亿余元；破获"3·07"特大网络销售假冒"斯凯奇"品牌运动鞋案，入选全国公安机关严打利用互联网侵权假冒犯罪案例。漳州公安侦破"2304"生产销售假酒专案，成功入选公安部十大典型案例，有力维护品牌权利人和消费者合法权益。

省法院构建"多层立体"知识产权审判体系，优化闽西南、闽东北两大集中管辖区知识产权司法协作机制，推动建立覆盖省、市、县三级司法和行政协同保护体系，妥善处理知识产权行政确权、行政诉讼与民事诉讼关系，防止循环诉讼、程序空转。厦门中院确立"立案分流＋庭审集中＋文书简化"简案快办机制，泉州中院建立"繁简分流＋类案合并＋审助分离"模式，龙岩中院打造"速裁＋快审＋精审"三梯次立体化审理模式，助力知识产权审判效率跑出"加速度"。按照《关于与世界知识产权组织仲裁与调解上海中心诉调对接的工作办法》，共向WIPO上海中心委托委派调解案件16件，调解成功8件，审结的厦门表情公司与江西亿维公司著作权权属、侵权纠纷案被评为"2022年中国法院50件典型知识产权案例"。龙岩中院"岩法云诉通服务平台"获评"全国政法智能化

建设智慧法院创新案例"。思明法院协同"一带一路"国际商事调解中心设立"海丝中央法务区知识产权专业调解室",健全多元解纷机制。

省检察院立足福建经济发展特点,突出打击侵权特色产业、民族品牌、高新技术企业知识产权犯罪,强化鞋服、烟酒等商标以及"武夷岩茶""德化陶瓷""晋江紫菜"等地理标志保护。制定出台《关于全面履行检察职能助推新时代民营经济强省战略的具体举措》,优化知识产权检察保护路径,深化知识产权检察集中统一履职,指导各地开展"一案四查",全省检察机关办理的案件连续 11 年入选全国检察机关知识产权保护典型案例。印发《关于对生产、销售"消"字号抗(抑)菌制剂产品开展公益诉讼专项监督活动的通知》,办理的督促整治抗(抑)菌制剂违规添加禁用物质行政公益诉讼案入选最高检典型案例。福州鼓楼检察院办理的全国首例侵犯微信小程序著作权犯罪案件入选全国打击网络侵权盗版"剑网 2022"专项行动十大案件。厦门检察院立案办理全省首例涉旅游行业知识产权行政公益诉讼案件。漳州诏安检察院提前介入一起生产销售伪劣种子立案监督案件,促使犯罪嫌疑人退赔农户损失 70 多万元。

省司法厅积极打造闭环执法、全流程监督、全方位系统、全覆盖监管、全链条提升一体化大融合行政执法平台,促进严格规范公正文明执法,持续优化法治营商环境。

(四)凝聚工作合力,多维构建知识产权大保护格局

省市场监管局(知识产权局)持续推动覆盖省、市、县三级的知识产权快速协同保护体系建设,全面推广县(市、区)局"业务股室+执法大队+市场监管所"的专利综合执法办案模式,共立案受理专利纠纷案件 2875 件,办结 2872 件。持续深化 2023 年度商标和地理标志专项执法行动、知识产权代理服务领域"蓝天"专项整治行动,配合开展第 19 届亚运会、中国载人航天工程等国际大型赛事、重大工程等相关特殊标志执法保护行动,共立案查处商标违法案件 1916 件,3 件商标行政保护、商标评审案例分别入选全国知识产权执法保护、全国商标行政保护等十大典型案例。上线运行全省地理标志智慧监管平台,提升地理标志

监管效能。建立海外知识产权维权专家库,在印度尼西亚、马来西亚挂牌成立工作站。指导富兰光学、瑞芯微电子等创新主体积极应对美国 337 调查和美国专利侵权纠纷,助力福建企业"走出去"。

省法院积极推动地理标志、老字号等保护与特色产业发展、乡村振兴有机融合,促进传统文化领域的知识产权保护工作。南平中院出台《服务保障"三茶"融合发展十二条举措》,严惩涉茶商标侵权和不正当竞争行为等;德化法院构建陶瓷知识产权"1234"保护机制,获世界知识产权组织、最高人民法院充分肯定;泉州泉港法院发出涉非遗知产保护司法建议"三联单",社会反映良好,人民法院报作专门报道。省司法厅创造性地做好知识产权立法初审工作,完成《福建省企业和企业经营管理者权益保护条例》修订,积极推动《福建省促进公平竞争条例》立法进程,强化公平竞争审查,加强竞争环境建设,推动知识产权保护。省国资委督促推进国资系统软件正版化工作,已基本完成委机关和二级以上权属企业软件正版化工作。省贸促会依托"一库三平台"国际商事纠纷解决机制,组织调解 26 起知识产权纠纷和商事纠纷,案件总标的额约 7.46 亿元人民币。厦门仲裁委员会知识产权仲裁院,完善知识产权纠纷多元化解决机制,制定《知识产权仲裁院工作方案》,大力推进知识产权领域的专业服务。

省市场监管局与省版权局联合出台《展会知识产权保护指引》,完善展会纠纷处理机制。省版权局会同省文旅厅、电影局开展"2023 年春节档院线电影版权保护专项工作",会同新闻出版、扫黄打非、公安、教育等部门开展"青少年版权保护季"行动,会同省委网信办开展"杭州亚运会版权保护专项行动",会同省文旅厅联合开展直播带货销售侵权盗版产品专项整治,协同规范线上线下版权市场秩序。福州海关、厦门海关与省公安厅就推进侵犯知识产权涉嫌犯罪案件的两法衔接工作建立"两级联系、多点对接"快速衔接机制,推动侵权案件链条式治理。省农业农村厅联合省高院、省检察院、省公安厅等 7 家单位制定《2023 年福建省农资打假和监管工作要点》,发挥执法监管合力。省检察院联合省公安厅开展"创新福建·检警联动示范岗"创建活动,打造知识产权五位一体司法保

护岗。省药监局联合省公安厅印发《福建省药品行刑衔接检验认定工作指导意见的通知》，完善药品检验、认定工作机制，巩固行刑衔接基础。厦门法院与市场监督、公安、检察、海关等部门联合出台《关于加强知识产权行政执法与刑事司法衔接的工作意见》，在办案协作、刑事立案监督、行政执法监督等方面共建协作机制。

（五）注重宣传培训，积极营造打假治劣氛围

一是宣传教育声势强大。各地各部门结合"3·15"国际消费者权益日、"4·26"世界知识产权日、"5·10"中国品牌日等重要时点，聚焦"6·18""双十一""双十二"等网络购物集中促销期，依托新闻发布、专家访谈、现场报道等多种形式，开展系列集中宣传活动，全方位、宽领域展示社会共治良好成效。省公安厅围绕"5·15"打击和防范经济犯罪宣传日、国家网络安全宣传周法治日、食品安全宣传周开展宣传活动，提升群众识假防骗、群防群治能力。省法院发布福建法院知识产权司法保护状况白皮书、知识产权司法保护和反不正当竞争司法保护典型案例。省检察院积极开展质量帮扶活动，举办消费品质量安全"三进"宣传活动。福州海关以海关法治宣传日为契机，普及知识产权海关保护法律知识。厦门海关联合厦门自贸片区管委会、厦门市湖里区检察院共同开展"口岸知识产权及相关法律风险"座谈活动，进行知识产权海关保护政策宣讲。省农业农村厅组织放心农资下乡进村宣传活动，受到农民群众好评。省林业局结合科技活动周、"三下乡"等活动，普及宣传《植物新品种保护条例》等法律法规，提高公众知识产权保护意识。省版权局开展版权宣传进企业、进校园、进园区活动，联合省通管局推送版权宣传短信4747万多条次。省文旅厅发挥宣传优势，通过全媒体宣传矩阵进行法制宣传，以案释法，营造依法治理文旅市场的浓厚氛围。省市场监管局承办侵权假冒伪劣商品全国统一销毁行动福建分会场活动，通过电视媒体采访、发放宣传单等形式同步开展集中宣传活动。全省全年共销毁侵权假冒伪劣食品、服装鞋帽、烟酒、日用品、盗版非法出版物等逾30大类100多个品种，货值4.38亿元，对侵权假冒违法行为形成强大震慑。

二是业务培训扎实有效。省文旅厅采用办班培训、以案施训、驻队指导等方式提升执法人员业务技能，在全国第三届文化市场综合执法岗位练兵技能竞赛取得团体第四、个人第二的好成绩。省市场监管局深入开展岗位大练兵活动，举办执法稽查和打击侵权假冒业务培训班，在第三届全国市场监管系统执法办案电子数据取证大比武活动荣获团体第二名。省公安厅强化业务练兵，组织开展百余场业务培训班、交流会，锻造打击侵权涉假犯罪的"铁拳""尖刀"。省法院组织全省商标、专利、著作权、新刑事诉讼法等最新法律法规和审判前沿热点问题研讨学习，提升审判人员专业化水平。省药监局联合省总工会举办首届全省药监系统行政执法技能大比武，以赛促学提升执法效能。福州海关邀请知识产权权利人交流品牌知识，开展专题业务辅导。省林业局通过全省种苗质量监管与执法培训，提升队伍业务水平和能力。

三、存在问题

（一）执法监管能力还待提升

现阶段，侵权假冒违法行为已向新业态、新领域逐步蔓延，且违法技术手段不断提升，案源线索更加隐蔽，取证难、查处难、处罚难等问题给监管执法工作带来新挑战。

（二）工作协调机制还需理顺

打击侵权假冒工作并入质量强省工作领域后，部分成员单位内部的工作职责还未厘清，导致打击侵权假冒工作机制衔接不畅，对工作的推进造成困扰。

（三）部门执法协作配合还需强化

监管执法部门在信息互通、执法协作等方面的工作机制还需健全完善，执法联动频次不高，打击合力还待加强。

四、工作建议

一是建议加强顶层设计，健全完善部门协调协作工作机制，构建全国"一盘棋"工作格局。二是建议加强指导帮扶，加大对基层工作指导，优化打击侵权假冒工作运行机制，明确职责关系，助推工作开展。

（撰稿人：陈甦）

江西省打击侵权假冒工作报告

2023 年，江西省坚持以习近平新时代中国特色社会主义思想为指导，深入贯彻落实习近平总书记关于质量工作的重要指示批示精神和考察江西重要讲话精神，大力实施质量强省战略，加强统筹协调，聚焦"走在前、勇争先、善作为"目标要求，坚持目标导向、强化协同联动，完善制度建设、突出宣传引导，坚决打击全省侵权假冒违法行为，保持营商环境持续向好，经营主体更具活力，各项工作取得较好成效。

一、基本情况和数据

2023 年，全省行政机关共立案 7424 件，结案 6891 件，案值 51236.29 万元，罚没款 8369.45 万元，移送案件 113 件、人员 37 人，捣毁窝点 17 个。其中：公安机关破获案件 1030 件，抓获犯罪嫌疑 1892 人；检察机关批捕案件 290 件 424 人，起诉案件 437 件 807 人；审判机关受理案件 464 件，审结案件 459 件，判决 734 人。在全省开展侵权假冒商品集中销毁行动中共销毁各类假冒伪劣物资 60 多类、180 余吨、4.5 万余件，货值 1487 万元。

二、主要工作成效和亮点

（一）强化高位部署，统筹协调更加有力

一是加强领导。省委主要负责同志多次对质量工作作出批示，听取质量工作汇报，并主持召开省委常委会会议专题研究部署；省政府主要负责同志多次听取质量工作汇报、提出具体要求。全省综合绩效考评体系设置"质量强省"项目，将质量强省工作纳入各级党政领导班子和领导干部政绩考核内容。组织开展 2023 年度质量工作省级督查，有力推动党中央、国务院决策部署贯彻落实。二是全面部署。3 月，召开江西省质量大会，省政府主要负责同志出席会议并作工作部署；第一时间举办全省宣传贯彻《质量强国建设纲

要》培训班，覆盖省直有关单位和市、县（区）政府及有关部门。9 月，召开省质量强省领导小组会议暨全省质量强省建设工作推进会，研究解决质量工作重大问题，部署质量强省建设重点任务，全面推进质量工作。三是压实责任。以省委、省政府名义印发《关于深化质量强省建设的实施意见》，全面对标和贯彻《质量强国建设纲要》，并与省"十四五"规划纲要及各个专项规划实现有效协同，与全省制造业重点产业链现代化"1269"行动计划紧密衔接，并对打击侵权假冒工作作了任务分解，严格落实责任分工和完成时限。

（二）聚焦重点治理，专项整治效果突出

一是推进商品过度包装治理。建机制强部署，省市场监管局联合六部门印发《江西省茶叶过度包装专项治理行动实施方案》。深调研强监管，制定《茶叶过度包装专项治理调研工作方案》，将茶叶过度包装纳入 2023 "铁拳"行动重点整治内容，部署开展端午节、中秋国庆期间过度包装执法检查，对市场上的茶叶、粽子、月饼等产品过度包装开展专项监督检查，全省系统共检查月饼生产、包装、经营等企业 4500 余家，责令改正 23 家；茶叶生产、包装、经营等企业 5400 余家，责令改正 153 家。粽子生产、包装、经营等企业 717 余家，责令改正 3 家。省市场监管局公开典型案例 9 件，入选市场监管总局公开典型案例 1 件。重宣贯强引导，组织开展相关标准培训指导，共培训相关人员 1845 名。通过制作宣传小视频、海报等形式，宣传商品过度包装的危害，引导消费者树立正确的消费观念。市场监管总局《茶叶过度包装专项治理行动简报》共 2 期刊发江西省相关情况。二是开展打击加油机、燃气灶具、农资化肥、老人儿童用品等重点产品领域质量执法。部署开展 2023 民生领域案件查办"铁拳"行动，将假冒伪劣化肥、生产劣质燃气具、老人儿童用品质量、加油机计量作弊等纳入 2023 民生领域案件查办"铁拳"行动

集中打击重点任务。印发《江西省综合治理加油机作弊专项行动实施方案》，对照专项治理的重点任务，全省系统采取多项措施，对加油站展开全面、细致的监管和执法检查，对于加油机作弊的违法行为依法严厉打击。2023年，查办加油机作弊案件21件，涉案金额1470.65万元，罚没款1173.02万元；查处农资化肥类案件171件，涉案金额274.11万元，罚没款304.66万元，移送公安机关5件；查处老人儿童用品类案件21件，涉案金额8.8万元，罚没款9.96万元。省市场监管局依托"铁拳"机制公开典型案例十一批共128件，入选市场监管总局公开典型案例7件，其中质量领域案例2件。总局《综合治理加油机作弊专项行动简报》共3期刊发江西省相关情况4篇。三是开展市场监管领域"数字+执法"能力提升行动。深入贯彻落实市场监管总局《市场监管"数字+执法"能力提升三年行动计划（2023—2025）》，对照《市场监管行政执法数据规范》《市场监管违法行为分类代码》《市场监管基础数据元等13项标准》进行数据元结构和平台接口改造，在统一标准规范框架内实现与市场监管总局执法办案平台数据对接交换互联互通、共享共用。积极推动2023年新增执法案件数据上报工作，江西省案管系统共采集执法案件21944件并全部推送至全国市场监管行政执法平台，与市场监管总局统计调查系统上报总数21313件误差在合理区间，达到工作质量考核要求。四是推进市场流通领域扫黑除恶斗争。按照市场监管总局扫黑工作要求，落实省扫黑办关于做好扫黑除恶市场流通领域整治工作安排，全省市场监管部门共查办反垄断、广告、传销、网络交易、三品一特、侵权假冒等六类市场流通领域类案件8195件，罚没金额1.53亿元，移送司法机关171件，制定《关于持续推动常态化扫黑除恶斗争市场流通领域整治走深走实的意见》等长效机制，落实"四书一函"整改，2023年来全省系统共收到"四书一函"252份，推进法治宣传"进企业、进市场、进校园"，全省市场监管部门共开展相关宣传2416次，发放宣传手册43700余份，悬挂或滚动播放宣传标语5500余条。五是联合开展农资打假专项治理。省农业农村厅联合省高院、省检察院、省公安厅、省市场监管局、省供销合作社组织2023年全省农资打假和农产品质量安

全专项执法行动，开展农资和农产品质量安全执法，为农业生产保驾护航，全省各级农业农村部门共查处农资类案件741件，其中种子147件，农药284件，肥料180件，兽药106件，饲料23件，其他1件，案值78.26万元，罚款金额335.36万元。

（三）注重创新保护，产权意识深入人心

一是切实推进知识产权"大严快同"四大保护。做到"8个新"：新增1个国家级知识产权保护中心（景德镇），国家知识产权局两年批复了8个国家级中心，江西省获得2个；新增1个国家级知识产权海外纠纷应对指导分中心；新增景德镇、赣州2个全国知识产权纠纷快速处理试点地区；新增2个国家级地理标志运用促进重点项目；新增10个省级知识产权保护规范化市场；新增1个知识产权师职称，全省知识产权职称增至两个；新增2个国家级知识产权试点城市，分别是九江市、抚州市，数量全国并列第一；新增全国知识产权示范县——南昌县，以及芦溪县等5个全国知识产权试点县，数量名列全国第七。全省专利执法案件达3231件，执法力度列全国第九。在国家知识产权局开展的知识产权保护满意度测评中，江西省名列全国第二位。印发2023年江西省知识产权行政保护工作方案、2023年商标监管工作要点，建立省市县三级知识产权执法联络员制度和全省商标监管微信工作群。二是强化机制建设。推进跨区域机制建设。江西等六省知识产权局签署《中部六省知识产权行政保护协作协议书》；江西省等三省知识产权局签订《长江中游三省知识产权保护协作协议书》。推进跨部门机制建设。省市场监管局联合其他部门印发《关于强化知识产权协同保护工作的实施意见》《关于建立健全知识产权司法保护与行政保护衔接协作机制若干意见》《江西省关于加强海外知识产权纠纷应对机制建设实施意见》等多个部门协作机制，系统推进执法机制建设。三是加强地理标志运用和保护。赣南茶油、清江枳壳被列入全国第二批地理标志运用促进重点联系指导名录。赣南茶油、庐山云雾茶和广昌白莲入选国家知识产权局第二批地理标志助力乡村振兴典型案例。积极指导狗牯脑茶、广昌白莲和赣南茶油国家地理标志产品保护示范区建设。2023年中欧地理标志保护产品互认7件。累计开放统一地理标志专用

标志矢量图下载权限的产品有 18 个，累计核准地理标志专用标志使用市场主体 222 家。四是开展执法行动。组织开展知识产权执法专项行动，2023 年度全省共办理专利行政执法案件 3231 件，其中专利假冒案件 2308 件，专利侵权纠纷案件 923 件。组织开展 2023 年度全省商标专项执法行动，全省查办各类商标违法案件结案 607 件，案值 794.66 万元，罚款 1317.16 万元；移送公安机关案件 29 件。

（四）发挥职能作用，司法保护更加精准

一是增强打击刑事犯罪。省公安厅聚焦五个重点领域，坚持"打源头、端窝点、铲链条"，从严从快打击一批侵权假冒犯罪，发挥了公安机关"拳头"作用。聚焦网络侵权售假乱象，严厉打击侵犯商标专权犯罪。聚焦安全生产重点领域，严厉打击制售伪劣商品犯罪。聚焦智力成果法治保护，严厉打击侵犯著作权犯罪。聚焦食药民生安全保障，严厉打击危害食品安全犯罪。聚焦粮食安全国家战略，严厉打击假劣农资犯罪。破获涉案金额 6000 余万元的假冒华为光纤模块案，涉案金额 2400 余万元的假冒茅台酒案，涉案金额 1200 余万元的假冒方大钢铁钢材案件等多起重大案件。二是认真履行检察职能。省检察院将依法惩治侵权假冒伪劣商品犯罪作为 2023 年全省经济犯罪检查工作要点、全省知识产权检查工作要点重要内容，统筹谋划全省打击侵权假冒犯罪工作。深化知识产权检察综合履职，省检察院组建知识产权检察办公室，实行知识产权刑事、民事、行政等检察职能集中统一履行，11 个设区市检察院和有条件的基层检察院跟进成立知识产权检察办公室或专门专案组。印发《关于加强知识产权检察综合履职工作的通知》，积极探索开展知识产权刑事、民事、行政、公益诉讼检察一体化融合履职。三是强化司法保护水平。省法院依法惩治侵权假冒伪劣犯罪行为。2023 年度，全省法院办理侵权假冒伪劣刑事案件 498 件（含旧存 34 件），审结 459 件，判决人数 734 人，一批违法犯罪分子受到刑事惩罚。其中，全省法院新收各类知识产权刑事案件 189 件。认真履行知识产权审判职能，依法处理知识产权民事纠纷。全省法院新收各类知识产权民事案件 6680 件，与去年同期 4204 件相比，同比增长 58.9%。

（五）完善机制建设，工作效能明显提升

一是强化省际执法协作。江西省等三省市场监管局签订《长江中游三省市场监管区域执法协作框架协议》；江西省等三省知识产权局签订《长江中游三省知识产权保护协作协议书》。二是推进重点区域执法协作。省市场监管局组织南昌市等六设区市市场监管局签订《江西省环鄱阳湖地区打击侵权假冒工作联动执法协作框架协议》。探索县域跨省协作机制，湖南省茶陵县、湖南省攸县、江西省莲花县市场监管局签订《湘赣边际（茶陵攸县莲花）市场监管推动协同立法和执法工作合作协议》，江西省武宁县、湖南省临湘市、湖北省咸安区市场监管局签订《知识产权跨区域保护合作协议》，推动跨区域协作，提升执法效能。三是推进建立跨部门执法协作。江西省市场监管局联合六部门开展 2023 年全省农资打假和农产品质量安全专项执法行动。江西省市场监管局联合五部门部署开展 2023 年春季校园食品安全治理提升专项行动，并组织开展督查，共督导检查 11 个设区市 145 家单位。江西省市场监管局联合江西省贸促会印发《江西省关于加强海外知识产权纠纷应对机制建设实施意见》。江西省高级人民法院、江西省市场监管局、江西省版权局印发《关于建立健全知识产权司法保护与行政保护衔接协作机制若干意见》，健全知识产权司法保护与行政保护衔接协作机制。

（六）突出教育引导，宣传氛围更加浓厚

一是加强宣传引导。召开江西省 2023 年知识产权宣传周活动新闻发布会，从激励知识产权创造、加强知识产权保护、完善知识产权服务、完善知识产权服务等方面发布全省知识产权工作开展情况。制作发布江西省打击侵犯知识产权和制售假冒伪劣商品工作宣传片。举办"百万网民学法律"知识产权保护专场知识竞赛，共有 18.69 万名网友参与竞赛。二是做好教育培训。举办全省市场监管部门综合执法和反垄断暨打击侵权假冒业务培训班、知识产权成果转化运用和商标地理标志品牌培育培训班、商标品牌创建能力提升培训班和商标品牌创建经验交流会，切实提升业务能力。三是强化警示教育。省打击侵权假冒相关新闻发布会、打击农村地区假冒伪劣商品专项行动、公布

"铁拳"行动和农村打击假冒伪劣典型案例先后在人民日报客户端、新华网、央视频、中国消费网、中国质量新闻、国际在线、凤凰网、大江网等 10 多家媒体网站发布宣传报道 30 余篇，营造良好社会效果。《江西日报》刊登知识产权专版，公开发布了"2022 年度江西省知识产权（商标、专利）行政保护十大典型案例"，多维度展示全省知识产权工作成效。

（撰稿人：丁浩）

山东省打击侵权假冒工作报告

一、加强商标专利执法机制建设、部署开展商标专利执法工作情况

践行"严真细实快"工作作风，坚持制度建设与打击惩治并举，统筹合作与重点整治结合，线上线下全链条治理，确保打击侵权假冒各项工作取得实效。牵头开展黄河流域十二省市知识产权行政保护协作活动，与贵州省市场监管局签订《酒类产品市场监管和知识产权保护协作框架协议》；健全联络员制度，明确了省、市、县三级执法联络员，加快构建全链条保护格局。组织开展 2 次知识产权执法培训，1 次打击侵权假冒工作培训，邀请市场监管总局、国家知识产权局相关司局同志为执法人员授课，促进知识产权执法人员能力持续提升。依托铁拳行动，聚焦群众反映强烈，社会舆论关注，侵权假冒多发的重点领域和区域重拳出击，查处商标行政案件 2733 件、专利行政案件 272 件。围绕重要时间节点，结合 2023 民生领域案件查办"铁拳"行动，山东省在国家级、省级媒体公布知识产权领域行政处罚典型案例 26 件。济南市市场监管局加强电子产品市场、汽配市场行刑联合检查，查获涉嫌侵犯 Huawei、vivo 等注册商标的涉案产品近 2 万余件，为商标权利人挽回经济损失 215 万元。潍坊市市场监管局查处侵犯"潍柴、重汽"知识产权案件 30 余件，涉案货值 170 万余元。

二、打击侵权假冒工作部署、宣传教育，侵权假冒物品销毁工作情况

省人大颁布实施《山东省知识产权保护和促进条例》，推进《山东省专利条例》修订，不断强化知识产权保护顶层设计。青岛、烟台、潍坊、威海、日照五市制定"三联三共"胶东经济圈一体化市场监管行动方案；枣庄、泰安、临沂参与构建淮海经济区市场监管执法协作体系；济宁、聊城、菏泽加入晋冀鲁豫知识产权执法协作机制，联合打击成效彰显。

召开山东质量强省及品牌战略实施工作推进会议、知识产权战略实施工作领导小组会议，对打击侵权假冒工作进行专项部署。组织开展 1 次打击侵权假冒工作培训，邀请国家知识产权局相关司局同志为执法人员授课，促进执法人员能力持续提升。充分利用新闻媒体，向社会公开曝光知识产权典型案例 26 件，同时利用宣传日、执法下乡、进企业、进社区等机会，采取群众喜闻乐见的方式，广泛发动社会媒体积极参与宣传，进一步提高公众的知识产权保护意识。9 月 14 日，省市场监管局参加侵权假冒伪劣商品全国统一销毁行动，2023 年以来全省销毁侵权假冒商品货值达 1.2 亿元，充分宣示惩戒违法行为坚定决心。

三、推进商品过度包装治理、打击加油机等重点产品质量违法行为情况

推进商品过度包装治理情况。一是部署开展茶叶过度包装专项治理行动，会同省发展和改革委等 5 部门印发《山东省茶叶过度包装专项治理行动工作方案》，召开全省动员部署会，成立省级工作专班，召开部门专题会议，组建省市场监管局领导小组，明确分工，凝聚合力。二是部署开展粽子、月饼等重点领域过度包装治理，印发《关于做好 2023 年商品过度包装治理有关工作的通知》《关于落实市场监管总局通知要

求加强端午节期间过度包装执法检查的通知》《关于加强 2023 年中秋节月饼市场价格和过度包装监管工作的通知》等文件，组织严肃查处商品过度包装违法行为。三是及时上报信息材料。按照市场监管总局要求，按时上报过度包装治理各类信息材料，其中 12 篇信息、材料被总局简报采用，多篇信息被《人民日报》、新华网、《中国质量报》等采用。四是发布典型案例。及时向总局报送执法案例，其中 5 个案例被总局选为典型案例并发布（公开发布 2 个，简报发布 3 个）。山东省市场监管局公开发布 2 批次商品过度包装典型案例，并组织市局多次公开发布商品过度包装典型案例。五是持续开展普法宣传。采取以案释法、发布倡议和消费提示、新闻发布会等形式，在省级以上媒体先后开展 50 余次商品过度包装普法宣传。

打击加油机等重点产品质量违法行为情况。一是部署开展综合治理加油机作弊专项行动。会同省公安厅等四部门印发《山东省综合治理加油机作弊专项行动工作方案》，成立省级工作专班。召开工作专班联络员会议，会同省公安厅、省税务局等部门对违法线索进行督导督办，牵头组建加油机作弊综合治理人才库，开展视频培训会，邀请全国执法专家到山东授课，并组织现场执法办案教学，专项行动以来，全省系统共核查 159 起案件线索，在查在办涉嫌计量作弊案件 28 起。二是部署开展燃气灶具、化肥、老人儿童用品等重点领域质量执法。印发《2023 年执法稽查工作要点》《2023 民生领域案件查办"铁拳"行动方案》《关于认真落实市场监管总局通知要求在生产流通领域开展瓶装液化石油气调压器质量安全集中排查整治行动的通知》《关于联合开展 2023 年儿童和学生用品安全守护行动的通知》《2023 年全省打击危害粮食安全违法犯罪专项行动工作方案》等文件，部署开展燃气灶具、化肥、老人儿童用品等重点领域质量执法，严厉打击违法行为。三是及时上报信息材料。按照市场监管总局要求，按时上报重点领域质量执法各类工作信息，未发生报送不及时或者报送质量差的问题。四是大案要案典型案例。全省市场监管部门查办案值 100 万元以上的质量领域案件 5 件，2023 年 5 月市场监管总局公开发布的 2023 "铁拳"行动第二批典型案例选用山

东 1 个产品质量类案例。五是持续开展普法宣传。积极开展重大案件执法普法活动，采取以案释法等形式，在省级以上媒体先后开展 30 余次普法宣传。

四、开展市场监管领域"数字＋执法"能力提升行动、市场流通领域扫黑除恶斗争情况

开展市场监管领域"数字＋执法"能力提升行动情况。山东省市场监管局党组对"数字＋执法"能力提升高度重视，主要领导批示设立智慧监管综合执法专班，由分管负责同志领衔，稽查局、科财处和监测中心主要负责同志为成员，抓好各项工作协调落实。综合执法专班多次组织技术专家会商讨论，逐项梳理市场监管总局数据结构规范与山东省在用执法系统之间的差异；联合省司法厅就相关情况先后 3 次面对面、2 次专门行函进行座谈讨论、沟通协调，并赴省内外开展专项调研。6 月份，专门与省司法厅进行了沟通对接，答复同意引进部署市场监管总局系统，实现数据推送共享。8 月份，省市场监管局党组会专题研究推进落实工作措施，省局向总局申请全国统一市场监管执法办案系统在山东试点部署，市场监管总局办公厅专门发函同意在我省试点部署全国统一市场监管执法办案系统。综合执法专班积极向省大数据和省财政厅汇报，做好项目立项申报和经费保障工作。10 月份，省市场监管局下发《关于做好全国统一市场监管执法办案系统（山东版）部署应用相关准备工作的通知》，11 月初，省大数据局同意项目立项，中旬开始，在济南、东营、泰安、滨州市局和 5 个县区局进行了先期试点，经过试运行，已具备省、市、县、所四级使用条件，12 月 1 日召开部署会议，全省各级市场监管部门上线运行执法办案系统，畅通向总局全国市场监管行政执法平台数据报送汇聚的通道，确保数据报送汇聚的完整性、可用性和时效性。年内同时可实现与省司法厅行政处罚与行政强制权力网络运行系统、省协同监管平台等的对接，实现一次录入多平台共享数据，可有效解决我省在执法办案瓶颈问题，提升执法效能。

市场流通领域扫黑除恶斗争情况。山东省市场监管局党组专题研究扫黑除恶市场流通领域整治工作方案，集中学习《反有组织犯罪法》及上级会议精神，调

整充实领导小组成员。召开工作推进会，会议直达县、所末梢单元，共 8000 余人参会。会同省药监局、省公安厅联合开展市场流通领域涉黑涉恶线索摸排"百日会战"专项行动，共排查摸排线索 7 万余条，移送公安部门线索 146 条，公安立案侦查数量 10 条。组织济南、淄博分别录制《反有组织犯罪法》培训视频供各地学习，组织对 16 市的市场流通领域整治开展全覆盖督导调研，建立"三书一函"分析通报制度，确保"三书一函"反馈问题整改落实到位，截至目前，全省市场监管系统收到的"三名一函"均按要求进行整改。

五、下一步工作安排

下一步，山东省打击侵权假冒工作将进一步提高思想认识，结合重点专项行动，进一步强化执法办案水平，加大违法案件曝光力度，常态化开展扫黑除恶斗争，以实际行动推动社会经济高质量发展。

一是加大执法力度。持续加大对重点产品、重点区域、重点领域、重点环节的打击力度，深入推动"铁拳"行动，严厉打击质量领域违法行为，严肃查处商品过度包装、加油机作弊等违法行为。

二是强化部门协作。加强行政执法和刑事司法衔接，充分发挥协作机制作用，开展部门联合行动，形成联合打击的整体合力。

三是创新工作宣传。以曝光典型案例为重点，多区域、多层次、多形式开展宣传活动，充分发挥新闻媒体的舆论引导和监督作用，努力营造全民参与的良好氛围。

（撰稿人：房永顺）

河南省打击侵权假冒工作报告

2023 年，按照全国打击侵权假冒工作部署，河南省强化部门协作、狠抓工作落实，积极开展打击侵权假冒工作。全年全省各级行政执法部门共计查处各类侵权假冒违法案件 9381 起，捣毁窝点 143 个，移送司法机关 117 件 117 人，罚没 1.09 亿元。公安机关破获各类侵权假冒案件 2305 起，刑事拘留 4927 人；检察机关批准逮捕 936 件 1910 人、提起公诉 1920 件 3906 人；审判机关审结案件 1928 件 3717 人。打击侵权假冒工作的有力开展，维护了消费者和生产者的合法权益，为创造良好营商环境、推动全省经济社会高质量发展提供了有力支撑。

一、主要工作开展情况

（一）着力强化打击侵权假冒工作统筹协调

省领导小组办公室充分发挥牵头作用，统筹协调各地、各有关部门有序推进打击侵权假冒工作。一是统筹部署推进。组织全省各地、各有关部门收听收看全国打击侵权假冒办公室主任电视电话视频会议，2 月召开全省打击侵权假冒工作办公室主任会议，对全国会议精神及时进行贯彻落实，12 月召开领导小组会议，总结 2023 年工作，安排部署 2024 年重点任务。制定印发《2023 年度全省打击侵权假冒工作要点》，明确各地、各部门职责任务，对全省双打工作进行部署；9 月，印发《2023 年河南省打击侵权假冒工作重点提示》，将列入中央质量督查考核方案中的打击侵权假冒重点工作进行再安排、再部署。济源示范区在 2022 年建立的济源、洛阳、焦作、晋城市场监管合作机制基础上，与山西省运城市市场监管部门建立起新的战略合作机制，在经营主体开办、特种设备安全、知识产权保护等工作方面，开展异地通办、随机抽查和知权培育合作。二是加强宣传工作。积极推动各地、各有关部门开展多种形式宣传教育活动。做好全省打击侵权假冒工作信息收集、编写、上报，及时反映各地、各有关部门打击侵权假冒工作动态，向市场监管总局报送信息 30 篇，印发了工作简报 18 期，制作打击侵权假冒工作宣传展板，在侵权假冒伪劣商品全国统一销毁主会场展示；12 月，省市场监管局专题新闻发布会介绍了 2023 年全省打击侵权假冒工作开展情况，发布了打击侵权假冒十大典型案例。信阳市制作打击侵权假冒工作宣传片，充分展示了地方政府打击侵权假冒工作的成效，取得良好的社会效果等。三是组织开展销毁活动。统筹全省组织开展侵权假冒伪劣商品销毁活动，9 月 14 日，河南省打击侵权假冒工作领导小组办公室在信阳市启动全省侵权假冒伪劣商品统一销毁行动。启动仪式连线广东惠州主会场，与全国 21 个省（区、市）同时启动统一销毁行动。共销毁防疫物资、食品药品、汽车配件等侵权假冒商品 20 余类、共计 240 余吨、货值 2000 万元。截至 2023 年底，全省各地共销毁侵权假冒伪劣商品 4000 余吨，通过电视、报纸、微视频等各种形式公开报道，有力震慑制假售假行为，在全社会营造尊重知识产权、抵制假冒伪劣良好氛围。四是加强培训提升。3、4 月，采取线上方式就新两法衔接平台使用逐地市对各地及成员单位进行了授课。新两法衔接平台由省市场监管局统一投资、统一维护，各地各部门领取账号、密码登录使用，不再需要投资、更新维护服务器，解决了多年来各地对原地市平台的建设及维护困境，全面实现了中央、省、市、县四级互联互通，提高了衔接工作效率和规范化水平。10 月，在三门峡市举办全省打击侵权假冒工作业务培训班，邀请了市场监管总局相关司局、红旗渠干部学院、省检察院、北京盈科律师事务所、两法衔接平台工程师等专家，围绕当前国际形势与中美博弈、知识产权检察业务、打击侵权假冒工作实践、两法衔接信息共享与执法数据上报等主题为学员授课，重点提升全省双打战线同志们的业务素质、大局观念、办案技巧及日常工作报送规范等技能。

（二）持续加大对侵犯知识产权行为打击力度

一是严肃查处商标侵权、傍名牌等违法行为。省市场监管局制定下发《2023 民生领域案件查办"铁拳"行动方案》，结合全省实际，增加了打击不合格成品油和加油站计量作弊、制售假冒伪劣消防产品自选动作。制定印发《2023 年河南省知识产权行政保护工作实施方案》《2023 年知识产权保护专项行动方案》，

共办理案件 467 件，罚没 866.5 万元。"河南省许昌市鄢陵县市场监管局查处鲁某销售不合格产品案"被市场监管总局采纳发布。二是加强互联网管理、版权管理以及软件管理。省通信管理局强化域名、IP 地址、网站等互联网基础资源管理，开展 2023 年"固源"行动，配合有关部门核查处置违法违规网站 766 个，清理空壳网站 1.9 万个、空壳主体 3.1 万个。督促省内接入商关闭违法违规网站数 2.8 万个、删除有害链接数 126.7 万个、暂停 IP 地址数 113 个，有效净化了网络环境。省版权局开展党的二十大学习用书和习近平著作选读重大主题出版物、院线电影、青少年版权保护等"集中行动"，严肃查办《铃芽之旅》电影盗录案、商丘柘城周某某传播盗录电影案等一批典型案件。截至 2023 年底，全省各级版权管理部门共查办各类侵权盗版案件 66 起，捣毁窝点 20 个，删除网络链接 161 个，收缴盗版图书 467 万余册，有力营造版权保护良好环境。新乡市林某侵犯信息网络传播权案和南阳某文化传媒公司网络传播短视频案分别入选"全国打击侵权盗版十大案件"和"'剑网 2022'专项行动十大案件"。这是近年来全省首次在同一年度同时入选两个"十大案件"。三是强化林业植物新品种权保护和种苗质量监管。省林业局制定印发了《河南省 2023 年植物新品种保护执法专项行动方案》，组织在全省范围内开展了为期 6 个月的打击侵犯植物新品种权专项行动。印发《河南省林业局关于开展 2023 年林草种子生产经营许可证和造林苗木质量随机抽查工作的通知》，省市县三级联动，常态化开展林木种苗质量抽检。四是加强文化市场执法整治。全省文化和旅游部门开展"闪电行动 1、2 号"行动。以出版物市场、营业性演出活动、上网服务营业场所、娱乐场所违规接纳未成年人等违法违规行为为重点，截至 2023 年底，全省检查经营单位 2900 余家次，责令整改 23 家次，立案调查 18 件，办结案件 15 件，罚没 16.2 万元。五是强化进出口知识产权保护。郑州海关以专项行动为依托，持续加大对重点渠道、重点商品、关键领域知识产权保护力度，郑州关区共查获侵权物品 59 批次，查扣相关侵权货物、物品 32506 件，较去年同期增幅较大，取得积

极成效。省贸促会为企业签发一般原产地证书 21267 份，签发优惠原产地证书 4582 份，签发 ATA 单证册 25 份，出具商事证明书 2583 份，发布各类经贸摩擦预警信息 109 条，受理企业投诉、使馆转交案件 18 起，调解成功 3 起，发送敦促履约函 1 起，为促进全省对外贸易便利化工作作出了显著贡献。

（三）加强制售假冒伪劣商品行为治理

一是深化农资产品治理执法保护。省农业农村厅制定下发了《2023 年全省农资打假专项治理行动实施方案》和《关于开展 2023 年放心农资下乡进村宣传活动的通知》，细化农资打假专项治理行动的目标和工作重点。截至 2023 年底，全省共出动农业综合执法人员检查企业和商户 71132 个次，查处问题 1889 起，办结案件 347 件，其中移交司法机关 3 起，行政处罚 344 件。二是严查重处药品领域制售假冒伪劣行为。省药监局深入开展全省药品安全专项整治行动，依法严厉打击制售伪劣药品、医疗器械、化妆品违法犯罪行为。截至 2023 年底，全省共检查药品、医疗器械、化妆品生产经营使用单位 10.35 万家（次），立案普通程序违法案件 3201 件，收缴罚没款 8712.29 万元；向公安机关移送涉嫌犯罪案件 14 起，出具假药认定意见 1 份。三是开展成品油整治。省商务厅按照《河南省成品油流通市场专项整治方案》，组织 9 个督导组分赴全省开展成品油行业督导检查工作，各地工作机制基本运行通畅，成品油市场整治取得一定成效。四是扎实做好疫情防护消毒产品监督检查。省卫生健康委积极开展"双随机、一公开"工作，上半年共抽查消毒产品生产企业 514 家，印发了《关于开展全省消毒产品生产企业分类监督综合评价试点工作的通知》，瞄准抗（抑）菌制剂生产企业薄弱环节，加大查处力度，重点打击消毒产品企业违规违法行为。五是加强寄递环节侵权假冒产品治理。全省邮政管理系统强力推动行业安全"三项制度"的落实，强化安全意识，共检查场所 2865 家次，发现违法违规行为 641 条，立案 329 起，责令改正 365 起，行政约谈 64 起。六是做好侵权假冒商品无害化销毁及保障工作。省生态环境厅在门户网站更新全省承担无害化销毁任务的企业名单；指

导各地扎实开展侵权假冒商品无害化销毁工作，监督无害化销毁饮料、食品、化妆品等 11 种 113.36 吨。南阳市开展"3·15 假冒伪劣商品统一销毁行动"，由市打击侵权假冒工作领导小组办公室主办，社旗、桐柏、方城等县区同步开展侵权假冒伪劣商品销毁行动。共计销毁假烟假酒、假冒伪劣食品等侵权假冒商品 10 余个品种 40.36 吨，货值 357.75 万元。洛阳市 3 月 15 日在定鼎门广场举行广场宣传活动和假冒伪劣商品销毁活动启动仪式。共展示销毁假冒伪劣产品 9 大类 112 种，货值金额 1600 余万元。9 月 14 日全国统一销毁活动期间，许昌市、漯河市、周口市、新乡市、濮阳市、济源示范区、焦作博爱县和鹤壁淇县等地同时行动，共销毁防疫物资、食品药品、汽车配件等侵权假冒商品 20 余类、共计 240 余吨、货值 2000 万元。七是开展烟草执法专项行动。省烟草专卖局三个阶段组织开展"围歼四号"专项行动。截至 2023 年底，全省共捣毁制假窝点 125 个，查处假烟案件 6972 起，查获假烟 6626.45 万支、烟叶烟丝 811.6 吨；因涉烟犯罪被刑拘 912 人，逮捕 325 人，判刑 581 人，其中周口市局开展的"6·30"案件收网行动和郑州市局"8·01"特大制售假烟网络案件，受到公安部、国家烟草专卖局贺信表彰。八是完善物流监管工作。省邮政管理局、省政法委等 12 部门联合印发《关于进一步加强邮件快件寄递安全管理工作的指导意见》，联合省委网信办等 16 部门印发《平安寄递专项行动方案》，将省检察院、省应急厅、省网信办、省消防救援总队、中国人民银行郑州中心支行、省林业局、省烟草专卖局、省药监局等 8 部门纳入寄递安全管理领导小组成员单位，完善联合监管机制依法落实各部门职责，严防假冒伪劣等禁寄物品流入寄递渠道。

（四）强化刑事司法打击

一是注重刑事案件侦办。公安部门开展打击食品药品知识产权犯罪"昆仑 2023"行动，按照"打大、攻坚、惩恶"和"全环节、全要素、全链条"的工作要求，成功侦办了一批有影响的大要案件。郑州市公安局侦破的"8·11"假冒华为光模块案，抓获犯罪嫌疑人 34 名，打掉制假售假窝点 7 处，查扣假冒品

牌光模块成品、半成品 8100 余块。该案件被公安部列为 2023 年知识产权刑事保护十大典型案件，评选为打击侵犯民营企业知识产权犯罪典型案例。开展"雷霆 2 号·严打违法犯罪·护航春节两会安全"专项行动，三个月时间破获食品药品农资领域刑事案件 386 起，抓获犯罪嫌疑人 1353 人，涉案总价值 7.8 亿余元。周口市公安局成功侦破"1·30"制售假风湿止痛药系列案获公安部嘉奖令，三门峡等地侦破"2·09"特大制售有毒有害食品系列案获得公安部领导的批示肯定。二是全面履行打击侵权假冒领域检察职能。省检察院在全省推广知识产权刑事、民事、行政、公益诉讼检察"四合一"集中统一履职。贯彻落实食品药品安全"四个最严"要求，利用"6·7"世界食品安全日这一关键时间节点，发布 5 件全省检察机关食品安全保护典型案例，提升食品安全司法保护质效。联合省公安厅、农业农村厅、市场监督管理局相关部门对 6 起制售伪劣农资犯罪案件联合挂牌督办。截至 2023 年底，全省检察机关共受理涉嫌生产销售伪劣商品和侵犯知识产权犯罪审查逮捕案件 905 件 1885 人，起诉 905 件 1658 人。焦作市印发《关于做好"两法衔接"平台数据录入的紧急通知》。今年 4 月份以来，焦作市各相关部门在全省"两法衔接"平台已录入案件 61 件。三是依法加大侵权假冒犯罪案件刑罚力度。全省法院进一步突出打击重点，对危害民生和公共安全案件，加大罚金刑适用力度，做到从经济上剥夺犯罪分子再犯罪能力和条件。省法院印发《2022 年河南法院打击侵权假冒刑事犯罪典型案例情况的通报》，与省检察院、省公安厅多次进行会商，对危害食品、药品安全刑事案件中的事实认定、证据审查判断、法律适用等疑难问题进行共同研判，对存在争议的问题达成了共识，统一全省执法办案标准，确保案件依法稳妥审理。安阳中院强化与相关行政执法部门的沟通联络，运用行政执法和刑事司法衔接平台实现执法资源共享，及时将生效判决书通报相关部门送达，确保处罚到人。

（五）打击侵权假冒社会环境不断优化

一是突出服务保障。进一步完善全国 12315 平台官方网站、APP、小程序等互联网渠道，多渠道接收消费者关于侵权假冒的投诉举报，与 12315 热线形成有益补充。濮阳市开发使用辖区电子分布地图，将全市县（分）局和基层市场监管所的管理辖区精确设置到濮阳市市场监管局电子监管地图上，一旦接到投诉举报案件，系统会自动准确显示投诉举报的位置，12315 指挥中心及时将投诉举报转办县（分）局办理，确保了消费者投诉举报能够在第一时间解决。省税务局严肃查处侵权假冒涉税案件，对收到的涉税案件涉嫌从事违法活动线索进行核查检查，综合运用追缴税款、罚款等行政手段对涉税违法行为给予肃整和打击。截至 2023 年底，全省稽查立案检查 114 户，初步查实体外循环隐匿收入 149839.15 万元，现已入库税款 5327.94 万元。二是营造良好舆论氛围。省领导小组办公室积极推动各地、各有关部门在重要时间节点组织开展多种形式的宣传教育活动，引导全社会进一步增强保护知识产权、抵制假冒伪劣商品意识，推动社会共治格局的建立。省广播电视局指导全省各级广播电视媒体及互联网视听节目服务机构持续关注打击侵权假冒工作，通过加大对典型案例的报道，加强以案释法，震慑犯罪行为。河南广播电视台《民生大参考》栏目播出《郑州市中原区两部门开展"3·15 消防产品专项活动，销毁假冒伪劣消防器材"》等；大河报豫视频发布《河南启动侵权假冒伪劣商品统一行动》；大象新闻客户端、顶端新闻客户端、大河网等视听媒体推送《河南南阳：打击侵权假冒 维护消费者权益》等报道，为全省推动打击侵权假冒工作营造了良好舆论氛围。省委网信办开展"清朗·从严整治'自媒体'"专项行动，加强对属地网站平台监管力度，全省累计约谈属地问题账号主体 1431 人，责令关闭账号 113 个，停止内容更新 263 个，自行更名 163 个。三是开展普法宣传及矛盾化解。省司法厅落实"谁执法谁普法"普法责任制，推动有关部门履行普法责任。充分发挥省律协引导作用，指导律师严格依法依规代理、办理侵犯知识产权工作案件。充分发挥了律师行业在打击假冒伪劣工作中的作用。省版权局组织遴选《文明互鉴——世界著名汉学家访谈录》《挺进太空：中国载人航天纪事》等44种豫版图书申报"经典中国国际出版工程"，《寻夏记——二里头考古揭秘最早中国》《溯源中国》等96种豫版图书申报"丝路书香工程"，推动中华文化更好走向世界。安阳市出台了《安阳市市场监督管理局（知识产权局）专利侵权纠纷技术调查官管理办法（试行）》，并调解结案实用新型专利侵权纠纷案件1起。四是加强信用动态管理。省发改委积极推进侵权假冒领域信用信息归集、共享、公示和应用信用河南顶层设计，更新编制《河南省公共信用信息目录（2023版）》，省信用信息平台归集各类信用数据136亿条，累计向各级各部门共享信用信息40亿条，其中侵犯知识产权和制售假冒伪劣商品相关处罚信息2万余条，在"信用（中国）河南"网站依法依规公示1506条。人民银行郑州中心支行积极开展相关行业和领域的信用体系建设，鼓励辖内3家备案征信机构归集、整合侵权假冒和产品质量信息。五是加强软件著作权宣传普及，持续推进软件正版化工作。省工业和信息化厅在落实河南省首版次软件产品奖补、软件企业所得税减免核查和全国新型信息消费示范项目申报等工作中，将软件著作权、专利权等自主知识产权的有效证明文件列为必查内容，为加强软件著作权保护提供有力抓手。省国资委严格按照软件正版化的各项制度要求实现委机关软硬件设备的预算、采购、安装、登记、使用、报废等环节上的全流程规范化管理，成立智控中心，由专门的网络管理员负责正版软件的安装、调试、维护工作。

二、存在问题

河南省打击侵权假冒工作虽然取得了一些成效，但在新形势下仍面临不少挑战和问题，形势依然不容乐观。一是网络侵权假冒问题比较突出。直播带货已成投诉热点，尤其是网红带货"翻车"事故频发。二是服装鞋帽、烟酒食品仍是侵权假冒重点，节日期间对烟酒食品的投诉举报大幅上升。三是跨区域、跨部门执法联动工作机制发展不够平衡，各地市重视程度不均衡，与邻省相近地市工作开展较好，签署合作协议，健全跨地区执法协作机制。

三、下一步工作打算

2024年，河南省打击侵权假冒工作将坚决贯彻落实党中央、国务院决策部署，按照省委、省政府工作安排，勇于担当，开拓进取，务实创新，坚持依法治理、打建结合、统筹协作、社会共治的原则，强化行政执法，推进跨部门、跨区域执法联动，依法严厉打击违法犯罪，持续优化全省营商环境。

一是对标抓牵头对表抓落实。省打击侵权假冒工作领导小组办公室要发挥牵头协调作用，加强对全省双打工作的组织协调和对各省辖市打击侵权假冒工作的督导，落实属地责任，确保改革期间，全省打击侵权假冒工作队伍不乱，业务不断，人心不散，相关工作持续落实。

二是突出重点加强监管力度。加强对重点市场、重点区域、重点产品治理。加大对侵权假冒案件多发的实体批发市场、专业市场、集贸市场监管，对问题多发的农村和城乡结合部农贸市场、批发市场等加大巡查力度，严厉查处制售假冒伪劣种子、农药、化肥和"三无"产品、强制性产品认证无证产品等违法犯罪行为，切实维护市场经济公平秩序。

三是加强能力建设确保工作见效。加强宣传教育培训，提高双打队伍工作能力。围绕重要时点、重点部署、重大行动，开展多种形式宣传活动。开展全省保健食品虚假宣传专项清理整治工作，落实内容管理责任。在基础建设、培训教育等方面为基层提供更多保障，实现双打业务培训全覆盖，努力打造一支高素质的双打工作队伍。

四是实施奖惩措施激发工作斗志。通过建立完善通报表彰制度和严肃问责制度，推进双打工作有效落实。对在打击侵权假冒工作中做出突出贡献和优异成绩的单位和个人给予表彰和奖励；对在打击侵权假冒工作不重视、不落实、不配合的单位和个人，给予相应的问责和处分。

（撰稿人：刘翔）

湖北省打击侵权假冒工作报告

2023年，湖北省打击侵权假冒工作以习近平新时代中国特色社会主义思想为指导，全面落实习近平总书记关于湖北工作、知识产权工作的重要讲话和重要指示批示精神，深入贯彻党的二十大、二十届二中全会精神，在国家质量强国建设协调推进领导小组办公室和省委、省政府坚强领导下，聚焦打造市场化、法治化、国际化一流营商环境目标，高站位统筹谋划，高标准建章立制，高质量提升效能，为加快建设全国构建新发展格局先行区、加快建成中部地区崛起重要战略支点、奋力推进中国式现代化湖北实践提供了有力支撑。

一、工作成效

一是湖北省打击侵权假冒工作位列全国第一档；二是湖北省在全国率先开发应用"党建引领打假护名优 e 在线"信息化平台、打造服务企业直通车模式；三是湖北省在全国知识产权保护检查考核工作中再次获得"优秀"等次，知识产权行政保护考核连续 3 年位居中西部省份第一，连续 4 年获全国通报表扬。

二、主要措施

（一）高站位扛实知识产权保护、打击侵权假冒政治责任

省委主要负责同志在省第十二次党代会报告中指出，要"强化知识产权创造、保护和运用"。省政府主要负责同志多次主持召开专题会议，部署知识产权强省建设工作。省委、省政府高度重视知识产权保护、打击侵权假冒工作，将知识产权强省建设作为推动湖北经济社会高质量发展重要一环。2023年，省委、省政府将"每万人口高价值发明专利拥有量"指标纳入《湖北省委省政府关于加快建设全国构建新发展格局先行区的实施意见》。省政府首次开展打击侵权假冒工作

推进成效明显地方督查激励，首次将知识产权工作纳入对市州的督查激励范围，进一步增强地方知识产权保护、打击侵权假冒工作的主动性与积极性，确保各项工作落到实处。

（二）高标准建立知识产权保护、打击侵权假冒协作机制

知识产权保护、打击侵权假冒工作事关公平竞争的市场秩序，事关法治化的营商环境。省委、省政府加快推进知识产权保护、打击侵权假冒协作机制建设，强化区域协同联动。建立知识产权保护、打击侵权假冒跨区域、跨部门协作机制。鄂湘赣三省市场监管局签署《长江中游三省市场监管区域执法协作框架协议》，积极推动长江中游三省知识产权保护、打击侵权假冒一体化进程，推动知识产权大保护格局。鄂湘赣三省检察机关联合举办服务长江中游城市群建设第五次工作联席会议，加强知识产权司法保护，推动长江中游城市群知识产权协同保护体系建设。省知识产权局联合省法院、省公安厅，在多家单位设立首批省级知识产权保护工作站，建立知识产权保护直通机制，建立完善首问责任工作机制，加大司法、刑事、行政协同保护力度，提升知识产权保护、打击侵权假冒工作合力。

（三）高质量提升知识产权保护、打击侵权假冒工作效能

1. 进一步加强行政保护

一是进一步加强商标行政保护。湖北省市场监管局与日本贸易振兴机构北京代表处联合举办 2023 年打击侵权假冒工作培训交流活动，共培训学员 150 余人；与 12 家世界知名企业知识产权相关负责人就打击侵权假冒工作开展专题交流；组织开展企业产品真假鉴别活动，提高执法人员识假辨假能力和消费维权意识，为保护外资企业知识产权提供有力支撑。省市场

监管局公开曝光15件商标侵权典型案例，省知识产权局公布湖北省2022年度知识产权（商标）行政保护十大典型案例，以案释法，形成有力震慑；发布全省商标品牌发展报告，多维度、多层次地介绍上年度全省商标品牌发展情况，总结全省商标品牌工作成果。全省市场监管系统共查处商标侵权案件1329件，涉案金额1.82亿元。开展商标保护专项行动，打击商标恶意注册、侵权问题。在全省范围内组织开展亚运会和亚残运会知识产权保护专项行动，严厉打击涉亚运知识产权违法行为。省市场监管局印发《2023民生领域案件查办"铁拳"行动方案》，将恶意申请注册商标、违法使用商标和仿冒混淆、专利侵权等行为，以及假冒知名品牌及"傍名人""搭便车"等违法行为作为打击重点。

二是进一步加强专利行政保护。建立知识产权纠纷行政调解协议司法确认机制，深入推进专利侵权纠纷行政裁决规范化建设。全省共办理专利纠纷案件2430件。省知识产权局开展全省县级知识产权行政执法能力提升专题培训班，加强专利行政执法队伍能力建设，提高专利行政执法业务水平。全省市场监管系统共查处假冒专利案件134件。省知识产权局印发《2023年知识产权代理行业"蓝天"专项整治工作方案》，严厉打击知识产权代理违法违规行为，维护行业秩序。省市场监管局、省知识产权局完成全国首个省级知识产权企业信用分级分类管理系统平台建设，本省知识产权信用分级分类监管机制获评第五届"新华信用杯"全国优秀案例。湖北自贸区武汉片区挂牌成立全国首家知识产权行政裁决所。

三是进一步加强地理标志保护。全省共有地理标志商标531件，居全国第四；地理标志产品165个，居全国第二；地理标志专用标志合法使用人超过2000家。公安牛肉等3件地理标志入选地理标志运用促进重点联系名录，孝感米酒等4个地理标志产业发展项目入选全国第二批地理标志助力乡村振兴典型案例，入选数量居全国第五。英山云雾茶入选中国地理标志农产品品牌百强，蕲艾以品牌强度884和品牌价值110.05亿元荣登全国区域品牌第30位。

四是进一步加强版权行政保护。省版权局开展电影版权保护、"青少年版权保护季""剑网2023"等三项专项行动，在重点环节、重点领域加强版权行政保护和行政执法力度，解决版权保护痛点和难点。全省共办理侵权盗版案件162件，徐某等侵犯著作权案入选"全国打击侵权盗版十大案件"。

五是进一步加强植物新品种保护。省农业农村厅严格加强种业监管，鼓励品种权申报。全省申请植物新品种权品种165个，获得授权品种119个，从源头加强种业知识产权保护。组织开展种子市场监管和市场检查，立案查处种子案件234起，没收种子4785公斤，维护种子质量和市场公平。省林业局开展打击侵犯林业植物新品种权和制售假劣林草种苗专项行动，依法保护植物新品种权人合法权益。全省获得12个林业植物新品种授权。大悟茶、随州油茶等林产品地理标志获得注册和登记。

六是进一步加强海关知识产权保护。武汉海关强化监管，严格落实海关总署"龙腾""蓝网"等专项行动部署，加大对进出口侵权行为打击力度。全年共查获侵权商品2250批，共5627件。

2.进一步加强司法保护

一是推进审判领域改革创新。省法院坚持完善中基层法院知识产权审判"三合一"机制，会同有关单位推动刑事案件批捕、起诉集中管辖。推动建立检察机关知识产权民事、刑事、行政案件检察集中履职机制。建立"五位一体"技术事实查明体系，妥善化解涉知识产权领域矛盾纠纷。巩固拓展繁简分流审判经验，建立健全快审快结"绿色通道"，大力推进裁判文书简化，提高知识产权司法保护质效。襄阳知识产权案件"简案快办"经验被国务院作为先进经验在全国范围推广。全省法院受理各类知识产权案件18967件，结案16823件；省法院受理知识产权案件1271件，审结1149件。1件案件入选"中国法院50件典型知识产权案例"。

二是提升检察综合保护质效。全省检察机关聚焦经营主体反映强烈侵权假冒问题，加大监督办案力度，提升知识产权检察综合保护质效。全省检察机关共批捕侵犯知识产权刑事犯罪 243 人，起诉 389 人；督促行政执法机关移送涉嫌犯罪案件 8 件，监督侦查机关立案 21 件。省检察院出台《关于知识产权检察综合履职的工作指引》，为全省知识产权检察综合履职工作明确方向。省检察院与法院、公安、知识产权行政执法机关等部门深化沟通协作，建立完善工作机制，形成知识产权保护合力。

三是严厉打击刑事犯罪。开展"昆仑 2023""雷火行动""夏季行动"等专项打击工作，全省共破获各类侵犯知识产权、假冒伪劣犯罪案件 526 起，抓获犯罪嫌疑人 1293 名，案值 10 亿元；16 起案件被公安部列为督办案件，31 起案件被列为省督案件。公安部 3 次发来贺电予以表扬。孝感大悟"5·11"非法经营烟草制品案、武汉"1·12"生产销售伪劣产品案等一批大要案件获公安部、国家烟草专卖局贺信褒奖以及领导批示肯定。省公安厅会同省市场监督局、药监局分别走访调研五芳斋、仁富药业等食品生产、医药企业 7 家，加强企业协作，健全警企联动机制；与省烟草专卖局联合印发《湖北省 2023 年打击涉烟违法犯罪工作要点》，打击涉烟违法犯罪行为。

3.进一步加强多元保护

一是完善协调保护机制。省知识产权局、省法院、省检察院、省公安厅等部门持续深化知识产权保护工作协同，全面加强行政保护和司法保护的有机衔接。省知识产权局与省法院深入推进知识产权司法保护和行政保护高效衔接。省知识产权局完善知识产权纠纷在线诉调对接机制，全省 16 个市州知识产权管理部门、38 家调解组织入驻调解平台，通过诉调对接平台委派诉前调解案件 1110 件。省知识产权局知识产权纠纷多元调解工作入选国家知识产权局、最高人民法院知识产权纠纷多元调解典型经验做法和案例。

二是加强平台载体建设。有序推进湖北省知识产权保护中心建设，积极申报宜昌知识产权保护中心。湖北省知识产权局会同省法院、省公安厅以高新园区、科创性企业为重点，联合共建首批 20 家省级知识产权保护工作站，全省各级建设知识产权保护工作站 400

余家。在全国率先推进基层市场监管所"融站入所"，全省基层监管所挂牌知识产权工作站 1070 个，占比已达 75%，实现知识产权保护"关口前移"，有力强化省、市、县、所四级知识产权保护体系。

三是持续推进仲裁调解。全省共有各类在国家知识产权局备案的知识产权纠纷调解组织 82 个，开展知识产权纠纷调解培训 10 场次。武汉仲裁委设立知识产权仲裁院和知识产权庭审中心两家专门机构，联合武汉市知识产权局、武汉市司法局开展知识产权仲裁调解试点工作。武汉仲裁委共受理知识产权类案件 79 件，标的额 8621 万元。

三、对策建议

一是建议市场监管总局适时组织开展打击侵权假冒工作业务培训，提升相关人员业务素质和国际视野；二是建议市场监管总局进一步明确打击侵权假冒工作信息报送时间节点和相关内容。

四、相关数据

全省法院共受理各类知识产权案件 1.89 万件，审结 1.68 万件，结案率 88.7%，"京山桥米"案入选"中国法院 50 件典型知识产权案例"。全省检察机关共批捕侵犯知识产权刑事犯罪 243 人，起诉 389 人，同比分别上升 60%、68%；督促行政执法机关移送涉嫌犯罪 8 件，监督侦查机关立案 21 件，办理民事、行政、公益诉讼知识产权案件 14 件。全省公安机关共破获各类侵犯知识产权犯罪案件 526 起，抓获犯罪嫌疑人 1293 名，打掉制假团伙 143 个，捣毁生产、储存、销售窝点 315 处，涉案总价值 10 亿余元。全省市场监管系统共办结知识产权案件 1329 件，案值 1.82 亿元，省局本级公开曝光知识产权保护典型案例 16 件。全省各级版权执法部门共立案查处各类侵权盗版案件 162 件。全省知识产权系统共立案专利侵权纠纷案件 2430 件，结案 2424 件，结案率 99.75%。武汉海关共查获侵权商品 2250 批，共 5627 件，价值 13.44 亿元。

（撰稿人：张永康）

湖南省打击侵权假冒工作报告

一、主要工作情况

2023年，全省各级各部门坚决贯彻落实党中央、国务院决策部署，按照省委、省政府打击侵权假冒工作安排，紧紧围绕严打违法违规、优化营商环境、捍卫百姓权益、推动创新创业、服务高质量发展目标要求，以食品药品、重要工业产品、特种设备等重点领域治理为抓手，以健全完善知识产权保护体制机制为保障，以广泛宣传引导、营造社会共治浓厚氛围为支撑，强化统筹协调，密切部门联动，凝聚合力攻坚，扎实推动全省打击侵权假冒工作迈上新的台阶。

（一）持续强化重点领域治理

高度重视打击侵权假冒工作，以时刻放在心上、抓在手上、落在地上的政治态度，持续保持打击违法的强劲态势，立足职能，凝聚合力，紧盯重点领域、重点行业、重点产品和重点环节，全面排查整治，严格监管执法。全年，全省各级各部门累计查办行政案件11320件，罚没金额9569.81万元。一是突出民生领域治理。市场监管联合公安等部门深入开展民生领域案件查办"铁拳"行动，精准重拳出击，查办生产销售假劣食品、建材汽配、儿童玩具等各类侵权假冒案件7857件，移送司法案件81件，罚没7907.23万元。二是突出互联网和版权领域治理。宣传、网信等部门联合开展"剑网2023"专项行动，查办网络侵权盗版案件143起，刑事案件31起，涉案金额1.38亿元。娄底"11·19"侵犯教辅图书著作权案、衡阳"4·12"销售盗版教材案、岳阳"4·27"侵犯著作权案等多个案件办出了全国影响力。全省15家单位、28名个人获评国家版权局查处重大侵权盗版案件有功单位和有功个人，获奖数量、获奖金额均居全国第二。市场监管部门持续开展知识产权保护执法行动和专利代理"蓝天"行动，查处线上线下商标侵权、假冒专利案件1339件，非正常专利申请案件1件，罚没金额1693.38万元，移送司法机关案件线索52条。文旅部门先后开展了节日期间文化旅游市场集中检查、保护未成年人合法权益和打击整治养老诈骗专项行动、演出娱乐上网服务场所专项整治等系列执法行动，查办各类案件767件，罚没金额795.25万元。湘潭"柴桑区文泊图书店（刘某某）发行其他非法出版物案"、岳阳"《飞扬西游》《天空西游》等私服当事人赵某等利用网络侵犯网络游戏著作权案"、长沙"湖南省二友文化传媒有限公司提供未取得电影公映许可证的电影参加电影节（展）案"等3个案件获评全国文化市场重大案件。三是突出食品药品等重点产品治理。市场监管部门共查处食品安全案件1.3万件，罚没金额1.12亿元，移送案件42件。药监部门先后开展农村药品专项整治、"清廉医保"专项整治等多项执法行动，严厉打击药品、医疗器械、化妆品违法违规行为，共查办侵权假冒案件662件，移送涉刑案件82件，捣毁制假售假窝点1个，货值金额2211.88万元。益阳市查处"6·14"特大生产销售假冒化妆品案被国家药监局挂牌督办。税务部门以成品油行业作为打击侵权假冒工作的重点领域，今年以来全省加油站专项整治风险应对共1198户，查补税费2.11亿元，加收滞纳金3025.17万元，加处罚款3294.93万元，共收集车辆GPS数据90余万条，电子运单数据170多万条，银行流水3700余万条，分析数据近970多万条，制作分析图表20余张，全面还原"进油—运油—售油—收款"全过程，有效助力了整治工作推进。生态环境部门加强无害化处置单位环保监管，无害化销毁假冒伪劣产品121.5吨。四是突出涉农市场治理。农业农村部门开展"湘剑"护农暨"农资打假"联合行动，部署开展食用农产品"治违禁、控药残、促提升"三年行动，出动执法人员7.89万人次，检查门店及生产企业 5.3 万家次，抽检农资产品 3.06 万个，查办案件 926 件。林业部门按照"疏堵并举、正本清源、严把四关"原则扎实推进种苗和植物新品种权保护，检查种苗生产、经营、使用单位 86 家，查处林木种苗违法案件 17 件，没收苗木 1.55 万株。五是突出进出口和寄递环节治理。长沙海关扎实开展"龙腾""蓝网"等知识产权海关保护专项行动，共扣留侵权嫌疑商品 880 批次、2.5 万件，价值 12.28 万元。邮政部门积极宣贯《禁止寄递物品管理规定》，组织企业签订《寄递服务和安全保障承诺书》，督促寄递企业落实邮件快件实名收寄、收集验视和过境安检等制度规定，开展"异地上线"专项整治，切实正规寄递行业秩序，联合烟草专卖局建立打击寄递渠道涉烟违法行为协作机制。

（二）持续强化司法保护力度

贯彻落实"司法主导、严格保护、分类施策、比例协调"原则，切实加大知识产权司法保护力度，提高侵权赔偿标准，努力营造不敢侵权、不愿侵权的法律氛围，增强权利人对知识产权司法保护的获得感和安全感。公安机关深入开展打击危害食品安全犯罪、危害药品安全犯罪以及侵权假冒犯罪"昆仑"系列行动，查办刑事案件 770 件，抓获犯罪嫌疑人 2870 人，涉案金额 7.31 亿元。法院系统紧紧围绕"努力让人民群众在每一个司法案件中感受到公平正义"的工作目标，严格知识产权保护，共受理刑事一审案件 773 件，判决 1508 人。检察机关积极探索知识产权检察监督职能整合，健全"监管员＋检察官"协作机制，全面支持和积极引导各地将知识产权司法保护纳入属地，全面提升打击侵权假冒能力和水平，共批捕案件 354 件，批捕人数 576 人，起诉案件 580 件，起诉人数 1617 人。

（三）持续强化体制机制建设

面对新业态快速发展，市场环境日趋复杂，侵权假冒违法行为易发多发的严峻形势，坚持在机制建设上守正创新，着力疏堵点、破难点，补短板、强弱项，推动形成部门合力、上下协调、一体推进的良好格局。一是健全考核问效机制。加强与省委省政府的沟通协调，在平安建设考核的基础上，将打击侵权假冒工作纳入对市州政府质量工作、食品安全工作考核内容，围绕"目标""责任"两大元素，按照"个性＋共性"模式，进一步定准目标、定实措施、定细责任，切实发挥考核"指挥棒"作用，激发各级各部门抓落实、严打击、创实绩的活力和动力。二是健全法治保障机制。2023 年，全省知识产权保护顶层设计实现新突破，在立法方面，省人大常委会出台《湖南省知识产权保护和促进条例》，多方构建"严大快同"保护体系，防范知识产权风险。在政策方面，省委省政府出台《湖南省知识产权强省建设实施意见》，省政府、国家知识产权局制定《共建"三高四新"知识产权强省实施方案》，确立了中长期发展目标。三是健全协同保护机制。积极开展打击侵权假冒跨区域、跨部门执法协作，湖南省市场监管局与湖北省市场监管局、江西省市场监管局共同签署《长江中游三省市场监管区域执法协作框架协议》，举办长江中游三省及省会城市知识产权行政执法典型案例评析交流活动，湘鄂皖赣四省九市市场监管部门共同签订《知识产权跨区域保护合作协议》，先后与省高院、省检察院、省公安厅、长沙海关、省贸促会签署知识产权保护合作协议，加强行政执法办案合作，强化协同保护。四是健全行刑衔接机制。持续推进行刑纪衔接机制，督促指导全省系统大部分市州成立行刑衔接联络室，出台了案源互通、联查联办等配套制度，为提升执法成效提供坚实保障。五是健全能力培养机制。各级各部门将双打业务纳入年度培训计划，年度均举办了一期以上专题业务培训，采取训、帮、带等措施，结合岗位练兵、正面激励，着力打造一支技术型、专家型的工作队伍，逐步提升工作能力和水平。

（四）持续强化社会共治氛围

全省各级各部门采取政策法规解读、召开新闻发布会、消费维权科普、端窝捣点宣传、典型案例曝光等多种形式，利用"3·15"国际消费者权益日、"4·26"世界知识产权日等重要时间节点，通过《中国市场监管报》《湖南日报》、学习强国、红网等国家和省级主流媒体，大力加强宣传教育，推动双打工作向基层延伸，激发全社会对双打工作的关注和支持，共发放宣传资料 52 万余份，省级发布典型案例 9 件，入选市场监管总局典型案例 1 件，向全国打击侵权网站报送新闻 83 条。

二、下一步工作措施

（一）抓住关键

坚持将开展重点领域治理作为打击侵权假冒工作的关键抓手，紧抓不放，常抓不懈。突出互联网、电子商务等重点领域，食品药品、工业产品、地理标志产品、防疫物资等重点产品，农村市场、林草种苗市场等重点市场，寄递环节、进出口环节等重点环节，扎实开展剑网、秋风、农资打假、铁拳、蓝网、龙腾等专项行动，持续保持高压态势，坚决遏制重大侵权假冒违法行为发生。

（二）强化支撑

以健全体制机制破题开局，充分发挥统筹协调作用，在机制创新上迈出更扎实的步伐。坚持监管与执法一体、排查与整改结合、整治与打击并重，有效发挥监管执法效能。加强部门间、单位间沟通协调，完善行刑衔接、行技衔接，凝聚行政执法、刑事司法和技术支撑整体工作合力。

（三）夯实根基

争取更多的财力支持，在基础建设、培训培养等方面为基层提供更多保障。以 2 到 3 期针对性培训为基础，以"实战实训"为重点，以"学法用法考法""经验交流演讲"等为补充，实现双打业务培训全覆盖，努力打造一支高素质的双打工作干部队伍。

（四）注重宣传

采取群众喜闻乐见的方式，继续加大宣传力度。紧紧抓住"3·15"国际消费者权益日、"4·26"世界知识产权日等关键时间节点，加大打击侵权假冒工作宣传力度。不定期召开新闻发布会通报典型案例，震慑违法，教育群众。积极稳妥回应社会关切和网络舆情，及时消除疑虑和误解，增强社会理解和共识。

（撰稿人：任德志）

广东省打击侵权假冒工作报告

2023 年，广东省坚持以习近平新时代中国特色社会主义思想为指导，认真学习贯彻党的二十大精神，贯彻落实党中央、国务院决策部署，严格按照国家质量强国建设协调推进领导小组办公室以及省委、省政府工作要求，围绕统筹推进创新型国家建设和高质量发展，提高政治站位，攻坚克难、担当作为，坚持依法治理、强化"两法"衔接，坚持专项整治、打建结合，坚持统筹联动、社会共治，推进打击侵权假冒工作取得新成效。

一、打击侵权假冒工作总体开展情况

2023 年，全省市场监管部门共查办侵权假冒案件 20929 件，罚没 1.9 亿元，向公安机关移送案件 371 宗，捣毁制假窝点 85 个。公安机关共立侵犯知识产权案件 1926 起，破案 1678 起，打掉窝点 1648 个，抓获犯罪嫌疑人 4870 名，涉案金额约 66.14 亿元。审判机关新收知识产权刑事一审案件 1098 件，审结知识产权刑事一审案件 1061 件，判决 1740 人，其中判决三年以上有期徒刑 250 人。全省没有因侵权假冒行为直接导致安全事故、环境污染和生态破坏事故、公共卫生事件、动物疫情、社会群体性事件、涉外突发事件和影响市场稳定的突发事件等突发公共事件或重大刑事案件的发生。

二、主要工作情况和亮点

（一）强化组织领导，完善工作机制

一是省委主要负责同志主持召开省委常委会会

议，学习习近平总书记关于知识产权保护的重要指示精神，听取全省知识产权"全链条"保护工作情况汇报，研究部署知识产权保护工作。二是省委常委会会议、省政府常务会议多次专题研究，部署推进知识产权强国先行示范省建设，省委、省政府主要负责同志对相关工作作出 14 次批示。三是省知识产权战略实施工作联席会议办公室印发《广东省知识产权强省建设"十四五"规划实施 2023 年度推进计划》，省质量强省工作领导小组办公室印发《广东省质量强省建设纲要》2023 年重点任务分工表，部署知识产权强省建设、质量强省建设相关工作。四是按照国家部署并结合广东实际，精心研究制定《广东省打击侵犯知识产权和制售假冒伪劣商品工作方案》，明确工作目标、工作重点、工作责任和工作要求。五是完善考核机制，持续将打击侵权假冒工作纳入平安建设考评指标体系，并对全省进行考核考评，督促各地整改存在问题，促进地方党委政府落实打击侵权假冒工作责任。

（二）部门各司其职，开展专项治理

市场监管部门将打击侵权假冒工作与民生领域案件查办"铁拳"行动、网络交易市场保安全促发展等行动有机结合，突出重点商品、重点区域、重点环节，依法严厉打击侵权假冒行为。"铁拳"行动期间，全省市场监管部门共立案涉民生领域案件 26416 宗，向公安机关移送案件 418 宗；开展网络市场监管促发展保安全专项行动，聚焦社会关注度高、群众反映强烈的突出问题，严厉打击网红无底线营销、网售假冒伪劣商品等违法违规行为，查处网络违法案件 2389 件，督促平台删除违法商品信息 3502 条，责令整改网站 2330 个次，责令停止平台服务网店 186 个次，有力维护网络市场秩序。公安机关深入开展"昆仑 2023"、打击侵犯知识产权"蓝剑"专项行动，针对"3·15""4·26""双 11"等特殊节点和五一、中秋、国庆、春节、寒暑假等节假日，重点收集研判案件线索，组织多次集中收网行动，严厉打击各类涉民生假冒伪劣犯罪，全力保障群众和企业合法权益。宣传部门（版权部门）开展院线电影版权保护专项行动、青少年版权保护季行动"剑网 2023"专项行动和"清

朗·杭州亚运会和亚残运会网络环境整治"专项行动，共出动执法人员 25956 人次，检查场所 15642 家，累计巡查网站 3758 家，查办院线电影盗录案件 2 宗；查办青少年保护季案件 26 宗，网络版权专项治理取得明显成效。农业农村部门召开全省农资打假工作视频会议，部署全省农资打假行动，要求各地层层压实责任，细化任务分工，扎实有力推进。2023 年，全省农业农村部门立案查处违法案件 1762 宗，移送司法机关 121 宗。全省没有发生重特大农资和农产品质量安全事故，为全省粮食丰收、农业增产、农民增收、农村振兴提供了坚实支撑。文旅部门以互联网文化、非物质文化遗产保护等领域为重点，有针对性的部署专项行动，2023 年，全省文旅部门检查经营主体 25.3 万家次，处理举报投诉 2.65 万件，办结案件 2212 宗，罚款金额达 1558 万元，责令停业整顿 44 家次，吊销许可证 18 家，取缔 4 家。住建部门严把工程建设质量关，持续开展以打击使用假冒伪劣建材为目的的建材打假专项行动，2023 年全省住建部门共抽检建材类产品 32306 组，不合格 448 组，查处使用不合格建筑材料案件 9 宗，罚款 33.47 万元。林业部门印发《关于开展打击侵犯植物新品种权专项行动的通知》，开展植物新品种保护专项执法行动，依法打击未经品种权人许可，生产、繁殖和为繁殖而进行处理、许诺销售、销售、进口、出口等行为。2023 年全省林业部门共开展执法行动 300 余次，出动执法人员 1500 余人次，累计检查了林木种苗生产、销售单位 100 余家。药监部门扎实推进药品安全巩固提升行动，着力开展"两品一械"打击侵权假冒工作，2023 年，全省药监部门共查办"两品一械"普通程序案件 11149 宗；涉案货值 7.56 亿元，罚没款 2.02 亿元。省内海关组织开展以知识产权海关保护为重点内容的"龙腾行动 2023"，以出口转运货物为重点的"净网行动"，以寄递渠道为重点的"蓝网行动"等，2023 年省内海关实际查扣侵权商品 15766 批次，数量 3314 万件，货值超 2 亿元。烟草专卖部门围绕国家烟草专卖局、公安部及广东省政府打假工作部署，积极协调有关部门持续严厉打击烟草制假违法犯罪，2023 年全省烟草系统共查处打假打私案件 1634

宗，查获假烟102337.51万支，收缴大型制假烟机70台，商标标识1929.35万张，全省刑拘2129人，逮捕1051人，判刑634人。生态环境部门全力做好侵权假冒伪劣商品环境无害化销毁及相关工作，及时将我省具有环境无害化处理能力的单位及符合环保相关资质的生产、加工利用企业信息在官网上公布。

（三）加大工作力度，保护知识产权

省人大常委会充分发挥版权地方立法对版权保护的法治保障作用，审议通过《广东省版权条例》，并于2023年1月1日起施行。该条例为全国首部版权条例，也是目前唯一一部以"版权"命名的地方性法规。省委宣传部（省版权局）按照广东省推进使用正版软件工作联席会议全体会议部署，会同成员单位，对深圳、江门市市直机关和部分2023年推进企业使用正版软件工作重点单位开展了全覆盖检查，累计检查党政机关130家、计算机23988台，检查企业64家、检查计算机13207台，有力提升了广东省党政机关和企业软件正版化工作水平。省市场监管局组织开展护航·2023重点市场知识产权行政保护专项行动，全省市场监管部门指导商品交易市场开办方处理知识产权纠纷426宗，对市场内专利侵权行为作出行政裁决42宗、行政调解38宗，查办市场内商标案件670宗、假冒专利案件51宗、地理标志案件38宗，罚没款合计642.4万元；高标准完成第133届、第134届广交会知识产权保护工作。在国家知识产权局的精心指导下，认真做好2023年春交会、秋交会广交会知识产权保护各项工作，深入开展展前排查，高质高效处理展会期间知识产权纠纷1186宗，加强展后跟踪处置，维护良好交易秩序。省法院积极落实中央司法体制改革决策部署，按照"以上率下、分步实施、稳步推进"的思路，持续深化知识产权民事、刑事、行政案件"三合一"审判机制改革，构建案件审理专门化、管辖集中化和程序集约化的审判体系，知识产权案件管辖布局不断完善，知识产权审判体系持续优化。

（四）推进"两法衔接"，强化刑事打击

省法院聚焦假冒伪劣这一知识产权违法犯罪高发多发领域，广东法院加大适用罚金、没收、追缴等刑罚手段，充分发挥刑事审判惩罚和威慑作用。比如，在卢某华等人假冒某化妆品注册商标罪案中，法院依法判处被告人有期徒刑8年并处罚金2000万元，追缴违法所得3700万元，销毁查获的全部假冒商品，从经济上剥夺犯罪分子再次犯罪的能力和基础。省药监局联合省高院、省检察院、省公安厅出台《广东省涉嫌药品安全犯罪案件评估认定工作办法》，出台药品网售监管规范制度和检查细则，推动各级市场监管部门建立健全与辖区监管实际相适应的工作制度文件，持续完善"两品一械"质量管理体系，促进"两品一械"产品质量提升。省烟草专卖局联合省公安厅严打涉烟制售假和非法经营烟丝烟叶违法行为，广州公安、烟草成功侦破"3·28""6·21"特大生产销售假烟系列案，打掉2条假烟生产线和一批手工包装窝点，查获假烟1250万支，收缴大型烟机4台，摧毁制售假烟团伙11个，刑拘72人，涉案金额超2.1亿元。

（五）加强协调联动，重拳打假治劣

省市场监管局联合省公安厅、省能源局、国家税务总局广东省税务局开展综合治理加油机作弊专项行动，开展联合行动214次，发现问题线索207条，共查处加油机作弊案件41宗，已实施行政处罚20宗，罚没款合计1873.76万元，列入严重违法失信名单2家；移送公安机关案件24宗，52人被刑事拘留。省委宣传部（省版权局）联合省委网信办、省公安厅、省文化和旅游厅、省"扫黄打非"办等部门，组织各市版权局和文化综合执法机构等相关单位开展打击网络侵权盗版集中办案行动。集中办案行动期间，推动查办案件59宗，有效维护了网络版权秩序。省法院与省检察院、省公安厅共同建立知识产权刑事司法保护联席会议制度，加强公检法机关在打击侵犯知识产权犯罪工作中的协调配合，统一执法尺度、准确适用法律，进一步提高知识产权审判"三合一"工作实效，形成知识产权刑事司法保护强大合力。省农业农村厅联合省法院等5个省直单位印发《2023年广东省农资打假专项执法行动实施方案》，组织全省各级农业农村部门按照工作部署，迅速开展专项行动，狠抓案件查办，保障粮食生产安全和农产品质量安全。省药监局联合省卫生健康委依托省食药安办，推动全省21个地级以上市全部完成建立市食药安委，全省已有125个县（区、市）、55个镇（街道）成立了相应级别食药安委，进一步建立起省、市、县三级联动，部门协同推进的一体化药品安全议事协调体系，高规格统筹协调全省药品安全工作。

（六）加大宣传力度，营造打假氛围

省双打办联合惠州市政府，于2023年9月14日在惠州市成功承办2023年侵权假冒伪劣商品全国统一销毁行动主会场活动，部署全省21个市同步开展侵权假冒伪劣商品全省统一销毁行动。本次活动统一销毁行动合计销毁侵权假冒伪劣商品1379.9吨，货值3.8亿元。省市场监管局通过组织开展"3·15"国际消费者权益日活动、"4·26"世界知识产权日活动、食品安全宣传周活动、媒体曝光典型案例等，发布2022年度广东省知识产权"十大事件""十大亮点""知识产权基层改革创新举措"和"知识产权行政保护系列典型案例"等，深入推进以"尊重知识、崇尚创新、诚信守法、公平竞争"为核心的知识产权文化建设。省委宣传部（省版权局）采取著作权普法宣传进企业、利用各类媒体推出版权公益宣传片、海报等形式开展"4·26"版权宣传周活动，积极宣传版权相关知识和打击侵权盗版的重要成果。全省法院扎实推进典型案例评选、公布工作，充分发挥典型个案对类案审理的指引作用。以召开新闻发布会，精选典型案件进行庭审直播，送法进企进校园等活动形式，加强对打击侵权假冒伪劣、保护知识产权工作及成果的法治宣传，在全社会营造尊重和保护知识产权环境。省农业农村厅按要求选送典型案例报送农业农村部法规司，2宗案件获评2023年全国"稳粮保供十大典型案例"，1宗案件获评全国农业行政处罚优秀案卷。在省农业农村厅官网公开发布我省农业执法典型案例，加大案件曝光力度，强化警示教育，对农业违法行为形成有力震慑。省林业局编制《广东省林业种苗服务手册》等材料10000余册，结合普法宣传、送苗下乡、讲座培训等活动形式，向基层林木种苗行

政、事业工作人员及种苗生产经营者派发宣传资料，让法制宣传进乡镇、进企业、进农户，实现林木种苗法制宣传全覆盖，增强种苗从业人员守法意识，依法从业、维护自身权益，营造学法、懂法、守法的浓厚氛围。

（七）强化督查考核，强化打击效果

省委政法委充分发挥考核杠杆作用，持续把打击侵权假冒工作纳入平安建设（综治工作）考评指标体系，并对全省进行考核考评，督促各地整改存在问题，促进地方党委政府落实打击侵权假冒工作责任。省双打办根据省委政法委的部署，组织开展对全省各县（市、区）2023年度打击侵权假冒工作进行考核。省市场监管局结合扫黑除恶斗争、打击涉民生领域疫情防控重点保障物资专项行动等工作，联合公安等部门加强对基层的指导检查，强化重点地区督导考核。

三、工作建议

（一）完善打击侵权假冒协调机构建设

建议支持和推动各地打击侵权假冒工作协调机构建设，强化基层统筹协调体制机制建设，明确充实基层架构和人员编制，形成上下联动的打击侵权假冒体制机制。

（二）推动建立全国统一市场监管执法平台

推动尽快建立全国统一市场监管执法平台，不断提升市场监管行政执法工作的制度化、标准化、规范化水平。充分运用大数据、"互联网+"等手段，畅通执法办案信息汇总，为综合分析研判市场动态、监管难点，为高效决策和监管执法工作提供高质量信息服务。

（三）完善知识产权保护法律法规

加快专利法等知识产权法律法规的修订进程，加大知识产权行政保护的力度，研究降低侵权行为追究刑事责任门槛，调整损害赔偿标准，探索实施惩罚性赔偿制度。完善权利人维权机制，合理划分权利人举证责任。建立健全互联网知识产权制度和法律。

（撰稿人：肖理）

广西壮族自治区打击侵权假冒工作报告

2023年，广西坚持以习近平新时代中国特色社会主义思想为指引，认真贯彻党的二十大精神，落实党中央、国务院决策部署，始终将打击侵权假冒作为保障民生安全、推动高质量发展的重要抓手，持续健全完善跨地区跨部门协作工作机制，深入开展系列重点整治，强化行刑衔接，推进国际交流合作，不断营造良好营商环境，有力有序推动打击侵权假冒工作取得积极成效。

一、打造新平台，打击侵权假冒国际合作取得新突破

广西始终坚持开放合作、互利共赢原则，强化与东盟国家交流合作，共同打击侵权假冒违法犯罪，实现与东盟贸易繁荣发展。合作论坛成功举办，7月18日市场监管总局、世界知识产权组织、广西壮族自治区人民政府在梧州共同举办中国—东盟打击侵权假冒合作发展论坛，以"协力打击侵权假冒，携手保护创新创造"为主题深入交流，越南驻南宁总领事发表主旨演讲，这是打击侵权假冒论坛首次加入东盟国家元素，得到世界知识产权组织充分肯定。沟通机制有效搭建，在中国—东盟博览会框架下，与东盟国家驻南宁领事馆、驻南宁商协会、东盟企业建立常态化沟通机制，有力推动中国—东盟区域合作、助力经济增长。交流合作不断深化，在与中国外商投资企业协会优质品牌保护委员会（简称"品保委"）签订合作备忘录基础上，联合举办知识产权行政保护交流会，26家国际知名品牌企业参加。2023年以来，品保委协助广西市场监管、公安、海关等部门快速出具涉及70多个国际品牌鉴定报告，案件办理得到显著提速增效，查办案件161件，案值5000多万元，有力维护内外资企业权利人和国内外消费者合法权益。

二、强化协作联动，跨区域跨部门协作成效进一步彰显

深入推进泛珠江三角区域打击侵权假冒协作，与贵州、海南、广东等9个省区签订酒类产品知识产权保护、专利协作执法等6个协议，联合查办一批假冒白酒、无资质专利代理、非法食品添加案件，跨区域监管执法协同更加顺畅。推行行政执法与刑事司法实体化衔接工作机制，全区各级市场监管、公安机关共建立联合办公室39个、联合检验实验室22个、基层联络点40个，两部门联合查办了一批假冒伪劣大案要案，联合公安部门查办的广西金美盛农业科技有限公司生产销售假冒伪劣化肥案，从1辆流动销售化肥的车辆线索循线深挖，跨区域跨部门跨层级开展执法协作，查处生产销售窝点3个、涉案车辆25台，涉案金额达2000余万元，抓获犯罪嫌疑人35人，有力护航地方特色产业高质量发展。推进部门协作更加紧密，自治区版权局、双打办、扫黄打非办、公安厅、检察院、文旅厅等6部门联合督办3起侵犯著作权案件，自治区双打办牵头组织自治区市场监管局、公安厅、海关等部门在第20届中国—东盟博览会期间驻场开展联合执法行动，纠正问题展位113个、受理投诉举报10起，接受咨询42人次，部门执法联动更加紧密。

三、强化专项整治，各领域侵权假冒整治成效显现

各级行政执法部门紧盯侵权假冒重点领域、重点市场、重点环节、重点商品，组织开展"剑网""秋风""清朗""净网""春雷""铁拳""蓝天"等专项行动，2023年共查办侵权假冒案件15217件，案值1.43

亿元。在互联网领域，网信部门组织开展 2023 年"清朗"系列专项行动，清理侵权假冒信息 100 余条，市场监管部门组织开展 2023 网络市场监管促发展保安全专项行动，责令整改网站 425 个次，查处违法违规案件共计 389 件，列入严重违法失信名单经营主体 19 户。开展 2023 年广西反不正当竞争"守护"专项执法行动，查处网络直播带货中刷单炒信、数据注水、红包返现利诱好评等不正当竞争行为案件 13 起，为数字经济发展保驾护航。在农业农村领域，农业农村部门组织开展农资打假专项治理行动，查办涉农案件 691 件，案值 226.22 万元。在民生领域，市场监管部门深入推进民生领域案件查办"铁拳"行动，组织开展白酒、燃气器具、"黑心棉"、化肥等系列专项执法行动，查办各类案件 7177 件，案值 6185.28 万元。尤其是在打击假冒伪劣化肥专项执法中，立案查处假冒伪劣化肥案件 435 件，查处问题肥料 5300 吨；在开展销售超标电动自行车专项整治中，查获超标、改装电动自行车 2000 多台；在燃气安全专项整治中，查办案件 1042 件，查扣产品 11908 台（件），有力维护和保障了民生安全；药监部门组织开展药品专项整治行动，查办案件 666 件，案值 1756.36 万元。在进出口环节，海关部门持续开展"龙腾""蓝网""净网""网剑"等一系列打击侵权假冒专项行动，共查办案件 156 起，查获侵权货物 13.89 万件，涉案货值 265 万元。在知识产权领域，版权部门组织开展"剑网 2023"专项行动，查处侵权盗版案件 53 件，案值 905.17 万元；市场监管部门组织开展"蓝天"专项整治、知识产权专项执法等系列专项行动，查处商标、专利案件 1150 件，其中凭祥市市场监督管理局查处侵犯"同仁堂"注册商标专用权案入选国家知识产权局 2022 年度知识产权（商标）行政保护十大典型案例。

四、强化刑事保护力度，严惩侵权假冒犯罪

各级公安机关加强刑事打击力度，持续保持高压态势。组织开展"昆仑 2023"专项行动，破获侵权假冒违法犯罪案件 187 起，抓获犯罪嫌疑人 669 人，逮捕 102 人，对违法犯罪行为形成强大震慑。

五、强化宣传引导，多元共治效果进一步增强

坚持教育引导与监管执法一体推进，广西双打办制定宣传方案，各地各部门围绕"3·15"、"4·26"、"双 11"、元旦春节等重要时点，部署开展打击侵权假冒系列宣传普法工作。2023 年 9 月，自治区双打办组织全区 14 个市同步参与侵权假冒伪劣商品全国统一销毁行动广西分会场活动，共计销毁各类侵权假冒物资 400 多个品种，货值 3000 余万元，形成强大震慑。市场监管部门发布知识产权保护典型案件 3 批 19 件，法院部门发布 2022 年度十大知识产权审判案例，市场监管、法院、海关等部门联合召开知识产权保护专题新闻发布会，多渠道多形式讲好广西保护知识产权故事，营造良好社会氛围。发挥行业自律作用，市场监管部门指导广西知识产权协会召开专利代理行业自律监督联合行动大会，宣读《广西知识产权代理行业自律倡议书》，不断规范知识产权代理机构的职业行为和执业纪律，推动知识产权代理行业高质量发展。强化经营主体责任，发挥线上线下一体化监管机制作用，开展市场监管扶电商促发展行动，走访电商企业 440 家，解决问题 199 条。

六、强化能力建设，执法队伍技能素质进一步提升

市场监管、公安、海关、林业等部门举办全区执法工作培训班，药监部门联合法院、检察院、公安等部门在桂林市举办 2023 年药品稽查联合执法培训班，有效提升全区打击侵权假冒条线队伍工作水平。出台《广西市场监管综合执法电子数据取证能力建设三年行动方案（2023—2025）》，组织开展电子数据取证大比武活动，13 名执法人员获电子数据取证中级分析师，有力推动加油机新型作弊等各类疑难案件取得新的突破。推行"实战课堂"，组织骨干力量和专家团队下沉到基层一线直接组织和指导超标电动自行车、假冒伪劣化肥等案件查办，执法行动与现场教学"同步

走"传帮带"，培训各市辖区基层执法人员1500多名，带动了基层执法能力的快速提升。

七、工作建议

涉及打击侵权假冒工作内容的考核有知识产权保护工作考核、中央质量督查考核、平安建设考核等3项，每项考核工作的指标设置不一，考核时间节点不一，增加了基层迎检工作量，建议进一步优化考核工作。

（撰稿人：张昌顶）

海南省打击侵权假冒工作报告

2023年，按照市场监管总局和海南省委、省政府的部署要求，海南省打击侵权假冒工作坚持依法治理，打建结合，统筹协作，突出重点领域，开展专项整治，为维护广大消费者合法权益，维护公平竞争的市场秩序发挥了积极作用。

一、主要工作及成效

（一）强化"指挥棒"作用，加强组织部署

海南省双打办充分发挥"指挥棒"组织协调职能，先后2次召开双打工作领导小组联络员会议，加强与成员单位会商研判，协调推进各项工作。针对2022年全国打击侵权假冒工作绩效考核中发现的问题，制定整改措施。海南省双打工作领导小组召开领导小组成员单位会议，调度双打工作，研讨弱项短板，部署后续重点工作。海南省市场监管局、农业农村厅、公安厅等领导小组成员单位各自召开年度部门视频会议，部署2023年度打击侵权假冒领域重点工作。

（二）强化监管执法，加强重点领域治理

海南省市场监管局强化互联网领域治理，执行监测任务111项，涵盖离岛免税"套代购"、一次性不可降解塑料、野生动植物保护、食品安全、虚假广告等23个领域，累计监测发现涉嫌违法线索527条，转属地市场监管部门处置154条；组织监测各类媒体、互联网广告146.48万条次，发现涉嫌违法广告2673条次，均及时移送属地市场监管部门处置，处置率100%。组织开展省级产品质量监督抽查，共抽查1466家销售企业2257批次产品，检出不合格产

品257批次，不合格产品发现率11.38%。不合格产品230批次检验报告和产品均移交属地市县市场监管部门和综合行政执法部门依法查处。落实市场监管总局部署，印发《2023民生领域案件查办"铁拳"行动方案》，组织开展检验检测领域专项执法、燃气具专项整治、综合治理加油机作弊等专项行动，严厉打击市场监管领域违法行为。全省共查办"铁拳"行动重点案件3302宗，移送公安机关9宗。其中，查办加油机作弊案件4宗、食品中非法添加降糖降压降脂等物质类案件19宗、假冒伪劣化肥类案件12宗、"神医""神药"虚假违法广告类案件9宗、生产销售劣质燃气具类案件70宗、销售不合格电动自行车及其配件类案件57宗、假冒知名品牌及"傍名人""搭便车"行为类案件257宗、出具虚假或不实检验检测报告类案件15宗。

海南省药品监管局全省开展药品安全巩固提升行动，进一步消除安全隐患，打击违法犯罪，全省共查处案件759宗，罚没款1129余万元，移送公安机关7宗，"处罚到人"3人次，曝光典型案例6批。1宗案例被国家药监局作为交流案例发布。

海南省农业农村厅印发《2023年农资打假专项治理行动实施方案》《2023年海南省农资打假和监管工作要点》等，扎实开展农资打假、农兽药专项整治、联合执法等专项行动，持续加强农资执法办案。2023年全省共计出动执法人员19484人次，检查农资生产经营主体12524家次，立案查处农资案件365件，罚没金额332.99万元，移送公安机关案件15件。

海南省旅文厅组织实施"护苗"专项行动，累计出动执法检查人员 2.61 万余人次，检查文化市场经营单位和场所 12200 多家次，发现问题线索并立案调查 118 宗（办结 98 宗），其中违规接纳未成年人案件 58 宗（已办结 48 宗），处罚款 69.07 万元，没收违法所得 8.71 万元，查扣非法出版物 5410 本（册）。加强网络市场方面的线索核查及案件办理，共办结网络案件 4 宗，其中移送公安机关调查处理 1 宗，行政处罚 3 宗，罚没款总金额 34120 元。

（三）强化联合发力，加强知识产权保护

海南省市场监管局积极申报第二批全国商业秘密保护创新试点，开展"企业商业秘密保护能力提升服务月"活动，制发了工作指引，广泛宣贯地方标准《商业秘密保护管理规范》，组织宣讲、培训、合规指导等 56 次，建立商业秘密保护指导站（联系点）、示范企业、示范基地 18 个。深化反不正当竞争"守护"专项执法行动，共组织联合执法 48 次，查处不正当竞争案件 93 宗，罚没款 191.59 万元。其中，从重处罚链盒科技有限公司不正当有奖销售案件，罚款 40 万元。

海南省知识产权局联合海南省市场监管局组织开展专利行政保护、专利代理"蓝天"、地理标志保护、博鳌亚洲论坛品牌保护等专项整治行动，积极参与第三届消博会、农产品冬交会现场联合执法工作，严厉打击各类侵犯知识产权行为，截至 2023 年底，全省共查办侵犯知识产权案件 394 宗，移送公安机关 4 宗。

海南省高院指导海南自贸港知识产权法院与海南省知识产权局联合印发《关于建立知识产权纠纷"调审一体化"机制的通知》，推动各市县市场监管局与相关法院对口建立诉调对接机制，并在人民法院调解平台在线认证 6 家特邀调解组织，加强诉调衔接工作。海南自贸港知识产权法院积极探索"依当事人申请的知识产权纠纷行政调解协议司法确认制度"，该院通过司法确认程序确认 1 宗民事调解纠纷和 1 宗行政调解纠纷，均为海南首例。

海南省委宣传部组织开展打击侵权盗版工作。一是部署开展 2023 年春节档院线电影保护工作，检查场所 359 家次（含影院、影吧、清吧、网吧等），监管视频网站数量 53 家次，约谈场所 10 家。二是部署开展 2023 年青少年版权保护季专项行动，巡查实体书店 1200 家次、网上书店 1000 家次、印刷企业 350 家次、报刊亭 100 个次、流动摊贩 600 个次、绘本馆 2 家次，没收侵权盗版出版物 8000 多册、音像制品 2000 多张。三是部署开展"剑网 2023"专项行动，省版权局、省通信管理局等 5 部门联合印发《关于开展海南省打击网络侵权盗版"剑网 2023"专项行动的通知》，部署开展五个方面的专项整治任务。巡查网站（网络平台）2668 家次、公众号（个人账号）23000 余个次、APP471 个次、私人影院（影吧）259 家次、KTV1298 家次、数字藏品 11 家次、网吧 68 家次，受理处置电商平台销售非法出版物举报线索 1100 件，协调拼多多下架 100 多家网店的非法出版物，查办网络侵权盗版案件 4 宗，调查取证网络侵权盗版案件 1 宗。四是部署杭州亚运会和亚残运会版权专项整治工作，巡查辖区内网站 1346 家次，APP177 个次，各类公众号 5527 个次，商场超市（便利店、文具店）1046 家次，酒店宾馆 36 家次，未发现问题网站和赛事节目盗播情况。2023 年，全省侵权盗版案件共立案 39 宗，其中行政处罚案件 35 宗，办结 28 宗，移送公安机关 4 宗。

海口海关部署开展"龙腾 2023"知识产权海关保护专项行动、"蓝网 2023"寄递渠道知识产权保护专项行动，在进出口环节查获侵犯知识产权案件 17 批次，同比增长 6.25%；查扣侵权商品 26727 件，同比增长 81%；案值 450 万元，同比增长 5.9 倍。

（四）强化司法保护，加强打击违法犯罪

海南省公安机关扎实开展"昆仑 2023"专项行动，聚焦健康安全、科技创新和文化繁荣，重点打击侵权假冒犯罪，假冒专利犯罪，侵犯著作权犯罪，在双打办和质量强省机制下，会同市场监管、海关等部门强化源头管理。共侦办知识产权类刑事案件 75 宗，破案 40 宗（含公安部挂牌督办案件 3 起），抓获犯罪嫌疑人 65 人，涉案金额 2938 万余元。

海南省各级检察机关共依法批捕侵权假冒伪劣商品犯罪案件 12 宗 24 人，提起公诉 38 宗 116 人；防止有案不立和不当立案，办理立案监督案件 6 宗。开展行刑反向衔接，对侵犯知识产权刑事案件作出不起诉决定后，因被不起诉人符合行政处罚条件，依法向行政机关提出对其给予行政处罚检察意见5宗，目前行政机关均已作出行政处罚，避免"不诉不罚"。

海南省各级人民法院依法审理打击侵权假冒刑事案件，加大惩治力度，有力打击侵权假冒违法犯罪，维护人民群众的生命健康安全和合法权益。全省法院共受理涉及知识产权和假冒伪劣商品刑事案件242宗，审结183宗，判决人数422人。

（五）完善行刑衔接机制，强化保护力度

2023年2月，海南省检察院与省市场监督管理局、海南省知识产权局联合印发《强化知识产权协同保护合作备忘录》，强化知识产权"行刑"保护。2023年8月，海南省公安厅与海南省药品监督管理局联合印发《关于进一步健全药品领域行政执法与刑事侦查衔接工作机制的意见的通知》，为基层执法工作提供有力支撑。2023年9月，海南省市场监管局、海南省公安厅等5部门联合印发《关于建立查处商业贿赂不正当竞争行为协作机制的意见》，严厉打击商业贿赂违法行为。2023年，海南省公安厅积极加强与海南省旅文、市场监管、药品监管、知识产权等行政执法部门的工作联系，积极推动省、市（县）两级联席会议、情报信息共享、线索双向移交、重大案件会商等行刑衔接机制落地。

全省共录入省行政执法与刑事司法衔接信息共享平台行政处罚案件5019宗、移送案件49宗、移送线索9条，上传动态信息1931条。

（六）及时处理投诉举报，加强合法权益保护

2023年，全省市场监管部门接收社会公众投诉投诉276808件，举报71069件，均在法定时限中办结，为社会公众挽回经济损失902.7万元。

（七）强化宣传引导，加强社会共治

各单位围绕重点工作、专项行动、"3·15""4·26"等节点，充分利用各类媒体宣传打击侵权假冒工作动态。省级行政执法、司法部门联合召开新闻发布会4次，发布知识产权行政保护、司法保护典型案例各10宗；各行政执法部门通过门户网站发布行政执法案例80余宗。截至2023年底，全省各级领导小组成员单位共接待普法咨询8900余人次，张挂知识产权宣传横幅840余条，制作宣传海报（易拉宝）2100多个，发放宣传手册14万余份，开展知识产权进基层活动300多次，组织宣讲97余场。

海南省双打办组织开展侵权假冒伪劣商品统一销毁行动，海南省领导小组相关成员单位和9个市县参加行动，销毁10余大类侵权假冒伪劣商品共计130余吨，涉案货值257万余元。海南省委宣传部组织省内主流媒体对销毁情况进行报道，收到良好宣传效果。

二、下一阶段工作

下一步将继续贯彻落实国家质量强国建设推进协调领导小组办公室、市场监管总局工作部署，深入推进重点治理工作，进一步完善行刑衔接机制，加大对侵犯知识产权和制假售假行为的打击力度，持续优化全省营商环境，为高质量建设海南自贸港贡献。一是临时议事机构调整后，及时完成省双打办与省质量强省办之间工作融合，进一步发挥好省质量强省办牵头协调作用。强化对打击侵权假冒工作的深入谋划和扎实推进。二是各部门依职责分工，紧盯重点领域、重点市场、重点环节，密切跟踪新业态发展，深入研究行之有效的对策措施，重点抓好"铁拳""剑网""秋风""龙腾行动""蓝网行动"等专项整治行动，努力抓出成效。进一步加大侵权假冒的打击力度，狠抓一批大案要案，对违法犯罪分子形成有效震慑。三是进一步加强行刑衔接和部门协作。落实好沟通会商、线索通报、案件移送通报等机制，杜绝有案不移、以罚代刑和移案不接。落实公安机关的提前介入机制，加强各部门间的联合行动，以联合执法为手段，以查办重大案件为重点，加强部门间协作，形成打击合力。四是强化宣传引导。积极采取群众喜闻乐见、行之有效的宣传方式，结合"3·15""4·26"等重要时间节点，大力宣传打击侵权假冒工作的方针政策和工作成效，曝光一批典型案例；组织开展侵权假冒伪劣商品销毁活动，对违法犯罪分子形成有效震慑，引导企业和群众自觉抵制侵权假冒行为，营造社会共治的良好氛围。

（撰稿人：张建进）

重庆市打击侵权假冒工作报告

2023 年，重庆市打击侵权假冒工作坚持以习近平新时代中国特色社会主义思想为指导，深入贯彻落实习近平总书记关于知识产权保护工作重要论述和重要指示批示精神，全面落实《知识产权强国建设纲要（2021—2035 年）》和《"十四五"国家知识产权保护和运用规划》重大战略部署，围绕"依法治理、打建结合、统筹协作、社会共治"工作原则，全市各区县、各成员单位把打击侵权假冒和保护知识产权作为一项全局性、系统性、长远性工程，努力推进打击侵权假冒工作上新台阶。

一、工作开展情况

（一）高位推动，一体发力

1. 加强打击侵权假冒组织领导。市委常委会、市政府常务会先后听取知识产权保护工作汇报，市委、市政府主要负责同志对知识产权保护工作提出工作要求。市委六届二次全会将"严格执行产权保护制度"作为促进民营经济高质量发展的重中之重，将知识产权保护作为产权保护的核心内容进行安排部署。市政府召开全市市场监管工作会议，市政府分管副市长出席会议，对年度知识产权保护工作进行系统安排。组织召开 2 次全市知识产权保护联席会议全体会议，研究审议知识产权行政保护重要议题，听取市级相关部门知识产权保护工作情况汇报。印发《2023 年重庆市强化知识产权保护推进计划》《重庆市知识产权行政保护实施方案》。

2. 加强打击侵权假冒法治保障。完善知识产权保护地方性法规，新修订的《重庆市反不正当竞争条例》于 2023 年 1 月 1 日起施行。《重庆市专利促进与保护条例》经市六届人大常委会第三次会议表决通过，于 2023 年 9 月 1 日起施行。《重庆市知识产权保护条例》制定列为市人大、市政府 2023 年立法计划预备项目，

《重庆市地理标志条例》制定纳入市人大 2023—2027 年立法规划调研项目，相关立法工作有序推进。启动《重庆市中医药领域知识产权保护规则》研究。

3. 加强打击侵权假冒制度保障。落实考核制度，连续多年将专项工作纳入对各区县政府综治工作（平安建设）考核内容，并将"打击侵权假冒"专项考核情况计入区县经济社会发展业绩考核总分，不断提升工作首位度，年底对 41 个区县打击侵权假冒重点工作推进情况进行督查考核。落实培训制度，市知识产权局确定重庆大学等 4 家单位作为首批市级知识产权培训基地，开展 26 个多层次、多样化培训项目，参训人员达 8 万余人次。市文化旅游委举办全市文化市场综合执法业务培训会，培训执法骨干 400 余人次。市林业局开展草种苗质量管理及植物新品种保护培训，培训人员 120 余人。市检察院举办全市知识产权检察专题培训班，召开 3 期"知讲堂"专家讲座，共计 340 人次参加。重庆海关举办知识产权海关保护培训 28 次，参训总人数逾 1300 人次。落实属地管理制度，各区县市场监管局明确专门机构、专职人员，不断健全相关机制、保障执法队伍、加大经费投入，夯实双打工作基础。

（二）靶向聚焦，勇于亮剑

1. 聚焦知识产权保护，开展系列专项整治行动。市市场监管局、市知识产权局深入开展"铁拳"、守护"川渝制造"知识产权联合执法、反不正当竞争执法等专项行动，聚焦农村地区、电子商务、重点商品交易市场以及食品、药品、电子产品知识产权侵权违法行为，共立案查办商标违法案件 996 件，专利违法案件 270 件，商业秘密案件 2 件。市文化旅游委检查各类文化市场 8 万余家次，发现并责令整改问题 600 余家次，办结著作权案件 123 件，办理涉及著作权类的投诉举报 16 件。市版权局组织开展"剑网 2023"、打击院线

电影盗录传播、青少年版权保护、杭州亚运会版权保护等专项行动，转发版权保护重点作品预警名单14批次，全年共查处侵权盗版案件121件，关闭侵权盗版网站/APP3个，删除侵权盗版链接7条。市农业农村委开展春夏秋专项检查行动3次，完成抽样检测700余个（次），查处种子违法案件7件，清理违规柑橘品种名称55个，发布重庆市"农业综合执法服务种子要害"十大行政处罚典型案例。市林业局开展2023年林草种苗执法专项行动，办理各类林草种苗案件17起，查处15起，罚款3.62万元，涉案金额85.95万元。重庆海关推广新一代查验管理系统移动端商标智能识别应用，首次在机场海关查获跨境电商出口侵权货物，全年共扣留侵权货物1893批次，扣留批次同比增加近15倍，销毁海关罚没侵权货物达288万件。协助权利人办理知识产权海关备案115起。市场监管部门开展商业秘密保护示范基地建设，已认定商业秘密保护示范基地1个、示范单位61家。

2.聚焦产品质量安全，严查制售伪劣商品行为。市市场监管局开展农村假冒伪劣食品专项执法行动，全市共查处农村假冒伪劣食品案件7115件，罚款3334万元，没收违法所得128万元，查扣违法食品49吨，移送公安机关71件，公安机关立案32件。在民生领域"铁拳"行动中，共查处药残超标畜产品、保健食品添加药品、生产销售劣质钢筋、儿童玩具等13类重点案件9349件，曝光案例469件，涉案金额超2亿元，移送公安191件，经验做法被市场监管总局简报采用7篇。结合加油机作弊治理，建立"技术破解+现场控制+集成作战"的打法体系，共查办案件42件，货值金额13.6亿元，为全国15省区市市场监管部门提供案件查办交流培训，承办市场监管总局等四部委举办的治理加油机作弊工作研讨活动，打出加油机作弊治理"重庆品牌"。市药监局开展医美行业"麻膏"类产品专项行动执法，查获非法生产肉毒素97000瓶、麻膏150余公斤及大量玻尿酸、水光针、溶脂针、胎盘素和外包装材料，扣押涉案车辆4辆，捣毁生产储藏窝点2处，涉案金额逾2亿元；卫生健康部门持续开展消毒产品随机监督抽查和抗（抑）菌制剂专项检查。

3.聚焦打击违法犯罪，始终保持高压震慑态势。公安部门刑事犯罪案件侦查力度不断加大，深入开展"昆仑2023"行动，共破获侵权假冒犯罪刑事案件352起，移送起诉614人。侦办公安部督办侵权假冒案件15起，发起全国集中联合打击大要案件6起。公安部根据报送情况，予以13次贺电表彰，在各类通报中25次点名表扬重庆打假工作成效，4次专刊向全国推广重庆打击侵权假冒犯罪工作经验。市检察院办理涉知识产权民事行政监督和公益诉讼案件66件，对535件著作权恶意诉讼生效判决提出抗诉或制发再审检察建议，对3件侵犯商标权刑事案件提起抗诉监督并获改判；开展侦查监督30件次，纠正漏捕漏诉16人，参与诉源治理制发检察建议26件，追赃挽损1251万余元。全市各级法院共受理各类知识产权案件15280件，审结14097件。其中，审结民事案件14013件、刑事案件78件、行政案件6件，包括OPPO公司诉诺基亚公司的重庆首例标准必要专利案、德国朗盛公司跨国技术秘密侵权案、腾讯与抖音系列著作权侵权纠纷案等具有全国性，甚至国际性影响力的重大案件。

（三）创新机制、多跨协同

1.进一步强化行刑衔接联动机制。市市场监管局联合川渝两地检察、公安、市场监管等六部门共同签署《服务成渝地区双城经济圈高质量发展 建立川渝跨区域重大案件联合挂牌督办机制合作协议》，对6件跨川渝知识产权重大案件开展挂牌督办，升级完善行政执法与刑事司法两法衔接信息平台功能，2023年录入数据8120件，累计录入案件数据4万余件。市市场监管局和市知识产权局联合开展"川渝制造"知识产权联合执法专项行动，两地共立案查办违法案件678件，案值约2256万元，向公安机关移送案件49件。市检察院积极开展行刑双向衔接39件57人，其中，正向衔接2件2人，反向衔接37件55人。

2.进一步强化跨区域执法协作机制。市市场监管局坚持"链条式打击、多维度协同、行业性整治"的思路，形成牵头部门搭建平台、职能部门密切配合、省市间加强协作的工作格局。相继与四川省市场监管局签署《联合打假护双城经济圈企业高质量发展合作协议》，与贵州省市场监管局、四川省市场监管局签署

《酒类产品市场监管及知识产权保护协作框架协议》。2023 年 3 月，以查处重庆某科技有限公司销售实施混淆 "乐堡超爽啤酒" 案为契机，积极协调总局对涉及全国多省市、多网络平台的销售 "乐堡超爽啤酒" 进行统一部署查办，指导权利人向各网络平台发律师函要求平台下架相关侵权商品，对生产、销售、线上、线下开展全链条打击，权利人向市政府写感谢信，市政府分管副市长作出肯定性批示。

（四）打宣并举、筑牢防线

打击侵权假冒工作既是一项政治任务，也是民心工程。重庆市注重加强媒体舆论宣传，在人民日报、新华网、中央广播电视总台等中央级媒体发布打击侵权假冒工作动态 54 条，在省级以上媒体发布相关信息 5000 余条。紧盯 "3·15" 国际消费者权益日、"4·26" 世界知识产权日等重要时间节点，通过联合市消委会进社区、开讲座，印发打击侵权假冒宣传资料等方式提升群众知识产权保护意识。2023 年 4 月 25 日，重庆市打击侵权假冒工作领导小组办公室牵头组织市公安局、市农业农村委、市市场监管局、市高级法院、市检察院、海关等部门召开新闻发布会，集中发布 2022 年重庆打击侵权假冒十大典型案例，被中央广播电视总台重庆总站报道。同时，联合市检察院、市知识产权局、市经信委、市工商联、市文化市场综合行政执法总队共同举行第四批 "知识产权综合保护联系点" 授牌仪式，积极为相关企业提供针对性综合保护服务。4 月 27 日，重庆市开展侵权假冒食品集中销毁行动，共销毁 57 吨，货值 370 余万元侵权商品；9 月 14 日，牵头组织开展 2023 年全市侵权假冒伪劣商品统一销毁行动，全市各级共对 80 吨、货值 4100 余万元商品进行销毁，彰显重庆市严厉打击侵权假冒违法犯罪活动的坚定决心。加强 "知识产权综合保护联系点" 建设，积极探索 "司法 + 行政" 知识产权协同保护，重庆市知识产权社会满意度调查逐年提升，全社会保护知识产权意识和能力日益增强。

二、存在的问题

一是行刑衔接仍需进一步加强。行政司法执法标准有差异，在我国知识产权法律保护体系中，由于行政机关与司法机关在相同商标的认定、销售金额的理解、权利人辨认的要求等方面存在差异，在执法实践中容易出现行刑衔接不畅的情况。协作机制运行还需加强，部门间还需进一步建立完善协作机制，已达成的协作意见还需进一步抓好落实，特别是在方便快捷的案件协查渠道、权利救济的协调合作、执法实践中的沟通交流等方面都需要进一步加强。

二是信用惩戒机制还需进一步完善。从源头上遏制侵权假冒行为，需要建立完善的信用惩戒，让违法者一处失信、处处受限。但目前各政府部门的信用惩戒标准不统一、力度不一致，可能会导致企业失信行为信用惩戒畸轻畸重的情况产生，个别企业失信行为没有得到多部门联合惩戒，个别企业失信信息在联合惩戒中又被滥用，导致信用约束的作用没有充分发挥。

三是打击侵权假冒支撑服务体系有待进一步健全。侵权假冒违法行为从单一模式向生产、包装、运输、销售全产业链条渗透，违法场所从有形市场向网络销售领域扩散，重点区域从城市向城乡结合部转移，违法手段从简单向分工配合的专一化转变，给打击侵权假冒工作带来了挑战，目前对知识产权侵权商品、行为的认定、鉴定机构缺乏，涉假鉴定指南和流程不完善、鉴定标准不统一等问题不客观存在，跨区域、跨部门之间的执法协作还不够紧密。侵权假冒涉案物品保管、销毁体系有待进一步提升。

三、工作建议

进一步加大执法队伍培训力度。建立全国双打办多层次、多领域、多地区的组织双打业务培训班，依托国家行政学院等中央培训机构组织全国双打领导干部、处室联络员、业务骨干等开展多层次培训班；针对打击侵权假冒行政执法与刑事司法的热点难点问题，邀请国内外专家学者、业界领军人物开展专题培训班；采取集中分散培训相结合的方式，由全国双打办及中央部委领导、专家到各省市开展区域培训班，增加各地培训人员覆盖面，提升干部能力水平。

四、下一步工作重点

下一步，我们将深刻领会习近平总书记关于知识产权保护工作的系列重要讲话精神，对标对表重庆市打造知识产权强市的目标任务，扎实做好三个方面的工作。一是发挥部门职能，强化整体部署。进一步发挥地方党委政府主体责任，不断健全完善打击侵权假冒工作各项制度，加大考核督查，提升培训层次，完善跨区域、跨部门双打协作机制，推进形成横向协作、纵向联动的整体合力，打造监管执法铁军。二是聚焦民生关切，强化重点治理。全面落实打击侵权假冒工作部署，以各类专项行动为抓手，加强知识产权服务业监管，聚焦关系群众生命健康安全的重点商品，贴近群众生活的重点服务行业，以及农村与城乡结合部市场、制售假冒伪劣产品多发的重点区域，严厉打击侵权假冒违法行为。三是汇聚各方力量，推动社会共治。全面提升知识产权公共服务能力，加强知识产权运营转化，建立健全企业海外知识产权维权援助体系。进一步强化企业主体责任，发挥行业协会作用，提升社会公众参与度，加大打击侵权假冒工作的宣传引导，传播打击侵权假冒的重庆声音，推动形成社会共治良好氛围。

（撰稿人：王振宇）

四川省打击侵权假冒工作报告

2023年，四川省坚持以习近平新时代中国特色社会主义思想为指导，按照市场监管总局和省委、省政府工作安排，积极统筹，主动作为，有效推进全省打击侵权假冒工作。

一、基本情况

2023年，全省市场监管部门共立案查处案件2.85万件，案值3.1亿元，罚没1.5亿元，移送司法机关并经司法机关立案的案件335件，省局挂牌督办案件52件，其中与公安厅联合挂牌督办案件5件。

全省检察机关共受理侵犯知识产权犯罪审查逮捕案件180件424人，批准和决定逮捕123件254人；受理审查起诉案件360件1253人，提起公诉230件752人。批捕生产、销售伪劣商品犯罪案件201件377人，起诉640件1496人。

全省审判机关狠抓执法办案第一要务，2023年共受理各类知识产权案件23457件、审结20809件。其中，受理知识产权民事案件23208件，刑事案件233件，行政案件16件。

全省版权系统出动检查人员80100人次，检查经营单位41520家次。深化"剑网"专项行动。落实电商平台主体责任，对注册网站、微信公众号、微博、抖音号、快手号等进行全面梳理，确定了主动监管网站平台的名单，运用技术手段对网站平台内容进行在线巡查，删除侵权盗版链接2160条，关闭侵权盗版网站38家。联合公安、文化执法部门重拳出击，快速查办了一批大案要案，案件数量和质量显著提升。

公安机关全年共立侵权假冒犯罪案件1963件，移送起诉1464件。

二、主要做法

（一）进一步提高政治站位

一是高位推动部署。省委、省政府一直以来高度重视打击侵权假冒工作，把打击侵权假冒工作纳入省委暨省政府工作报告，作为政府主要工作任务加以推进。党委、人大、政府、政协高度重视打击侵权假冒工作，省委十二届三次全会明确要求"加强知识产权创造、运用、保护、管理和服务，构建知识产权交易市场体系"；省十四届人大一次会议明确提出"实施专利转化专项行动，探索创建知识产权金融生态示范区"；省政府常务会议研究知识产权保护工作，审议四川专利奖获奖名单，要求全省牢固树立"创新是引领发展的第一动力，保护知识产权就是保护创新"理念；省政协召开"知识产权行政与司法保护"重点视察座谈会，围绕完善知识产权保护行政与司法衔接机制建言献策。省委、省政府一体推进质量强省和知识产权强省建设，并将知识产权保护作为促进民营经济发展的重要抓手，稳步推进知识产权保护体系建设。

二是加大保障力度。推动出台《四川省知识产权保护和促进条例》，为构建知识产权保护与促进并重的制度体系提供法治保障。切实加强人才队伍建设，全省共有知识产权行政监管执法人员 3610 人、司法保护人员 1886 人。深入推进知识产权高级职称评审工作，累计认定 112 名高级以上知识产权师任职资格。2023 年全省财政统筹安排知识产权工作经费 5.93 亿元、同比增长 17.49%。高质量建设四川省知识产权公共服务平台第一批"5+1"、第二批"6+1"分平台体系。

（二）进一步强化重点产品治理

一是开展假冒伪劣农资治理。开展农资打假专项治理工作，严把准入关口，扩大对禁限用农药、兽药和假冒伪劣农药、种子、化肥、兽药、农膜、农机等农资流通渠道的监管范围。2023 年，全省查处"假冒伪劣化肥"类案件 273 件，罚没 362.34 万元，移送公安机关 15 件。

二是聚焦假冒伪劣食品整治。坚持落实食品安全"四个最严"要求，加大监督抽检力度，强化对食用农产品、散装食品、特殊食品等重点种类的监管力度，对校园周边、农村地区、重点企业开展风险隐患排查，结合制止餐饮浪费专项行动，严肃查处食品安全领域违法行为。2023 年，全省检查养老机构、学校食堂、农产品集中交易市场、餐饮单位等重点食品经营主体 12.59 万个，查办食品安全领域违法行为案件 1.63 万件，案值 1.06 亿元，罚没 5249.25 万元。

三是开展药品安全巩固提升行动。全省市场监管部门认真落实药品监管责任，以退热、止咳、抗病毒、抗菌素、感冒药等防治药品和新冠病毒抗原检测试剂、医用防护口罩、一次性医用外科口罩、医用防护服等医疗器械为重点品种，严肃查处无证生产经营、生产经营无证产品、生产经营产品不符合强制性标准或产品技术要求、非法渠道购销药品等违法违规行为。2023 年，全省检查药店、诊所、医院、超市等重点涉疫物资经营场所 8.42 万家，查办药品安全领域违法行为案件 4553 件，案值 9674.78 万元，罚没 4200.61 万元。

（三）进一步强化重点领域整治

一是加大对出版物市场的监管。开展清源、净网、护苗、秋风等"扫黄打非"专项整治行动，清理整治校园周边非法出版物，立案查办版权违法案件 35 件，查获侵权货物 1.74 万件。

二是严格落实市场商品准入制，严把商品进货关。狠抓行业监督和管理工作的落实，开展中秋、国庆双节期间打击侵犯知识产权和制售假冒伪劣商品等多次专项行动，检查商场、超市、农贸市场共 8 万多家次，共出动检查人员 4 万多人次。

三是推进重点民生领域整治。开展 2023 民生领域案件查办"铁拳"行动，针对群众反映强烈、社会舆论关注、侵权假冒多发的重点领域和区域加大行政执法力度，共查办民生领域各类涉及侵权假冒伪劣产品违法案件 2466 件，罚没 2340.2 万元。开展重点工业产品质量安全隐患排查治理专项行动，全省市场监管部门聚焦危险化学品及其包装物容器、电线电缆、建筑用钢筋、水泥、化肥、消防产品、燃气具、电动自行车、烟花爆竹、冬季取暖设备、非医用口罩等重点产品，突出城乡结合部、农村市场和销售门店等重点流通领域，组织开展重点工业产品质量安全专项执法检查，严肃查处制售假冒伪劣产品等质量违法行为。2023 年，全省检查重点工业产品生产企业 3677 家，检查重点工业产品销售企业 1.97 万家，开展市级产品质量监督抽查 5024 批次，查办重要工业产品质量安全领域违法行为案件 3154 件，案值 1688.16 万元，罚没 1470.82 万元。

四是开展侵权假冒伪劣商品销毁行动。国家质量强国建设协调推进领导小组办公室、市场监管总局组织开展 2023 年侵权假冒伪劣商品全国统一销毁行动，四川省作为分会场全程参与。省委政法委、省检察院、省高级法院、公安厅、生态环境厅等 22 家成员单位派员参加；五粮液、贵州茅台、泸州老窖等 28 家权利人组织展示展览、识假辨假活动。活动现场销毁假冒侵权伪劣商品总计 40 吨、货值 4300 万元，涉及食品、食品添加剂、化妆品、医疗器械、日用品、工业产品 6

大类品种。

（四）强化知识产权保护

一是扎实开展商标、地理标志工作。结合实际情况，紧紧围绕本地特色产业和优势农产品，以地理标志专用标志推广普及和规范使用为切入点，采取多项措施，加快培育地理标志保护产品，精准扎实开展地理标志挖掘、培育、申报、运用和保护工作，大力推动地理标志工作实现新跃升。

二是深化专利侵权纠纷行政裁决工作。深入开展"蓝天"专项整治行动、"护航2023"知识产权行政执法专项系列行动、"清源"地理标志、打击商标侵权专项整治、知识产权侵权假冒专项整治等专项行动，严厉打击商标侵权、假冒专利、地理标志侵权等各类侵犯知识产权行为。2023年，查处商标违法案件1481件，办理专利侵权纠纷2522件。

（五）进一步增强共治合力

一是强化工作监督。将知识产权保护工作纳入省政府综合督查、绩效目标考核。推动各级人大常委会开展知识产权保护执法检查，各级政协开展重点视察和专题调研。严格落实行政执法、法院审理案件公开制度。扎实开展知识产权进企业、进单位、进社区、进学校、进网络"五进"活动，巡回开展企业知识产权保护专题培训，指导企业和行业协会完善自我监督机制。

二是推动纠纷多元化解。修订《四川省知识产权纠纷快速处理工作规范》，快速处理纠纷案件74件。推进知识产权纠纷人民调解工作，累计成立知识产权纠纷调解组织108家，2023年以来共调解案件710件、办结率100%，推动对12件调解协议进行司法确认。推广知识产权纠纷仲裁，2023年以来共受理仲裁案件90件、办结61件。

三是加强跨部门跨区域协作。各级市场监管部门强化跨区域跨部门执法协作，及时召开座谈会，专题研究推进重大案件的查处工作。同时，强化行刑衔接，健全与公安等部门协作机制，完善案件移送、信息共享等工作制度，积极推动与相关部门的联合执法，始终保持对违法行为的高压态势。2023年5月，川渝两地市场监管、检察院、公安等部门签订了《川渝跨区域重大案件联合挂牌督办机制》合作协议，强化大案要案查办力度，推动形成协调、顺畅、高效的川渝跨区域跨部门横向协同、纵向联动执法合力。成都、德阳、眉山、资阳四地市场监管局签订《成德眉资同城化发展药品安全执法合作协议》，通过建立成德眉资地区先行先试药品执法跨区域协作，探索解决当前跨区域药品执法难、执法少、执法标准不统一和信息滞后的问题，共同提高执法办案能力，促进区域性药品安全执法提质增效。乐山市市场监管局与市公安局联合印发《乐山市市场监管重点领域执法协作工作机制》，开展信息互通、问题互商、力量互借、优势互补的执法协作，协调公安、综合执法等部门合作办案22件，打掉制假售假窝点3个，涉案金额21万余元。

（六）加大宣传教育，营造良好氛围

一是利用重点时节进行主题宣传教育。利用食品安全宣传周、质量月、安全用药月，开展"知识产权服务万里行"等活动，集中在开展"3·15"国际消费者权益日、"4·26"世界知识产权日、"5·20"世界计量日等宣传活动，营造保护知识产权、自觉抵制侵权假冒的良好社会氛围。

二是宣传方式多样化。充分发挥融媒体中心的作用开展好宣传活动，以自媒体、微信公众号、微博等为载体，运用以案释法、图文结合等方式，开展打击侵权假冒犯罪宣传教育。针对不同区域采取形式多样的宣传方式，开展知识产权进学校宣传活动，送法下乡、送法进社区、进企业等多种活动。通过网络微博、公布举报电话、责任区民警上门、普法讲座走访等各种方式，提高群众维护自身利益的保护意识。

三是注重强化以案示警。积极开展"以案释法"，省法院法官在讲座中结合审理的假冒注册商标等典型案例作风险提示，引导企业学会运用法治思维合法经营。全省典型案例通过省药监、省市场监管局公众号公布出来，形成广泛震慑，起到强化警示作用。

三、对策建议

（一）加大素质培训力度，强化队伍建设

举办全国性多领域执法业务培训，围绕困惑基层

执法办案的棘手问题，采取以案说法、实地观察等灵活方式，提升基层执法人员执法水平。开展优秀案例评选，表彰打击侵权假冒工作先进集体和个人，充分调动打击侵权假冒工作积极性，促进打击侵权假冒工作执法队伍建设。

（二）实现执法协调深度，落实齐抓共管

充分发挥统筹协调作用，掌握和精准布局，齐抓共管，推动建立更加密切、运行有效的部门联动机制，推动跨区跨部门联合执法工作顺利开展，确保执法办案通道流畅，强化联合惩戒，有效提高打击侵权假冒工作成效。

（三）加快法律立改进度，完善法律体系

《中华人民共和国商标法》《中华人民共和国专利法》《中华人民共和国反不正当竞争法》对解决知识产权执法中的实践问题仍然存在一些障碍，使得打击侵权假冒执法成本过高而违法成本过低。建议出台部门规章，使基层在执法实践过程中更加便于操作。

（撰稿人：宋娟）

贵州省打击侵权假冒工作报告

2023 年，贵州省打击侵权假冒工作坚持以习近平新时代中国特色社会主义思想为指导，全面贯彻党的二十大精神，按照国家质量强国建设协调推进领导小组办公室工作安排，立足全省实际，强化责任担当，打击侵权假冒工作取得新进展、新成效。

一、工作部署

充分发挥省双打办统筹协调职能，加强工作部署。在全国电视电话会议召开后，省双打办即召集成员单位抓好贯彻落实。

省市场监管局把双打工作纳入工作要点，重点强化民生领域"铁拳"行动、打击侵犯知识产权专项行动、酒类市场侵权假冒及农资打假专项行动。先后印发了相关专项行动实施方案，通过加强组织领导、突出工作重点，瞄准痛点、难点问题，查处了一批侵权假冒案件，惩处了一批制假售假企业，打击了一批违法行为，曝光了一批典型案例。

省检察院认真组织传达学习全国打击侵权假冒办公室主任工作视频会议精神和高检院、国家知识产权局《关于强化知识产权协同保护的意见》精神等，要求认真结合会议精神，切实抓好 2023 年打击侵权假冒工作。同时，根据高检院知识产权检察办公室 2023 年 2 月印发的《2023 年知识产权检察工作要点》，贯

州省检察院刑事、民事等检察部门根据工作实际，将知识产权检察工作纳入本业务条线 2023 年工作要点下发。

省法院在全国打击侵权假冒工作办公室主任会议召开后，第一时间组织专题会议研究部署贯彻落实工作，要求全省法院充分认识做好打击侵权假冒工作的重大意义，坚持以人民为中心的发展思想，聚焦群众反映强烈的侵权假冒问题，严格依法审理涉疫药品、防护用品、白酒等重点领域，以及农村、城乡结合部等重点区域侵权假冒违法犯罪案件，进一步规范市场秩序，有效净化市场环境，切实做到守土有责、守土负责、守土尽责。

省公安厅以开展夏季治安打击整治、平安贵州冬季行动和"昆仑 2023"专项行动为牵引，聚焦人民群众反映强烈的问题，对危害食品药品安全和侵犯知识产权犯罪发起凌厉攻势，侦破了一批大案要案，摧毁了一批犯罪窝点，斩断了一批犯罪链条，整治了一批重点领域，有力打击遏制了相关违法犯罪。

省文化和旅游厅印发了《2023 年全省文化和旅游行业保护知识产权和打击侵权假冒工作方案》，并结合单位职责职能统一安排部署，明确责任分工，明晰工作目的，对新阶段如何加强文化市场监管执法力度，打击清理非法出版物、音像制品、卡拉 OK 歌曲等侵

权盗版行为，强化民族民间文艺工艺市场主体提高版权意识，严厉查处违法违规文化市场经营活动等提出了具体要求。

省林业局制定下发《2023年打击侵犯植物新品种权专项执法行动方案》，分三个阶段安排部署了专项执法活动任务、时间及步骤，明确了活动的具体做法和要求。

二、经验做法

2023年，全省各级行政执法机关共计立案查办侵权假冒案件10178件，向司法机关移送案件230件；全省公安机关共计破获侵权假冒案件1138件，抓获犯罪嫌疑人1302人，涉案金额15.3亿元；全省检察机关共计抓捕侵权假冒相关案件110件，批捕163人，起诉案件203件，起诉344人；全省审判机关共计审理案件312件，判决案件248件，判决人数412人。

在侵权假冒行为呈现分散化、碎片化和链条化等特点，监管形势严峻复杂，执法难度日益增大的情况下，不断压实工作责任、创新工作方式、加大工作力度，有力推动全省打击侵权假冒工作持续向好。

一是机制创新聚合力。参加第十六届泛珠三角区域知识产权保护合作联席会议，交流了贵州知识产权保护工作情况，形成了泛珠三角区域九省（自治区）重点商标和地理标志保护名录。参加西南五省（区、市）知识产权保护合作，签订《西南五省（区、市）知识产权合作协议》。省市场监管局、省高级人民法院联合印发《知识产权司法保护与行政执法有效衔接框架协议》，推动司法机关与知识产权行政执法部门在知识产权保护中的深度合作。

构建"跨区域执法打假网络"。针对省内打击力度不断加大，违法行为出现外溢，全国联动执法机制仍存在短板的情况，创新推动建立"省际酒类产品市场监管及知识产权保护协作机制"，经过不懈努力、不断争取，于2023年3月、6月、10月，分别与重庆、四川、广东、广西以及山东市场监管部门签订《酒类产品市场监管及知识产权保护协作框架协议》，为推动形成酒类监管"全国一盘棋"工作格局打下坚实基础。会同省公安厅、省交通运输厅、省邮政管理局，在全省6个重点物流分拣中心设立"打击侵权假冒酒类产品卡点"，查扣违规产品115356瓶，基本阻断侵权假冒白酒外流渠道。根据发现的线索，公安机关立案11起，破案4起，抓获犯罪嫌疑人14人，捣毁窝点4个。

省市场监管局、省法院联合制定《贵州省技术调查官参与专利侵权纠纷司法和行政案件的规定》，组建"贵州省专利侵权纠纷案件技术调查官专家库"，第一批入库技术调查官30名。贵阳市中级人民法院在3起技术开发合同纠纷案件中引入技术调查官参与诉讼，助力解决知识产权案件审理中的专业难题。

二是专项行动见成效。市场监管部门持续推进民生领域"铁拳行动"。聚焦群众周边"小事"，以民生领域案件查办"铁拳"行动为抓手，压实压紧工作责任，围绕关系人民群众人身财产安全的重点领域、重点行业、重点商品，集中力量，严打食品中非法添加非法物质、加油机作弊、电器产品质量、生产销售劣质燃气具等13类违法行为。全省各级市场监管部门共查处各类民生领域案件9369件，移送司法机关151件，案件总值5043万元，罚没总额5393万元。其中，查办假冒伪劣食品、白酒违法生产经营及食品浪费违法案件6542件，案值总额2054.89万元、罚没总额3345.04万元，移送司法机关76件；假冒伪劣电器及附件产品案件980件，案值总额97.91万元、罚没总额183.19万元；假冒知名品牌及"傍名人""搭便车"案件661件，案值总额375.4万元、罚没总额431.98万元，移送司法机关24件。截至目前，我省共公布"铁拳"行动典型案例11批共92件，总局采用我省典型案例3件。

开展酒类市场专项整治，查办酒类案件903件（其中，茅台酒相关案件68件），罚没款1637万余元（其中，茅台酒相关案件罚没款174万元），移送公安机关案件61件（其中，茅台酒案件34件），查扣侵权假冒酒类产品386042瓶，查扣违规酒类包材136869套。

与省农业农村厅、省法院、省检察院、省公安厅等部门联合开展2023年贵州省农资打假整治行动，共查处案件173件，罚款164.12万元，查获假冒伪劣农资（化肥、地膜）662.49 吨，货值金额 141.16 万元，移交公安机关案件 2 件。

开展 2023 年地理标志市场专项整治行动，针对全省白酒、茶叶、中药材等重点产业地理标志，规范地理标志及专用标志使用行为，依法严厉打击侵权违法犯罪。行政立案查处 17 件，作出警告、下达责令整改等处理 36 件。公安机关刑事立案 1 起。

公安机关集中整治假冒党政机关和人民军队名义制售"特供"酒以及涉燃气领域假冒伪劣违法犯罪活动；联合行政部门深入推进打击酒类市场侵权假冒行为、冒牌消防培训和制售假冒伪劣消防产品、地理标志市场专项整治、"断链二号"、"剑网 2023"、"治违禁 控药残 促提升"、保健食品行业专项清理整治、校园食品安全专项治理和"两超一非"等专项工作，共侦破危害食品领域刑事案件 700 余起，抓获犯罪嫌疑人 800 余名，涉案金额 1.6 亿余元，获公安部贺电表扬 2 次，其中，成功侦破公安部挂牌督办案件 4 起。共破药品领域刑事案件 500 余起，抓获犯罪嫌疑人 500 余人，涉案金额 2.6 亿余元，其中，成功侦破"黔东南州天柱县'3·03'生产销售假药案"获公安部贺电表扬，并获省政府主要负责同志批示"打得好"。共侦破知识产权和伪劣商品领域刑事案件 500 余起，抓获犯罪嫌疑人 700 余名，涉案金额 6 亿余元，获公安贺电表扬 4 次，其中，成功侦破公安部挂牌督办案件 3 起，贵阳市侦破的一起涉贵州省知名品牌"省医月饼"案获省政府负责同志批示肯定，有力彰显了公安机关维护食品药品安全、打击侵犯知识产权犯罪的信心和决心。

省法院开展"案件质量提升三年行动"，围绕"公正与效率"主题，紧盯侵权假冒案件审理中存在的工作弱项和问题短板，通过进一步加大对下监督指导力度、加强调查研究、统一裁判尺度、定期分析研判审判指标等举措，推动我省侵权假冒案件审判质效稳步提升。

三是宣传引导展威慑。各成员单位结合各自工作职责，强化宣传引导，震慑违法犯罪分子。省双打办组织参加侵权假冒伪劣商品全国统一销毁行动，共计销毁食品、药品、医疗器械、日用百货、酒类（含包装材料）等侵权假冒伪劣商品共计 80 吨，货值约 3000 万元。多批次为省纪委销毁假冒伪劣茅台酒 2171 瓶，货值约 3000 万元。省市场监管局先后在中央级、省级和局"两微一抖"等媒体进行全方位宣传，并先后 12 次发布典型案例 98 件。制止餐饮浪费典型案例被市场监管总局采用并对外发布 2 件，全省 3 批 27 件典型案例被总局全文转载宣传；民生领域案件查办"铁拳"行动典型案例被总局采用并对外发布 5 件；综合治理加油机作弊专项行动典型案例被总局采用并对外发布 2 件。《贵州坚持四个"强化"提升市场流通领域整治能力》被市场监管总局信息第 18 期采用，黔南州《念好"五字诀"整治聚合力》、黔东南州《聚焦"五度"整治工作走深见效》、盘州市《紧盯乱象 精准发力》被推荐在《中国市场监管报》刊登。

省法院审理的"某珠宝商行与某县市场监管局行政处罚案"获评中国法院 50 件典型知识产权案例。省公安厅以世界知识产权日、食品安全宣传周、质量月等宣传活动为载体，多视角、多渠道开展正面舆论引导和法治宣传教育，通过召开新闻发布会、公布典型案例，以案释法，发挥警示教育作用。其中，遵义徐某某等制售假冒茅台酒案被公安部列为全国打击危害食品安全犯罪典型案例。

三、对策建议

下一步，将坚持站位再提高、责任再压实、力度再加大、链条再延伸，通过深入实施"五个着力"，扎实推进双打走深走实，全力推动全省高质量发展。

一是着力推动专项整治再深化。持续推进各类专项整治，进一步压紧压实部门属地责任，加强对侵权行为生产销售、物流运输、包材装潢、电商平台等全链条、全领域、全过程执法，严厉打击侵权假冒、违规营销、虚假宣传等违法违规行为。

二是着力推动监管机制再创新。督导属地有关部门切实履行监管职责、探索创新监管机制，大力推进常态化、智慧化、网格化、法治化、社会化监管，力促多元共治，全力维护市场秩序，保护知识产权。

三是着力推动打假拼图再扩大。积极对接协调省外市场监管部门，对知识产权实施跨区域联动保护。

主动对接相关部门，加强情况通报，强化协作配合，全力收集违法违规线索，实施精准打击。

四是着力推动违法成本再提高。依法对故意或多次违法企业实施严厉处罚，直至取消其市场准入资格。适时曝光一批典型案例，加大违法者信誉成本。依法向社会公示企业行政处罚等信息。加强行刑衔接，及

时移送涉刑案件线索。

五是着力推动舆情防控再加固。组织开展舆情监测，认真做好相关舆情管控、处置和疏导，牢牢把握舆论主导权，积极主动对接主流新闻媒体，强化宣传整治工作成果，营造高质量发展良好氛围。

（撰稿人：潘显评）

云南省打击侵权假冒工作报告

2023 年，云南省打击侵权假冒工作坚持以习近平新时代中国特色社会主义思想为指导，深入贯彻落实习近平总书记考察云南重要讲话精神，学习贯彻落实党的二十大精神，按照市场监管总局和省委、省政府工作安排，突出打击重点，把打击侵权假冒工作与民生领域案件查办"铁拳"行动紧密结合，以开展"打假护牌"专项执法行动为抓手，着力整顿和规范市场秩序，持续保持对打击侵权假冒工作"重拳出击"的高压态势，为知识产权保护环境不断优化，维护公平竞争市场秩序，营造良好营商环境发挥了积极作用。

一、工作开展情况

（一）坚持高位推动，周密安排部署

一是及时报告会议精神。云南省市场监管局第一时间将全国打击侵权假冒工作领导小组办公室主任视频会议精神向省政府专题报告，省政府分管领导作出批示，要求细化实化措施，把会议精神贯彻落实好。省市场监管局第一时间研究制定贯彻落实措施，有力推动全省市场监管部门打击侵权假冒工作开展。

二是召开全省会议进行部署。3 月，召开 2023 年全省市场监管执法稽查暨民生领域"铁拳"行动工作部署会。会议对严厉打击制售假冒伪劣违法行为作了安排部署，要求针对企业反映比较集中、群众反映强烈、社会舆论关注的商标侵权、假冒专利和恶意申请注册商标等突出问题，加强对侵权假冒多发的重点领域和区域违法行为加强源头治理和全链条、跨区域治

理，强化线上线下一体化执法，加大对恶意申请注册商标、违法使用商标行为的打击力度。

三是印发工作要点进行安排。印发《2023 年执法稽查工作要点》，提出强化知识产权执法，在推动高质量发展上取得新突破。要求坚持问题导向，聚焦民生关注和社会关切，强化对重点领域、重点区域、重点市场、重点产品治理，重拳出击，对违法行为发现一起查处一起。针对互联网领域侵权假冒等突出问题，加大日常监管和执法查处力度。同时加大对农村和城乡结合部、制假售假多发频发的重点地区整治力度，从生产源头、流通渠道和消费终端多管齐下，严厉查处违法犯罪行为。

（二）坚持系统谋划，严打违法行为

1.严格知识产权行政执法保护。坚持日常监管和重点保护相统一，行政裁决和行政处罚同推进，案件督办和业务指导互促进，组织开展知识产权行政保护、专利商标"双随机、一公开"抽查、杭州亚运会和亚残运会知识产权保护、"打假护牌"等专项行动，加大驰名商标、涉外商标、地理标志、特殊标志等知识产权的保护力度。开展知识产权保护执法检查和案件指导工作，积极遴选报送典型案例。2023 年，全省各级知识产权管理部门共查处侵犯商标案件 1193 件，案值 669.61 万元；办理假冒专利案件 54 件，案值 162.42 万元；办理专利侵权纠纷案件 55 件，案值 17.33 万元。专利侵权纠纷案件较 2022 年减少 80 件。

2.组织开展"打假护牌"专项行动。为贯彻落实

全国打击侵权假冒工作办公室主任视频会议精神，切实履行打击侵权假冒工作职责，严厉打击侵权假冒不正当竞争行为，维护公平竞争的市场秩序，促进全省经济社会持续健康平稳发展，根据省政府领导批示要求，结合云南实际印发了《关于开展2023"打假护牌"专项行动的通知》。全省各州（市）高度重视，将"打假护牌"专项行动列入年度重点工作任务，在与企业对接联系、征询相关县（市、区）意见建议的基础上，结合各州（市）实际，制定印发各州（市）专项行动方案，明确主要任务、工作重点、行动安排和工作要求，压实部门责任，保证专项行动扎实有序开展。截至10月31日行动结束，行动共查办案件843件，案值金额3129.90万元，移送公安机关36件，曝光典型案例42件，行动取得显著成效。

3. 开展2023民生领域案件查办"铁拳"行动。印发《2023民生领域案件查办"铁拳"行动实施方案》，坚持问题导向、目标导向，以"小切口"贴近"大民生"，结合全省近几年案件查办情况和央视"3·15"晚会曝光问题产品，在市场监管总局确定重点查办的8种违法行为基础上，增加了翡翠玉石网络直播违法营销、民生计量违法行为、电线电缆产品违法行为、电动自行车头盔质量违法行为等7种重点查办的违法行为，大大拓展了案件查办领域。各州、市市场监管局结合地方实际，特别是当地特色产品、消费环境、群众投诉等情况确定案件查办重点，打击违法行为，回应民生关切。行动共查处各类违法案件2573件，移送公安机关立案43件，上报市场监管总局典型案例五批50件，向社会公布典型案例四批32件，切实打出"铁拳"行动声威。在打击重点产品质量违法行为工作中，报送案值100万元以上质量领域案件4例；云南楚雄大姚三潭梅花鹿养殖场涉嫌生产销售非法添加西地那非有毒有害食品案、云南曲靖隆小柴火锅连锁店涉嫌生产、经营用回收油脂作为原料生产的食品案，被列入总局挂牌督办重大案件。

4. 开展部门联合执法，加大对侵犯知识产权违法行为的刑事打击力度。2023年，省知识产权局、省委网信办、省公安厅、昆明海关、省市场监管局联合印

发《关于开展杭州亚运会和亚残运会知识产权保护专项行动的方案》。昆明市市场监管局与漳州市市场监管局签订《电子数据取证平台合作框架协议》，开启电子数据取证平台跨省合作模式。在省市场监管局指导下，大理州市场监管局成功办结首件实用新型专利侵权纠纷行政裁决案件。强化部门协作联动，健全完善行刑衔接机制。省检察院、省公安厅、省市场监管局、省药监局、省知识产权局五部门联合印发了《关于进一步加强市场监管领域行政执法现刑事司法衔接工作的通知》，进一步畅通信息共享、情况通报、案件移送、执法保障等合作渠道。2023年共向省公安厅环食药侦总队移送了2批65条抽检不合格化肥信息，经认真研判紧紧抓住有效磷、水溶性磷等养分严重不达标的17条重点线索，刑事立案并查处了8家假冒伪劣化肥生产企业和窝点。

（三）注重宣传培训，强化协同治理

1. 舆论引导力度不断加强。加强商标专利执法宣传，通过报刊、电台、电视台以及各级政府和相关部门门户网站等宣传平台，充分发挥主流媒体的舆论引导作用。注重日常与重点结合、线上与线下融合，围绕世界知识产权日、中国品牌日、国庆、春节等重要时间节点，依托新闻发布、专家访谈、现场报道等多种形式，全面展示保护知识产权、打击侵权假冒成效；聚焦"6·18""双11"等网络购物集中促销期，组织政策宣讲，与消费者和权利人进行座谈交流，稳妥回应关切诉求，提升了公众对侵权假冒行为的认知度和警惕性。2023年，在国家级、省级媒体公布知识产权行政处罚典型案例15件；公布民生领域案件查办"铁拳"行动典型案例4批32个案例。2023年4月19日在海埂会堂召开了知识产权宣传周新闻发布会。

2. 组织开展集中销毁侵权假冒商品。为严厉打击侵权假冒违法犯罪行为，增强知识产权保护意识，不断优化营商环境，省市场监管局下发了《2023年关于做好集中统一销毁侵权假冒伪劣商品活动工作的函》，对侵权假冒伪劣商品集中销毁工作进行了统一部署。"3·15"国际消费者权益日活动期间，全省各级市场

监管部门联合公安、消防、烟草、消费者协会等部门，对2023年来在民生领域"铁拳"行动中查获的854.94吨、货值8460.69万余元的假冒伪劣商品进行了集中销毁。销毁物资涉及18个大类，266个子类，包括名烟名酒、食品药品、医疗器械、化妆品、日用生活品、汽车配件、服装建材等，涵盖老百姓日常消费的方方面面，向社会传递了打击侵权假冒违法行为的决心和信心。充分利用"3·15""4·26"等重要时间节点，拓宽宣传渠道，统筹运用传统媒体和新兴媒体开展集中销毁工作宣传报道，及时回应权利人和社会公众关切。

3.大力强化业务培训。针对打击侵权假冒工作面临的新形势、新任务，先后组织全省189名基层执法人员赴浙江大学等地培训，重点围绕法治建设、数字＋执法、知识产权保护和市场监管执法办案实务等重点内容进行培训，更新办案所涉及的专业知识，提升案件查办能力，还邀请相关省、市市场监管局办案能手和专家到云南现场授课，进一步提升全省执法人员开展专项工作的能力和水平，保障专项执法稽查工作有力开展。同时派员到部分州、市局业务培训班授课，讲授规范执法和案件查办技巧，提升案件查办能力。组织33名执法人员积极参与执法办案电子数据培训和大比武比赛学习辅导、在线答题系列活动，以赛促学，以学促用，进一步培养执法办案电子数据取证专业人才，不断提升我省新形势下市场监管执法现代化水平。在第三届市场监管总局电子取证大比武活动中，云南省代表队取得总成绩18名、西南第2名的较好成绩。

二、存在主要问题

云南省打击侵权假冒工作，虽然取得了一定成效，但打击侵权假冒工作面临的形势依然严峻，工作任务仍十分繁重，还存在一些薄弱环节：

一是机制体制有待进一步完善。受机构编制的影响，州、市打击侵权假冒相关工作人员短缺，工作存在无法有效衔接、信息渠道不畅等现象，影响了打击侵权假冒工作成效。

二是能力素质有待进一步提升。全省机构改革后，对新业态下特别是互联网领域打击侵权假冒工作探索不够，还缺少有效的手段和方法，监管执法观念理念、方式方法还需要不断完善。

三是公众认识还需进一步加强。一些消费者防范维权意识不强，识假辨假能力不足，农村、城乡结合部仍是监管薄弱环节，知假买假的现象还存在，滋生假冒伪劣的土壤没有根本铲除。

三、下一步工作打算

（一）深化民生领域专项治理

持续开展民生领域案件查办"铁拳"行动、"打假护牌"专项行动、"守护知识产权"专项执法行动等，有效遏制制假造假违法现象多发势头，努力营造安全放心的消费环境。加强执法协作，提高执法效能，加大执法力度，集中力量查处各自领域的突出问题，遏制规模性侵权假冒行为，全面保护知识产权和规范市场秩序。

（二）加大侵权假冒打击力度

加强监管，加大生产源头治理力度，打击各种侵权和违法行为，严厉查处侵犯注册商标和地理标志商标专用权的违法行为，严厉打击盗版和专利侵权、假冒行为。加强互联网领域监管，严厉打击互联网侵权盗版和利用互联网、通信网络、电视网络销售假冒伪劣商品的侵权行为。加强行政执法和刑事司法的有效衔接，坚决追究侵权假冒犯罪分子的刑事责任，维护相关权利人的合法权益。

（三）营造社会共治良好环境

充分调动经营主体以及全社会的积极性，既要曝光一批违规违法的企业和个人，也要树立一批创造、运用和保护知识产权的先进典型，弘扬正气。广泛开展知识产权普及性教育，通过多渠道、多方式的宣传，不断提高公众知识产权意识，形成崇尚创新、诚信守法的社会风气。畅通举报投诉渠道，充分调动人民群众举报侵权假冒违法行为，形成侵权假冒"人人喊打、无处藏身"的局面，共同营造抵制侵权假冒的良好社会氛围。

（撰稿人：黄薇）

西藏自治区打击侵权假冒工作报告

2023 年，西藏自治区打击侵权假冒工作坚持以习近平新时代中国特色社会主义思想为指导，深入学习贯彻落实党的二十大精神，将打击侵权假冒工作作为维护市场秩序、维护公平竞争、维护群众利益的重要内容，按照自治区党委、政府关于打击侵权假冒工作安排，依法严厉打击侵权假冒违法犯罪行为，维护规范有序、公平公正的市场秩序，为扎实推动西藏经济社会高质量发展作出积极贡献。

一、工作成效

（一）加强组织领导，认真部署落实

自治区党委、政府高度重视打击侵权假冒工作，自治区政府主要负责同志多次对全区打击侵权假冒工作作出指示批示。自治区双打领导小组办公室加强统筹协调，充分发挥牵头作用，组织召开电视电话会议，对打击侵权假冒违法犯罪行为专项整治行动进行动员部署，自治区政府负责同志出席会议并发表重要讲话。制定印发《关于印发 2023 年民生领域打击侵犯知识产权和制售假冒伪劣商品违法犯罪行为专项整治行动的通知》，组织各地各部门在全区范围内开展民生领域打击侵犯知识产权和制售假冒伪劣商品违法犯罪行为专项整治行动，依法严厉打击民生领域侵犯知识产权和制售假冒伪劣商品违法犯罪行为，切实解决民生领域群众急难愁盼突出问题，维护全区市场经济秩序和人民群众合法权益，助推全区经济高质量发展。

（二）严打侵权假冒违法犯罪行为

各地各相关部门深入贯彻落实自治区党委、政府关于打击侵权假冒工作安排，贯彻落实全区打击侵犯知识产权和制售假冒伪劣商品专项整治行动动员部署会议精神，结合本地部门实际，召开部署会议、制定工作方案，围绕保障和改善民生，聚焦民生领域群众急难愁盼问题，全面排查整治，依法严厉打击违法犯罪行为。一是严厉打击食品安全领域制售假冒伪劣商品违法行为。全面落实"四个最严"要求，强化"党政同责"，落实"两个责任"，有效防范化解食品安全风险。聚焦牛肉制品市场，严厉查处虚假宣传、侵犯注册商标权，以假充真、以次充好、销售"三无"牛肉制品等违法违规行为，累计出动执法人员 2200 余人次，检查相关市场主体 4685 家，抽样检测 35 批次，合格 35 批次。责令下架来源不明牛肉制品经营户 12 家，现场责令整改 50 起，限期整改 7 起，下达责令整改通知书 24 起，没收不合格牛肉制品 532.55 公斤，立案查处违法违规案件 3 件，案值 1.85 万元，罚没金额 17.05 万元。开展冬虫夏草交易市场秩序整治工作。重点整治以假充真、以次充好、掺杂掺假、虚假宣传和侵犯地理标志违法行为，避免出现消费欺诈或误导消费者行为。共出动执法人员 365 人次，检查经营主体 640 家，对 8 户未明码标价不规范的市场主体进行现场整改，没收印有"那曲冬虫夏草"等字样礼盒 270 盒，受理冬虫夏草消费投诉 13 件，挽回消费者经济损失 5.6 万元。加强协调配合力度，各地质标办积极组织公安、农业农村、教育、卫健委等相关部门，以校园周边、网络餐饮、预制食品、速冻食品为重点领域，加强日常监督检查力度，共出动执法人员 1120 人次，检查经营主体 4280 家，学校食堂 855 家，校园周边食品经营单位 570 家，发布消费提示警示 55 条，责令整改食品安全隐患问题 123 个。检查入网餐饮单位 447 家，下架停业整改 14 家。以旅游景区、批发市场和城乡结合部为重点区域，组织开展专项执法行动，严厉打击制售仿冒混淆，商标侵权、"三无"食品和过期食品、"两超一非"食品等违法违规行为，累计检查食品销售主体 1760 户，检查餐饮单位 980 户，检查批发市场、集贸市场 175 家，查办各类食品安全领域违法违规案件 134 件，案值 18.59 万元，罚没金额 106.19 万

元。二是严厉打击知识产权领域违法犯罪行为。通过开展"清朗""剑网""铁拳""蓝天""龙腾"等专项整治行动，以驰名商标、老字号商标和涉外商标为重点，依法查处服装、食品、化妆品、家用电器等领域商标专利侵权、发布虚假违法广告、网络销售侵权假冒商品等违法犯罪行为。各地各相关部门出动执法人员520人次，检查经营户200家次，下发责令整改通知书1份，查办侵犯知识产权案件42件，罚没金额18.82万元，调解商标侵权纠纷5起，撤回7件非正常专利申请行为。查办一起违规使用国家领导人做宣传广告违法行为，对当事人作出罚款1万元的行政处罚。以物流渠道、陆路运输进出口商品和跨进电子商务商品监管领域为重点，依法查处寄递和跨境制售假冒伪劣商品违法犯罪行为，查办进出口侵权假冒案件4件，案值0.8万元。三是严厉打击药品医疗器械领域违法违规行为。以单体药店、个体诊所、基层医疗机构等为重点检查对象，组织开展专项执法行动，全面排查整治风险隐患，严厉打击擅自非法生产配制假药劣药和销售国家禁止使用的药品行为。严厉查处无证经营药品或无资质单位购进药品医疗器械，伪造资质证明文件和出租出借证照、网络平台违规销售药品和医疗器械等违法违规行为。全年共检查药店、诊所、医疗机构、医疗器械经营单位、基层藏药配制单位、第三方网络销售平台共506家次，下发责令整改通知书81份，约谈企业负责人1次，下发责令整改通知书4份，立案查办违法违规行为案件36件，案值20.2万元，罚没金额43.67万元。四是严厉打击产品质量安全领域违法违规行为。聚焦民生领域重点产品，强化学生儿童用品、老年用品、消防产品、农资产品和建筑材料等产品质量的监督检查力度，严厉查处不符合强制性标准、掺杂掺假、以不合格产品冒充合格产品等违法违规行为。全年共检查经营主体730家次，下发责令整改通知书18份，没收不合格燃气灶具370台（个），燃气胶管96件，没收"三无"塑料袋3.6万余个，责令下架"三无"消防产品18件。检查液化气瓶石油气瓶充装站104家，下达特种设备安全监察指令书9份，约谈气瓶充装销售单位7家，查办未经许可充装液化气案1件，罚款金额5.2万元。检查农资销售单位128

家次，受理农资消费投诉2起，办结2起。对个别农资经营单位明码标价不规范行为下发责令整改通知书3份，查处产品质量违法案件63件，案值36.72万元，罚没金额68.72万元。五是加强软件正版化工作。自治区党委宣传（版权）部门分别制定2023年版权工作方案、政府机关使用正版软件工作考核办法和推荐使用正版软件工作计划，召开推荐使用正版软件工作厅际联席会议，安排部署2023年软件正版化工作。对10家区直机关50台计算机使用正版软件工作进行检查，6家单位检查结果为优秀，4家单位检查结果为合格。六是加强知识产权司法保护工作。2023年，自治区法院系统共受理知识产权案件252件，其中，民事案件248件，刑事案件4件。审结知识产权案件178件，法定审限内结案率100%。其中，民事案件174件，服判息诉率94.25%；刑事案件4件。有关知识产权案件审判文书均按要求在中国裁判文书网公开。自治区公安、检察系统加强涉知识产权案件的侦办、移交、批捕、起诉工作，累计检察机关起诉案件4件7人，其中3件案件批捕嫌疑人3人。

（三）加强知识产权保护人才队伍建设

建立区内知识产权行政执法和刑事司法专（兼）职队伍清单，截至2023年11月，全区知识产权行政保护人才992人，其中，行政执法人员867人，行政裁决人员125人。知识产权司法保护人才176人，其中，司法审判人员45人，检察人员69人，侦查人员62人。自治区市场监管局建立自治区知识产权专家库和知识产权行政执法技术调查官制度，分别聘任53名专家和20名技术调查官入库。依托各类调解、仲裁组织建立兼职知识产权纠纷调解、维权援助、仲裁人员队伍206人。经自治区党委、政府批准，自治区市场监管局、人力资源社会保障厅联合开展西藏自治区知识产权工作先进集体和先进个人评选表彰活动，对10家集体和20名个人进行表彰。采取"走出去、请进来"的方式，自治区各级各有关单位积极组织开展线上线下知识产权行政管理和执法办案专题培训。2023年，邀请最高人民检察院、国家知识产权局等部委专家8人进藏授课，举办有关线下培训班13次，涉及学员736人次；线上培训4次，涉及学员1.5万余人次。培训主要涉及行政执法、知识产权仲裁、纠纷调解、保护体系建设海外纠纷应对、国际合作、专利执法、商标执法、地理标志、公共服务等内容。组织参加国家知识产权局等部委区外专业培训 12 次，涉及学员 40 人次。通过中国知识产权远程教育平台西藏分平台开展行政执法专题培训 1 次，涉及学员 70 人。

（四）强化宣传引领

各地各部门借助世界知识产权日、《民法典》发布日等活动平台，深入开展知识产权宣传活动。2023 年，各类媒体开展专题报道 31 篇，阅读量超 7.4 万次；举办专题新闻发布会 2 次，公开发布涉知识产权保护行政和司法典型案例 12 件。深入 267 条街道、258 家企业、135 家单位开展知识产权宣传活动 81 次，发放各类宣传资料 7 万余份，接受群众咨询 1320 余人次，发布短信等各类宣传信息（标语）650 余万条（次）。部署开展侵权假冒商品销毁活动，全区各级市场监管部门以"3·15"国际消费者权益日、"4·26"世界知识产权日、质量月为契机，开展侵权假冒商品销毁活动，共销毁侵权假冒商品约 14 吨、货值 54.62 万元。

二、存在的困难及问题

一是侵犯知识产权案件查办力度不够，专项整治不够深入，广度不够。地市之间、部门之间存在工作进展不平衡，监管执法工作存有盲区和空白。二是"两法衔接"平台运用不够，各地（市）、县（区）部分单位登录平台次数少、案件录入和公开不及时。三是社会共治参与度不高。知识产权所有人对自身的维权意识不强，特别是专利权所有人的维权意识需要进一步加强。同时，各地各部门对整治成果的宣传报道不及时、不广泛，社会影响力不大，打击侵权假冒及专项整治的社会知晓率有待进一步提高，市场主体和消费者对维护自身权益的意识还需进一步加强。

三、下一步工作计划

一是进一步加大对重点区域、重点市场和重点产品的执法力度，加强对驰著名商标、名牌产品、地理标志和地理标志产品的保护，严厉打击制售假冒伪劣商品行为，严肃查处大案要案，净化市场环境。不断完善知识产权保护措施，形成联合执法协作机制，提高执法质量和水平，坚决打击各类侵犯知识产权违法犯罪行为。二是以典型示范、典型案例为重点，多区域、多层次多形式开展宣传活动，充分发挥新闻媒体的舆论引导和监督作用，扩大宣传覆盖面和影响力，引导企业自觉履行社会责任，增强企业诚信守法意识。三是进一步畅通举报投诉渠道，充分利用各类举报投诉热线电话，接受公众和权利人的举报投诉，及时发现违法犯罪行为线索，调动社会力量参与监督，提升打击侵权假冒工作的实效。

（撰稿人：仁藏多杰）

陕西省打击侵权假冒工作报告

2023 年，陕西省打击侵权假冒工作深入贯彻落实党中央、国务院决策部署，按照省委、省政府工作安排，发挥牵头抓总作用，积极推动部门协同，聚焦重点行业、重点市场、重点商品，深化互联网、农村和城乡结合部、民生领域、寄递环节等重点领域假冒伪劣治理，实干担当，勇毅前行，为奋力谱写中国式现代化建设的陕西新篇章作出积极贡献。

截至 2023 年底，全省各地、各部门共查办各类侵权假冒行政执法案件 17942 起，涉案金额 2.38 亿元，罚没款 1.99 亿元。全省公安部门共侦办侵权假冒犯罪案件 713 起，抓获犯罪嫌疑人 897 人，捣毁犯罪窝点 457 个，涉案价值 7.4 亿余元。全省检察系统共批准逮捕涉嫌侵犯知识产权和生产、销售假劣商品犯罪 107 件 175 人，起诉 100 件 162 人，立案监督 15 件。全省法院系统共受理知识产权民事案件 9543 件，审结 8714 件。截至 2023 年底，全省 12315 投诉举报中心受理消费者投诉 1114227 件，业务咨询 636737 件，投诉 366630 件，举报 110860 件。已办复 1096939 件，办复率 98.45%，为消费者挽回经济损失 6448.91 万元。

一、聚焦发挥牵头抓总作用细部署

省双打工作领导小组领导高度重视双打工作，要求省双打办加强统筹协调，强化日常指导，全面推进全省双打工作。一是召开会议部署。省双打工作领导小组召开视频会议，要求各地全面贯彻落实打击侵权假冒工作要求，周密细致研究部署工作，不断提高双打工作效能。二是印发双打工作要点。结合全省工作实际，依据各成员单位职能，经广泛征求各成员单位意见，明确年度工作重点和具体分工，提出工作要求。三是开展双打工作督导。省双打办组织对各地双打工作进行督导检查，发现并指导解决问题 8 起，总结推广宝鸡公安驻市监警务室、西安重点市场、安康假冒伪劣商品展示厅等工作经验。

二、聚焦危害群众生命财产安全问题严整治

全省各地、各部门坚持问题导向，组织开展"铁拳""龙腾""清浊""清朗""剑网""秋风""护苗"和农资打假等一系列专项整治行动，有效维护权利人和消费者合法权益。

市场监管部门组织开展民生领域"铁拳"行动、网络市场监管促发展保安全专项行动、校园食品安全排查整治专项行动、农村假冒伪劣食品、医疗美容行业突出问题等 30 余项专项整治行动。截至 2023 年底，全省市场监管系统共查办侵权假冒类案件 1.5 万件，罚没款 1.36 亿元，移送案件 57 件。

药品监管部门部署开展药品安全巩固提升行动，组织开展中药饮片专项整治、医疗美容行业突出问题专项治理以及特殊药品、化妆品、儿童化妆品专项检查、医疗器械风险隐患排查治理。全省系统共查办各类药品化妆品医疗器械案件 1859 件，涉案货值金额合计 828.55 万元，移送司法机关案件 97 件。

农业农村部门深入开展种业监管执法年活动，开展农药、兽药、饲料企业监督检查和农机大排查大整治大检查活动。全省出动执法人员 4.5 万人次，检查经营门店 1.86 万家，查办案件 272 件，移送司法机关 3 件，罚没 118.48 万元，为群众挽回经济损失 287.7 万元。

卫生健康部门加强消毒产品卫生监督工作，严厉打击私自制售消毒产品及销售不合格消毒产品等违法行为。开展了为期 5 个月的抗（抑）菌制剂突出问题专项整治，共检查生产企业 76 家，立案 20 起，罚款 8.47 万元；巡查电子商务平台 92 个，立案 1 起，罚款 0.1 万元；检查实体经营使用单 10370 个，立案 93 起，罚款 16.397 万元。

林业部门组织开展 2023 年打击制售假劣林木种苗工作，严厉打击制售假冒伪劣种苗、无证无签等违法违规行为，全省共查处种苗违法案件 4 起。组织完成省、市、县三级 586 个造林苗批、237 个种批质量抽检，合格率分别为 98.8%、100%。全年未发现授权品种侵权假冒行为。

版权部门出动执法人员 5000 余人次，检查经营单位 6500 家，依法查缴非法出版物和盗版教材教辅 18500 余册，依法处置网络有害信息 50 余万条，取缔关闭违法违规网站、账号 900 余个。

海关部门组织开展"龙腾""蓝网"行动，督促各相关单位落实进出口和寄递渠道知识产权保护专项行动任务，全年共查扣涉嫌侵权货物及物品 832 批次，3.7 万件，货值 15 万元，罚款 6460 元。

省双打办牵头加强重点市场治理整顿，建立全省重点市场名录，省、市、县三级共确定 123 家重点市场，发挥示范引领作用。要求重点市场管理方严把市场主体准入关，健全"一户一档"监管档案，探索智慧监管。推动落实品牌经营授权到期提前预警机制，指导实施奖惩机制和违法经营退出机制，落实诚信经营"红黑榜"，评选季度经营先进商户，发挥"共产党员经营示范户"作用，引导经营户守法诚信经营，坚决清除出现严重侵权假冒行为经营户，维护良好市场秩序。2023 年，各地重点市场共查办侵权假冒案件 66 件，涉案金额 33.41 万元，罚没款 41.4 万元。

三、聚焦侵权假冒违法犯罪案件严打击

2023 年，全省公安机关扎实推进"昆仑"专项行动，共侦办侵权假冒领域犯罪案件 713 起，抓获犯罪嫌疑人 897 人，打掉犯罪窝点 457 处，涉案价值 7.4 亿元，5 起案件获中宣部、公安部等五部委通报表扬。西安市公安机关环食药侦部门开展"昆仑 2023"专项行动、一攻坚三整治五打击、夏季治安打击整治及"两超一非"专项行动，共破获侵犯知识产权和制售假冒伪劣商品犯罪案件 223 起，涉案价值 5.4 亿余元，其中公安部督办 4 起、陕西省公安厅督办重点案件 17 起。宝鸡公安局渭滨分局破获一起特大跨省生产销售假药案，捣毁仓储黑窝点 3 处，先后抓获犯罪嫌疑人 32 人，查获假药 5000 余袋，涉案金额 2120 万元。宝鸡市扶风公安局联合烟草部门破获跨 4 省 14 市非法生产、运输、销售假冒卷烟案，被列为部督案件，跨省外出 12 次 90 人次，历时 115 天，跋涉 5 万余公里，捣毁窝点 1 处，查获假烟 450 万支，涉案金额 2.07 亿元，抓获犯罪嫌疑人 23 人。咸阳市长武公安局侦破"2·28"销售假冒注册商标服装案，捣毁生产销售窝点 10 处，查获 1500 件假冒服装及假冒注册商标和生产设备，涉案金额 1000 余万元，抓获犯罪嫌疑人 12 人。

全省法院系统依法严厉打击侵权假冒犯罪行为，2023 年共受理知识产权案件 9543 件，审结 8714 件，同比分别上升 22.8% 和 27.53%。一审受理伪劣商品刑事案件 144 件，有毒有害罪 53 件占 36.8%。一审受理侵犯知识产权刑事案件 89 件，销售假冒注册商标的商品罪 49 件，占 55%。思安公司侵害商业秘密案入选中国法院 50 件典型知识产权案例，"彩虹星球商业诋毁案"获评全国法院"百篇优秀裁判文书"，范某诉程某某侵害录音制作者权纠纷案获评《最高人民法院公报》案例二等奖。

全省检察系统立足检察职能，依法打击侵权假冒犯罪工作，共批准逮捕涉嫌侵犯知识产权和生产、销售假劣商品犯罪 107 件 175 人，起诉 100 件 162 人，立案监督 15 件。开展地理标志保护检察监督专项活动，核查全省各类地理标志产品 112 个。铜川市宜君县办理姜某某等 8 人销售假冒注册商标的商品案，涉案金额达 2000 余万元，检察院第一时间提前介入，引导其侦查取证，及时固定证据，有力推动案件顺利查办。靖边县检察院办理的王某某生产、销售伪劣种子案被最高检评为惩治制售伪劣农资犯罪典型案例。

四、聚焦侵犯知识产权行为严保护

一是知识产权执法取得新进展。省双打办在《2023 年双打工作要点》中对加强知识产权保护专题作出部署，要求加大执法力度，坚持线上线下同查，创新监管执法手段，严查知识产权违法犯罪行为。省市场监管局先后印发《2023 年陕西省知识产权执法专项行动方案》《关于开展古城古镇古景假冒伪劣商品专项整治行动的通知》《关于严厉打击制售假冒伪劣汉服服饰商品违法违规行为的通知》《关于复制推广自由贸易试验区第七批改革试点经验的函》《关于严厉打击侵犯杭州亚运会和亚残运会知识产权行为的通知》等对知识产权执法工作进行安排，省知识产权局制定《2023 年陕西省知识产权行政保护实施方案》。省版权部门开展电商平台销售非法出版物专项整治和网络游戏网络文学有害内容专项整治活动。2023 年，全省市场监管系统共办结知识产权案件 591 件，其中，商标侵权案件 575 件，专利侵权案件 8 件，地理标志侵权案件 4 件，商业秘密（不正当竞争）行政处罚案件 4 件。全省专利纠纷案件结案 331 件。二是跨部门协同保护迈上新台阶。省法院联合省市场监管局、省知识产权局印发《关于进一步强化知识产权协同保护的实施意见》，紧扣进一步强化府院联动，聚焦深化诉源治理，加强行政执法与司法衔接机制建设，完善协同保护机制等重点，提出了具体措施。与省检察院、省市场监管局等多部门联合印发《秦创原知识产权司法保护中心联席会议制度》，进一步加大科技创新成果行政与司法保护协作配合力度。三是跨地区执法协作进入快车道。省市场监管局牵头建立丝路沿线西北省区市场监管执法协作机制，西北省区 6 地市监管部门跨区域协同、联动执法有了好平台。省市场监管局制定出台深化"一圈两区"执法协作指导意见，西安、延安、安康三个轮值单位多措推进执法协作取得进展。安康

主动融入"南安襄十随神"汉江流域执法联动一体化。四是知识产权保护取得新突破。2023年，共获授权专利7.16万件，其中发明专利授权2.2万件，同比增长16.1%。全省商标注册申请量15.01万件，与上年同期相比增长1.7%，商标注册8.62万件。全省版权作品登记3.94万件，同比增长6.2%。全省PCT国际专利申请565件，同比增长4.2%。截至2023年底，全省发明专利拥有量达到10.22万件，同比增长24.5%；每万人口发明专利拥有量25.84件，同比增加5.08件；有效商标注册78.23万件，同比增长9.4%；有效地理标志商标157件，地理标志保护产品89个，全省核准使用地理标志专用标志市场主体781家。五是知识产权运用取得新进步。省知识产权局印发《进一步加快推动知识产权服务业高质量发展的若干措施》，制定知识产权公共服务事项清单，提升公共服务规范化、标准化、便利化水平。指导成立陕西省商标协会、陕西省专利代理师协会，加强行业自律，促进行业规范发展。2023年，全省专利权质押合同登记1204项，质押贷款金额54.7亿元，受惠企业943家，分别较上年同期增长24.4%、38.1%、24.7%；商标专用权质押合同登记14项，质押贷款金额0.62亿元，受惠企业14家。省知识产权局、国家金融监督管理总局陕西监管局、省财政厅印发《陕西省知识产权保险保费补贴实施办法（试行）》，补贴保单623单，保险金额1.3亿余元。六是知识产权对外合作得到新加强。省政府与国家知识产权局共同主办第七届丝绸之路国际博览会"一带一路"共建国家（地区）知识产权合作论坛，促进知识产权共享，助力"一带一路"互通互联。省知识产权保护中心获批国家海外知识产权纠纷应对指导陕西分中心。省知识产权局、省贸促会在英国、哈萨克斯坦设立海外知识产权维权援助工作站。省贸促会举办以"强化法治保障，推进高水平对外开放"为主题的"一带一路"共建国家（地区）商事法律合作论坛。

五、聚焦提升监管执法能力严培训

一是发放各类双打业务教材。省双打办坚持每年对《打击侵权假冒工作指南》《打击侵权假冒工作政策文件》等双打教材进行丰富和拓展，成为各级开展双打工作教科书。各级执法部门筹拨专款购买行业条线监管执法专业书籍发放工作人员。同时，通过内部网络传递执法业务指引。二是开展双打工作督导调研。省双打办组织对各地、各部门双打工作进行督导调研，指导加强重点治理，掌握双打工作运行情况，形成调研报告，并结合实际情况发出指导性文件。三是举办各类双打业务培训。全省各级双打办坚持每年举行全省双打工作业务培训班，有效提升了监管执法能力素质。各级成员单位坚持举办行业监管执法培训1200余次，培训120000余人次。省知识产权局联合省委组织部举办全省党政领导干部知识产权赋能经济高质量发展专题培训班、陕西省知识产权法律法规培训班、陕西省知识产权行政保护培训班暨优秀案卷文书和典型案例评选交流研讨会。省委宣传部举办省直党政机关软件正版化工作培训会和全省版权行政执法培训会，组织开展软件正版化工作督查考核，有力提升一线执法人员能力素质。

六、聚焦展示侵权假冒成效强宣传

省双打办印发了《关于做好2023年双打宣传工作的通知》，指导各地、各部门采取灵活手段，坚持日常宣传与集中宣传相结合，加大双打宣传力度。一是利用重点时段抓宣传。召开"3·15"国际消费者权益日纪念宣传大会，发布陕西2022年度消费维权分析报告，为"省级放心消费示范单位"授牌，表彰"优秀消费教育示范基地""优秀行业消费维权投诉站""优秀企业消费维权投诉咨询点"。"4·26"期间，组织开展知识产权宣传周活动，省政府召开新闻发布会，发布全省知识产权保护白皮书，开展知识产权保护"五进"宣传活动。二是开展集中宣传显成效。省双打办部署开展"双打工作集中宣传月"活动，省市场监管局联合17个部门开展"质量月""食品安全周"系列活动。省知识产权局部署开展知识产权宣传周活动。省法院发布《知识产权审判年度报告》，省双打办每月编写发放《双打工作动态》。三是发布典型案例强震慑。省双打办在省级主流媒体发布陕西省打击侵权假冒十大典型案例，全省各地、各部门发布各行业典型案例 690 余件次,有力震慑侵权假冒违法犯罪分子。四是组织综合宣传扩影响。省双打办坚持每年在省级主流媒体发布年度双打工作综述,被省内外多家媒体转发。省双打办专题制作全省双打宣传展板和宣传视频进行展播,省、市、县各级双打办制作宣传海报,向群众发放宣传用品,开展真伪商品识假辨假活动,有效扩大双打工作社会影响面。五是销毁假冒伪劣商品展成果。省双打办部署在全省开展侵权假冒商品销毁行动。2023 年以来,在省双打办指导下,各地、各部门先后组织开展了多次侵权假冒伪劣商品销毁活动,共计销毁包括酒类、鞋类、服装、包装印刷品、卷烟等 316 个品种的侵权假冒伪劣商品,货值 6778 万元。六是拓展线上宣传新阵地。各地、各部门用好"三微一端一网"开展双打有关政策、法律法规宣传。省市场监管局把"你点我检"活动作为维护消费者食品安全参与权、监督权、知情权的重要举措,在全省范围内常态化扎实推进,"你点我检"活动呈现百花齐放、

有声有色的生动局面。同时,开展"餐饮安全 你我同查"随机检查直播活动,检查人员通过查、看、问等方式,对餐饮经营户许可公示、原料控制、加工制作、备餐和供餐、清洗消毒、管理制度 6 个方面落实情况进行检查,浏览量达 1200 万人次,受到群众交口称赞。通过全方位、全覆盖宣传,不断提升社会公众识假辨假抵制假货意识,凝聚全社会打击侵权假冒合力,形成浓厚知识产权保护工作氛围。

下一步,陕西省打击侵权假冒工作将全面贯彻习近平总书记历次来陕考察重要讲话和重要指示批示精神,贯彻落实党的二十大精神,深化拓展"三个年"活动要求,坚持执法为民,依法严厉打击侵权假冒违法犯罪行为,切实保护权利人和消费者合法权益,有力维护市场秩序,营造良好营商环境,做到守土有责、守土担责、守土尽责,为推动新质生产力加快发展,奋力谱写中国式现代化建设的陕西新篇章。

（撰稿人：郑爱民）

甘肃省打击侵权假冒工作报告

2023 年,甘肃省坚持以习近平新时代中国特色社会主义思想为指导,全面落实习近平总书记关于质量、知识产权工作的重要论述和对甘肃重要讲话、重要指示批示精神,认真贯彻党的二十大精神,按照省委、省政府工作安排,全省各市州、各有关部门主动作为,抓住重要时间节点、重点领域,积极开展打击侵权假冒工作,开展专项整治,强化知识产权保护,维护消费者和权利人合法权益,努力构建法治化营商环境,打击侵权假冒工作积极稳步推进。

一、主要做法与成效

（一）加强统筹协调,推动工作落实

省委、省政府高度重视打击侵权假冒工作,及时优化调整省质量强省建设协调推进领导小组组成,将省打击侵犯知识产权和制售假冒伪劣商品工

作职能并入,进一步健全协调联动机制。2023 年 9 月,省委主要负责同志专程到省市场监管局调研指导,对质量强省建设提出明确要求。省政府主要负责同志专门主持召开省质量强省建设协调推进领导小组会议,听取全省质量工作情况汇报,对打击侵权假冒工作进行具体安排部署。省委政法委将打击侵权假冒工作与平安甘肃建设、主动创稳工作相结合,持续将打击侵权工作列入主动创稳考核指标,推动各级党委政府落实责任。省市场监管局牵头制定《2023 年打击侵犯知识产权和制售假冒伪劣商品重点工作任务》,将双打工作逐项分解落实到各成员单位和市州政府,细化工作目标,明确工作责任。各市州及成员单位立足职能,各负其责,凝聚合力,齐抓共管,形成了一级抓一级,层层抓落实的工作格局。

（二）强化行政执法，开展重点专项整治

一是深化重点领域治理。省委宣传部联合相关部门开展打击网络侵权盗版"剑网""青少年版权保护季""电影版权保护"等专项行动，查处网络侵权盗版案件3件，涉青少年版权保护侵权盗版图书行政案件23件，涉影视版权案件1件，没收非法出版物4000余册，有力净化了网络版权环境。省委网信办开展2023"清朗"专项行动，将打击网上侵犯知识产权和制售假冒伪劣商品工作列为专项整治的重点内容之一，全年共关停违规网站585个，处置违规账号797个，查处有害信息14万余条，处置谣言不实信息2541条，查处个人信息泄露780条。省市场监管局开展2023年网络市场监管专项行动，聚焦甘肃省国内主流交易平台、辖区内网站，开展多项专项监测行动，共处理违法线索信息289条。开展民生领域案件查办"铁拳"行动，聚焦关系群众生命健康安全的重点商品、制售假冒伪劣产品多发的重点区域、贴近群众生活的重点行业，严厉打击民生领域侵害群众生命的违法行为，2023年全省市场监管部门共查办案件10822件，罚没金额9393.12万元。

二是深化重点区域治理。省农业农村厅、省公安厅与省市场监管局联合印发了《2023年全省农资打假护农专项行动实施方案》，严厉打击制售伪劣农资等违法行为。2023年全省农业农村部门检查各类生产经营主体3.1万余个次，共立案查处各类涉农违法案件761起，罚没800余万元，挽回农民群众各类损失1500余万元。省市场监管局开展农村假冒伪劣食品专项执法行动，聚焦农村、城乡结合部等重点区域，严厉打击生产经营假冒伪劣食品违法行为，全年共查办各类食品违法类案件5131件，罚没金额2993.99万元。

三是深化重点环节治理。兰州海关统筹进出口两个环节，加强对输往欧洲和"一带一路"沿线国家和地区货物的监管。制定印发《兰州海关2023年寄递渠道知识产权保护专项执法行动工作方案》，加强对寄递渠道"化整为零""蚂蚁搬家"式进出境侵权违法行为打击和查处力度。省邮政管理局严格寄递环节治理，督促寄递企业严格落实邮件快件实名收寄、收寄验视、过机安检三项制度，打击违法寄递侵权假冒物品

行为。省市场监管局组织开展知识产权代理行业"蓝天"专项整治行动，完成2批次2087件非正常专利申请核查，查办一起擅自开展专利代理案件，罚没金额4万元。

四是深化重点产品治理。省市场监管局聚焦工业产品质量安全主线，以危化品、电线电缆、成品油、燃气具及配件等18类产品为重点，开展隐患排查整治，排查生产经营企业1.6万家，发现处理问题企业195家。开展茶叶过度包装专项治理，检查茶叶经营主体9773家，检查各品种茶叶700批次，下达责令改正通知书44份，下架退回茶叶过度包装礼盒15盒，限期责令整改7家。联合省公安厅、省商务厅、省税务局开展综合治理加油机作弊专项行动，检查加油站851个。市场监管部门查处案件5起，罚没金额48.91万元；税务部门立案11起，追缴税款及罚款共计740万元；公安部门查获作弊主板82块，抓捕犯罪嫌疑人12人，移送起诉6人。省药监局深入开展药品质量安全、药品网络销售、中药饮片、医疗器械、化妆品等专项整治，共查办各类案件1671件，罚没款2144.03万元。

（三）打造完整链条，强化知识产权保护

一是高站位部署知识产权保护工作。省委常委会学习贯彻习近平总书记关于知识产权工作重要论述，听取知识产权保护工作情况汇报，并对全省知识产权保护工作作出安排。省政府主要负责同志四次主持省政府常务会议专题学习贯彻党中央、国务院关于知识产权工作部署要求，两次听取知识产权保护工作情况汇报，安排部署知识产权保护重点工作。在省委、省政府的有力推动下，各地方党委政府进一步重视和加强知识产权保护工作，制定出台了一系列政策措施，知识产权保护力度纵深加大，全省知识产权保护格局不断加强。

二是加大财政保障力度。面对经济下行压力加大、多轮疫情持续反复、落实更大规模减税降费政策等因素影响，在兜牢"三保"底线、政府债务还本付息、统筹发展等刚性支出有增无减压力下，省财政厅积极主动作为，多方筹措资金，全年安排知识产权保护及奖补专项资金4780万元，为全省打击侵权假冒工作提供了有力的资金支撑。

三是持续推进软件正版化工作。省委宣传部更新调整了省使用正版软件工作领导小组，制定印发了2023年推进使用正版软件工作计划。扎实做好国家核查省软件正版化各项工作，召开了省使用正版软件工作领导小组（扩大）暨软件正版化工作推进会，对38家省级政府机关、23家省属国有企业软件正版化工作进行了多轮次督查，协调保障国家第三方机构和联合督查组对全省6家省级政府机关、10家省属国有企业进行了两次核查抽查，省软件正版化工作措施成效受到国家核查组充分肯定。省政府国资委指导监管省属企业开展软件正版化工作，全面提升省属企业软件正版化工作水平，有效提高了省属企业软件正版化率。

四是加强版权执法工作。省委宣传部进一步健全落实版权执法监管、案件查办、信息报送与年度考核等制度，细化完善考评版权案件查办评分标准，积极推动全省各地提升执法巡查、线索转化、案件移送能力，不断加大查处侵犯著作权案件执法力度。全年共计查办版权案件32件，罚没金额21.19万元。成立甘肃兰州"9·01"涉嫌侵犯美术作品著作权案督办工作领导小组，专门召开了督办座谈会，协调做好相关单位之间的配合与沟通，保障案件在各阶段顺利移交，确保案件查办工作高质高效。

五是加强商标专利行政执法。全省各级市场监管部门聚焦关系公共利益和人民群众切身利益的食品药品、儿童玩具、水泥和公共卫生等重点领域，加大市场巡查和举报投诉线索核查力度，查办商标侵权、假冒专利等违法案件515件，罚没金额766.75万元。印发实施《2023年全省知识产权行政保护工作方案》《甘肃省专利侵权纠纷行政裁决办案规程》，全系统共处理专利侵权纠纷585件，凸显行政裁决处理专利侵权纠纷优势。

六是加大植物新品保护力度。林草部门坚持依法治理、打建结合、统筹协作、社会共治，持续发力、久久为功，严厉打击制售假劣林草种苗和侵犯植物新品种权违法行为，坚持保护选育人、生产经营者、使用者合法权益，推动种业创新发展，营造了良好的营商环境。农业农村部门加大对农业植物新品种保护力度，积极开展专项检查，规范生产经营秩序。及时公开许可信息，将农作物种子生产经营许可信息，及时在中国种业大数据平台网站公开，并同步在甘肃农业信息网进行公告，接受公众查询和社会监督。

七是加强海外知识产权保护。省贸促会与省市场监管局、省商务厅联合制定《加强海外知识产权纠纷应对工作方案》，统筹资源、发挥职能，构建合作机制，服务甘肃省海外知识产权保护工作。三部门联合出台《关于公开征集甘肃省海外知识产权纠纷应对指导的通知》，面向全社会征集专家，健全完善海外知识产权纠纷应对之道工作体系，加强海外维权援助体系工作，助力甘肃发展更高水平开放型经济，推动经济高质量发展。

（四）加强司法保护，严惩侵权假冒犯罪

公安机关以"昆仑2023"专项行动和夏季治安打击整治"百日行动"紧密结合，紧盯重点地区、重点领域、重点行业，强化联合执法、行刑衔接、线索摸排，严厉打击侵犯知识产权和生产、销售假冒伪劣商品犯罪，集中侦破了一批大要案件、打掉了一批涉案团伙、抓获了一批犯罪分子。2023年全省公安机关共侦办侵犯知识产权和生产、销售假冒伪劣商品犯罪833件，抓获犯罪嫌疑人1211人。

检察机关依法履行批捕、起诉和法律监督职能，全年批准逮捕侵犯知识产权和生产、销售伪劣商品案件77件143人，提起公诉300件517人。履行监督职能，监督公安机关立案侵犯知识产权和生产、销售伪劣商品案件12件12人。省检察院与省市场监管局联合出台《关于在行政非诉执行工作中加强协作配合的暂行办法》，编入最高检案例专辑。

审判机关充分发挥刑事、民事审判职能，依法严厉打击严重危害社会经济秩序和侵犯人民群众财产安全的侵权假冒犯罪行为。全年全省法院共受理制售假冒伪劣商品和侵犯知识产权犯罪案件405件，审结385件577人。依法加大民事司法保护力度，促进万众创新和公平竞争。以鼓励诚信竞争、尊重商业道德、遏制仿冒搭车为导向，贯彻严格保护司法政策。全年共受理一审知识产权民事案件2828件，办结2207件；受理二审知识产权民事案件220件，办结193件，服判息诉率90.03%。

（五）加强宣传引导，引导社会共治

一是广泛开展知识产权宣传行动。全省各地各部门利用"3·15"国际消费者权益日、"4·26"世界知识产权日等重要时间节点，组织召开新闻发布会，举办庭审观摩，向公众提供咨询服务，公开典型案例，开展丰富多彩的大型系列宣传活动。省广电局指导甘肃卫视录制专题栏目，以视听形式讲好宣传好甘肃知识产权故事，全面展示甘肃省知识产权工作新成绩新亮点，在全社会营造尊重和保护知识产权的理念。

二是开展侵权假冒商品销毁活动。省生态环境厅指导各地生态环境部门，结合实际公布并定期更新本地具有环境无害化销毁能力的单位名录，为销毁工作提供便利。省市场监管局组织相关成员单位，参加侵权假冒伪劣商品全国统一销毁行动，共销毁各类侵权假冒伪劣商品总价值达 3020 余万元，涉及食品、烟酒、服装、化妆品、汽车配件等 14 大类、4 万余件（箱）、180 余吨。

三是注重扩大社会影响。省司法厅大力开展知识产权法治宣传教育，将知识产权相关法律法规纳入全省"八五"普法规划重点内容。省法院发布 2022 年甘肃法院知识产权司法保护状况及十大典型案例，全面展示 2022 年度甘肃法院知识产权司法保护工作基本情况、主要举措、成绩亮点。省市场监管局发布 2022 年甘肃省知识产权行政执法十大典型案例，充分展示知识行政执法成效，深入推进知识产权执法工作。

四是引导社会共治。全省各地区、各部门加强行政指导、文化引领、引导企业履行主体责任，引导行业自律规范发展。省司法厅引导公证机构发挥公证职能作用，围绕知识产权创造设立、运用流转、权利救济、纠纷解决等环节提供公证服务，实现对知识产权的全程保护。省商务厅在第 86 届全国药品交易会及第二十九届兰洽会等重点展会中，积极引导参展企业做出产品质量承诺，尊重知识产权，落实企业主体责任。

二、存在的问题

在取得成绩的同时，我们也清醒地认识到，全省打击侵权假冒工作面临的形势依然严峻，还存在不少亟待研究解决的问题，主要表现在：侵权假冒行为在个别行业依然存在；部分地区对打击侵权假冒工作重视程度不够，工作措施落实不到位；侵权假冒手段不断变化、形式更加隐蔽复杂；执法协作能力有待提高，执法合力还有待加强，长效机制有待进一步健全完善。

三、下一步工作打算

下一步，将进一步坚持问题导向，聚焦重点领域，突出标本兼治，强化知识产权保护，加强质量安全监管，严厉打击违法犯罪活动，持续优化营商环境，积极服务全省经济高质量发展。

一要深入推进重点专项治理。加强对重点领域、重点区域、重点环节和重点产品专项整治工作。深入推进互联网领域专项治理，创新网络监管方式，加强大数据应用，提高对侵权假冒行为的追踪溯源和精准打击能力。持续开展农村和城乡结合部市场治理，下移监管重心，净化农村市场环境。

二要强化商品质量日常监管。切实加大执法监管保护力度，提高打击侵权假冒的针对性和有效性。抓重点商品监管，把群众普遍关心的事关生命健康、财产安全、环境保护的重点产品作为重点查处对象。抓重点环节打击，从生产源头、流通渠道、消费终端多管齐下，突出商品寄递、进出口、重点市场、电子商务等重点环节，严厉打击制售侵权假冒商品违法犯罪行为。

三要加大知识产权保护力度。依法严格保护知识产权，有效发挥知识产权制度激励创新的基本保障作用。严肃查处知识产权违法行为，加大专利、商标、版权等知识产权执法工作力度，深入推进软件正版化，加强植物新品种保护。加强知识产权维权援助服务，构建体系完备、运转高效的知识产权维权援助网络。

四要有效深化部门区域协作。加强跨部门、跨区域协作，健全线索通报、案件协办、联合执法、定期会商等制度，进一步强化行刑衔接，狠抓大案要案查办，加大刑事司法打击力度，对直接损害群众切身利益的违法犯罪行为开展集中打击。全面履行检察职能，完善知识产权审判体制机制，依法严厉制裁侵权假冒犯罪行为。

五要持续加强宣传教育引导。通过新闻发布会、执法专项行动、集中销毁活动等多种形式、多种渠道宣传打击侵权假冒的政策措施、工作进展和成效。加强基层与企业服务，开展知识产权保护进企业、进单位、进社区、进学校、进网络活动，动员各方力量支持并参与打击侵权假冒工作。大力推进诚信体系建设，加大对失信行为的惩处和披露力度，加大对守信者的支持服务，形成打击侵权假冒的良好社会氛围，积极推进社会共同治理。

（撰稿人：杨涛）

青海省打击侵权假冒工作报告

2023 年，青海省打击侵权假冒工作坚持以习近平新时代中国特色社会主义思想为指导，深入贯彻党的二十大和二十届二中全会精神，全面落实党中央、国务院决策部署，认真落实省委、省政府和国家质量强国建设协调推进领导小组办公室工作要求，深入推进知识产权强国建设纲要、强省建设实施意见，认真履职尽责，主动担当作为，坚持依法治理、打建结合、统筹协作、社会共治，依法严惩侵权假冒违法犯罪活动，全省打击侵权假冒工作取得新成效。

一、工作部署情况

（一）强化组织领导，完善工作机制

一是省委、省政府高度重视知识产权工作，将知识产权理论学习纳入中心组学习内容。省委常委会、省政府常务会议专题听取贯彻落实知识产权强国纲要推进情况汇报，协调推动解决工作中存在的困难问题，对下步工作提出明确要求。二是全省知识产权工作机制不断完善，统筹协调能力不断增强。省政府分管领导定期召开知识产权战略实施工作联席会议暨知识产权保护工作会议，研究制定 53 条知识产权和打击侵权假冒工作推进落实措施，逐一建立工作台账，切实保障各项任务落地见效。

（二）强化制度作用，完善法规政策

一是开展《青海省科学技术进步条例》《青海省专利促进与保护条例》修订工作，列入省人大常委会立法规划，并完成前期立法调研。二是将知识产权创造保护运用指标纳入全省营商环境评价体系，编制发布年度营商环境评价报告。全省知识产权保护社会满意度调查得分 82.72 分，连续三年超过 80 分。三是印发《青海省品牌建设实施方案》，明确打造农业品牌、提升工业品牌、做强服务业品牌、培育区域品牌四项重点任务，推动形成层次分明、优势互补、影响力创新力显著增强的品牌体系。四是制定《青海省知识产权对外转让审查细则（试行）》《关于做好计算机软件著作权对外转让审查工作的通知》，建立完善知识产权对外转让审查机制。五是支持青海大学、青海师范大学修订《知识产权保护管理规定（试行）》《专利管理办法（试行）》《科研成果分类等级认定办法（试行）》等管理办法，健全完善高等院校知识产权保护体系。

（三）强化责任落实，完善考核机制

一是持续将"打击侵犯知识产权和制售假冒伪劣商品违法犯罪"工作纳入平安建设考评指标体系，并对全省进行考核考评，督促各地整改存在问题，落实双打工作责任。二是连续三年将知识产权保护工作列入年度督查计划和市州党委政府目标绩效考核，省委、省政府进一步强化对市州知识产权工作的跟踪问效。三是省政府将知识产权工作列入年度省政府督查激励事项，出台争取国家督查激励事项实施方案和工作成效，西宁市、海南州，西宁市城西区确定为首批知识产权创造、运用、保护、管理、服务工作成效突出地区。

二、主要做法及工作成效

（一）强化行政执法，狠抓专项治理

一是省委宣传部开展打击网络侵权盗版"剑网2023"和青少年版权保护季行动，推进软件正版化工

作,出动执法人员1.1万余人次,检查经营单位4560家次,警告20家次,立案查处12起,行政罚款12.7万元,没收违法所得0.98万元。二是省农业农村厅深入开展农资打假"春雷"专项执法行动,严厉打击涉农涉种违法行为,采取省、市、县三级联动拉网式交叉执法检查方式,出动执法人员5662人次,检查经营主体2422家次,立案查处案件47起。三是省市场监管局深入开展"铁拳""净域"等26项执法行动,过度包装、食品浪费等问题得到有效遏制,假国企央企综合整治推进有力。全年查处各类违法案件4873件,同比增长51.8%,发布典型案例57件,查办各类侵权纠纷案件专利47件、商标36件,医美乱象整治等工作受到总局通报表彰。四是省林草局开展植物新品种权专项行动,制定青海省林业和草原《行政处罚自由裁量权实施办法》《行政处罚裁量基准(2023版)》《行政处罚轻微违法行为免予处罚事项清单(2023版)》,官网公示《向外国人转让林草植物新品种申请权或植物新品种权审批》服务指南。五是西宁海关开展"龙腾"行动,推广新一代查验管理系统移动端商标智能识别应用,建立知识产权海关备案企业库,全省首家企业完成海关备案。六是省药品监管局扎实开展药品安全巩固提升行动,加大药品案件查办力度,共查办药品监管领域违法案件201件,涉案金额111.76万元,罚没款为633万元,同比增长173%,移送公安机关涉刑案件3起,对2家严重违反药品生产质量管理规范行为和2家涉嫌生产销售劣药生产企业、2家严重违反药品经营质量管理规范经营企业立案调查,形成严打危害药品安全违法违规行为的高压态势。

(二)强化司法保护,严打违法犯罪

一是全省公安机关坚持以"昆仑2023"专项行动为统领,统筹推进"医美行业专项打击整治""校园食品安全常态化打击整治"等食药环领域各类专项打击整治,全年侦办食药环和知识产权领域案件142起,抓获犯罪嫌疑人234人,涉案金额1.6亿元,案件查处率较上一年同期增长40.51%。通过公安部"云端"系统发起全国打击非法经营电子烟战役群集,集中攻坚侦破了2起省部级督办案件,打掉2个全国跨区域非法经营电子烟团伙,共抓获犯罪嫌疑人16名犯罪嫌疑人,查获价值1.5亿元的非国标电子烟及相关涉案物品。二是全省各级人民法院始终保持打击侵犯知识产权犯罪的高压态势,加大对食品、药品等重点行业、涉民生领域知识产权犯罪的打击力度,对主犯适用从业禁止令。截至2023年底,全省各级人民法院新受理各类知识产权案件955件、旧存203件,共1158件,审结1047件(含旧存),其中民事审结1003件、刑事审结44件。审结一审民事案件943件,上诉61件,服判率为93.53%,调撤案件778件,调撤率为82.5%。有28件被检察机关依法提起刑事附带民事公益诉讼,加大对知识产权侵权人的威慑。三是全省检察机关聚焦人民群众反映强烈的生命健康、文化体育产品等侵权假冒行为,重拳出击,形成震慑,共批准逮捕生产、销售伪劣商品罪和侵犯知识产权罪犯罪嫌疑人2人,起诉10人,提前介入引导侦查取证18件。坚持"在办案中监督、在监督中办案",监督行政执法机关移送9件9人,公安机关已立案5件5人。积极推进认罪认罚从宽制度在生产、销售伪劣商品罪和侵权知识产权罪类犯罪中的适用,共提出量刑建议10人,法院采纳14人。审查逮捕2件2人、起诉2件2人,查办全省首例知识产权领域检察公益诉讼案。四是省市场监管局牵头,联合省打击侵权假冒工作领导小组有关成员单位组织开展"侵权假冒伪劣商品集中统一销毁行动"。销毁的侵权假冒伪劣商品来自公安、农业农村、文化旅游、市场监管部门查处的假冒烟酒、农资产品、食品药品、服装鞋帽和侵权盗版非法出版物等物品400吨,涉及10大类、60多个品种,价值1.7亿元,是有史以来全省销毁参与单位最多、规模最大、数量最多的一次。销毁工作根据依法处置、无害化处理、杜绝再流通原则,按照不同假冒伪劣产品特性,分别采取拆解、焚烧等分类处置方式进行无害化处理。此次销毁彰显打击侵权假冒违法犯罪行为和保护消费者合法权益的决心,形成了强大的震慑效应和积极的社会影响。

(三)强化保护措施,优化营商环境

一是持续加大商标、地理标志培育、运用、保护力度,多渠道推动运用促进,服务乡村振兴,新增商标品牌指导站11家,建成商标、地理标志基础信息库和首批商标（地理标志）精品品牌名录，组织 173 家企业参加国内大型展会，达成意向签约 70 余项、金额 1.27 亿元，获准使用地理标志用标企业增加至 66 家，较"十三五"末增量翻倍。截至 2023 年底，青海省累计注册商标 7.67 万件，授权专利 3.51 万件，同比分别增长 17.1%、12.8%；每万人口高价值发明专利拥有量达 1.49 件，通过《专利合作条约》（PCT）途径提交国际专利申请 80 件，提前完成省"十四五"知识产权规划目标。二是成功举办"信用赋能高质量发展"西宁论坛，市场监管总局在青海省首发中国企业信用指数，成立中国企业信用同盟。深入开展信用提升行动和严重违法失信名单专项治理，全省 48 万户经营主体参与信用承诺，全年修复信用信息 5.4 万条。三是印发《进一步深化知识产权领域协同保护的实施意见》，设立青海省知识产权纠纷人民调解委员会，配备专职人民调解员，调解知识产权纠纷 6 件，调解率 100%。西宁市建立知识产权仲裁调解办公室，成立知识产权仲裁专家团，受理知识产权仲裁案件 12 件，涉案标的 134.4 万元。四是培育知识产权保护规范化市场，推荐申报国家级市场培育对象 2 家，确定第一批省级市场培育对象 16 家，完成全省 5 家企业知识产权产品投资统计监测工作，累计投资 1389 万元。五是开展知识产权信息归集工作，依法依规对知识产权（专利）领域严重失信行为实施失信惩戒，累计归集有关专利商标知识产权等内容的行政处罚 90 条，归集专利信息 35741 条，专利融资出质有效信息 2 万条。六是省市场监管局等 7 部门共同签署海外知识产权保护工作合作备忘录，联合组建由 46 名律师组成的海外知识产权保护律师服务团，共同加强海外知识产权保护工作。七是全省系统受理投诉举报咨询 16.3 万件，同比增长 40.3%，受理率达 100%，为消费者挽回经济损失 1457.5 万元，ODR 企业增长至 143 家，增幅达 130%，全省消费投诉信息公示率 96.09%，位列全国第九；消费投诉处理满意度 89.29%，位列全国第四。

（四）强化部门联动，完善衔接机制

一是年内先后与陕西、甘肃省市场监管局签署了省区市场监管执法协作框架协议，明确职责，深化合作，达成共识，强化跨区域市场监管执法协作。二是

年内与公安、农业农村、广电、林草、海关、烟草等多部门联合开展联合执法行动 37 次，发现并纠正市场乱象 130 余起；审签并推行联合市场监管协作工作机制 7 份，有力维护了全省公平竞争市场秩序和安全放心消费环境。三是省公安厅联合相关行政主管部门，制定印发《青海省食药环领域行政执法与刑事司法衔接工作实施办法》，全面规范食药环领域单位权责、线索通报、双向咨询、案件移送、联席会议等制度机制，细化相关工作流程和工作措施。四是省药品监管局联合省公安厅等 5 部门印发《青海省药品行政执法与刑事司法衔接工作办法实施细则》，各市（州）也相应制定了药品行刑衔接工作制度，以"零容忍"态度，从严从重查处药品违法违规行为。五是与 12 个黄河流域有关省（区、兵团）知识产权局共同签订知识产权高质量发展联盟协议书，组织 18 个国家 110 余名外籍学员和 70 余名中方学员参加"一带一路"青年科技人才国际研修班，积极融入黄河流域"一带一路"沿线西部省份知识产权协同发展新格局，共同促进区域知识产权交流与协作。

（五）强化队伍建设，提升履职能力

一是举办全省打击侵权假冒与法治提升专题培训班，培训邀请市场监管总局相关司局同志分析当前双打工作面临的形势，并就积极主动开展工作，创新工作方法，不断提升工作成效进行交流。二是举办全省领导干部知识产权保护理论研修班、知识产权保护专题培训班，邀请国家知识产权局相关司局同志深入解读知识产权保护工作面临的新形势、新要求、新挑战，重点对专利侵权纠纷行政裁决、涉外知识产权维权保护工作等重点难点领域开展授课，推动增强全省各级干部知识产权保护意识。三是举办两期下沉式培训——全省商标地理标志品牌建设专题培训海东大讲堂、海西大讲堂，围绕区域公用品牌打造、地理标志运用促进等内容，邀请国家知识产权局、国内知名的品牌运营专家及律师、业务骨干授课，为全省商标、地理标志运用、促进、保护、管理和服务提供智力支持和业务指导。

（六）强化宣传引导，营造浓厚氛围

一是由省市场监管局牵头，联合省打击侵权假

冒工作领导小组有关成员单位组织开展"保护知识产权 打击侵权假冒"主题集中宣传活动，进一步增强全社会抵制侵犯知识产权和制售假冒伪劣商品的意识，提升社会公众对侵权假冒工作的知晓率、满意率，营造全民参与打击侵权假冒工作的浓厚氛围。二是发布2022年度知识产权发展与保护状况白皮书和社会满意度调查报告，召开全省知识产权保护工作新闻发布会，向社会公布2022年度知识产权刑事司法和行政执法典型案例，发布10起涉及销售假冒注册商标等领域的知识产权典型案例，评选知识产权保护工作成绩突出集体10个、个人10名。三是拍摄国家地理标志保护产品（青海）展播宣传片，举行互助青稞酒国家地理标志产品保护示范区（筹建）揭牌仪式，争取茶卡盐代表青海省地理标志保护产品参展中国质量（成都）大会全国地理标志产品展，分别组织5家特色品牌企业入驻中国地理标志产业大厦（济南）、第30届中国杨凌农业高新科技成果博览会，多角度、多方位、多元素展示了大美青海·生态品牌新形象。四是举办首场专精特新中小企业知识产权工作座谈会暨专利转移转化对接会，发出《青海省知识产权保护倡议书》，在青海新闻联播、青海广播电视台长云网等平台播报知识产权相关内容244条，利用公交车载电视、城市大屏滚动播出知识产权公益广告460万条次。

三、存在的问题

2023年，在省委、省政府坚强领导下，在国家质量强国建设协调推进领导小组办公室有力指导下，全省打击侵权假冒工作取得一定成效。但打击侵权假冒仍然存在一些短板和不足，一是地区和部门之间工作进展缓慢，成效不明显，跨部门、跨区域在数据共享、信息互通、执法协作等协作机制还需持续完善。二是执法人员面对不断出现的新业态、新领域，还存在不会管、管不好的问题，基层执法技术装备、人员能力与当前打击侵权假冒任务要求仍有很大差距。三是市场主体责任落实还不够到位，消费者防范维权意识不强，识假辨假能力不足，社会共同参与打击侵权假冒的共识方面仍需加强。

四、下一步工作打算

2024年，青海省将继续深入贯彻落实习近平总书记关于全面加强知识产权保护工作的重要指示批示精神和对青海工作的重要指示批示精神，全面落实新形势下打击侵权假冒工作新任务、新要求。一是加大协作力度，力争新成效。建立完善打击侵权假冒工作相关协调工作机制，加强跨部门、跨地区、跨区域协作，持续加强司法机关与行政机关对侵权假冒行为的联合打击力度，推进形成横向协作、纵向联动的整体合力。二是加大执法力度，筑牢安全线。通过推行"全员执法办案"新模式，以专项整治为载体，以危害人民群众生命健康安全、丧失道德底线、影响特别恶劣的违法行为为重点，加大侵权假冒违法行为打击力度，进一步营造安全放心的消费环境。三是加大宣传力度，营造好氛围。强化企业主体责任，发挥行业协会作用，加大投诉举报查处力度，加大打击侵权假冒工作宣传引导，提升社会公众参与度，进一步营造社会共治良好氛围。

（撰稿人：张舒翔）

宁夏回族自治区打击侵权假冒工作报告

一、基本情况

2023年，全区各级行政执法部门共查办涉及侵权假冒案件1038起，罚没款1200多万元。公安机关侦办侵权假冒刑事案件55起，打击处理犯罪嫌疑人120余人，涉案金额达4000余万元；检察机关审查起诉侵权假冒犯罪案件30件62人，批准逮捕16件28人；人民法院受理侵权假冒案件16件，审结11件；

全区集中销毁侵权假冒伪劣商品 155.25 吨，货值金额 729.99 万元。

二、主要做法及成效

（一）坚持协同治理，共同推进"两法衔接"机制建设

公安机关加强与行政部门协同联动，健全畅通案件移送机制渠道。与烟草部门签署《共建宁夏公安涉烟案件情报研判中心合作框架协议》，通过数据治理、深度挖掘、综合研判，推进烟草打假打私工作法治化、专业化、智能化。印发《加强协作配合强化版权保护工作机制》，在版权执法领域开展密切合作，构建全领域、全链条版权新型执法协作机制。2023 年，摸排获取犯罪线索 26 条，接收部转案件及外省商请协查案件 77 起，利用线索成案 11 起；市场监管部门持续完善执法工作机制。签署丝路沿线西北地区执法协作框架协议、黄河流域九省区知识产权保护、西部十二省区地理标志保护协作协议，出台《宁夏回族自治区知识产权强区建设纲要（2021—2035 年）》《加强知识产权行政执法和刑事司法衔接工作的意见》《关于强化知识产权协同保护的实施意见》等一系列政策文件，完善跨区域、跨部门协同工作机制，持续推进行刑衔接和行纪贯通，知识产权大保护格局初步形成。

（二）强化行政执法，严厉打击各类侵权假冒违法犯罪行为

公安机关"昆仑 2023"专项行动中，重点查办假种子、假烟假酒、假劣日化用品、假劣保健品、盗版图书、食用农产品农残超标、非法添加有害物质等一系列事关人民群众切身利益的案件得到有效处置，取得了良好的法律效果、政治效果和社会效果。其中"银川市 7·14 生产销售伪劣产品案（假劣食醋）"受到自治区党委和政府主要领导批示，被公安部食药侦局作为严打制售假劣食品犯罪十大典型案例之一在中秋、国庆期间向社会宣传报道。成功侦破首起"六特"产业（涉及枸杞）侵犯商业秘密刑事案件，切实维护企业核心利益，倾力护航民营企业高质量发展；党委宣传部门联合网信、公安、通信等部门严打盗版图书等侵犯著作权行为，开展打击网络侵权盗版"剑网 2023"专项行动，不断深化重点领域网络版权专项整治，查处侵权盗版案件 22 起，罚款 5.6 万元，收缴侵权盗版图书 13.72 万册，涉案金额 650 余万元。其中，宁夏银川"01·17 涉嫌侵犯教辅图书著作权案"被中宣部版权管理局列为青少年版权保护季专项行动第一批典型案例；农业农村部门立案查处种子、农药、肥料、兽药、饲料及饲料添加剂等农资案件 70 件，涉案农资 42.07 吨，罚款 38.07 万元；文化和旅游部门开展文化市场专项整治行动，对经营性演出、出版物领域非法买卖文物等案件加强督导，查办案件 150 件，移交违法犯罪线索 5 个，罚没金额 97 万元；市场监管部门扎实开展商标、专利等领域知识产权执法工作，组织开展"铁拳"等专项整治行动，围绕"盐池滩羊""中宁枸杞"等开展了证明商标专项保护行动，加强与公安、检察院、农业农村等部门执法协作，与陕西、河北等省知识产权局积极开展协查合作工作，不断提升执法效能，着力推进知识保护工作。2023 年，全区市场监管部门共查办案件 2371 件，罚没款 3073.03 万元，公布典型案例 12 批 117 件。

（三）强化保护意识，助力服务知识产权创新工作

持续完善公共服务体系，建成自治区级知识产权维权援助工作站 16 个，成立消费纠纷人民调解委员会 19 个，首次以白皮书形式发布《宁夏知识产权保护状况（2018—2022 年）》；聚焦"六新六特六优"产业发展，面向葡萄酒、滩羊、枸杞、新型材料等重点企业，2023 年全区食药环侦部门新增知识产权保护工作站 41 家，累计建成 90 家，实现全区 24 个重点工业园区知识产权保护工作站全覆盖；自治区检察机关积极探索开展知识产权领域公益诉讼，2023 年办理知识产权公益诉讼案件 10 件；自治区版权局积极发挥版权服务保障作用，创造性将版权服务工作融入第三届国际葡萄酒博览会，现场助力葡萄酒产业发展，营造版权保护宣传氛围。

（四）加强宣传引导，营造浓厚社会共治氛围

成功举办 2023 年侵权假冒伪劣商品全国统一销毁行动分会场活动，自治区政府主要负责同志对活动

安排作出批示，分管副主席出席启动仪式并讲话。自治区和银川市双打领导小组成员单位、名优企业、权利人代表等57家单位、200余人参加宁夏分会场启动仪式，销毁伪劣商品52.55吨、货值348.69万元。分会场设置了宣传咨询区、名优商品展示区，集中介绍了全区2022年以来打击侵权假冒工作成果，人民日报、新华社和宁夏日报等多家媒体通过微信公众号、抖音、视频号等新媒体进行了报道，进一步提升了全社会保护知识产权、拒绝假冒伪劣意识和良好的舆论氛围；组织开展"3·15"消费者权益保护系列宣传活动，深入开展知识产权进社区、进学校、进企业普法宣传，发布典型案例9批次70件，中央电视台"朝闻天下"栏目专题报道宁夏第22个世界知识产权宣传周活动；全区版权保护部门销毁侵权盗版及非法出版物14300多本、盗版光盘9037张，开展"打击盗版，从我做起"版权短视频创作大赛，通过讲好宁夏版权故事，提升全社会版权保护意识。

三、存在的问题和不足

一是跨区域跨部门联合执法还需进一步强化。重点领域专项整治的深度和广度还不够，案件查办能力还需要进一步提升，以案促改的震慑作用还需进一步发挥。二是监管体系建设有待加强。打击侵权假冒工作点多线长量大面广、专业性强，基层行政执法工作存在监管执法力量不足、技术手段不够等问题，无法满足新时代监管执法工作需要。三是智慧监管水平亟待提升。面对持续升级的电子商务、网络直播、跨境贸易等业态，执法监管信息化建设工作依然相对滞后，制约了监管执法效能提升。四是宣传引导效果还需进一步扩大，打击侵权假冒工作社会影响力还不够，群众对打击侵权假冒工作参与程度还不高，社会共治氛围还需持续加强。

四、下一步工作

一要持续深化重点领域治理。聚焦互联网、农村和城乡接合部等重点领域，以及食品药品、农资建材和食用农产品等重点商品，依法严厉打击侵权假冒行为，为知识产权保护提供有力法治保障。二要健全完善长效监管机制。坚持打建结合、标本兼治、长效长治，持续加强制度建设、补齐监管短板，提高综合治理能力。持续完善跨地区、跨部门协作机制，强化行刑衔接，构筑打击侵权假冒"高压线"。三要积极构建社会共治格局。持续推进行业自律，强化企业主体责任人意识，引导企业开展自主维权。进一步完善举报投诉制度，积极开展知识产权普法活动，进一步营造知法、守法、护法的浓厚氛围，树立尊重知识价值的良好风尚。

（撰稿人：章婧）

新疆维吾尔自治区打击侵权假冒工作报告

2023年，新疆维吾尔自治区以习近平新时代中国特色社会主义思想为指引，紧紧围绕社会稳定和长治久安总目标，认真贯彻落实市场监管总局和自治区党委、政府各项决策部署，积极面对全疆打击侵权假冒工作面临的新情况、新要求、新挑战，进一步加大打击侵权假冒工作力度，建立和完善长效工作机制，不断增强全疆各族群众的打假维权意识，净化市场环境、维护市场秩序。

一、统筹部署，推进工作顺利开展

（一）强化领导抓部署

2023年7月，自治区政府主要负责同志、自治区质量强区工作领导小组组长主持召开自治区质量强区工作领导小组2023年第一次全体会议，要求大力实施打击侵权假冒工作，加大侵权假冒违法行为打击力度，坚持依法治理、打建结合、统筹协作、社会共治，持续发力、久久为功，严厉打击侵权假冒，依法保护权利人、消费者合法权益，营造市场化、法治化、国际化营商环境。

（二）突出重点强措施

一是通过综合研判、防患未然的整体行动部署，实现各级行政执法体系末端发力、终端见效。同时，加大监管执法力度，严厉查处违法违规行为并适时通报曝光典型案例，为市场主体营造更公平、透明、可预期的法治环境。二是加强跨部门联合执法，全方位、全覆盖治理行业乱象，分别与农业、消防、文旅等部门联合开展专项行动，执法严肃性与部门专业性联合发力，对相关领域制售假冒伪劣商品违法行为做有效探索。三是下好兵地"一盘棋"，以民生领域重点行业重点问题的清理规范为共同目标，在食品安全风险监测、案件线索移交、交流互访等方面不断提高合作水平，从追查物流和销售网点入手，合作打击非法生产、销售全链条，在产业融合发展和统一大市场建设前提下积极推进兵地融合，力求实现相互学习、优势互补的集成效应。

（三）密切协作促推进

一是依托自治区打击侵权假冒工作领导小组办公室，建立打击侵权假冒工作推进机制，凝聚形成工作合力。二是在各类节日等时间节点以及春种备耕等农忙时期，结合全疆实际针对农资、成品油、消防器材、食品药品、学生儿童用品、家用电器等产品组织专项执法检查，严肃查办一批侵犯知识产权制售假冒伪劣商品案件。三是通过优化执法力量，上下联动、兵地联合、部门协作等多措并举的方式，为各成员单位营造打击侵权假冒工作齐抓共管、社会共治的良好氛围提供有力支持。

（四）全力以赴拓宣传

一是各部门、各地州大力宣传重点领域治理情况，动态报道日常执法、司法活动，突出展示执法协调联动成效。二是着眼社会关切，做好法规政策解读，深入剖析典型案例，加强舆情分析应对，利用各类媒体做好宣传引导。三是坚持曝光警示、法治教育和科普宣传相结合，在各类媒体曝光典型案例，不断扩大普法宣传的覆盖面和影响力，提高群众辨识力和自我防护能力，真正实现查办一案、警示一片的作用。四是开展贴近群众的宣传活动，各地、各部门通过微信、微博、电视台、广播电台、公交（BRT）移动电视、阅报栏等渠道进行宣传，打造全方位立体宣传矩阵，增加打假工作的覆盖面和社会影响力。五是做好案件信息公开。通过企业信用信息公示系统、成员单位门户网站等及时公开制售假冒伪劣商品和侵犯知识产权行政处罚案件信息，确保工作经常化、制度化、规范化。

二、突出重点，全面打击侵权假冒

（一）强化知识产权保护效能

1. 司法保护。2023 年，全区法院新收各类知识产权案件 1429 件。其中新收民事案件 1397 件（一审案件 1258 件，二审案件 139 件），同比上升 70.57%；审结 1262 件，结案率 90.34%；调撤案件 707 件，调撤率 50.61%。新收知识产权刑事案件 32 件（一审 29 件，二审 3 件），同比上升 52.38%；审结 27 件，同比上升 68.75%，一审结案率 82.76%，二审结案率 100%。全区检察机关共受理审查逮捕涉及侵犯知识产权相关犯罪 60 件 86 人，同比上升 150%、219%。其中批准逮捕 13 件 17 人，同比上升 85.71%、112.5%。受理审查起诉涉及侵犯知识产权相关犯罪 155 件 276 人，同比上升 64.89%、97.14%，其中起诉 34 件 49 人，同比上升 126.67%、68.97%。全区公安机关共侦办侵犯知识产权领域刑事案件 182 起，抓获犯罪嫌疑人 218 人，捣毁犯罪窝点 20 个，打掉犯罪团伙 6 个，涉案金额 1.5 亿余元。

2. 行政保护。2023 年，全区市场监管（知识产权）系统受理专利侵权纠纷行政案件 1350 件；查处商标侵权案件 651 件，结案 506 件，涉案金额 540.01 万元，罚没款 557.27 万元；查处假冒专利和专利标识不规范案件 163 件，结案 163 件，涉案金额 31.15 万元，罚没款 9.6 万元。在"3·15"国际消费者权益日期间，集中销毁价值 2638.1 万元的侵权假冒伪劣商品。版权部门助推正版软件使用，开展了 2023 年推进使用正版软件情况核查，对自治区党政机关和企事业单位进行全覆盖核查，对 14 个地（州、市）党政机关进行抽查,共核查计算机 11193 台。向各地各单位下发《关于 2023 年度自治区党政机关及企事业单位软件使用核查情况的通报》《关于 2023 年度自治区各地州市软件使用核查情况的通报》。与自治区卫健委、自治区教育厅、自治区党委教育工委、自治区发展和改革委员会（自治区能源局）、自治区交通运输厅、自治区工商联进行联合发文，推进重要行业和重点领域使用正版软件。农业林业领域检查种业企业 850 家次，发现 28 个涉及种子标签、档案等问题；检查种子经营门店 8266 家次，检查覆盖率达 100%。林业和草原部门共查处种苗案件 2 起，涉案金额 6.56 万元，罚没金额 0.6 万元。2023 年，乌鲁木齐关区共查获侵权案件 133 起，查获侵权货物 15.13 万件。

3. 协同保护。一是加大执法协作保护力度。2023 年，全区各级行政执法部门向公安机关移送案件 43 件。自治区市场监督管理局（知识产权局）落实专利侵权纠纷案件行政裁决跨区域协作机制，先后向四川、广东、山东 3 省市场监管局（知识产权局）依法移送专利侵权案件 38 件，收到安徽省马鞍山市移送专利侵权纠纷案件 1 件。二是提升海外知识产权保护能力。研究编制《新疆"走出去"企业在中亚五国的知识产权保护状况》《新疆与中亚五国知识产权纠纷应对研究报告》《企业海外（中亚五国）知识产权维权指南》。发布知识产权保护风险预警信息 117 条，帮助 41 家企业解决知识产权保护诉求难题，规避涉外交易风险。三是依托"丝绸之路经济带"沿线国家法律查明研究中心，制定《全区法院外国法查明工作规程》《涉外企业法律风险防范建议》，为企业应对海外知识产权纠纷提供参考。

（二）开展农资市场专项检查

自治区农业农村厅联合自治区公安厅、自治区市场监管局下发《关于印发〈2023 年自治区春季联合执法护农行动实施方案〉的通知》《2023 年自治区农资打假行动方案》《关于做好 2023 年中秋节、国庆节期间农资打假和农产品质量安全监管工作的通知》《关于做好秋冬季农资执法检查工作的通知》，安排部署了全区春秋季农资打假工作。各级农业农村部门紧紧围绕种子、肥料、农药、地膜、农机等重点产品，农资市场、仓储库房等重点环节，全面开展农资打假专项治理行动。2023 年共查处生产销售假冒伪劣农药、种子等案件 424 起，结案 353 起，涉案金额 261.32 万元，累计罚没金额 149.47 万元，移送司法机关案件 2 件。收到农业农村部转办案件 11 件，均已办结。

（三）守住食品药品安全底线

公安机关充分发挥"食药侦案件管理系统"作用，利用大数据智能化手段，实时掌握全区公安机关侦办涉侵犯知识产权和制售伪劣商品领域刑事案件情况。2023 年以来，全区公安机关以"昆仑 2023"专项行动为抓手，深入开展"夏季治安打击整治""亮剑 2023"等一系列专项工作，依法严厉打击侵犯知识产权和制售伪劣商品犯罪。全年共侦办侵犯知识产权和制售伪劣商品领域刑事案件 1210 起，破获 1144 起，捣毁犯罪窝点 180 个，打掉犯罪团伙 54 个，抓获犯罪嫌疑人 1375 人，涉案金额 3.73 亿余元。市场监管部门坚决守住食品药品安全底线，一是联合文旅厅开展旅游景区及周边食品安全专项整治工作，重点排查网红旅游打卡地等场所食品安全风险隐患，检查餐饮服务单位 21630 家次，责令整改 1687 家。二是联合自治区教育厅推动全区 8537 所有食堂的学校全部由分管副校长担任食品安全总监，在校园显著位置和各级教育部门官方网站同步公示 8537 名食品安全总监、8918 名食品安全员相关信息，做到公开承诺、责任到人。三是指导地、县市场监管部门联合教育部门开展线上线下培训 161 期，培训 10154 人次，实现全区 8941 家学校食堂"互联网 + 明厨亮灶"100% 覆盖。四是联合开展高校食品安全风险隐患专项整治，组织教育厅和市场监管局成立 4 个专项检查组，对全区 23 所高校的 53 家食堂开展现场检查，要求其余 23 所高校对标对表开展自查，做到了高校检查全覆盖。2023 年，全疆各级市场监管部门共立案查处生产销售假冒伪劣食品案件 2283 件，结案 1891 件，案值 441.63 万元，罚没款 1254.09 万元。药监部门加强与公安、卫健、网信等部门的沟通协作，加大网络销售监测处置力度，严查违法违规行为，全区共检查药品网络销售企业 1856 家次，检查第三方平台 72 家次，共发现违规企业 284 家，限期整改企业 271 家、采取暂停销售（使用）措施 2 家，立案查处 11 家，罚没款 0.3 万元。全区医疗器械网络销售环节共检查 1127 家次、责令整改 109 家次（均已完成整改）、约谈企业 9 家。全区化妆品网络销售环节共检查 1017 家次、责令整改 79 家次、约谈企业 209 家。2023 年全区共查办案件 4097 件。其中，药品案件 1958 件；医疗器械案件 932 件；化妆品案件 1207 件。涉案货值 17405.40 万元，罚款金额 2457.71 万元，移送公安机关 425 件。

（四）开展文化旅游市场排查

一是对重点景区景点内的标牌、文创产品、旅游纪念品开展集中排查，并督促景区开展涉"问题地图"自查，不断提高正确使用地图的意识。二是开展出版物经营场所、印刷企业、景区（点）、涉旅企业等重点行业集中排查，检查重点文旅场所 1738 家次，共发现 47 本相关图书未按照正确地图内容表示区域或未明确表示区域，排查出相关艺术品 2 张（幅）、地图剪影 5 张，在克拉玛依展览馆、黑油山、独山子大峡谷等 4 家景区及旅行社共查出问题地图 2 处，均已做下架处理。三是开展针对非法出版物和未成年人淫秽制品商品的涉嫌违法线索巡查和监测共计 9 批次，对全区范围内市场主体网站巡检 58630 家次，对各电商平台的网络店铺巡检 124307 家次，涉及互联网图书、互联网电子音像、网络出版、网络视听等分类，发现涉嫌违法线索 22 条（均已做相关处理）。

（五）行刑衔接、行纪衔接贯通

一是执法部门着力推进与司法部门的沟通，与公安部门加强行刑衔接案件会商，严格区分罪与非罪，既不以罚代刑也不扩大打击，做到精准执法。2023 年，全疆行政执法部门向公安机关移送涉嫌犯罪案件 118 起。二是公安部门加强与行政部门的对接，组织开展

联合执法检查 8 次，获取食品药品和知识产权领域举报投诉信息 2 万余条，召开座谈会、联席会 22 次，排查重点场所 5533 处，对于工作中发现的监管漏洞，及时向行政部门发送风险提示函 6 份。三是完善行纪贯通机制，纪委监委、市场监管、公安等部门协作联动、凝聚执法合力，移送纪委线索 2 条。

三、对策建议

（一）建议加强对网络直播带货行业违法行为查办

电商直播用户达到 5 亿多人，网络直播带货市场规模超过 4 万亿元。网络直播带货已经成为电商行业的重要增长点和创新引擎。然而，随着网络直播带货行业的快速发展，也出现了一些亟待解决的问题和挑战。部分主播存在虚假宣传、夸大其词、恶意竞争等不良行为；部分平台存在监管缺失、数据造假、低俗内容等乱象；部分商品存在质量低劣、假冒伪劣、售后无保障等风险。这些问题不仅损害了消费者的合法权益，也影响了网络直播带货行业的健康发展和社会信用体系的建设。

（二）建议进一步完善执法培训制度，创新培训方式

结合市场监管执法工作特点，重点针对一线执法人员，按照行政执法、技术执法、科学执法、快速检测、准军事化能力要求，组织开展岗位练兵、以学代训、以案代培等多种方式的综合执法业务培训班，抽调各省、区（市）业务骨干交叉开展案件查办和业务培训，规范和提高法律文书制作质量，对多部法律法规适用的案件，指导有效区分，提升和改进基层骨干个人能力素养和执法技巧。

（撰稿人：张莺）

新疆生产建设兵团打击侵权假冒工作报告

2023 年，新疆生产建设兵团打击侵权假冒工作以习近平新时代中国特色社会主义思想为指导，全面贯

彻党的二十大精神，认真贯彻落实党中央、国务院决策部署，按照兵团党委、兵团工作安排，完整准确贯

彻新时代党的治疆方略，围绕新疆工作总目标，聚焦履行兵团职责使命，依法严厉打击侵权假冒违法行为，为服务兵团经济社会发展发挥了积极作用。

一、总体情况

2023年，兵团双打工作加大重点市场、重点产品、重点区域监管力度，推进完善两法衔接、司法保护、信息公开治理水平，强化信用体系建设、行业组织作用、部门协同配合，提高专业水平、系统性宣传等方面提升兵团打击侵权假冒工作能力。一年来，兵团打击侵权假冒工作扎实开展、稳步推进、成效显著。

一是行政执法方面，联合各部门开展各类专项整治行动，查处侵权假冒棉种、农膜、农药等涉农产品，侵犯注册商标权汽车配件、润滑油等车用产品，假药、劣药及侵犯注册商标权酒类产品等侵权假冒案件77件，罚没款合计111.39万元。整治期间查处各类行政执法案件23起，其中涉及侵犯注册商标权案件3起，罚没款11.5万元。二是刑事司法方面，兵团公安机关侦办侵犯知识产权案件5起，抓获犯罪嫌疑人15人；侦办生产销售伪劣产品案件10起，抓获犯罪嫌疑人76人。特别是六师公安机关侦破一起生产销售非标柴油案，已移送审查起诉16人，查明涉案非标柴油6115吨，涉案金额4092余万元。兵团检察机关受理审查逮捕侵权假冒案件4件21人，受理审查起诉侵权假冒案件3件64人。兵团法院系统审理侵权假冒刑事案件1件3人。三是侵权假冒商品销毁方面，制定印发《关于开展2023年侵权假冒商品销毁工作的通知》，充分利用重要时点，在"3·15"国际消费者权益日至"4·26"知识产权保护宣传周期间，组织具有执法权的成员单位及十三个师市双打办对没收的侵权假冒商品进行统一集中销毁，累计销毁涉及种子、饮品、食品、药品、化妆品、生活用品等商品300余品种，3余吨。四是行刑衔接方面，各行政执法和刑事司法部门围绕行刑衔接工作制度，积极开展执法协作，兵团双打办联合兵团公安局组织开展联合执法1次，现场执法宣传活动1次，推送宣传信息千余条次，曝光假冒伪劣商品300余种；联合兵团检察院开展行政执法与刑事司法衔接信息共享平台建设，确保兵团行政执法与刑事司法衔接信息全年与中央平台互通，每月数据传输正常。

二、工作成效

（一）提升法治服务水平

引导基层法律服务工作者积极参与打击侵权假冒工作，全年代理知识产权诉讼案件10件，担任企业法律顾问575家，帮助提升企业依法经营、依法管理的能力和水平。

（二）加强网络信息监测

严格落实7×24小时网络巡查制度，以食品、药品、医疗器械、防疫物资、疫苗、农药、儿童用品、化妆品、汽车配件、家具家电等为重点，对兵团辖区涉侵权假冒行为网络信息进行全面排查，共巡查相关信息18.5万余条，未发现重大突出问题。

（三）加大知识产权保护力度

印发《兵团市场监管局2023年知识产权行政保护工作方案》，持续加大对重点领域、边远团场和关键环节侵犯知识产权行为的打击力度，兵师市场监管部门共查办知识产权侵权案件111起，案件办理量同比增加152.27%，案件总值85.75万元，罚没款合计77.81万元。

（四）扎实推进信用体系建设

一是做好信用融资工作，依托兵团信用信息共享平台，建成兵团信易贷平台，已入驻兵团企业1000多家。二是加强兵团社会信用制度建设，印发兵团信用建设2022工作要点、兵团公共信用信息目录和兵团信用平台管理配套制度规范等，开展双公示信息报送、信用专项治理工作及帮助企业开展信用信息修复等，营造良好信用环境。

（五）强化财政经费保障

一是2023年兵团本级财政安排知识产权专项资金160万元，重点支持兵团知识产权创造、运行、保护、管理和服务等方面，保障打击侵犯知识产权和制售假冒伪劣商品违法犯罪等工作正常开展。二是按照《兵团市场监管专项资金管理办法（试行）》规定，明确知识产权专项资金的支持范围、支持标准和分配方式，提高资金使用效益。

（六）加强食品药品监管

一是坚持"用最严谨的标准、最严格的监管、最严厉的处罚、最严肃的问责，确保人民群众舌尖上的安全"要求，完善农村市场食品安全治理机制，形成整治监管合力。二是持续问题导向，组织开展药品安全专项整治行动，联合兵团公安局在兵团辖区开展制售假药、劣药违法线索征集，严厉打击制售假药劣药等违法违规行为。

三、存在的问题和下一步工作安排

总体来看，兵团打击侵权假冒工作水平逐年提升，但与党中央、国务院的要求相比，与职工群众的期盼相比，仍然存在一定差距。一是整体联动有待加强。兵团师市综合执法改革尚未完全到位，个别师市、部门工作机制不健全，缺乏统筹协调和跟进措施，部门间信息共享、互联互通、形成合力上还存在差距。二是制假售假违法行为区域化明显。呈现从重点市场向城乡结合部、从重点环节向互联网领域转移的新趋势，加之兵团监管执法队伍组建整合时间短，基层执法监管跟不上新业态、新领域、新行业的发展，给打击侵权假冒工作带来了极大挑战。三是社会共治意识有待提升。职工群众维权意识普遍较弱，商标权利人自主维权和配合执法意识不够，企业运用知识产权参与竞争和维权意识还需要进一步增强。

下一步，兵团打击侵权假冒工作将继续坚持打建结合、惩防并举，建立健全长效机制，提升综合治理能力，推动打击侵权假冒工作再上新台阶。

（一）进一步加大专项整治力度

突出重点市场、重点商品、重点领域监管执法，加大部门间执法协作，着力团场周边、师市周边等城乡结合部，农资市场、建材市场等专业市场，汽车配件、节令食品等必需消费品，从生产源头、流通渠道和消费终端三个方面加大整治力度，净化市场经营环境。

（二）进一步推进"两法衔接"

及时跟进推动兵团行政执法与刑事司法衔接信息共享平台建设，加强侵权假冒案件网上移送、网上受理、网上监督，促进信息共享平台管理应用的日常化和规范化。细化完善行政执法部门与刑事司法部门执法沟通协作机制，及时解决打击侵权假冒工作中遇到的困难和问题，确保"两法衔接"落到实处。

（三）进一步建立健全长效机制

不断总结好经验、好做法，从政策法规和制度层面进行配套衔接，制定完善《兵团市场监管局、农业农村局、文体广电和旅游局三部门关于深化师市市场农业文化综合行政执法改革工作会商机制》，联合三部门同步开展行政处罚和行政强制措施目录动态调整，为联合做好打击侵权假冒工作提供制度支持。

（四）进一步加大知识产权保护

坚持知识产权培育运用和侵权打击齐头并进，强化知识产权执法指导，严厉打击侵犯注册商标权、非正常专利申请、恶意抢注商标等违法行为，进一步提高知识产权保护社会满意度。

（五）进一步加强舆论宣传

通过广播电视、报纸杂志、网络媒体等多种渠道，开展全方位、立体式宣传，把握正确舆论导向，解读法规政策措施，曝光剖析典型案例，营造全社会保护知识产权、打击侵权假冒的良好舆论氛围。

（撰稿人：艾强）

四、行业协会工作

Ⅳ. Efforts of Trade Association

中国建筑材料流通协会打击侵权假冒工作报告

我国建材与家居行业承载民生消费与大量就业，与老百姓美好幸福生活息息相关。2023年，中国建筑材料流通协会以习近平新时代中国特色社会主义思想为指导，全面贯彻落实党的二十大精神，始终坚守"为行业服务"的初心使命，将打击侵权假冒作为协会发挥行业管理职能的重要工作之一，在协会基础性工作开展的同时，注重健全完善保护知识产权和打击侵权假冒工作的长效机制，加强行业自律，维护建材家居市场竞争秩序。

一、提高政治站位，强化协会基础性反侵权假冒工作

（一）扎实开展标准化建设工作，为规范行业发展保驾护航

标准化在推进国家治理体系和治理能力现代化中发挥着基础性、引领性作用。2023年，中国建筑材料流通协会继续做好团体标准的立项审查、申报、编制、发布、实施等工作，全年共立项团体标准16项，完成发布团体标准13项。组织召开标准讨论会、审定会、宣贯会20余次。

2023年，协会紧密关注当前行业发展需求，积极开展新技术重点领域的标准体系建设，及时对协会标准化相关管理文件进行优化、补充和调整，进一步提升协会标准化工作影响力的同时，充分调动市场主体的参与积极性，协会团体标准化工作成绩显著。这些标准在建材家居各领域发挥着重要的引领作用，多项标准被地方政府作为招投标依据。

（二）精准服务企业，为会员企业开拓市场创造收益

2023年协会会员规模进一步扩大，截至2023年底，协会会员总数已超过3400家。进一步深化落实从"会议经济型"向"开拓市场型"的转型战略，聚焦"为会员开拓市场创造收益"的核心使命，找准定位、发挥优势、突出重点、打造亮点，开展一系列精准对接工作。

一方面，协会系统内各职能部门、分支机构、直属企业为协会会员、行业企业积极开展供需对接项目，举办各类活动、会议、展会类项目，推进新型业务项目落地。经不完全统计，截至2023年底，协会为会员、为企业开拓市场额度超过600亿元。

另一方面，协会在"强链条"上积极赋能和助力行业企业，促进产品与流通有机结合，逐步扩大产业链融合发展效应，打造行业坚强供应链，以此帮助企业增强韧性，进一步拓展市场。

此外，还有一项具有开创性的工作是：2023年来，协会以"推进协会和行业数字化服务平台建设"为重点任务之一，以协会OA办公系统建设，协会官网、微信公众号、视频号、小程序等官方新媒体平台建设为切入点，有步骤、分阶段、由易入难地推进协会和行业数字化平台建设与发展。也为协会建立行业数字化知识产权服务平台提供了可能，通过协会的数字化改革，引领行业知识产权建设工作。

（三）积极配合国家有关政府部门，服务建材与家居产业高质量发展

2023年，经过一系列的调研实践与理论研究，积极向有关部委建言献策，采取积极行动，助力、推动家居消费和产业升级。通过协同开展"消费促进"系列工作及"绿色建材下乡"系列活动，在促家居消费、促产业升级等方面取得重要成果。

一是积极配合商务部"2023消费提振年"系列活动开展，上半年开展消费促进活动52项，实现销售额609亿元；下半年开展消费促进活动108项，展会活动13项。

二是在商务部等13部门《关于促进家居消费若

干措施的通知》政策出台过程中，积极配合商务部消费促进司开展大量工作，及时反映行业发展有关情况，提供大量数据和实践经验参考，提出相关建议。政策的出台为全国建材与家居行业的发展注入了一针强心剂。10月，商务部消费促进司向协会专门发来《感谢信》，感谢协会在商务部促家居消费政策出台过程中开展的务实有效的工作，并就下一阶段协会在促家居消费政策落实方面的工作提出了希望。协会还将从多维度切入，在全行业系统把政策进一步落实、落细。

三是在贯彻落实工信部等六部委 2022 年度绿色建材下乡活动的成果基础上，2023 年继续作为活动推进组成员单位，从需求侧、供给侧两端发力，引领全国建材与家居行业深入开展"绿色建材下乡"活动，并组织开展 2023 年绿色建材下乡活动优秀案例征集工作，推动行业品质升级，让绿色建材家居产品进入千家万户。

（四）启动建设"中国建材与家居行业 ESG 平台"，助推行业企业可持续发展

2023 年 7 月，协会向全行业发出了《关于联合共建"中国建材与家居行业 ESG 平台"的通知》。在有关国家金融管理机构支持下，与海南省绿色金融研究院以及相关金融机构联合共建"中国建材与家居行业 ESG 平台"，以促进我国建材与家居行业 ESG 披露、ESG 评级和 ESG 管理提升，共同推动行业企业可持续发展。

通过共建银行的系统平台，企业进行 ESG 信息披露和 ESG 评级，评级信息同步到银行。银行参考评级结果，在贷款额度和利率等方面给予企业一定程度的优惠。评级不但为企业提供更有利的融资和发展机会，同时也为落实国家政策、银行支持实体经济提供应用场景。已与中国银行开展深度合作，后续将有更多金融机构加入联合共建体系。协会充分践行"协同治理社会"宗旨，完善行业治理体系和治理机制，营造统一、开放、规范、有序、良好的行业营商环境。

二、典型细分行业及企业反侵权假冒工作

（一）行业反垄断愈发受到重视，建材行业反垄断执法"优先级"进一步提升

知识产权保护和公平竞争有着密切的关系，保护知识产权是公平竞争的应有之义，维护市场公平竞争秩序也有利于更好地保护知识产权。2023 年我国反垄断监管执法领域出现一系列新动态，执法机构对行业协会反垄断工作进一步重视。5月，市场监管总局公布《关于行业协会的反垄断指南（征求意见稿）》，旨在发挥行业协会在促进行业规范健康持续发展、维护市场竞争秩序等方面的积极作用，引导行业协会加强反垄断合规建设。协会将充分发挥自律职能，加强自身反垄断合规建设，采取行业规则、公约以及市场自治规则等方式，指导、帮助会员建立健全反垄断合规管理制度，尽早识别、防范反垄断合规风险。

与此同时，执法机构对建材行业的反垄断工作也愈发重视，作为国民经济的重要基础产业，建材行业长期面临着产能过剩、能耗、环保等方面的多重压力，深受竞争政策、产业政策、环保政策等交织影响。因直接关涉民生而又垄断案件高发且主要集中在较为严重的横向垄断协议领域，建材行业连续多年成为我国反垄断执法机构重点关注的领域之一。9月，国内首个建材行业反垄断合规指引发布实施，陕西省市场监管局发布《陕西省建材行业反垄断合规指引》，有利于预防和制止垄断行为，帮助建材行业相关经营者更好识别和防范垄断风险，保护市场公平竞争。协会将借助连接政府与经营主体的独特优势，发挥提供服务、反映诉求、规范行为等职能，促进行业规范健康持续发展。

（二）智能家居行业蓬勃发展，行业创新发展愈发重视知识产权保护工作

近年来，随着科技的飞速发展，人工智能、5G、物联网等技术日益成熟，我国智能家居行业正迎来黄金发展阶段。尤其是 2023 年多项政策利好，使得智能家居行业的创新发展形成了强劲的推动力。例如，商务部发布的《关于促进家居消费的若干措施》旨在促进家庭装修消费和旧房改造，鼓励室内全智能装配一体化，直接推动了智能家居产品的需求增长。国家发展改革委发布的《关于恢复和扩大消费的措施》，旨在加快传统消费的数字化转型，推动新一代信息技术与消费领域的深度融合，为智能家居行业的发展提供了更广阔市场空间。

聚焦于专利申请角度来看，通过检索得到智能家居领域于 2023 年 12 月 1 日至 2023 年 12 月 20 日期间公开新增专利为 3497 件，其中主要聚焦于数字照明、智能空调、智能冰箱等细分领域。通过专利申请量和有效量来衡量，我国智能家居行业在创新发展方面有着显著的优势。然而，在发明申请占比、发明授权率方面还有提高的空间，需要持续加强技术创新并提升发明专利申请的质量，以进一步巩固我国智能家居产业在国际的领先地位。

智能家居属于高新技术产业，利用先进的无线技术、大数据、云服务等创造出智能的能为用户生活服务的产品，科技和创新才是产品的核心。目前有些企业仍然奉行"拿来主义"，照搬其他企业的技术和产品，也能获得短暂的利益。但长远来看，没有自己的核心知识产权，虽然与消费者无关，但最终根据市场发展规律，没有创新的企业终将被淘汰，且随着国家知识产权政策法规的不断完善和落实，违规企业也将受到应有的惩罚。

（三）行业消费满意度仍是痛点，建材家居流通领域知识产权保护步伐加快

根据中国消费者协会发布的 2023 年全国消协组织受理投诉情况分析，家居建材类的投诉量仍然较高。其中全国家具类投诉量较去年同期增长 6.13%，排名商品细分领域第八位；全国房屋及建材类投诉量较去年同期下降 0.72%，排名商品大类第七位。售后、环保、质量问题仍是家居消费投诉的三大主要热点，且家具建材卖场以约定或单方声明排除法定责任，也是投诉的重点问题之一。

在"双循环"的消费背景下，消费者对产品品质和服务水平的重视愈发提高，使得家居企业的营商环境提升意识正逐步加强，品牌力优势也日益显现，众多企业积极维权，营造积极健康的家居市场环境。例如，2023 年 2 月，美克家居在与百川时代（北京）贸易有限公司等三家公司的侵害商标权及不正当竞争一案中胜诉。"百强家具"商标侵权案历经 5 年，最终在 2023 年 3 月由上海市高级人民法院审结，百强家具获赔 1196 万元。该案被选为保护知识产权的典型案例。

虽然近年来建材家居逐步流量分散、形成渠道多元化的格局，但建材家居卖场仍然是当前建材家居销售的主要途径，仍具有其不可替代的优势，只要卖场有好的产品、服务和保障体系就仍会立于不败之地。例如，2015 年红星美凯龙就推广实施了"中国家居正品查询平台"，该平台综合了 NFC 及二维码识别技术，对加入平台的每一件家居商品都会生成独立的编号。消费者在红星美凯龙家居卖场购买商品时，通过编号，应用微信工具，扫描上面的防伪标签二维码，就能即时辨别出产品的真假。不仅对消费者起到一个保障作用，同时对企业自主知识产权起到一个保护作用。2023 年红星美凯龙还通过严格的商户经营管理、立体的商户信用分级评价、深入的信用数据应用，规范商户经营行为，树立诚信经营标杆，塑造家居品牌企业"品牌力"，严防假冒伪劣行为的发生。

协会积极贯彻"协同治理社会"的宗旨，愿意与相关政府部门，携手推进行业诚信建设，通过创新规范标准、设立红黑榜单、完善消费评价机制等方式，打造放心舒心的消费环境。

三、反侵权假冒工作政策建议

一是建议有关政府部门充分发挥行业协会联系政府和企业的桥梁纽带作用和优势，授权行业协会参与到更多反侵权假冒事件中，比如搭建政策咨询、沟通交流或者包含知识产权保护领域专家等相关资源充分共享的平台。

二是建议健全容错激励机制建设。坚持创新的重要作用和地位，在知识产权领域也要营造开放创新的良好氛围。尤其在当前日益复杂的国际环境下，要顺应数字经济发展新形势，积极探索深化新材料、新领域等方面的知识产权合作。

三是加强宣传引导，推动社会共治。真切关注人民群众所想所盼所急，持续进行正面引导，切实提高知识产权保护宣传舆论的传播力、引导力、影响力和公信力，为打击侵权假冒工作营造良好的社会氛围。

（撰稿人：尹月晓）

中国外商投资企业协会优质品牌保护委员会打击侵权假冒工作报告

2023 年，中国政府继续深化知识产权保护体制机制改革，不断强化知识产权全链条保护，通过出台《关于进一步优化外商投资环境 加大吸引外商投资力度的意见》等措施，展示打击侵犯外商投资企业知识产权行为的坚定决心。中国外商投资企业协会优质品牌保护委员会（以下简称品保委）坚持不懈推进各项工作，在会员与相关司法执法部门、会员与会员、中国与国际知识产权界之间发挥桥梁作用，各项工作取得积极成效。

一、大力组织和参与知识产权交流活动

增进品保委会员与相关司法、执法部门间的相互了解和配合、分享最新行业动态、推广先进经验和做法，共同推动知识产权司法程序的完善和执法力度的提升。3 月，在广州举办第一届跨境知识产权保护论坛，市场监管总局相关司局、广东省市场监管局、广州海关、香港海关、广州市知识产权工作领导小组办公室、广州市相关执法、司法部门同志，欧盟驻华代表团、美国驻广州总领事馆以及品保委会员公司代表近 300 人出席，就跨境贸易相关知识产权问题商讨加强多方配合、探寻高效便捷的解决方案。

4 月 26 日，在北京举行第三届知识产权保护论坛，主题为"强化知识产权保护、助力高质量发展。"市场监管总局、国家知识产权局相关司局同志，香港海关、美国驻华大使馆、欧盟驻华代表团、地方执法司法部门相关领导，以及国际商标协会等国际组织、商协会、知识产权科研机构、电商平台、品保委会员公司的代表共 200 余人出席，就知识产权行政执法保护、刑事司法保护和民事诉讼等三个专题进行深入讨论。同日，发布 2022—2023 年度知识产权保护十佳案例。31 个

获选案例来自医药、食品饮料和酒业、日用、农药农机等诸多关系国计民生的重要行业和领域，涉及跨境侵权、恶意维权、商标恶意抢注、商标跨类保护、不正当竞争等热点难点问题。相关案件产生广泛社会影响，对知识产权违法犯罪分子形成强大震慑。此外，获选案例多数具有典型性，在一些方面取得突破性进展，对未来执法、司法判决和权利人维权有很强示范效应。此次十佳案例发布时间改变以往惯例，提前至"4·26"世界知识产权日，扩大了活动影响力，取得了良好宣传效果。

10 月，再度联手 EU IP Key 中国在南昌举办中欧知识产权刑事保护论坛，为中欧双方在打击知识产权刑事犯罪方面构建桥梁、交流经验、促进合作。来自最高人民法院、最高人民检察院、国家知识产权局相关司局、部门，相关地方法院、检察院、公安机关、外资协会以及外国驻华使领馆的领导和官员、欧盟知识产权执法领域专家、商协会和品保委会员代表 200 余人出席论坛。

11 月，在上海举办了第五届知识产权行政保护交流会，最高人民法院、市场监管总局相关司局、部门，外资协会领导，美国驻华大使馆等外国驻华使领馆外交官，以及国际知识产权组织代表到会发言，来自 29 个省、自治区、直辖市相关行政、司法部门同志，品保委会员、电商平台代表共同探讨知识产权行政保护的趋势和热点、难点问题的解决之道。

2023 年，品保委还携手相关单位共同承办和协办数个重大活动，如 2023 跨国投资对话暨中国外商投资企业协会会长论坛（厦门）、第六届虹桥国际经济论坛保护知识产权、打击侵权假冒国际合作分论坛、中国—东盟打击侵权假冒合作发展论坛等，派代表出席

2023年侵权假冒伪劣商品全国统一销毁行动。除举办、承办以上重大活动，品保委还通过拜访、接待、交流会、研讨会等多种形式与上海市公安局食品药品与环境犯罪侦查总队、天津市公安局环食药总队、山东省公安厅食品药品与环境侦查总队、四川省公安厅食药环经侦总队、江西省公安厅森林公安局、大庆市公安局、石家庄市公安局食品药品安全保卫支队、汕头市公安局潮南分局、汕头市公安局食品药品与环境犯罪侦查支队、莆田市公安局、山西省市场监管局、广西壮族自治区双打办、贵阳市市场监管局、宁波市双打办、宁波市市场监管局、梧州市市场监管局、汕头市市场监管局、常熟市市场监管局等开展交流，并分别与山西省市场监管局、天津市公安局环食药总队、江西省公安厅森林公安局，以及大庆市公安局签署合作备忘录。

在知识产权海关保护方面，通过拜访等方式与海关总署综合业务司知识产权处保持密切沟通，反映会员办理2023年海关总担保遇到的问题，继续深入开展海关知识产权执法技能培训活动，先后与深圳、温州、杭州、广州、福州、厦门、南宁、昆明、上海、大连、沈阳、长春、哈尔滨、呼和浩特、满洲里、南京、海口、宁波及青岛共19地海关举办14场培训活动（包括两场线上培训），总计2500人次参与。品保委代表还拜访大连、宁波、上海、南京、广州和黄埔海关等重点关区以及海关总署风险防控局（青岛），出席南沙海关政策宣讲会，探讨如何实现权利人和海关的紧密合作，共同打击进出口侵权假冒行为。此外，品保委与来访的香港海关代表团开展了交流，对方表示香港海关将搭建针对知识产权保护的企业平台并与品保委保持互动沟通。

二、积极开展调研活动

通过开展调研活动，为知识产权相关立法、修法和司法解释以及政策制定建言献策。针对《中华人民共和国商标法修订草案（征求意见稿）》和最高人民法院、最高人民检察院《关于办理侵犯知识产权刑事案件适用法律若干问题的解释（征求意见稿）》，向全体会员征集意见、组织讨论，并将相关意见汇总提交

相关部门。继续就相关热点法律和实践问题与学术研究机构合作开展调研，如跨境数据调取实物研究项目（北京师范大学）、人工智能与网络犯罪、知识产权侵权问题研究项目（北京大学法学院）、电商平台知识产权保护指数评价体系研究课题（北京大学法学院）等，与日照市人民检察院联合举办知识产权刑民衔接立法及实务机制研究专家研讨会。

（一）持续开展知识产权保护国际交流与合作，扩大国际影响力

与相关知识产权国际组织保持密切沟通合作，积极参与国际知识产权交流活动。5月，品保委代表团参加INTA（国际商标协会）新加坡年会，与该协会续签合作备忘录，三十多家外资企业总部代表参加了闭门讨论会，品保委还在年会设置展台宣传品保委的工作。6月，由品保委提名的广州市市场监管局荣获全球反假冒机构颁发的全球反假冒奖（国家执法部门类），以表彰他们在打击假冒活动工作中取得的成就。7月，品保委主席线上出席由世界知识产权组织（WIPO）举办的关于知识产权执法的行业协会会议。9月，品保委代表团出席在挪威举行的第十六届国际刑警组织打击知识产权刑事犯罪大会，品保委主席主持关于"针对假冒产品安全储存、回收和销毁"专题讨论，并向会员公司总部代表和万国邮政联盟等国际组织介绍了相关情况。11月，品保委继续支持WTR（《世界商标评论》）杂志在上海举办的中国品牌战略论坛，并与WTR签署合作备忘录。品保委主席受邀为该杂志特别报道撰写文章，介绍中国知识产权保护情况以及品保委的工作和成就。

此外，品保委还以互访和其他形式与EU IP Key中国、波兰专利律师协会、美国驻华大使馆、美国国土安全部移民海关执法局（ICE）驻广州总领事馆代表等开展了交流，并与INTA联合举办十佳案例线上分享会，同时在国际反假冒机构（IACC）季刊发文介绍品保委十佳案例。

（二）内部交流以及与其他相关方的合作与交流

品保委各个专业工作组、行业小组发挥各自专业优势，频繁举办午餐会、研讨会、讲座和沙龙等精彩纷呈活动，帮助广大会员分享和了解行业动态、专业

知识和最佳实践。这些活动紧贴会员关心的问题，涉及案例分享、技术进出口、线上品牌保护、商标与著作权热点问题、人工智能专利保护、农资进出口领域知识产权保护、专利侵权民事案件的一般应诉逻辑和策略、企业数据和商业秘密管理风险和建议、商业数据之知识产权保护、新著作权法下背景音乐使用相关问题、《关于标准必要专利领域的反垄断指南》解读、商标检索、风险评估与布局策略、美国专利撰写常见问题和经验教训等。针对会员普遍关心的电商和网络社交平台相关问题，举办互联网品牌保护大讲堂、小课堂以及 IC 热线系列活动，组织会员与美团、哔哩哔哩、小红书、Shopee、京东等平台进行交流，出席京东集团商品安全共建合作论坛、亚马逊年度品牌保护经验分享会以及微信知识产权保护大会。

此外，品保委还支持并派代表出席相关单位举办的知识产权交流活动，如"加强商标司法保护服务品牌强国建设"研讨会、"商标显著性、商标使用与商标法律制度之完善"研讨会、"驰名商标保护制度之完善"研讨会等，积极表达观点、参与讨论。

（三）协助会员对接地方执法部门

继续协助地方执法部门与权利人实现双向对接，第一时间分享案件线索、开展产品真假鉴定，极大地提升办案、投诉效率，有力打击相关地方假冒侵权违法犯罪行为。这些地方执法部门包括北京、上海、重庆、山东、广东、四川、江西、河南、安徽、黑龙江、吉林、辽宁、河北、新疆、内蒙古、广西等 16 个省、自治区和直辖市的 46 家各级公安部门，上海、重庆、广东、浙江、广西、新疆等地的 7 家相关市场监管部门、昆明海关等。

（四）宣传工作

通过网站、微信公众号等渠道及时向会员发送最新知识产权信息、品保委动态、工作成果和活动预告，发表各种文章 230 余篇，发布电子季刊 4 期、月报 12 期，点击总量超 7 万次。

三、品保委 2022—2023 年度十佳案例概况

2022—2023 年度的获选案例共 31 个，包括 11 个

刑事保护案例、10 个民事保护案例和 10 个行政保护案例，主要有以下特点，一是涉及的地域非常广泛，相关办案单位来自北京、上海、香港、山东、广东、黑龙江、广西、江苏、福建、河北、四川、浙江、湖南等十三个省、直辖市或特别行政区。二是案件来自医药、食品饮料和酒业、日用、农药农机、服装、电气、服务业及玩具等诸多关系国计民生的行业或领域。三是涉及旧货翻新、包装装潢、跨境侵权、恶意维权、商标恶意抢注、商标跨类保护、姓名权与商标权的权利冲突、侵权获利中的举证责任、不正当竞争等不少热点难点问题。

获选案件的办理和判决多数具有典型性，在一些方面取得突破性进展，对未来执法、司法判决和权利人维权具有很强示范效应。例如，第 11157214 号"奔富酒园"商标（33 类）无效宣告请求行政纠纷再审案是民事程序与行政程序、诉讼程序与非诉讼程序互相配合、互相支持并最终取得的成功，最高法院在本案中还明确了不能以诉争商标进行了大量使用的理由证明其注册手段具有正当性；在广州迅力贸易有限公司跨境商标侵权案中，内地和香港两地行政执法部门紧密合作，实现在不同法律体系下证据互认，从而成功追溯内地假货制售者，对处理跨境知识产权侵权案件有重要参考意义；在吴某某跨区域销售翻新"ABB"、"SIEMENS"产品案中，对被告人销售二手翻新的假冒注册商标商品犯罪行为做出了正确的事实认定及法律适用；环球公司诉广州市彩琳日用化工有限公司等侵害著作权及不正当竞争纠纷案对于如何打击在先恶意抢注商标进行了卓越、有效的探讨；FMC 与永太公司诉前停止侵害专利权行为保全案则是罕见的我国法院就发明专利侵权行为做出诉前行为保全裁定的案件。

此外，不少案件具有广泛的社会影响力，对知识产权违法犯罪分子形成巨大的威慑力。例如，在绥化"4·11"特大生产、销售假药案中，公安机关一举摧毁涉及全国 28 个省份、查明涉案金额超 2 亿元的特大跨地域制售假药供应链，主犯最终被判处无期徒刑，彰显了我国司法机关打击相关犯罪行为的巨大决心；黑龙江齐齐哈尔"5·10"荆某国等人假冒注册商标案为公安部"昆仑 2021"3 号行动九大案例之一，相关

制售假人员及单位均被处以高刑期和罚金，有效地震慑了农机产业相关的犯罪分子，保护了广大农民的切身利益；山东青岛"4·12"特大制售假冒高档品牌服装箱包案则充分体现了品保委与山东省食药环侦总队及各地支队定期交流、密切配合的成果。

通过品保委近几年的十佳案例，知识产权权利人能够体会到我国知识产权保护体系各方面的效能得到了明显提升，在司法保护方面已经形成了专业化的审判格局；在执法方面投入了更多的资源，加大了专项查处行动的力度，与权利人的交流合作更加密切、信息分享更加高效；跨区域跨部门的联动协同更加顺畅，跨境国际执法合作不断加强。

四、问题、对策和建议

一是建议相关执法、司法部门更加积极参与打击侵权假冒多边国际交流，增加与外国同行和国际知识产权界交流互动，共同探讨相关难题解决方案，宣传中国在打击侵权假冒方面取得的进展和成就。二是建议综合考虑商标审查和后期保护的衔接，更加高效及时打击商标恶意抢注行为。长期以来，商标的恶意抢注问题一直是品保委会员关注的重要问题。近几年，根据会员的反馈以及对相关案例的跟踪，有关部门已经对这个问题逐渐形成共识，无论在商标审查、商标评审还是在相关的行政执法和民事司法程序方面都涌现出一些创新的做法和案例。三是建议进一步加强电商平台知识产权治理工作，督促平台积极履行相关义务，避免"劣币驱逐良币"情况。电商平台的知识产权保护形势依然严峻，如部分平台对待假冒问题态度暧昧，为品保委会员、广大权利人和消费者所普遍诟病；如一些平台开放个人店铺申请，对店铺资质审核放宽，导致潜在侵权店铺数量快速上升，增大监控和维权的成本；如仿冒品快速迭代，权利人很难在短时间内通过民事侵权诉讼和行政行动获得有利判决/决定以支持线上投诉，造成商业的巨大损失；如以传统知识产权保护措施应对新的商业形态包括直播、跨境电商、外卖也是有所挑战。

（撰稿人：丁宇）

中国文字著作权协会打击侵权假冒工作报告

中国文字著作权协会成立于2008年10月24日，是经原新闻出版总署批准，于2009年2月18日在民政部核准登记的非营利性社会团体，是中国唯一法定的文字作品著作权集体管理组织，是负责全国报刊转载、教科书等法定许可使用文字作品著作权使用费收缴和转付的唯一法定机构。拥有个人会员逾万人，单位会员100多家，作者译者库拥有7万多人的信息，个人会员授权作品达10万余部，单位会员授权作品数万部（件）。文著协成立16年以来，本着"让权利人利益最大化、促进产业发展"的宗旨，为文字著作权人收取作品稿酬1.4亿元，向作者转付稿酬8000多万元，惠及作者逾万人次。

文著协是国际复制权组织联合会（IFRRO）会员，欧亚权利人协会联合会（EACOP）会员，与世界知识产权组织（WIPO）和国际作者作曲者协会联合会（CISAC）保持良好关系。文著协是中国版权协会常务理事单位、中国知识产权研究会、中华出版促进会和中国翻译协会理事单位，中国出版协会"一带一路"出版工作委员会副主任委员单位，国家数字版权保护技术应用产业联盟副理事长单位，中国政法大学研究生院产学研实习基地，是中央宣传部"学习强国"学习平台版权服务/顾问单位。

一、积极维护权利人合法权益

（一）密切关注知识资源平台版权问题

近年来，知识资源平台版权问题备受业界关注。

2023年初,在中宣部版权管理局指导下,文著协联合中宣部宣传舆情研究中心("学习强国"学习平台)、中国新闻出版研究院、中国新闻出版传媒集团等30余家机构共同发起成立"知识资源平台版权合规建设与健康规范发展共同体",发布"知识资源平台版权合规建设与健康规范发展共同体"倡议书,制定年度重点工作计划。

共同体的宗旨和任务是:尊重作者和期刊版权,推动知识资源平台规范授权链条,充分发挥著作权集体管理组织在法定地位、集体授权、维护作者版权、协调版权纠纷、国际版权贸易与合作等方面的优势,推动平台、期刊、作者建立公平合理的授权关系与利益分配机制,制定相关版权许可合同范本或示范条款,拟定平台使用文字作品报酬标准及付酬方式,协调版权纠纷,开展国际版权合作与版权保护;推动规范期刊与作者的授权关系,完善期刊投稿系统,加强期刊版权资产管理与国际化进程,助力期刊高质量发展和世界一流学术期刊建设;探索平台通过集体管理组织规模化解决作者权益保护,化解分歧与纠纷,加强教育培训,引导有序竞争、学术创新与规范传播;建立自律规范机制,加强版权信用体系建设,为打造中国式现代化知识资源平台、服务国家战略、推动世界一流期刊建设作出积极贡献。

为细化、完善付酬标准,积极推进知识资源平台向作者按照程序付酬,解决广大权利人关心和长期困扰平台发展的最大难题,文著协发放《知识资源平台使用文字作品付酬办法》调查问卷,组织专题调研座谈会、研讨会、论坛,对平台、期刊和权利人群体进行走访、调研,公开征求各界的意见,出台了《知识资源平台使用文字作品付酬办法》。

2023年5月,文著协与《出版广角》杂志策划"数字出版版权保护专题",专题七篇学术论文由《出版广角》杂志刊发,六篇标题被封面推荐。中国知网、万方数据等机构首次全面、系统阐述知识资源平台的版权问题和破解之道,多位专家提出建设性意见,对著作权集体管理解决知识资源平台版权合规问题寄予厚望。多篇文章被转载、引用。

2023年11月,文著协第三届理事会第一次会议审议通过了《知识资源平台使用文字作品付酬办法》。该办法是在文著协的积极协调下,由权利方与知识服务平台企业、行业协会、学术团体经过专题调研、协商达成的共识结果,对于解决平台与作者的付酬标准、程序问题,调处版权纠纷等具有重要的现实意义。

2023年11月,在中宣部主办的第九届中国国际版权博览会期间,文著协举办"知识服务平台版权保护与产业发展论坛"。与会嘉宾围绕"版权保护为产业高质量发展保驾护航""知识资源平台版权合规助力版权强国建设"两个议题展开研讨,分享了各自的经验和见解,探讨了版权保护与产业创新、竞争力提升之间的关系,以及如何建立健全的知识资源平台版权规则,为版权事业和知识产权强国建设发挥积极作用。这次论坛的宗旨在于引起社会各界对知识资源平台版权问题的重视,为建设具有全球影响力的版权强国贡献力量。

(二)整治教辅图书侵权乱象

为促进义务教育和国家教育规划的实施,《著作权法》规定了"编写教科书法定许可"。但该法定许可并不适用于与教科书配套的教辅图书,教辅图书汇编选用受版权保护的文字作品,应当依法提前获得文著协或作家授权并支付报酬。近年来教辅编写出版机构著作权意识增强,教辅图书出版侵权情况有所缓解,但仍有部分出版单位存在长期侵权使用文字作品现象。

2023年,协会接到多位会员投诉,称其作品未经许可被收入教辅图书,且未支付报酬。收到投诉后,协会立即购买样书,调查侵权情况,主动出面与相关出版单位交涉,维护会员合法权益,为27位作者追回了30篇文章稿费,近10万元。文著协代表作者与有关出版社进行集体谈判,达成和解,简化了维权流程,减少了作者面对复杂法律条文和合同条款的困扰,有效降低了众多会员诉讼维权成本的社会成本。

(三)调处版权纠纷

文著协成功调解了北京大学外国语学院刘洪波教授与东方出版中心的委托翻译出版合同纠纷。协会在接到委托后,积极联系双方了解核实侵权事实,向出版方说明侵权的法律责任和作者诉讼的后果,最终促成双方和解,东方出版中心向刘洪波支付了违约金。

文著协经过交涉，成功为会员郭平英（郭沫若女儿）追讨了辽宁人民出版社出版的三本图书未经授权使用郭沫若译文的稿酬，也为陈望道权利继承人陈振新追讨了《共产党宣言》中译本中使用陈望道译文的稿酬。

协会在接到著作权人投诉后，迅速启动交涉程序，向侵权方耐心讲解法律规定，分析侵权事实和侵权法律责任，通过法律手段维护了会员的合法利益，挽回了经济损失。协会还通过沟通协调，使两位著作权人同意侵权方继续使用郭沫若和陈望道的译文。这不仅保障了著作权人的权益，也保证了出版社的正常运营，展示了协会在维护作家权益方面的决心和能力。协会还为多位权利人提供了维权咨询服务。

二、版权公共服务

（一）继续为学习强国学习平台提供版权服务

2023年，与中央宣传部宣传舆情研究中心续签服务协议，继续为学习强国学习平台提供版权服务。2023年协会向平台使用文字作品的33位著作权人分配稿酬1万余元，涉及文章38篇。在协会与平台的精诚合作下，平台严格遵守版权法规，为用户提供了合法、高质量的学习资源，提升了学习强国平台的公信力和社会形象。双方合作不断促进优秀文字作品的传播和共享，为数字化阅读产业的发展注入新的动力，从而推动数字阅读的繁荣和进步。

（二）举办"会员开放日""合作单位接待日"

2023年文著协举办"会员开放日"两次，走访会员18次。向会员展示了协会工作成果，听取会员对协会发展的意见和建议，同时普及著作权相关法律知识，解答会员们在作品出版传播中遇到的各种版权问题，搭建会员与协会之间交流互动平台。

为拓宽与文字作品使用单位的沟通渠道，提高协会的服务意识，为版权使用单位提供更为行之有效的授权支撑，2023年协会接待、走访合作单位7次，深入了解使用者的实际需求，以便在今后的工作中提供更具针对性的服务，从而更好地发挥集体管理组织在推动产业发展方面的作用，为使用者搭建业务赋能平台，让协会真正成为使用者的"版权之友""版权

参谋"。

三、积极关注研究行业热点问题

2023年2月，文著协承办国家版权局主办的第七届中国网络版权保护与发展大会之"图书电商版权保护与生态创新论坛"。与会专家围绕论坛主题进行研讨，对创新图书版权保护生态提出多项建议，对我国版权集体管理组织寄予厚望。在论坛上，出版社、作者、电商平台以及相关部门分享了在版权保护和生态创新方面的成功案例和最佳实践，为行业提供可借鉴的经验。

2023年4月，被称为"同人作品第一案"的金庸诉江南《此间的少年》纠纷案终审落槌，二审法院对一审法院判决予以改判，判决涉案作品构成著作权侵权。为厘清同人作品的知识产权保护规则与边界、促进同人作品行业的合法健康发展，文著协率先举办了"同人作品知识产权边界与保护"线上研讨会，邀请专家学者和实务界人士就相关问题发表看法。这次研讨会有助于厘清同人作品合法创作传播与侵权的边界，推动原创作品与同人创作之间和谐共存，针对同人创作，应当既依法保护原作者的权益，也要鼓励文化多样性和创意表达，为同人作品的创作和传播提供了专业指引与思路。

随着人工智能大模型技术的兴起和发展，传统的出版和版权保护面临新的挑战和机遇。2023年9月，在第十三届中国数字出版博览会（敦煌）上，文著协与中国新闻出版研究院、民进中央出版和传媒委员会、中国新闻工作者技术联合会共同主办了"大模型时代的融合出版和版权保护研讨会"。该会议体现了文著协对于技术前沿趋势的关注与适应，致力于在新技术环境下加强作品版权保护。

协会积极参加国家版权局举办的活动，如"中欧数字环境下版权保护研讨会""2023国际版权论坛"，并受邀指派负责人出席相关活动并发言。通过与各国专家和从业者的互动与交流，协会不仅分享了在版权保护领域的经验与成果，还深入了解了全球版权行业的最新动态和前沿问题。协会将继续积极参与各类具有学术及实践价值的活动，在共同探讨和推动版权保

护的道路上，与各国同仁携手并进，开创版权领域的新篇章。

四、积极履行法定职能

按照《著作权集体管理条例》等规定，文著协承担报刊转载、教科书等"法定许可"使用文字作品著作权使用费的收取和转付的法定职能。2023年，文著协继续与人民教育出版社、《读者》、《青年文摘》、《党员生活》、《故事会》等各大教科书出版单位及报刊社合作，积极履行法定职能，收转法定许可稿酬。同时，积极联系文摘类报刊社和教科书出版单位，签订稿酬收转协议，切实维护广大作者和权利人"法定许可"获酬权。

2023年，协会新签约报刊转载"法定许可"稿酬收转协议9份，涉及25种期刊。签约的使用单位有：中国图书进出口（集团）有限公司、中共甘肃省委《党的建设》杂志社、《陆军装备》编辑部、湖南教育报刊集团有限公司、安徽《少年博览》杂志社、海南省人大常委会代表和会议综合服务中心、深圳侨报文化传播有限公司、广东省版权保护联合会、湖北招生考试杂志社。

五、著作权集体管理业务

（一）信息网络传播权

当下，数字出版新业态层出不穷，数字化阅读成为人们主要的阅读方式。2023年，与北京学而思教育科技有限公司、北京理想国时代文化有限责任公司、广东大音音像出版社三家单位签订信息网络传播权或数字化使用的合同，拓宽会员作品传播渠道。这三家单位作为教育科技、文化创意和音像出版领域的领军企业，与协会的合作将为数字化阅读带来更多的创新和发展。

（二）汇编权

将汇编权纳入集体管理，是文著协十余年来集体管理工作实践的创新。针对汇编作品众多文章授权困难及授权需求迫切的痛点，协会积极推动与有关出版单位、文化公司合作，寻求解决方案。2023年，与上百家出版社和文化公司签订"一揽子"授权，解决了

400余种图书选用文章汇编权的授权和稿酬提存转付问题，收取著作权使用费1328万余元，并向作者分配、转付。这些汇编图书授权涉及数百人次著名作家的作品，不仅保障了作家们的权益，也解决了出版界的版权困惑，有力规范了汇编类图书的出版秩序。

（三）公开表演权

与海外多家集体管理组织和专业经纪公司保持日常合作，共同探索中外戏剧演出市场，积极开展戏剧版权引进和输出，使中外优秀的戏剧作品海内外传播道路越走越宽。2023年4月，由文著协授权，诺贝尔文学奖获得者、中国作协副主席莫言的小说《蛙》俄文版话剧在俄罗斯普斯科夫普希金模范话剧院首演。该剧全国巡演后受到俄罗斯各大媒体的高度关注，受到观众的广泛好评，并获俄罗斯国家戏剧最高奖"金面具奖"8项大奖提名。这是三十多年来中国当代剧作家作品首次登上俄罗斯剧院大舞台。2023年底，协助俄罗斯普斯科夫普希金模范话剧院举办"莫言艺术节"，开展中国图书俄文版展销、中国电影展映、中国戏剧展演、莫言作品讲座等活动。莫言与俄罗斯冬宫博物馆、普斯科夫普希金模范话剧院的艺术家、圣彼得堡国立大学和中国文字著作权协会专家学者，进行了"北京—圣彼得堡—普斯科夫"三地视频连线，并举办了"中俄文化对话会"。这一活动受到了中俄媒体和网友的关注。这是贯彻落实习近平总书记关于加强国际传播能力建设，讲好中国故事，扩大中国文化影响力的有力举措。

2023年，经文著协授权，北京人民艺术剧院等多家剧院排演多部外国戏剧，如美国百老汇经典剧目《晚安，妈妈》，著名法语荒诞派戏剧《等待戈多》，俄罗斯戏剧《青春禁忌游戏》《老式喜剧》《长子》《高级病房》等剧目，在暑假期间吸引了全国各地的戏剧爱好者前来观看，形成了"拖着行李进剧院"的潮流。这些剧目均由文著协解决海外剧作家版权和剧本中译本版权。

苏联著名剧作家柳德米拉·拉祖莫夫斯卡娅创作的经典戏剧《青春禁忌游戏》（原名《亲爱的叶莲娜·谢尔盖耶夫娜》），深入探讨了原生家庭、青少年教育等社会关切的热点问题。该剧于2017年由文著协

引进版权，走进了国内观众的视野，6年以来长演不衰，在各大社交平台上更是热评不断。2023年，经文著协授权，该剧又有两个新版本上演。

文著协将继续深入推进戏剧表演权的集体管理业务，在为国内院团开发优质剧目资源的同时，激发中国优秀文学作品海外传播动力，努力将自身打造成中外戏剧的高端交易平台，真正促进中华文化与世界文化的交流与融合。

六、版权代理业务

（一）推动高质量中文教材出版

十余年来，协会致力于为我国港澳地区出版发行的纸质中文教材及配套电子教材版权问题寻求解决方案。通过合作和协商，确保教材及配套电子书使用合规合法，为港澳地区中文教育事业和教育出版的健康发展作出了贡献。2023年，协会成功为香港联合培进教育出版有限公司解决了汉语教材的版权问题，确保其在香港和澳门地区能够顺利发行中文繁体字版的华文教材。同时，协会也为香港弘立书院有限公司校内发行的《弘立书院 中国语文》教材提供了版权解决方案。此外，协会还帮助香港现代教育研究社有限公司解决了其在中国大陆以及港澳地区发行纸质中文教材及配套电子书的版权问题。解决教材版权问题有助于促进港澳与内地在教育领域的交流与合作，共同推动中文教育事业的发展。

文著协为港澳教育机构解决中文教材版权，不仅有力推动中华文化传承，也有助于深化港澳地区对中华文化的理解和认同，同时也是对版权保护的一种积极实践，对于提升教育质量、塑造国际形象以及促进内地与港澳地区的教育、版权交流合作都具有重要意义。

（二）版权引进和输出

2023年10月，由文著协引进版权，常务副会长兼总干事张洪波翻译，接力出版社出版的俄罗斯当代童话《剧院老鼠的船长梦》荣获第24届深圳读书月"2023年度中国十大童书"。该书入选接力出版社"俄罗斯金质童书"系列小学低年级（1—2年级）书单、2022年度"爱阅童书100"年度书单、2023年全国小学生寒假分年级阅读推荐书目、2023年第四届年度儿童文学新书榜推荐作品榜单（30种，第6名）。

文著协与塞尔维亚LUMO BOOKS出版社签订合同，授权中国名家文学作品《身体里的峡谷》（作者：蓝蓝）、《青衣》（作者：毕飞宇）塞尔维亚语纸质图书翻译出版、全球发行专有权。此次与塞尔维亚LUMO BOOKS出版社的合作是海外推广中国名家文学作品的重要里程碑。《身体里的峡谷》《青衣》是我国文坛的璀璨之作，代表了当代中国文学的深度和多样性，我们希望将中国文学的精粹呈现给塞尔维亚读者，并推动中塞文化进一步交流。我们相信这次合作将使中国作家的声音在塞尔维亚广泛传播，为塞尔维亚读者带来与众不同的阅读体验，为中塞文学交流作出积极贡献。

文著协为朝华出版社输出《边城》与《城南旧事》两部作品西班牙语版权解决作家授权，以上两部作品将在西班牙莫纳出版社出版。莫纳出版社作为西班牙著名的出版机构，具有广泛的读者群和影响力，为作品的传播提供了良好的平台。这次合作将有助于加深中西文化交流，让更多西班牙读者感受到中国文学的魅力。

文著协与韩国爱力阳版权代理公司续约，继续授权茅盾经典著作《蚀》的韩语图书出版。茅盾作为中国文学的重要代表作家之一，其作品蕴含深刻的思想内涵和独特的艺术风格，对于跨国文化交流具有积极意义。通过与爱力阳公司的多年持续合作，中国名家作品在韩国市场获得了更广泛的认可，进一步推动了中韩文化交流与合作。

七、版权宣传普法硕果累累

（一）参与推动出版版权普法图书

在文著协的积极推动下，国家版权局原新闻发言人、原国家新闻出版广电总局政策法制司司长王自强的新书《鉴往知来——我所经历的著作权法的第三次修改》由知识产权出版社出版，协会与知识产权出版社在中宣部主办的第九届中国国际版权博览会上举行首发式。该书是国内首部对著作权法第三次修改（国家版权局阶段）的全面回顾、真实记录、客观叙述，也包含作者多年的独立思考。原新闻出版总署署长、国家版权局原局长柳斌杰，原新闻出版总署副署长、国家版权局原副局长、中国版权协会理事长阎晓宏高度评价并倾情推荐，中南财经政法大学原校长吴汉东教授为该书作序。协会常务副会长兼总干事张洪波任该书特约编辑。

重庆作协副主席李燕燕和中国文字著作权协会常务副会长兼总干事张洪波合著的国内首部聚焦著作权保护题材的长篇报告文学《创作之伞——中国文字著作权保护纪事》由《啄木鸟》杂志 2023 年第 10 期和第 11 期连载，被《新华文摘》杂志 2024 年 2 月第 4 期转载 4 万字，并做封面推荐。这是著作权普法与文学表达的成功相逢，为广大创作者和读者了解版权、认识版权、尊重版权打开了一把创作的大保护伞。两位作者在以案说"法"的同时，也注重以文载"法"的方式，加强著作权法等其他法律的宣传教育，提高文艺创作者、社会公众的版权意识和全社会对创作者著作权的重视程度。中国作协原副主席、中国文字著作权协会原会长陈建功、中国报告文学学会副会长丁晓原为该作品作序。该作品入选中国作协 2023 年度重点作品扶持项目。

《光明日报》、《文艺报》、《中国新闻出版广电报》、《中国知识产权报》、《中国文化报》、《工人日报》、《作家文摘》、新华网、中新网、中经网等媒体对以上两部作品进行相关报道。

（二）推动版权科普与行业交流

2023 年 2 月，在第七届中国网络版权保护与发展大会（成都）上，文著协主办"图书电商版权保护与生态创新论坛"。在第十二届中国数字出版博览会上，文著协与中国新闻出版研究院、中国新闻出版传媒集团共同主办"数字版权经济论坛"。

2023 年 9 月，在第十三届中国数字出版博览会上，文著协与中国新闻技术工作者联合会、中国新闻出版研究院、民进中央出版和传媒委员会共同主办"大模型时代的融合出版和版权保护研讨会"。

2023 年 11 月，在第九届中国国际版权博览会（成都）上，文著协展台举办了一系列精彩活动，如版权百题有奖竞猜，对参展观众进行相关科普，不仅提高了参展观众的版权意识，也提升了协会的知名度和影

响力。博览会期间，协会举办了"知识服务平台版权保护与产业发展论坛"和"网络文学版权贸易促进文化交流论坛"。论坛邀请版权领域的专家学者进行交流探讨，促进了社会各界对版权保护和文化产业发展的关注。文著协获第九届中国国际版权博览会"优秀组织奖"。

（三）制作发放 2022 年年报和协会宣传册

编制 2022 年报并对协会宣传册进行修订，全面展示协会在各个方面的工作成果。通过邮件向各兄弟协会、主要行业协会、合作伙伴和会员发送了电子版，同时向各省、自治区、直辖市宣传部邮寄了纸质版，提供了一个全面了解协会的窗口。

（四）发布 2022 年度"十大排行榜"

在"4·26"世界知识产权日期间，文著协在线举办 2022 年度"十大排行榜"暨 2022 年年报发布会。协会根据 2022 年收取的著作权使用费以及各使用者选择篇目情况等方面统计数据，发布了文著协"2022 年度最受欢迎十大作家排行榜""2022 年度十大授权作品排行榜""2022 年度十大使用者（十佳合作伙伴）排行榜"。会上还发布了文著协 2022 年工作年报，展示了协会过去一年的重点工作和成果。协会每年在全国知识产权宣传周期间举办"十大排行榜"暨年报发布会，旨在通过排行榜的标杆作用，鼓励作者的创作热情，宣传尊重版权的理念。

（五）加大新媒体推广力度，启用微信视频号

截至 2023 年 12 月底，协会微信公众号全年共发布 253 篇微信推文，关注公众号的总用户数 10205 人。全年发布推文的总阅读量达到了 145641 次，分享次数为 10987 次，被收藏 1551 次，证明协会推文内容具有很大吸引力和传播力，受到广大读者和产业界关注和喜爱。

为充分拓展全媒体多平台融合传播，抓住创新机遇、吸引新关注用户，提升协会引导力、影响力、公信力，2023 年协会申请开通了微信视频号并上传了协会工作动态视频，通过精心策划和制作高质量的视频内容，展示协会的专业素养和行业影响力。微信视频号的开通提供了更多与用户互动的机会，加强协会与广大用户之间的沟通与联系。协会将持续不断地优化

视频内容，以更高端的形式展现协会的使命和成就。

2024年是新中国成立75周年，也是实施"十四五"规划目标任务的关键一年。协会将以习近平新时代中国特色社会主义思想为指导，深入学习宣传贯彻党的二十大精神，紧紧围绕党和国家版权工作大局，准确把握版权产业发展的规律和新目标，牢记初心使命，牢固树立以人民为中心的发展思想，秉持"让权利人利益最大化，促进产业发展"的宗旨，锚定版权强国、文化强国建设目标，创新工作思路和方法，加强队伍建设和内部治理，提高"四个服务"能力和水平，切实履行报刊转载和教科书法定许可著作权使用费收缴和转付的法定职能，积极发挥协会在法律地位、规模化授权与版权市场价值转化、促进产业高质量发展、维护会员合法权益、化解版权纠纷与矛盾、参与版权社会治理和国际版权贸易等方面的优势和不可替

代的作用，积极研究数字经济时代新技术新业态带来的变革、机遇与挑战，主动作为，执着、专业、高效运用著作权法律法规，高起点、高质量、高效率推进各项工作，推动著作权集体管理制度更加完善，积极参与版权社会治理，履行社会责任与担当，为广大权利人创作传播优秀作品，发展新质生产力，满足人民文化需求，增强人民精神力量、振奋民族精神提供专业的版权法律服务保障，努力成为新时代中国特色社会主义法治的忠实崇尚者、自觉遵守者、坚定捍卫者，为保障和促进社会公平正义，推动形成尊法学法守法用法的良好社会风气，为推动我国版权事业和版权产业高质量发展，在新的起点上继续推动文化繁荣，为建设中华民族现代文明，建设文化强国和版权强国作出新的更大的贡献。

（撰稿人：张洪波）

中国音乐著作权协会打击侵权假冒工作报告

中国音乐著作权协会成立于1992年12月17日，是由国家版权局和中国音乐家协会共同发起成立的目前中国唯一的音乐作品著作权集体管理组织，是专门维护作曲者、作词者和其他音乐著作权人合法权益的非营利性机构。音著协依据《著作权法》《著作权集体管理条例》和《社会团体登记管理条例》以及协会《章程》等开展各项工作。音著协具体工作包括：除港澳台外，在中国范围内，以自己的名义吸收音乐词曲作者以及其他音乐著作权人加入协会、向音乐使用者发放著作权许可并收取使用费、向音乐著作权人分配使用费、提起维权诉讼等。会员大会是音著协的最高权力机构，理事会是音著协的领导机构，总干事领导下的各工作部门是音著协的执行机构。

截至2023年底，音著协会员总数为12864人，其中词作者4274人、曲作者7954人、出版公司175家，其余为继承人等。作为国际作者和作曲者协会联合会（CISAC）的成员，音著协共与80多家来自不同国家

和地区的海外同类组织签署了相互代表协议，管理着全球范围超过1800万首音乐作品的著作权。2023年，音著协共收取著作权使用费约人民币4.27亿元（含海外收益约人民币1526万元）。截至2023年底，音著协历年为音乐著作权人收取的许可使用费总额约38.75亿元，其中约82.5%的许可使用费依照会员大会制定的《分配规则》向音乐著作权人进行分配。在信息公示方面，音著协每年按照CISAC的要求制作年报，同时通过微信公众平台、会讯、官网、APP（手机应用程序）、理事工作月报、宣传册等多种方式，向协会理事、全体会员、使用者、相关行政管理部门及社会有关方面及时公示会员发展、许可收费、版税分配、维权诉讼等各项工作情况。

一、工作综述

作为著作权集体管理组织，音著协主要管理音乐词曲著作权人个体难以行使的权利，包括复制权（发

行权）、表演权、广播权和信息网络传播权。与之对应，其维权范围及对象如下：

复制权涉及：图书，音像制品，影视剧以及广告制作，点歌机、手机、玩具等工业制品等使用音乐作品。表演权涉及：现场表演——演唱会、演奏会等演出中使用音乐作品；机械表演——商场、超市、宾馆、酒店、餐厅、歌舞厅、交通工具、主题公园等场所公开播放背景音乐。广播权涉及：广播电台、电视台播放节目使用音乐作品。信息网络传播权涉及：互联网、无线网络等使用音乐作品。

针对音乐著作权侵权较普遍的现象，音著协在普法宣传、协商谈判之外，视侵权行为的严重程度，分别采取发函（法务部函或律师函）、取证、诉讼等法律手段，一方面打击严重侵犯音乐著作权的行为，一方面维护公平的著作权市场秩序。音著协的维权思路是：以法律手段严厉打击严重侵权行为，以合作模式开拓巩固产业共赢之路。

2023 年，音著协共向侵犯音乐著作权的使用者发函（律师函、法务部函）64 封、对侵权行为取证 21 件、启动诉讼程序 125 件。采取以上维权行动后，经谈判、和解、调解或者判决，音著协为音乐著作权人索赔和追回的著作权使用费达人民币约 249 万余元、待执行款 23 万余元，共计 272 万余元。相关数据见下表。

中国音乐著作权协会维权数据统计（2023 年）

类别	证据保全（件）	启动诉讼程序（件）
复制权	0	2
表演权（现场表演）	16	19
表演权（机械表演）	5	22
广播权	6	36
信息网络传播权	0	38
合同违约	0	8
合计	27	125

注：发函数量以函号计算，同一函号可能涉及多家单位。

二、复制权维权

近年来，随着新技术发展，复制使用音乐的形式不再拘泥于传统模式，除产品内置、图书出版物、教科书法定许可等使用音乐外，数字环境下的影音合成、图书内附二维码等复制与网络结合使用音乐的现象越来越普遍，复制权的侵权形式呈现多样化、复杂化的趋势。例如，除传统的 CD 和黑胶唱片，许多使用者已改为制作出版录音 U 盘，其内容与实体 CD 一样，只是变换了出版载体，但 U 盘的形式更为便捷实用，更多的出版方选择以 U 盘的形式出版。

2023 年，音著协此类维权的重点聚焦在打击"车载 U 盘"的侵权，通过搜集车载 U 盘近 200 个店家，对其价格、歌曲数量、内存大小、厂家地址等数据进行梳理，音著协启动了车载 U 盘维权工作，先后对近 50 余家店铺进行发函，并对相关平台进行了投诉。同时，针对此类案件的维权，音著协也与上海市检察院建立了联系。

三、表演权（现场表演）维权

依照我国《著作权法》，在演出中使用音乐作品，演出组织者应当事先取得著作权许可，否则将侵犯著作权人的表演权。此类案件中，多数演出组织者在演出前均以工作繁忙、售票不理想等各种理由拖延办理著作权许可，演出后经音著协反复多次交涉，仍然不予配合，严重损害了音乐著作权人的合法权益。2023 年，音著协关于此类诉讼的典型案例包括：北京久石让音乐会现场表演侵权案、王力宏龙的传人 2060 世界巡回演唱会青岛站现场表演侵权案等。此类维权案件不仅涉及音著协会员的作品，也涉及很多港台及海外流行音乐作品，因此，音著协的维权行动直接关系到全球音乐著作权人的合法权益。

四、表演权（机械表演）维权

依照我国《著作权法》，公开播放音乐作品应当事先取得著作权许可，否则将侵犯著作权人的表演权。表演权（机械表演）许可中，始终存在着著作权人授权难、使用者获权难的现实问题。而国际上著作权集体管理组织上百年的实践表明，"一揽子许可模式"可以有效地解决这一两难问题。在我国，由于著作权法律意识、权利意识淡薄等原因，大多数使用者还不能主动、事先获得著作权许可。

音著协此类维权案件中，公开播送音乐作品的主体主要为商业经营者，涉及商场、超市、餐厅、酒店、专卖店、车展、主题公园等不同业态。这些商业经营者在所经营场所内大量、长期播放背景音乐，但是并未获得著作权许可，而且经音著协多次交涉后，仍然拒绝办理许可，严重损害了音乐著作权人的合法权益。因为商业场所播放背景音乐涉及行业广泛、地区众多，所以相关维权行动范围较大。2023年音著协此类维权行动的对象主要包括：广州长隆主题公园、福州仓山万达广场等。

五、广播权维权

根据我国《著作权法》《广播电台电视台播放录制品支付报酬暂行办法》等相关法律法规，广播电台、电视台播放他人已发表的作品，应当支付著作权使用报酬；音著协作为依法成立的著作权集体管理组织，有权以自己的名义向广播电台、电视台发放授权许可并对侵权播放相关音乐作品的责任方提起诉讼。

截至2023年底，共有147家广播电视组织同音著协签订了许可付酬协议，获得了合法使用音乐的著作权许可及相关法律服务，其中包括了全部中央级电台、电视台，大部分省级电台、电视台及部分重点市级电台、电视台。但是，我国绝大多数广播电视组织，特别是数量庞大的市级台、县级台，甚至是个别省级台，仍在"三无"行列——无视他人权益、无视法律法规、无视行业形象。自2015年起，音著协开始对于部分坚持侵权使用音乐或对付酬仍在观望的电台、电视台正式展开诉讼行动。2023年，音著协共向10家广播电视组织提起侵权诉讼，主要包括：东莞广播电视台、贵州广播电视台、杭州广播电视台、合肥广播电视台等。

六、信息网络传播权维权

在网络音乐许可方面，音著协坚持推进"音乐著作权主渠道合作模式"，对纷乱的数字音乐版权市场进行梳理，并逐步拓展其他网络应用模式的音乐著作权许可业务。

实践中，大型在线音乐平台持续侵权使用音乐作品的情况仍然存在，对国家市场监督管理总局反垄断处罚提出的"不得支付高额预付金"断章取义，将其作为对抗音乐著作权人合理诉求的挡箭牌，无视其自身使用规模和体量的成倍增长，无理拒绝承担与其使用增长规模相匹配、体现音乐作品实际贡献价值的付酬责任与义务，利用其市场优势故意压低音乐作品的价值。对此，音著协正在逐步加大维权力度。

2023年，音著协网络方面维权行动的对象主要包括：腾讯旗下的酷我音乐平台、斗鱼直播等。此类案件主要包括：腾讯旗下酷我音乐平台信息网络传播权侵权案、腾讯旗下酷狗音乐平台信息网络传播权侵权案、斗鱼直播（第三轮）信息网络传播权侵权案等。在移动应用方面，音著协以苹果及安卓等应用商店为媒介，一方面，与各类手机应用程序（APP）签订许可协议，保障著作权人的合法权益；另一方面，通过应用商店中的投诉渠道，迫使侵权APP下架，敦促其尽快办理合法使用音乐的许可。2023年，音著协向应用商店投诉侵权的手机应用包括：QQ音乐、酷我音乐、酷狗音乐、网易云音乐、音街、全民K歌、B站、猫耳fm、儿歌点点等。

（撰稿人：朱法澳）

中国音像著作权集体管理协会打击侵权假冒工作报告

中国音像著作权集体管理协会成立于2008年，是经国家版权局批准、民政部注册登记的我国唯一管理录音录像制品、音乐类视听作品著作权的集体管理组织。音集协坚守初心，致力于我国音乐产业和著作权集体管理的繁荣与发展，肩负着推动音乐产业良性循环的重要职责。

音集协根据会员授权和相关法律规定为权利人行使权利和使用者使用作品提供便捷服务，向音乐类视听作品/录音录像制品的使用者发放许可、收取使用费，并将所收取的著作权使用费转付给权利人，为使用者提供了便捷、合法的音乐资源获取渠道，为整个产业的健康发展和稳定作出了积极贡献。

一、2023 年工作概述

2023 年，音集协在中宣部版权管理局、中央社会工作部全国性行业协会商会党委领导下，在传统卡拉 OK 领域版权许可业务、录音制品广播和表演获酬权收费业务、会员拓展、重大案件处理及著作权集体管理业务数字化转型等领域取得了有史以来最好成绩。2023 年实现财务收入 5.86 亿元，其中著作权使用费收入 5.61 亿元，投入分配的著作权使用费（扣除增值税后）达 4.4 亿元，均创历史新高。通过对会员提供优质的服务和全方位的支持，音集协赢得了广大会员的信任和认可，实现会员队伍持续壮大，达到 641 家，涵盖 1782 家权利人，会员授权管理音乐类视听作品超过 37 万首，录音制品获酬权登记的录音制品有 200.5 万首，彰显了著作权集体管理制度的核心价值和非营利性本质，为音乐内容产业的良性发展注入了强大的活力。

2023 年，音集协在重大诉讼案件中取得了显著成果，第一季度即完成了"音集协与天合集团及其子公司著作权许可使用合同纠纷案"绝大部分案款的执行工作，为会员挽回了巨额的版权费损失，案件不仅维护了音集协会员的权益，更推动了我国著作权集体管理制度的发展和完善。此外，音集协积极践行著作权集体管理组织的责任与使命，在卡拉 OK 维权诉讼案件、非会员诉讼案件中也取得了不俗的成绩，有效打击了侵权行为，对构建良好的版权许可市场产生了积极影响，为行业树立了典范。

二、著作权集体管理活动的司法实践及措施

（一）重大诉讼有序推进，为集体管理业务保驾护航

2023 年，音集协处理重大诉讼案件 44 件，已结案 20 件，均胜诉。其中，影响最大的案件为音集协与天合集团及其子公司著作权许可使用合同纠纷执行一案。本案于 2022 年 12 月终审审结，北京市高级人民法院就本案作出终审判决，判决驳回天合文化集团上诉，维持北京知识产权法院的一审判决结果。案件判决中法院支持了音集协与天合文化集团及其子公司签订的全部九份涉及卡拉 OK 著作权许可事务独家合作协议自 2018 年 11 月 1 日起全部解除，判决天合文化集团及其子公司向音集协支付著作权使用费、损失赔偿金等款项共计 9977 万元。

音集协依据本案生效判决就本案执行涉及的被执行人（天合文化集团及其子公司）应承担的责任、利息损失以及迟延履行利息，各被执行人财产线索、账户冻结等情况进行全面梳理，通过与法院建立联动机制，推动本案执行到账效率，在 2023 年第一季度即完成绝大部分案款的执行工作。截至本案执行终结，共执行到账判决赔偿款及相关利息 1 亿余元，最大限度保障了音集协全体会员的利益，挽回了权利人的巨额版权收益。

本案终审判决及执行终结意味着音集协的著作权集体管理业务被天合公司控制的历史在法律及实务双重意义上的彻底终结。作为推动我国著作权集体管理制度发展完善的典型案例，本案于 2023 年分别入选北京市高级人民法院"北京法院 2022 年度知识产权司法保护十大案例""北京法院知识产权三十年典型案例"。

（二）"新思路"推广遍地开花，商业维权滥诉情况得到有效缓解

维权诉讼案件量逐年降低，违约诉讼工作卓有成效。

在卡拉 OK 领域，音集协积极响应国家版权局、文化和旅游部《关于规范卡拉 OK 领域版权市场秩序的通知》精神，深耕"二合一"版权许可工作，秉持协商合作优先的原则，积极寻求非诉讼纠纷解决途径。

截至 2023 年底，音集协已与 144 家娱乐行业协会建立了稳固的合作关系，并通过集体签约、举办座谈会、开展宣传活动等多种方式，有效解决了版权付费使用的难题。对于长期拒不支付著作权使用费的场所，音集协与各地行政管理部门紧密合作，积极推行著作

权行政保护模式，充分发挥行政投诉的优势，迅速有效地打击了侵权行为。与此同时，由于依法向著作权集体管理组织支付使用费的卡拉OK场所不断增加，相对应的音集协在全国起诉侵权卡拉OK场所的维权案件也在稳步减少，全年和解促成场所签约1197家，立案数较2021年环比下降58.62%。

为统一卡拉OK领域的著作权纠纷裁判标准，有效促进诉源治理，平衡权利人内部利益和权利人与使用者双边利益，稳定卡拉OK领域市场秩序，音集协提出以国家版权局公告并在卡拉OK领域实施了十六年的使用费标准（即基于包房为单位计算的版权使用费）作为卡拉OK领域各类型著作权纠纷损害赔偿判决依据的"新思路"，并在实际应用中取得了显著成效，得到司法机关的广泛认可。在2022年获得21个省级司法机关支持的基础上，"新思路"在2023年继续深化并拓展其影响力，特别是天津、海南、广西、贵州、辽宁五省区，成功实现了从无到有的跨越；广东、辽宁、山东等省份更是在此基础上诞生了具有示范意义的典型案例，有效遏制了卡拉OK行业的侵权行为，更为整个行业的健康、有序发展奠定了坚实基础。

2023年，音集协着力推进全国著作权许可协议违约诉讼工作，对违约合同启动违约追责行动，成功追回违约合同的著作权使用费约556.7万元，违约诉讼工作在全国范围内均得到了法院的支持。

为更加高效解决版权纠纷问题，音集协积极探索并创新形式，有效化解纠纷，在广东省东莞市第一人民法院设立了全国首家调解许可服务站。服务站不仅直接参与法院的音像版权纠纷调解工作，提供纠纷解决、沟通对话及合作交流的全方位平台，极大地推动了版权保护工作的深入发展。

典型案例：

（1）音集协诉庄河市球柒麦声乐迪歌厅店著作权侵权纠纷案

2023年5月26日，辽宁省大连市西岗区人民法院作出一审判决，判令被告以音集协官网公示单价9.2元承担侵权赔偿责任，最终判决被告按照9.2元/包/天×24包×275天加上合理维权开支共计61720元的

标准确定经济损失金额。被告因不服一审判决，以判决过高为由上诉至辽宁省大连市中级人民法院，经中院审查，认为一审法院在音集协的实际损失、被告的违法所得难以计算的情形下，以音集协公示的许可使用费标准为基础并无不当，最终于2023年9月18日驳回被告上诉，维持原判。值得注意的是，此次判决属于大连市西岗区也是辽宁省首批"新思路"判决，对有效维护权利人的合法权益起到积极的指导性作用。

（2）音集协诉西安市长安区铂菲特休闲会所著作权侵权纠纷案

2023年8月15日，陕西省西安市中级人民法院作出二审判决：维持原判，驳回上诉人西安市长安区铂菲特休闲会所（以下简称西安铂菲特）认为一审法院重复计算赔偿金额的申请，即上诉人西安铂菲特2021年与音集协的著作权纠纷与本案不存在侵权时间上的重叠，上诉人仍需支付两次侵权取证期间的赔偿金额69120元（4元/包/天×18包×960天），同时停止侵犯音集协管理的音乐作品著作权的行为，并删除曲库中的侵权作品。

2023年以来，西安市长安区、未央区等地区人民法院在延续原有"新思路"判决的基础上，进一步落实国家版权局公布的行业使用费标准并参照当地经济发展水平计算侵权赔偿，有助于音乐作品回归其应有价值，有效地保障了权利人的合法权益。

（三）非会员权利人维权诉讼泛滥的情况得到有效缓解

2023年，以使用费标准为依据的"新思路"在非会员权利人（即未加入著作权集体管理组织，但其作品仍受到《著作权法》保护的个人或组织。本报告中的非会员权利人多指以追求高额商业利益为目的，对卡拉OK行业使用者进行批量维权诉讼，导致卡拉OK领域版权市场失灵乱象的主体）维权诉讼中也取得了良好成果，实现诉讼量和判赔额的双降。音集协代签约卡拉OK场所处理非会员权利人诉讼案件3079起，同比下降48.7%；平均单案判赔额下降26.5%，全国平均单曲判赔额下降25.5%。山东、福建、陕西等14个省份均参照"新思路"的法律逻辑，实现按使用费标准折合每首歌曲1元左右的判赔额。

特别值得一提的是，2023 年音集协启动对某文化传媒公司相关案件的民事再审及伪造著作权权属证据虚假诉讼的刑事报案工作，该案的成功破案暴露了著作权司法保护在卡拉 OK 领域存在的一些问题，在全国范围内对同类型案件产生了积极的深远影响。在音集协的有力推动下，非会员权利人诉讼案件在 2023 年下降了约 50%，有效地推进了诉源治理目标的实现，充分彰显了音集协在权益保护领域中的桥梁作用，切实保障了会员权利人和使用者的合法权益。

典型案例：

（1）松原市漫易文化传媒有限公司与被告南宁市千歌汇娱乐有限公司侵害作品放映权纠纷案

广西壮族自治区南宁市良庆人民法院作出一审民事判决书，参照音集协权利使用费收费标准判决被告承担的经济损失仅为 77 元。该院认为：因无证据证明原告松原漫易公司因被侵权所受到的实际损失或者被告千歌汇娱乐公司因侵权所获得的利益，该院适用法定赔偿。本案为该地区法院首次在依法适用法定赔偿时，着重考量了音集协管理的作品数量和收费标准等因素，酌定千歌汇娱乐公司赔偿松原漫易公司经济损失为 77 元。

（2）深圳市瑞丰盈投资有限公司与海口秀英向荣好声音歌舞厅侵害作品放映权纠纷上诉案

2021 年 9 月，深圳市瑞丰盈投资有限公司以海口秀英向荣好声音歌舞厅在其经营场所内放映其未经授权享有权属的作品为由，向海口市琼山区人民法院提起侵害作品放映权纠纷。海口市琼山区人民法院于 2023 年 4 月 17 日作出一审民事判决，认定原告瑞丰盈公司的部分"作品"不构成视听作品，仅为录像制品，瑞丰盈公司就该部分歌曲不享有放映权。瑞丰盈公司不服该判决，向海南自由贸易港知识产权法院提起上诉。

2023 年 8 月 10 日，海南自由贸易港知识产权法院对此案作出二审民事判决，维持了海南省海口市琼山区人民法院的一审判决结果。法院认定，瑞丰盈公司主张权利的部分歌曲 MV 不构成视听作品。具体包括以下几种情形：MV 画面系演唱会或现场 Live 版，均为歌手现场演唱过程的录制或歌手现场演唱录制片段

占大部分比例；MV 画面由电影或电视剧片段和歌手演唱画面穿插剪辑，但电影或电视剧片段占大部分比例；MV 画面均由电影、电视剧片段剪辑而成或简单的静态、动态图案画面组成等。基于上述认定，该院认为：根据视听作品对独创性的要求，具备以上几种情形的歌曲 MV 不能认定具有一定的创造性。最终，该院认可并支持了一审法院将前述 MV 排除出视听作品进行保护的认定。

（四）广播和表演获酬权维权初见成效

2023 年，音集协结合工作实际，依照《著作权法》和《著作权集体管理条例》，积极开展"录音制作者广播和表演获酬权（以下简称获酬权）"的普法宣传，并对拒不付酬的使用者提起侵权诉讼。

1. 公共场所录音制品表演获酬权

在公共场所表演获酬权方面，音集协 2023 年的许可工作高质量开局，通过积极协商已与酒吧、餐饮、服装、体育赛事、航空器、酒店、展览、演出等 17 个行业的使用者代表达成版权合作并签署使用协议。针对不履行录音制品获酬权付酬义务的使用者，音集协通过维权诉讼和行政投诉等方式维护权利人合法权益。2023 年，启动对不同行业使用者的维权工作，通过与某些领域的品牌或机构进行工作，促成和解 176 件。同时，音集协对湖南、江西等地区多家公共场所的侵权行为进行行政投诉。湖南省文化执法部门作出了新《著作权法》生效以来第一份对未履行第四十五条使用录音制品付酬义务而进行处罚的《行政处罚书》；江苏省南京市建邺区人民法院作出第一份针对公共场所传播录音制品未支付使用费的判决书，判决书认可音集协提出的使用费标准，并以此作为依据计算损失金额。

2. 互联网直播获酬权

在互联网直播"获酬权"业务的实践方面，从 2021 年开始，音集协通过组织行业协商、开展专题研讨会、与头部及百余家中小直播平台开展测试工作，制定协商标准。对于拒不履行付酬义务的使用者，开展全面维权。2023 年，音集协结合自身业务加强调查研究工作，委托中国传媒大学音乐产业发展研究中心对互联网直播场景下录音制品广播获酬权使用费标准

及版权解决机制开展调研工作，为使用费标准的制定提供了充分的依据，相关调研报告提供给了政府管理部门作为决策参考。

三、深入开展著作权集体管理理论研究工作

随着《著作权法实施条例》与《著作权集体管理条例》的修订工作稳步推进，音集协积极参与国家版权局下发的《著作权集体管理条例》修订草案，并结合工作实践提出了具体的修法意见。这些意见主要着眼于著作权集体管理活动的理论与实践，就从规则上完善著作权集体管理制度对著作权法补充性保障的实现、著作权集体管理组织制度职能及活动边界的规范、

《著作权集体管理条例》与《社会团体登记管理条例》之间的规则冲突、擅自从事著作权集体管理活动的定义、强化对著作权集体管理组织的监管等对实践有重大指导意义的理论归纳，体现了音集协根据长期以来在著作权集体管理活动一线的经验总结对著作权集体管理理论作出的贡献。

音集协积极参与最高人民法院、最高人民检察院发布的《关于办理侵犯著作权刑事案件适用法律若干问题的解释（征求意见稿）》的意见征求工作，结合《著作权集体管理条例》的立法宗旨，明确表达了对于主动通过著作权集体管理组织交纳使用费的使用者，应予以刑事责任豁免的法律意见。

（撰稿人：邓俊芳、张殊荣）

中国品牌建设促进会打击侵权假冒工作报告

中国品牌建设促进会是从事品牌建设工作唯一的全国性社会团体。中国品牌建设促进会实行理事会制度，是由与品牌建设相关的企事业单位、社会团体和个人自愿组成的非营利性社会组织。中国品牌建设促进会受业务主管单位市场监管总局、社团登记管理机关民政部的业务指导和监督管理。中国品牌建设促进会是国际标准化组织品牌评价技术委员会（ISO/TC 289）的秘书处承担单位，同时也是全国品牌评价标准化技术委员会（SAC/TC 532）的秘书处承担单位，遵循"科学、公正、公开、公认"的原则，开展品牌价值评价发布并从事品牌的培育、调查研究、国际交流、技术合作、信息管理、咨询培训、宣传教育、标准研制及宣贯等活动，旨在提高中国品牌的国际竞争力，推动中国品牌"走出去"，为我国经济高质量发展做出积极贡献。

一、成立中国品牌保护专委会加强品牌高质量发展与完善社会信用建设

2023年，中国品牌建设促进会在推动品牌建设

和保护方面取得显著进展，与中国政法大学共同推动品牌保护工作，设立品牌保护专业委员会，合作共建"全国品牌教育培训基地"，对品牌建设理论和品牌保护的前沿以及疑难问题开展课题研究或研究平台建设，共同组织品牌与信用重大活动、品牌与信用主题论坛等教育培训、公益活动。

2023年9月，在2023年中国国际服务贸易交易会分论坛"中国食品品牌与可持续发展国际大会"上，"中国品牌建设促进会品牌保护专委会"正式成立。以此为平台组织国内从事品牌保护相关的教学科研院所和法律政策研究及法律服务机构，对品牌保护工作的新要求、新任务，给予法律理论和实践方面的支持。

构建企业品牌保护的"四全"战略体系，为企业提供"一站式"品牌保护高端服务，全面提升企业品牌与信用价值，培育具有市场竞争力、国际影响力的知名品牌。

全方位——品牌在法律上是知识产权的大集成，也是企业的商业身份。因此要建立商标（含地理标志）、专利（含标准）版权、商业秘密等知识产权"全

方位"保护体系。

全流程——融入信用长效机制，协同知识产权事前、事中、事后三个阶段，事前事中事后相互衔接、良性循环，形成"全流程"品牌保护体系。

全链条——强大的品牌保护战略建立在知识产权的基础上，在知识产权创造、运用、管理、保护等不同环节进行研究、咨询与服务，打造"全链条"品牌保护体系。

全球化——基于国内国际"双循环"的新发展格局是党中央在国内外环境发生显著变化的大背景，中国品牌已经成为世界经济不可或缺的重要力量。因此要加快构建"全球化"品牌保护体系。

以上各项举措，充分展现中国品牌建设促进会在强化品牌保护、推动品牌价值提升以及构建品牌信用体系等方面的积极作为与坚定决心，对深入贯彻落实"推动中国制造向中国创造转变，中国速度向中国质量转变，中国产品向中国品牌转变"，以及我国品牌高质量发展与社会信用建设具有重要意义。

二、协助会员单位探索建立知识产权纠纷多元化调解机制

以习近平新时代中国特色社会主义思想为指导，坚持和发展新时代"枫桥经验"，在电商平台涉网纠纷频发的背景下，满足纠纷双方多元、高效、便捷的解纷需求，完善多元化纠纷解决机制，让矛盾在内部解决，实现"矛盾不出网"。中国品牌促进会协助会员单位探索建立相关机制，为加强知识产权保护工作提供技术支撑。

近年来，随着电商平台商品日益丰富，知识产权纠纷亦不断增长，尤其是在专业度较高、侵权行为较为复杂的领域，越来越多的平台内经营者在面对知识产权纠纷化解上存在困难，如外观设计专利侵权、美术作品著作权侵权等场景。针对起诉成本高、周期长、缺少专业知识和沟通谈判能力等问题，平台在纠纷双方均有协商意愿的情况下，创新性尝试线上多元化纠纷调解机制，满足纠纷双方多元、高效、便捷的解决需求，实现"矛盾不出网"。比如，淘天平台与浙江（杭州）知识产权诉调中心深入合作，共建知识产权纠

纷调解机制，在除了传统的通知/反通知、诉讼之外，多一种纠纷解决路径。从实际运营的情况来看，淘天平台线上调解机制于2023年7月上线，针对权利人发起的知识产权侵权纠纷案件，权利人和被投诉的商家可以通过平台的知识产权系统选择通过调解的方式解决纠纷，诉调中心会介入双方的案件分析，提供专业建议，撮合双方协商解决问题。机制上线以来调解申请量日益增加，截至2023年底，累计线上调解申请量近2000件，尤其是在著作权、外观设计专利侵权纠纷案件上，调解申请量较多，与案件的疑难度与复杂性有紧密关系。调解成功率稳定在7%左右，高效促进平台内纠纷快速解决，商家经营运营的快速运转，有效促进商家营商环境改善的同时也缓解诉讼案件压力，实现纠纷诉源快速治理。未来将推动融合司法、行政监管部门等行政调解能力，持续性的优化和完善互联网纠纷解决机制，整合更多的资源，全方位形成资源共享、优势互补、良性互动的良好格局，共同推进知识产权纠纷多元化调解工作出成效，建立平台纠纷解决的多元化新体系。

三、共同贯彻各地市场监管部门关于打击侵权假冒的专项活动

针对侵权假冒伪劣的专项执法行动是各地市场监管部门重点工作之一，不仅加强了对重点领域、重点商品、重点市场的治理，也有效保护了权利人和消费者合法权益，维护了市场经济秩序，为营造良好的营商环境作出了积极贡献。中国品牌建设促进会在此过程中为各品牌企业提供理论支撑以及技术指导。

2023年，苏州稻香村开展线上和线下商标及不正当竞争维权共计30余起，其中侵权种类和方式主要涉及"产品外包装相同或近似""品牌标识突出使用""假冒苏州稻香村产品""擅自使用品牌商标"四种类型，涉及到侵权的单位主要是山东港味斋食品有限公司、稻香村玉田食品有限公司、天津稻香村食品科技有限公司、天津稻香村商贸有限公司、御厨坊唐山食品有限公司等相关单位。

以上侵权单位实施侵权行为的方式主要是通过在产品外包装显著位置印制企业名称，达到突出使用稻

香村标识作用，比较常见的印制方式一般为"香港稻香村食品制造有限公司""香港稻香村集团食品股份有限公司""稻香村（玉田）食品有限公司""天津稻香村食品科技有限公司""天津稻香村商贸有限公司"，侵权单位通过"地名＋稻香村字号"方式在地方或境外进行单位注册，之后便将该企业名称印制在产品外包装显著位置，造成公众误认，使消费者认为以上侵权产品同苏州稻香村存在某种关联，进而侵害消费者权益。

2023年，以上侵权产品主要在东北（沈阳、哈尔滨、长春）、天津（星耀市场、金玉批发市场）、山东（青岛）、河北（沧州、廊坊）、北京（密云、新发地等地区）等区域销售，苏州稻香村针对以上侵权产品，首先会向侵权地的市场监管部门进行反馈，通过地方市场监管部门对侵权产品进行下架和罚没，部分侵权产品因可能涉嫌犯罪，苏州稻香村通过侵权地公安机关报案的方式对侵权产品进行查处，对相关责任人员追责。

以唐山市玉田县假冒稻香村产品维权为例，苏州稻香村收到群众举报，在唐山市玉田县金玉批发市场玉鑫商贸门店发现大量假冒苏州稻香村的产品，苏州稻香村接到举报后，立即进行踩点并协同向玉田县食药监、公安等部门，以及玉田县市场监督管理局进行反馈，食药监、公安部门同玉田县市监局共同执法，对以上侵权产品售卖门店所涉侵权产品进行了全部查封，并对相关责任人员进行了追责，对相关门店作出行政处罚。此次执法活动在一定程度上有效震慑了侵权单位，为苏州稻香村品牌市场的净化起到了示范性作用。

苏州稻香村为有效打击以上侵权行为，还通过诉讼方式向侵权单位进行追责。在执行阶段，鉴于侵权单位存在恶意转移资产情况，在具备履行侵权赔偿能力情况下拒不执行法院判决。苏州稻香村通过向执行法院提供财产线索的方式恢复部分执行，并针对涉嫌拒执罪的侵权单位依法向执行法院申请案件移送，部分侵权案件因涉嫌拒执罪最终被移送到了公安机关处理。

在这一系列行动中，国投智能（厦门）信息股份有限公司控股子公司中检美亚（厦门）科技有限公司作为国内市场监管领域大数据监管支撑和智能分析服务解决方案提供商，凭借覆盖市场监管全环节、全链条、全过程、全生命周期的信息化建设能力和经验，运用大数据、人工智能、区块链等新型技术手段，协助执法部门精准发现虚假主体、虚假证照、假冒伪劣商品、商标侵权、虚假宣传、价格欺诈等涉嫌违法行为，为加强知识产权保护工作提供技术支撑。2023年该公司持续为客户提供专业的侵权假冒监测服务，以打击网络商品交易中的假冒伪劣行为，保护消费者健康、权益，维护市场公平竞争秩序。如协助内蒙古自治区市场监管局开展冒用厂名厂址、假冒伪劣商品监测；为山西省市场监管局开展"老陈醋""汾酒"地标商标侵权监测、福建省泉州市"鸿星尔克、特步、利郎"等重点品牌商标侵权假冒监测行动等专项执法行动提供技术支撑。在内蒙古自治区案例中，公司运用自主研发的网络商品交易监管系统，为内蒙古自治区市场监管局关注的牛肉干、奶粉和大米等重点品类提供智能化线上监测，通过构建精准的违法线索监测模型，使用数据处理技术形成数据仓库，再通过人工和机器反复调试标注形成可用的模型并持续优化，研判是否有假冒品牌或异常低价的商品，产出存在涉嫌销售假冒伪劣食品、不合格食品、冒用厂名厂址等违法违规行为线索。从而通过研判对涉事网店的相关信息进行电子固证。内蒙古自治区市场监管局在对可疑线索进行分析，并执行购买、采样检验、物流追溯等一系列操作后，精确锁定违法行为发生地，并形成完整的证据链。通过实施"监测结合全方位固证四步法"，取得显著成效。截至2024年2月，该局运用此方法共挖掘近60条线索，涉案货值超过110万元。在福建省泉州市案例中，该公司自主研发的商标侵权监测系统成为品牌方维权利器，部分品牌方在泉州市市场监督管理局的授权下参与监测及研判环节的工作。这种品牌方积极参与侵权监测的模式加强了技术开发、行政监管、品牌维权的三方沟通，使监测模型的判断标准更为精确和灵活，极大提高了打击侵权假冒行为的效率。

四、提出品牌企业被侵权假冒追溯的相关意见

品牌企业面临的侵权假冒问题是一个日益严重的

挑战，不仅损害了企业声誉和经济利益，还可能威胁消费者权益和安全。建立有效的侵权假冒追溯机制对于保护品牌企业的权益至关重要。

一是强化法律意识。品牌企业应增强法律意识，明确自身权益，加强知识产权的登记、申请和维护工作。同时，要加强对员工的法律培训，提高全员的法律素质和维权意识。

二是完善内部追溯体系。建立专门的追溯机构或部门，负责侵权假冒案件的调查、取证和追责工作。制定详细的追溯流程和规范，确保每一步操作都有明确的指导和依据。建立产品溯源系统，通过技术手段实现产品从生产到销售的全程追溯，以便及时发现和追踪侵权假冒产品。

三是加强技术防范。利用大数据、人工智能等先进技术，建立智能监测和预警系统，实时监测和识别侵权假冒行为。加强与电商平台、社交媒体等合作，共同打击网络侵权假冒行为。

四是强化合作与信息共享。加强与政府部门的沟通合作，争取政策支持和资源共享，共同打击侵权假冒行为。与行业协会、其他品牌企业等建立合作机制，共同分享侵权假冒信息和经验，形成合力。

五是加大宣传力度。通过各种渠道和方式，加大对侵权假冒行为的宣传力度，提高公众对侵权假冒的认识和警惕性。同时，积极展示品牌企业的维权成果和决心，树立企业的良好形象。

六是完善法律法规。呼吁政府和社会各界关注品牌企业侵权假冒问题，推动完善相关法律法规和政策措施，为品牌企业提供更加有力的法律保障。

品牌企业被侵权假冒追溯是一个需要多方面共同努力的过程。品牌企业应积极采取行动，加强内部追溯体系建设和技术防范，同时强化合作与信息共享，加大宣传力度，共同推动侵权假冒问题的有效解决。

（撰稿人：吕安然）

中国防伪行业协会打击侵权假冒工作报告

2023年，中国防伪行业协会认真学习贯彻习近平新时代中国特色社会主义思想，学习贯彻党的二十大精神，按照中央社会工作部、民政部和市场监管总局的工作安排，充分发挥防伪在保护品牌、保护知识产权和打击侵权假冒等方面的积极作用，加强防伪制度建设和行业规划，注重标准化和质量诚信建设，推动防伪应用宣传，增强了防伪支撑市场监管和打击侵权假冒工作能力，促进行业高质量发展。

一、加强产品防伪监管制度建设和行业规划，为打击侵权假冒工作提供支撑

（一）做好《产品防伪监督管理办法》修订工作

2023年，开展防伪监管需求调研，组织法律法规相关专家进行研讨，多次召开《产品防伪监督管理办法》修订会议，研究提出产品防伪监管具体措施，修改完善《产品防伪监督管理办法》和修改说明，为下一步办法的发布和实施奠定基础。

（二）持续推动《产品质量法》修改时加入防伪相关内容

紧跟《产品质量法》修改工作，面向全行业征求《产品质量法》修改意见和建议，组织相关专家和企业开展座谈交流会，11月参加由对外经济贸易大学组织的《产品质量法》公开征求意见稿研讨会"，提出在《产品质量法》中增加防伪溯源相关内容的具体建议和理由，推动以防伪技术手段更好保障品牌和消费者权益，打击侵权假冒，维护市场秩序。

（三）组织编写并发布行业发展规划

2023年，调研防伪涉及相关领域政策、规划、产业需求和技术发展趋势，对行业现状、存在问题和面临形势进行梳理，组织有关领域专家和企业多次召

开研讨会,编写形成《中国防伪行业"十四五"及中长期高质量发展纲要》,并于6月正式发布。《纲要》立足现有防伪行业发展基础和优势,紧密对接国家"十四五"总体发展战略和相关产业规划,提出防伪行业发展目标、重点任务和重点领域,是防伪行业"十四五"及今后一段时期的重要指导性文件,为推动防伪行业更好支撑打击侵权假冒奠定坚实基础。

二、做好防伪标准化和行业自律,提升防伪服务打击侵权假冒能力

(一)完善防伪标准化体系

2023年,持续优化和完善防伪标准化体系,对新立项的推荐性国家标准《防伪油墨第5部分 压敏防伪油墨》《防伪油墨第8部分 防涂改防伪油墨》进行标准初审和征求意见工作。新批准发布《防伪油墨第7部分:光学可变防伪油墨》(GB/T17001.7—2023),截至2023年12月底,现行防伪国家标准达到47项。

开展国家标准复审工作,2023年共立项12项防伪国家标准修订项目,通过复审进一步加强标准体系的统筹规划,解决标准交叉、矛盾和滞后问题,促进标准实施反馈、标准协调等机制建设。

(二)完成防伪标委会换届工作

2023年3月,全国防伪标准化技术委员会(SAC/TC 218)召开换届大会暨七届一次全体工作会议,新一届防伪标委会委员共46人,包括市场监管总局质量发展局、公安部科技信息化局等相关主管部门代表,以及相关高校、研究机构、检测机构和重点防伪企业代表。

(三)积极推进防伪诚信体系建设,加强行业自律

2023年,组织防伪企业开展"质量诚信承诺",共征集97家企业签署《防伪企业质量诚信承诺书》,并在协会官网、公众号和《中国品牌与防伪》杂志上公开发布。同时,组织防伪企业报送2023年度《企业质量信用报告》,鼓励企业主动公开发布《信用报告》,加强防伪行业质量信用管理,促进了全行业质量诚信意识的提升。

开展企业质量信用等级评价活动。按照《中国防伪行业企业质量信用等级评价管理办法》规定,经过对申报材料的形式审查和专家委员会的综合评议,评出企业质量信用AAA级防伪企业4家,AA级防伪企业5家。

三、开展防伪案例的宣传和推广,扩大防伪影响力,为品牌保驾护航

(一)开展防伪优秀案例的应用推广

2023年,开展"防伪溯源保护品牌优秀案例"遴选和宣传活动,遴选出中国盐业协会食盐防伪标志及追溯平台、河南卫群京东酒世界双码可溯源防揭起防伪标签、量子云码九牧卫浴防伪标签及系统、山东泰宝智能特征识别溯源防伪技术在泸州老窖上的应用等10个典型案例。5月组织召开"防伪溯源 保护品牌十大优秀案例"线上发布会,邀请了人民日报、人民网、新华网、中国经济网、科技日报、网易新闻、新浪网、搜狐网等主流媒体参与,会后通过众多线下线上媒体进行了宣传报道,很好地宣传了优秀的防伪溯源技术和企业,推动优秀防伪技术的应用,引导防伪行业技术创新。

(二)加强防伪宣传和展览展示

9月,组织浙江甲骨文超级码科技股份有限公司、上海润成天达信息有限公司、艾斯芸科技(福建)股份有限公司等防伪企业,参与"质量之光——中国质量管理与质量创新成果展"。11月,组织河南卫群科技发展有限公司、量子云码(福建)科技有限公司、海南天鉴防伪科技有限公司、四川省宜宾普拉斯包装材料有限公司、北京兆信信息技术股份有限公司等10余家企业,参加西安丝博会"一带一路"品牌建设论坛等活动,通过展板形式宣传防伪服务品牌保护优秀案例;协会与陕西省市场监管局签署服务品牌保护赋能高质量发展战略合作协议,与陕西相关品牌企业签署具体服务协议,搭建行业平台,推动品牌企业与防伪企业的合作对接,更好保护名优品牌;2023年全国"质量月"期间,协会组织开展防伪质量提升专题宣传活动,对全国"质量月"总体情况、防伪质量诚信体系建设、防伪推动品牌高质量发展优秀案例等进行了宣传;协会配合市场监管总局,将防伪相关内容列

入《小学生质量教育读本》中，增强防伪知识宣传和普及。

（三）加强防伪信息发布

2023 年，充分发挥网站、微信公众号和杂志等的窗口作用，通过协会网站共发布行业动态和打假维权等相关报道 100 余篇，更好地服务于行业信息发布和交流。协会注重新媒体的建设，加强协会微信公众号的运营，每个工作日都发布相关信息，近一年发布 950 余篇消息，内容主要涉及协会动态、防伪溯源、防伪知识和执法打假等，拓展了行业沟通交流渠道。《中国品牌与防伪》杂志对党中央、国务院的路线方针政策、防伪新技术以及品牌保护等内容进行发布，在行业宣传方面发挥着积极作用。

四、强化防伪技术创新和人才培养

（一）开展防伪技术咨询服务

强化防伪技术咨询等服务，组织行业专家对企业防伪技术和防伪技术产品的防伪力度进行评估，并提供改进和提升的建议，2023 年共完成防伪技术咨询服务项目 57 项，更好服务防伪企业防伪技术的提升和应用。协会还积极响应会员单位提出的需求，按照国家科技主管部门的规定和要求，编写了协会《科技成果评价管理办法》，并组织完成 2 个项目的科技成果评价工作。

（二）加强行业人员培训

2023 年，根据《防伪工程技术人员培训、考核管理办法（试行）》要求，进一步规范防伪工程技术人员的培训，完善行业人才培训相关制度，组织开展 2 次防伪工程技术人员的培训和继续教育。

（三）成立第三届防伪专家委员会

为充分调动专家积极性，在政策建议、行业规划、科技创新、标准制修订、重大项目咨询、技术交流和企业增值服务等方面发挥更积极的作用，中国防伪行业协会成立了第三届防伪专家委员会。第三届防伪专家委员会设主任委员 1 名、副主任委员 2 名、常务副主任委员 1 名，常务委员会委员 66 名，委员 93 名，由相关大专院校、科研院所、检测中心、管理机构和防伪企业的资深专家组成。

五、打击侵权假冒工作实践的经验及建议

（一）更好发挥防伪在服务打击侵权假冒和智慧监管工作中的作用

防伪是"打防结合"的重要技术支撑，在品牌保护、假冒监测、提升执法人员精准打击能力等方面都具有重要意义。应充分运用互联网、云计算、大数据、人工智能等现代技术手段，利用防伪溯源等技术和数据，对假冒案源和假冒重点领域、区域和渠道等进行更为精准的分析，有效监测和控制区域性、系统性产品假冒等风险，提升产品质量追溯和精准打击假冒能力，有力支撑打假执法工作。充分发挥防伪在电子商务等新业态监管治理方面的重要作用，借助防伪技术手段，推进数字化、网络化和平台化监管，提升对违法行为的精准查处能力，构建可信交易环境，保障市场公平竞争。

（二）进一步加强产品防伪监督管理制度建设

贯彻落实《质量强国建设纲要》中"加强产品防伪监督管理"要求，加快推进《产品防伪监督管理办法》的修订发布，强化产品防伪监督管理，健全"双随机、一公开"的监管手段，利用重点监管、信用监管和智慧监管手段，加强重点产品防伪保障、重要产品防伪溯源，强化对防伪技术产品和防伪查验渠道的安全风险监测。

（三）拓展防伪应用深度广度、提升防伪保障能力

贯彻落实习近平总书记关于推动我国数字经济健康发展、探索"区块链＋"商品防伪应用等重要指示精神，充分发挥产品防伪作为品牌保护手段的积极作用，加强在食品、药品、消费品、地理标志保护产品、重要工业产品等领域的防伪应用，持续开展防伪溯源有效保护品牌案例宣传，促进优秀防伪技术的应用，紧跟数字经济的发展形势，加大对防伪溯源服务企业数字化发展的成功经验的推广，加大品牌保护力度，更好服务打击假冒和知识产权保护，助力高质量发展。

（四）充分发挥第三方社会组织等作用，构建防伪打假社会共治体系

充分发挥第三方社会组织和社会各方作用，在社会公众关注度高、防伪需求突出的重点领域，利用

"3·15"国际消费者权益日、"4·26"世界知识产权日、中国品牌日、全国"质量月"等重要时间节点，利用网站、杂志、电视等媒体平台，以及微信公众号等新媒体渠道，推进防伪培训和防伪知识宣传普，加强防伪行业总体形象的展示，提升全社会的防伪打假意识，提高社会各方参与度，构建防伪打假社会共治体系。

（撰稿人：隆亮）

中华商标协会打击侵权假冒工作报告

2023年，中华商标协会全面贯彻党的二十大和二十届二中全会精神，按照党中央、国务院关于强化知识产权保护的决策部署，在国家知识产权局的指导下，深入落实知识产权强国建设纲要和"十四五"规划，充分发挥商标代理行业的全国性组织、商标领域的专业组织作用，围绕"服务商标品牌建设工程，培育中国知名商标品牌"的宗旨，积极搭建桥梁纽带，全面推进会员服务、行业自律、商标品牌战略实施，进一步完善理论研究、宣传交流、国际合作平台，包括打击侵权假冒工作在内的各项工作迈上新的台阶。

一、针对需求提供服务，助力会员商标维权

一是聚焦突出问题开展实地调研。协会班子成员分别带队三个调研组，赴北京、四川、安徽、湖北、广东和福建等地，走访调研50余家会员单位和地方商标协会，围绕企业商标品牌培育、商标代理机构服务能力提升等主题，倾听会员需求，征求意见建议，并及时研究反馈，不断改进和提升会员服务。全年为会员单位出具诉讼推荐函30余份，办理跨境商标服务免税备案2446份，减轻了会员的税费负担。

二是针对行业发展新要求开展商标培训。为应对后疫情时代经济发展新局势和行业发展新要求，积极探索培训合作新模式，推动培训形式灵活化、内容专题化。多次采取"线上＋线下"培训相结合的方式，围绕"评审案件中止情形规范""同日申请和商标转让程序的指引"等新发布的规章及时开班，及时聚焦，扩大了培训影响力。全年举办9期面向会员的商标法律实务免费培训班，共计5000余人参加培训，惠及800余家企业、商标服务机构和律所。

三是围绕会员企业海外维权提供服务。编制覆盖23个海外重点国家地区的商标维权指南，其中《海外重点国家商标维权指南》（1—3期）被列为国家知识产权局海外知识产权纠纷应对指导工作年度四大成果之一；发布《中华商标协会会员企业2022年度国际商标监测预警报告》，帮助会员企业及时掌握侵权线索，防范商标风险；接受国家知识产权局委托，维护海外商标服务机构库，并对入库机构进行管理；定期发布《海外维权资讯》，及时分享海外商标动态信息，帮助权利人了解海外商标制度变化。

二、加强行业自律建设，促进行业健康发展

一是配合"蓝天"行动，加强行风建设。受国家知识产权局委托，开展《商标代理行业行风建设年及进一步完善从业行为规范等社会支撑机制》《商标代理监管工作规程》等项目研究。在国家知识产权局知识产权运用促进司指导下，与中华全国专利代理师协会在京联合举办"强能力 提质量"知识产权代理行业行风建设年活动启动仪式，向12家商标代理机构颁发了"商标代理品质服务证明商标使用许可证书"。截至2024年4月底，共有31家商标代理机构被许可使用该证明商标。

二是加强人才建设，建立"商标人才库"。协会人才与教育专业委员会2022年底制定发布《商标代理职业能力评价标准》，2023年发布《商标代理职业能力培

养大纲（试行）》，举办"2023 商标人才年会""中国商标人才发展论坛"，推动商标代理机构和企业重视人才、培养人才，引导商标代理人不断提高自身专业素质和服务水平；全年开展两次商标人才库商标代理职业能力评价及入库申报，召开专家评审会，共 2700 余名商标代理人加入"商标人才库"；发布《企业商标管理职业能力评价标准（试行）》征求意见稿，促进企业商标管理专业人才队伍建设。

三是完善行业评价，发布《中国商标代理机构 600》。为进一步加强商标代理行业评价体系建设，协会主管的《中华商标》杂志与专业数据机构合作，依据商标局官方数据，从商标申请量、商标异议案件量、商标评审案件量等十余个维度，建立系统化评价模型，对已在国家知识产权局商标局备案的商标代理机构进行评价，600 家商标代理机构分别被评为商标代理服务能力 5A、4A 和 3A 机构，引导代理机构以优质服务为竞争手段，营造良好的行业发展环境。

四是组织培训考试，发布典型案例。10 月，在北京和重庆同时举办"2023 年商标代理人业务水平培训考试"，共有 446 人参加、132 人通过考试，这是自 2015 年以来，协会连续第 8 次举办该培训考试；组织"2021—2022 商标代理典型案例"评选活动，征集和整理参评案例 263 件，比上一年度（187 件）增加 40.6%，经专家评审评选出 34 件典型案例，在商标品牌节期间举办的"商标典型案例评析论坛"上发布，为引导商标代理行业良性发展树立标杆。

三、开展研究评价工作，服务商标品牌建设

一是发布商标品牌发展指数，为各级政府制定政策提供参考。在国家知识产权局运用促进司指导下，连续四年编制发布"中国商标品牌发展指数（TBDI）"；服务地方商标品牌建设，第二次发布《广东商标品牌发展指数》。作为国内首个量化测评区域商标品牌整体发展水平和建设成效的指数化工具，经过四年的探索改进，该指数已初步具备量化表征各地乃至全国商标品牌发展质量效益的功能，将助力"千企百城"商标品牌价值提升行动等工作有序开展，为各类主体开

展商标品牌建设提供参考，为促进提升企业和区域商标品牌价值、推动中国产品向中国品牌转变提供更加有力的支撑。在国家知识产权局开展的第十二届全国知识产权优秀调查研究报告暨优秀软课题研究成果征集活动中，《中国商标品牌发展指数（2021）》荣获一等奖。

二是成立商标研究专题组，开展商标品牌领域法律问题研究。2023 年初，组织会员单位、高校及研究机构中具备一定理论水平和实践经验的行业专家，成立 38 个商标研究专题组，聚焦驰名商标、地理标志、非传统商标、商标法程序优化等商标法律难点、热点问题，开展深入研究。各专题组积极推进各项研究工作，截至 2023 年底，均已提交年度研究报告。下一步，协会将召开商标法律前沿问题成果研讨会，评选出优秀报告，报送国家知识产权局相关部门。

三是成立知名商标品牌专委会，开展知名商标品牌评价工作。依据《知名商标品牌评价规范》（T/CNTA002—2022）团体标准，协会制定《知名商标品牌评价细则》《知名商标品牌评价工作管理办法》，成立"中华商标协会知名商标品牌工作委员会"，开展知名商标品牌评价工作。委员会成立后，在北京、江阴、东莞、泉州、广州等地组织多场知名商标品牌培训宣讲活动，企业代表 300 余人参加；先后进行两批次的知名商标品牌评价结果发布，Haier、中国电信、牛栏山等 23 件商标品牌通过 AAA 级知名商标品牌评价。该评价旨在以评促建，引导我国企业建立和完善商标品牌创造、运用、管理、保护体系，培育具有市场竞争力、国际影响力的中国知名商标品牌。《发布和实施首个全国知名商标品牌团体标准，助力商标品牌高质量培育和成长》案例报告获得 2023 年"北京市海淀区标准化推动高质量发展典型案例奖"。

四是承接相关部门项目，开展商标品牌理论研究。承接国家知识产权局"商标法及实施条例修改调研论证""制定商标注册申请与使用系列指引"等项目，提交《关于禁止商标重复注册的调研报告》等 10 余份报告，为主管机关修制订政策法规等提供参考；承接市场监管总局"知识产权'白名单'系统内容完善和宣传"项目，积极开展宣传推广和系统操作指导，助力

权利人和相关行业主体完善知识产权保护途径。

五是发挥各专委会职能，开展前沿问题交流研讨。举办"互联网环境下的商标品牌保护""互联网企业商标品牌保护实务"研讨会，探索和推动互联网、Web3.0等新技术、新业态、新场景下的知识产权运用与保护；召开"汽车企业商标问题座谈会"，研讨交流汽车产业商标保护经验和困境；数字化工作委员会举办"类ChatGPT垂直工具研讨沙龙"；品牌影响力专业委员会发布《2023中国家居品牌影响力指数》等系列报告。

四、举办中国国际商标品牌节，全方位交流商标品牌工作

2023年6月，由中华商标协会、广东省市场监管局（知识产权局）和东莞市人民政府共同主办的第十三届中国国际商标品牌节在东莞成功举办。本届商标品牌节以"商标赋能新发展 品牌引领双循环"为主题，举办了第17届中国商标年会、2023中华品牌商标博览会等系列主题活动，成果丰富，亮点突出。

一是克服疫情影响，积极打造国际化线下交流平台。作为疫情后国内首场知识产权领域大型线下展会活动，本届商标品牌节响应关于加强我国知识产权保护工作的号召，搭建国内外商标品牌理论实务交流平台，共有4000余名代表参会参展，其中包括来自世界知识产权组织、8个国家和地区的70余名境外嘉宾。新华社、中央广播电视总台、人民网等30余家国内知名媒体参与报道，规模远超预期，引发国内外强烈反响，从一个侧面反映了中国知识产权界、商标品牌界的组织力、号召力和影响力，展现了我国经济社会的发展韧性和潜力。

二是关注热点焦点，全面提升年会专业性和实效性。本届商标年会充分征求广大会员和协办单位意见，精选议题，紧紧围绕国家大政方针，关注商标品牌及知识产权焦点热点问题，内容不仅涵盖了商标注册、运用、保护、管理、服务全链条，还关注了互联网域名、人工智能、元宇宙等新兴领域的商标注册与保护问题，为不同行业、不同领域的人士搭建了商标理论与实务交流研讨的平台；举办国际商标法律动态论坛、INTA论坛、马德里商标国际注册圆桌会、中日商标交

流会等国际会议，为企业参与国际竞争提供了最新资讯；演讲嘉宾230余人，包括来自最高人民法院、最高人民检察院、市场监管总局、国家知识产权局等部委相关司局负责同志，世界知识产权组织、各国驻华使（领）馆、国外相关组织的代表，以及来自高校、研究机构的专家学者等，阵容强大，让本届商标年会内容更全面、更权威。

三是荟萃各地精品，充分展示我国商标品牌建设成就。"中华品牌 东莞荟萃"，2023中华品牌商标博览会聚集了来自全国31个省、市、自治区的知名品牌企业、优质服务机构、地理标志企业的众多优质产品，充分展示我国近年来的商标品牌建设成就。"川货全国行""广西品牌助力乡村振兴成果展""粤港澳大湾区展区"等主题展，多角度、多层次展示全国各地商标品牌建设成果；桑植、崇礼展区展示了在国家知识产权局帮扶下，发挥知识产权独特优势，运用商标品牌力量推动乡村振兴的丰硕成果；"川货全国行·东莞站"推介活动签订意向性协议金额约2.8亿元，展会期间现场销售和签订意向性购销合同数十亿元，受到参展商的一致好评。

四是开展立体化宣传，扩大社会参与度和影响力。上线中国国际商标品牌节专网，及时更新发布商标品牌节参会嘉宾、参展企业、年会日程、活动通知等资讯，给与会者以便捷高效的参会体验；开展多维度、多渠道、多形式预热宣传，在举办地投放道旗、地铁、公交广告，启用微信朋友圈广告推送，覆盖150万人次；新华社客户端相关新闻浏览量近38万人次，央视CCTV-1和CCTV-13《朝闻天下》播出商标品牌节新闻，中央广播电视总台央视新闻、央视网、央视频等新媒体平台同步投放；商标品牌节期间，对巡展、开幕式、年会论坛、品博会等主要活动进行图片直播35场次、视频直播3场次，图片直播浏览量超过15万人次，受到与会代表、参展企业代表以及线上观众的广泛关注。

五、发挥桥梁纽带作用，促进交流化解纠纷

一是配合行政机关、司法机关开展人才培养与知识产权纠纷调解工作。协会与中国知识产权培训中心

共同举办"商标人才培养"培训班，首次面向地方市场监管部门、知识产权部门开展"促进商标人才高质量发展高级研修班"，来自全国21个省（市、区）近70位政府机关代表参加，履行了国家知识产权人才培养助手的职责。在北京知识产权法院的支持下，设立中华商标协会"法护创新"普法驿站，共同举办"商标案件诉前调解和立案实务"专题培训班，协助开展商标行政诉讼案件诉前调解工作；承担北京市知识产权保护中心"2023知识产权纠纷多元调解及机制建设"项目；与中国国际经济贸易仲裁委员会签署合作协议，成功推荐8名调解员，加强知识产权专家队伍建设、完善知识产权纠纷多元化解机制。

二是探索与地方局、友好协会等的合作机制，形成推进行业发展的合力。协会与淮安市市场监管局共同举办"地理标志培育与保护"专题培训，推动淮安市地理标志产业和地理标志品牌高质量发展；与上海市商标品牌协会、东方美谷企业集团股份有限公司共同成立"中华商标协会化妆品产业专业委员会"，与中国纺织品商业协会共同起草《高品质桑蚕丝被团体标准》，发挥各自专业优势，共同助力企业知识产权保护水平提升；发挥全国商标协会联席会议定期沟通机制作用，在四川省商标协会支持下，在泸州市召开"2023全国商标协会联席会议"，与安徽省商标协会共同举办"商标与在先权利保护"培训班，加强全国各省市商标协会交流合作，助力各地商标品牌事业高质量发展。

三是搭建商标业务主管部门与企业、代理机构的桥梁纽带。利用国家知识产权局赴协会调研的机会，积极反映会员需求；召开"提升评审工作质效座谈会""完善评审审签制度调研座谈会"，就商标局推进异议网申功能的最新进展情况召开"异议审查提质增效"座谈会，就商标局关心的如何提升评审工作质效、探索评审审理机制改革等问题，面对面征求会员意见，进一步推进创新主体与主管部门间的双向交流、双向互动。

六、搭建宣传交流平台，关注商标侵权维权话题

一是加强栏目合作，坚持高质量办刊。《中华商标》在保持传统的栏目的基础上，加强与行政机关、法院、律所等各方合作：继续承接国家知识产权局知识产权保护司"商标执法与保护"项目、商标局"商标案例精读""审查之窗"等栏目，承接广州商标审查协作中心（广东省知识产权开发与服务中心）粤港澳青年商标品牌交流实践基地项目宣传工作，编辑出版增刊——《2023粤港澳青年商标品牌交流学术汇编》，搭建商标执法保护、审查审理环节依法行政专业宣传平台；继续与北京市高级人民法院合作《判例辨析》栏目，与北京知识产权法院合作的《法官说商标》栏目，分享最新司法判例实践；与万慧达知识产权代理公司合作"环球资讯"栏目，与中国贸促会专利商标事务所有限公司、广州华进联合专利商标代理有限公司等建立战略合作，搭建律所、代理机构实务交流平台。

二是紧扣时事，关注焦点话题。在《商标法》颁布40周年之际，刊载了黄晖、吴汉东、胡季强等商标领域专家、高校学者、知名企业家等的18篇文章，回顾和展望我国商标法制建设40年光辉历程；在"4·26"世界知识产权日期间，围绕"女性与知识产权"主题，邀请世界知识产权组织中国办事处主任、北京知识产权法院、国家知识产权局商标局等在内的国际组织、国内司法和行政机关、高校学者、知名企业家等知识产权领域优秀女性代表撰稿13篇，展现知识产权的女性力量；围绕"商标撤三""NFT商标侵权""地名商标及地名条款"等商标领域热点问题，开设"每期聚焦"专题探讨，刊发"专业、精彩、特色"的专题研讨文章，获得读者好评。

三是举办中华商标协会全国高校商标热点问题系列活动。举办第三届中华商标协会全国高校知识产权（商标）热点问题辩论赛，历时5个多月，共有来自北京大学、中国政法大学等全国30所高校的队伍报名参赛；举办中华商标协会全国高校商标热点问题征文比赛，收到来自中国人民大学、清华大学等40所高校的139篇征文，主题涵盖了商标恶意注册商标囤积的法律规制等多个商标领域热点问题。系列活动搭建了知识产权法学学习和实践的交流平台，促进了高校知识产权人才培养，得到了国家知识产权局及社会各界的肯定。

七、打造国际交流合作平台，推动交流促进保护

一是与知识产权国际组织保持密切交流。协会以WIPO观察员身份出席世界知识产权组织第64届成员国大会并作一般性发言，参加商标国际注册马德里体系法律发展工作组第21届会议、中国与世界知识产权组织合作五十周年纪念活动等，配合支持中国代表团；与世界知识产权中国办事处共同主办"商标海外维权与马德里国际注册高级研修班""马德里国际商标体系赋能民营经济高质量发展研讨会"，世界知识产权组织也在第十三届中国国际商标品牌节上举办"马德里商标国际注册会"；与美国驻华使馆、韩国驻华大使馆、英国知识产权局等进行座谈交流，为促进双边知识产权合作做出贡献。

二是与国外知识产权民间组织保持密切沟通。与国际商标协会（INTA）续签合作备忘录，组团赴新加坡参加第145届INTA年会，并举办"CTA论坛"，介绍中国商标法律与实践新发展；与INTA中国代表处共同举办"非传统商标：形状商标的保护"研讨会；与日本贸易振兴机构（JETRO）主办"第五次中日商标制度研讨会"；与大韩贸易投资振兴公社（KOTRA）共同主办"第一次中韩商标制度研讨会"，分享有益经验，努力为国内外企业搭建商标品牌合作的平台。

三是积极参加国家知识产权局相关外事活动。率团参加"商标五局（中美欧日韩）合作（TM5）年度会议"并邀请会员代表发言；组织会员代表积极参加"2023年中日韩商标用户研讨会""第七届中英知识产权交流会""中美知识产权实务线上研讨会"等，分享国内外商标法律案件的经验，增进彼此相互了解，并收集反馈相关问题，提出中国用户的诉求。

四是持续推动两岸商标领域合作与交流。与海峡两岸商务协调会共同举办"2023海峡两岸商标业务交流会"，海峡两岸商标品牌专家学者就"两岸商标侵权及无效审理程序与实务"进行研讨；在京共同举办"2023海峡两岸商标研讨会"，通过交流研讨，打造两岸商标品牌交流的重要平台和促进商标品牌保护的重要窗口，对提升两岸商标品牌知名度、推动两岸经贸关系发展产生了积极影响。

（撰稿人：郭琨）

五、典型案例

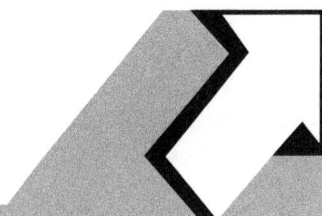

V. Typical Cases

侵犯著作权典型案例

北京阿特莱斯网络科技有限公司侵犯视听、美术作品著作权案

2023 年 9 月，根据权利人投诉线索，北京市文化市场执法总队对该案进行调查。经查，2021 年起，北京阿特莱斯网络科技有限公司运营"快玩乐盒"小程序，未经著作权人许可擅自通过信息网络传播视听作品《斗罗大陆》及美术作品《史莱克七怪》等。执法人员通过某区块链存证平台出具的《取证数据保全证书》等材料，确认北京阿特莱斯网络科技有限公司侵犯他人著作权。2023 年 11 月，北京市文化市场综合执法总队依据著作权法第 53 条规定，对该公司作出警告、没收违法所得 13502.72 元、罚款 5 万元的行政处罚。

点评：本案是首都版权行政执法领域首次使用区块链电子存证查办，对区块链等电子证据予以采纳，有助于推动新技术与版权执法有机融合，为互联网环境下办理版权案件提供了参考借鉴。

（中央宣传部提供）

上海君库信息科技有限公司侵犯美术作品著作权案

2023 年 9 月，根据权利人投诉线索，上海市文化和旅游局执法总队对该案进行调查。经查，上海君库信息科技有限公司运营"大作网"，未经著作权人许可长期通过爬虫技术抓取网上传播的影像作品和相关素材，向公众和会员提供小黄人、功夫熊猫等美术作品的在线浏览、下载服务。2023 年 11 月，上海市文化和

旅游局执法总队依据著作权法第 53 条规定，对该公司作出警告、罚款 10 万元的行政处罚。

点评：查办该案是版权行政执法部门规范正版图片授权市场的具体行动，体现出严格保护、平等保护中外著作权人合法权益的执法导向。

（中央宣传部提供）

江西省南昌市公安机关破获侵犯工程建设软件著作权案

2023 年 6 月，根据权利人企业举报线索，江西省南昌市公安机关破获一起侵犯工程建设软件著作权案，打掉 2 个利用技术手段破解制作、销售盗版软件的犯罪团伙，抓获犯罪嫌疑人 11 名，查获软件破解版密钥 500 余个、账号 7000 余个、补丁插件 1 万余个、服务器 30 余台，涉及多种工程建设领域软件，涉案金额 3000 余万元，为权利人企业挽回损失 2 亿余元，切实保障了企业合法权益，坚定了企业创新发展信心，激发了企业创新活力，全力服务新质生产力发展。

（公安部提供）

浙江杭州某图书编辑服务部侵犯图书著作权案

文化和旅游部联合中宣部版权局等部门，挂牌督办浙江杭州某图书编辑服务部侵犯图书著作权案。2023 年 6 月，根据浙江省"扫黄打非"办公室移转线索，浙江省杭州市文化市场行政执法队对杭州某图书编辑服务部未经著作权人许可、复制发行其作品和出

版他人享有出版权的图书的违法违规行为立案调查。经查，该图书编辑服务部未经浙江人民出版社许可，复制、出版发行其盗版图书《浙江蓝皮书·2022 年浙江发展报告》等图书 3500 余套，涉案金额 100 余万元。由于该案违法情节已达到刑事追诉标准，杭州市文化市场行政执法队依法将该案移送杭州市公安局拱墅区分局。

（文化和旅游部提供）

湖南湘潭柴桑区文泊图书店刘某某发行其他非法出版物案

文化和旅游部联合全国"扫黄打非"办公室，挂牌督办湖南湘潭柴桑区文泊图书店刘某某发行其他非法出版物案。2023 年 7 月，根据湖南省"扫黄打非"办公室转办线索，湘潭市文化市场综合行政执法支队查实湘潭柴桑区文泊图书店刘某某在抖音平台销售《风水点穴百图》《鲁班经》等 122 种假冒、伪造出版单位名称出版的非法出版物，共销售 3536 册，未售出 9713 册，违法经营额 56767.15 元，违法所得 20077.27 元。湘潭市文化旅游广电体育局对当事人作出没收非法出版物 9713 册、没收违法所得 20077.27 元、罚款 397370.06 元的行政处罚，并依法移送公安机关处理。

（文化和旅游部提供）

天津某技术公司操作员未某某侵犯著作权案

一、基本案情

被告人未某某系天津某技术公司操作员。2020 年 7 月，未某某申请网站并获批备案，网站域名为 521x5.com。2021 年 1 月，未某某租用腾讯云服务器，先后建立运营"冷月影视"网站、"冷月影视"APP。2021 年 3 月至 12 月间，未某某以营利为目的，未经深圳市腾

讯计算机系统有限公司、北京爱奇艺科技有限公司等七家网络影视公司的许可，通过信息网络向公众提供上述公司视听作品下载或者在线观看并从中非法获利，经查侵权视听作品共计 10 万余部。2021 年 12 月 14 日，未某某被抓获。

天津市文化和旅游局将案件移送天津市公安局，2020 年 12 月 15 日，天津市公安局立案侦查并指定天津市滨海新区公安局管辖。2023 年 2 月 16 日，天津滨海新区人民检察院以侵犯著作权罪对未某某提起公诉。2023 年 4 月 26 日，天津市滨海新区人民法院以侵犯著作权罪判处未某某有期徒刑三年，缓刑三年，并处罚金人民币 5000 元。

二、典型意义

一是坚持"证据裁判原则"，积极发挥引导公安机关补充侦查和检察机关自行侦查作用，推动构建以证据为中心的刑事指控体系。二是积极发挥"外脑"辅助办案效果，查清侵权行为的技术原理，准确认定行为性质，推进知识产权检察综合履职。三是加强互联网及其他新领域著作权保护，制作宣传漫画，组织庭审观摩，强化检察能动履职，服务文化强国建设。

（天津市提供）

上海市浦东新区人民法院办理被告人王某祥、武某清侵犯著作权罪案

迪士尼企业公司于 2021 年 3 月 12 日创作完成《玲娜贝儿》美术作品。经授权，以该美术作品原形设计制作的"玲娜贝儿"玩偶于 2021 年 9 月 29 日由上海国际主题乐园有限公司运营的上海迪士尼度假区首次发表。2021 年 10 月起，被告人王某祥伙同同案关系人武某清以营利为目的，未经《玲娜贝儿》美术作品著作权人许可，指使他人生产制作仿冒迪士尼"玲娜贝儿"的玩偶，指使被告人武某清在仿冒迪士尼"玲娜贝儿"的玩偶上贴附吊牌及收发货，后通过线下、线上方式对外销售。2021 年 10 月至案发，袁某林、陈

某田为被告人王某祥等人制作仿冒迪士尼"玲娜贝儿"的玩偶共计2.5万余件。公诉机关认为，被告人王某祥、武某清以营利为目的，未经著作权人许可，复制发行他人美术作品，情节特别严重，均构成侵犯著作权罪。

被告人王某祥、武某清对公诉机关指控的犯罪事实、罪名均无异议。被告人王某祥的辩护人对公诉机关指控被告人王某祥生产仿冒迪士尼"玲娜贝儿"玩偶的数量及销售金额有异议，认为我国《刑法》关于侵犯著作权罪以"违法所得数额"或"其他严重情节"作为量刑标准，"其他严重情节"是在无法查明"违法所得数额"的情况下才适用，故本案应以非法经营数额作为量刑依据。

上海市浦东新区人民法院作出如下认定：从我国《刑法》对侵犯著作权罪的罪状描述来看，如能查明行为人因犯罪行为所获得的违法所得，则以违法所得为标准定罪科刑，但若综合全案证据无法查明违法所得，或适用违法所得标准不能全面评价犯罪行为的，则以能够查明的复制品数量作为定罪量刑的标准，并不违反法律规定。本案中，在案证据无法证明被告人王某祥销售仿冒"玲娜贝儿"形象玩偶的全部违法所得及非法经营数额，公诉机关以其复制仿冒"玲娜贝儿"玩偶的数量指控其构成犯罪，具有法律依据。据此，一审法院认定被告人王某祥、武某清以营利为目的，未经著作权人许可，生产仿冒迪士尼"玲娜贝儿"玩偶2.5万余件，并通过线上、线下方式销售，其行为均已构成侵犯著作权罪，且属于有其他特别严重情节。对被告人王某祥判处有期徒刑三年三个月，并处罚金人民币二十万元，对被告人武某清判处有期徒刑一年，并处罚金人民币三万元，并判决没收已退出的违法所得、侵犯著作权的玩偶、主要用于制造侵权产品的材料和工具、供犯罪所用的本人财物，对两名被告人未退出的违法所得继续予以追缴。该案一审判决后，被告人王某祥、武某清均未提出上诉，上海市浦东新区人民检察院未提起抗诉，案件判决已发生法律效力。

（上海市提供）

浙江省杭州市桐庐县公安局侦破"3·28"杭州某文具公司侵犯亚运著作权案

2023年3月，杭州公安机关根据市场监管部门移交线索，发现所涉行为涉嫌侵犯亚运著作权（吉祥物、会徽）犯罪。3月28日，杭州、桐庐两级公安抽调精干警力成立专案组，开展专案侦查。经查，自2022年3月起，杭州某文具有限公司法定代表人孙某某伙同潘某某，未经第19届亚组委授权，通过聘请刘某某等设计带有亚运吉祥物、会徽潮涌图案等亚运特殊标志的产品外包装、盲盒包装、笔身贴膜、配套挂件，并委托林某某等人印制相关侵权包材后，在桐庐县非法生产印有亚运特殊标志的中性笔盲盒产品9万余套，后通过线上线下低价销售给张某某等下游经销商6万余套，再由上述经销商组织分销。

专案组开展集中收网行动，共抓获犯罪嫌疑人10名，捣毁生产、仓储窝点2个，现场查获印有亚运吉祥物、会徽潮涌等图案的中性笔4万余支、盲盒包装3万余件、外包装1000余件，涉案价值近20万元。

（浙江省提供）

福建省福州市查处万某侵犯著作权案

2021年5月，福州市版权局接权利人投诉，万某涉嫌在网络平台销售侵权玩偶。因涉案金额较大涉嫌犯罪，该局积极对接公安机关。经查，万某于2021年3月至6月间为获取非法利益，在无版权方授权、无销售资质的情况下在网店销售侵权玩偶13768个，违法所得55072元。2021年7月至12月间，万某在河北保定租赁仓库购置原材料及生产设备，自行生产侵权玩偶并在其网店销售。2023年3月鼓楼区人民法院判决：被告人万某犯侵犯著作权罪，判处有期徒刑三年，缓刑四年，并处罚金15万元；违法所得55072元，退赔被害单位；销毁、没收相关侵权复制品和作案工具。

市版权局在该案办理过程中，从线索转办、司法鉴定、证据补充、侵权认定等各环节全程跟进协调，积极对接公、检、法等部门，重大情况及时报上级部门，获省版权局大力支持，为此案的顺利办结打下坚实基础。版权、文化市场综合执法、"扫黄打非"、公安、检察院、法院等各部门通力合作，省、市多部门多地联动执法，为版权监管部门树立了又一个行刑衔接、协同保护的执法"样本"。该案例被福建省版权局评为2023年度福建省打击侵权盗版典型案件。

（福建省提供）

河南省南阳市淅川县"6·15"
陈某银等人侵犯著作权案

2022年6月15日，淅川县"扫黄打非"办公室联合县新闻出版局、县公安局、县文化广电和旅游局、县双打办对淅川县厚坡镇裴岗村某建材公司院内厂房车间进行检查时，发现其印制盗版书的犯罪事实。现场查封扣押盗版出版物6万余本、半成品47万余份，所扣押的书籍包含《2022年会计专业技术资格考试应试指导及全真模拟测试》等18种教学图书，共查扣印制设备7台（套）。

经查，周某玉、陈某银、井某等人自2022年2月起，共同出资在淅川县厚坡镇裴岗村某建材公司院内租赁厂房开办印刷厂。在未经著作权人许可的情况下，陈某银、井某等以营利为目的，大量印制盗版书籍，并将印制好的半成品进行装订、切割、打包，由周某玉联系销售，共销售盗版出版物价值300余万元。

2023年5月29日，南阳高新技术产业开发区人民法院依法对陈某银、井某、周某玉三人侵犯著作权案进行了判决。判处陈某银有期徒刑3年并处罚金10万元；判处井某有期徒刑1年并处罚金2.5万元；判处周某玉有期徒刑3年6个月并处罚金20万元。

（河南省提供）

琼剧团未经著作权人许可
擅自表演琼剧作品案

琼剧是海南省独有的地方戏曲，2008年入选第二批国家级非物质文化遗产代表性项目名录。保护、传承、发展琼剧是各级党委、政府的职责。剧作家创作的琼剧作品理应受到《中华人民共和国著作权法》的保护。近年来，海南省出现一些未经剧作家授权，排演其琼剧作品的案例。正确处理此类案件，具有较好的导向作用。

2023年2月27日，海南省琼剧院原知名编剧冯某某举报称，海口忆金琼剧团和海口慕芳琼剧团未经授权在省内相继排演《状元桥》剧目，侵犯其创作剧本《状元桥》的著作权。接到举报后，省旅文厅旅游文化市场行政执法局立案开展调查，经查证实，海口忆金琼剧团和海口慕芳琼剧团在我省各市县乡村排演《状元桥》剧目确属冯某某创作的作品，侵权违法事实清楚。2023年4月19日，经省旅文厅旅游文化市场行政执法局调解，双方达成调解协议，由琼剧团向冯某某支付剧本使用费2000元，琼剧团继续排演琼剧《状元桥》。

（海南省提供）

青海西宁某印刷厂侵犯著作权案

2022年4月7日，西宁市文化市场综合行政执法局执法人员对西宁某印刷厂进行检查。现场执法检查过程中发现，西宁某印刷厂仓库存放大量书籍。执法人员对存放书籍进行现场抽样检查，检查过程中，企业法定代表人无法提供样书、委托印刷合同及委托方相关经营资质证明（营业执照、法定代表人或主要负责人的身份信息等），经过初步检查判定其中部分书籍涉嫌违反了《中华人民共和国著作权法》及《印刷业管理条例》相关规定。执法人员对涉嫌违法行为进行立案调查。经查，西宁某印刷厂属于正规印刷企业，已取得营业执照、印刷经营许可证，涉案印刷书籍未取得委托印刷合同及委托方相关经营资质证明（营业执照、法定代表人或主要负责人的身份信息）、样书等，并暂未进行销售。此次案件中，由于涉案书籍数量巨大，在行政程序完成后，根据《最高人民法院关于审理非法出版物刑事案件具体应用法律若干问题的解释》第十三条相关规定，属于非法经营行为"情节严重"：西宁市某印刷厂盗版侵权书籍 3 万余册，其中《中小学作文范例》（一）至（五）共计 29983 本，按照国务院《行政机关移送涉嫌犯罪案件的规定》移交公安机关。2024 年 1 月 18 日由市中级人民法院判决如下：1. 被告人郭某某犯侵犯著作权罪，判处有期徒刑二年六个月，缓刑三年，并处罚金六万元（缓刑考验期限从判决确定之日起计算，罚金已缴纳）。2. 扣押在案的侵犯著作权的图书《中小学作文范例》（一）至（五）由扣押机关依法销毁，其他尚余未侵犯著作权的图书返还西宁某印刷厂；扣押在案的印刷机一台、裁纸机一台、折纸机一台、配页机一台、胶包机一台、晒版机一台返还西宁某印刷厂。

西宁市文化市场综合行政执法局查处线下仓储非法出版物，注重落地查人，有力打击侵权盗版行为，保护了著作权人的合法权益。同时推动行政执法和刑事司法相衔接、提高执法效能，本案具有社会广泛关注、典型性；在事实认定、证据收集、法律适用等方面对处理类似案件具有普遍指导作用，也是青海省近年来书籍查处数量最大的一起著作权侵权案件。

（青海省提供）

宁夏银川查处"1·17"侵犯著作权案

2022 年 9 月，银川市文化市场综合执法支队巡查发现银川市贺兰县教育书店向平罗县教育书店、同心学海书店及中宁县学海书店发行盗版出版物。2023 年 1 月 17 日，宁夏银川市公安局侵犯知识产权犯罪侦查支队立案侦查侵犯图书著作权案。2023 年 8 月，成功破获一起特大侵犯图书著作权案，打掉一个盘踞在广东佛山、惠州等地集印刷、包装、存储、销售等多个环节于一体的家族式盗版教辅图书犯罪团伙，捣毁盗版教辅图书存储点 3 个，抓获 3 名犯罪嫌疑人，现场查获"53 天天练""学霸笔记"以及课外读物等各类盗版图书 13 万余册、快递面单 1000 余张，涉案金额达 650 余万元，涉及 20 多个省区，犯罪嫌疑人温某某、严某某、郑某某等人未经著作权人许可，非法制售侵权盗版教辅图书，并通过利用虚假身份在各大电商平台开设的 14 家网店销售非法牟利。3 名犯罪嫌疑人因涉嫌侵犯著作权罪被刑事拘留，案件正在进一步侦办中。此案被中宣部版权管理局列为青少年版权保护季专项行动第一批典型案例。

（宁夏回族自治区提供）

新疆检察机关办理新疆某数媒信息科技有限公司程某某侵犯著作权案

2021 年 3 月，新疆某数媒信息科技有限公司法定代表人程某某通过微信联系图书经销商，购入米小圈系列、《三体》等图书，并通过新疆某数媒信息科技有限公司"疆来亲子"和"疆来童书"网络平台对外销售。经相关著作权人认定，涉案 2172 册出版物为盗版书籍，价值 6.02 万元。2022 年 6 月，乌鲁木齐市公安机关以程某某涉嫌侵犯著作权罪向乌鲁木齐市人民检察院移送起诉，后追加移送涉案企业新疆某数媒信息科技有限公司。2023 年 5 月，乌鲁木齐市人民检察院对新疆某数媒信息科技有限公司程某某经销盗版图书、侵犯著作权的行为，根据侵犯著作权的犯罪事实和情节、认罪认罚以及通过合规整改等情况，依法做出不起诉决定，同时向乌鲁木齐市文化和旅游局提出对该涉案企业给予行政处罚的检察意见。

（新疆维吾尔自治区提供）

侵犯专利权典型案例

新疆维吾尔自治区和田地区市场监管局查处新疆阿加依普国际贸易有限责任公司销售假冒专利化肥案

2023 年 4 月 18 日，新疆维吾尔自治区和田地区市场监管局依法对新疆阿加依普国际贸易有限责任公司销售假冒专利化肥违法行为作出行政处罚，没收违法所得 1.13 万元，罚款 7.5 万元。

2023 年 3 月 1 日，和田地区市场监管局执法人员对新疆阿加依普国际贸易有限责任公司办公场所及库房进行执法检查，发现包装上印有"络合靓钛专利配方 ZL201610715940.8"字样的黄腐酸硫基氮素肥、掺混氮肥、脲铵氮肥。经查，"络合靓钛专利配方 CN201610715940.8"于 2016 年 8 月 25 日由刘某提出申请，2022 年 2 月 25 日被国家知识产权局专利局驳回。上述化肥属于在未被授予专利权的产品包装上标注专利标识，当事人共购进 94 吨，销售 76 吨，货值 15.86 万元。当事人的行为构成了《中华人民共和国专利法实施细则》规定的假冒专利行为。和田地区市场监管局依法对当事人作出行政处罚。

本案中，销售的商品上标注了被驳回专利的标识，对消费者造成误导和欺骗，损害了消费者的合法权益，也扰乱了市场秩序。对这种借"高科技"噱头扩大产品影响力、牟取不法利益的行为，市场监管部门依法给予打击，全力维护消费者合法权益和公平竞争的市场秩序。

（市场监管总局提供）

上海市市场监管局查处上海圣贝企业服务有限公司擅自开展专利代理业务案

2023 年 9 月 6 日，上海市市场监管局依法对上海圣贝企业服务有限公司擅自开展专利代理业务违法行为作出行政处罚，没收违法所得 5.22 万元，处违法所得 1 倍罚款 5.22 万元。

2023 年 2 月 21 日，上海市市场监管局接到案件移送线索，反映当事人上海圣贝企业服务有限公司涉嫌擅自开展专利代理业务。经查，2021 年 9 月至案发，当事人在未取得专利代理机构执业许可证的情况下，与 109 家客户签订了专利申请委托代理合同 110 份，合同中约定为上述客户代理发明、实用新型等专利申请共 831 件。其中已完成专利申请 497 件，尚未完成专利申请 334 件。另查，2021 年 9 月至 2023 年 2 月，当事人在其网站中宣传"专业项目申报，帮企业拿百万资金补贴；知产博士团队；没有驳回焦虑的知产平台；商标申请专家一对一评估分析"等内容，与实际情况不符。当事人的行为违反了《专利代理条例》第九条第一款的规定，上海市市场监管局依法对当事人作出行政处罚。针对违反《中华人民共和国反不正当竞争法》规定的行为，上海市市场监管局一并作出处罚。

本案是一起打击专利代理行业违法违规行为的典型案件。专利代理是将创新成果转化为专利权、保障专利制度有效运行的重要环节。市场监管部门通过打击专利代理中的违法乱象，进一步规范专利申请及代理行为，推动知识产权全链条提质增效，保障知识产权转化运用。

（市场监管总局提供）

汇承相关公司侵犯涉农资方法发明专利案

原告动物生物公司是涉案方法发明专利"在雌性猪属动物中刺激生殖的信息素组合物及其使用方法"的独占被许可人。涉案专利共包含16项权利要求，其中包含独立权利要求1、10和15，以及分别直接或间接引用各独立权利要求的从属权利要求。在该审理中，法院通过委托上海某鉴定公司对被诉侵权产品"汇洛萌"和"佑诸保喷雾剂"的组分（雄烯酮、雄甾烯醇、喹啉）及这三个成分的质量比以及是否含有乙醇、异丙醇进行鉴定。经比对，被诉侵权产品具备涉案专利权利要求1—6、8的全部技术特征，已落入涉案专利的保护范围。三家被告公司属于经营范围、经营场所和高层管理人员高度重合的关联公司，在被诉侵权产品的制造、销售、许诺销售行为中主观上存在意思联络、行为上进行分工合作，三家公司构成共同侵权。厦门中院一审判决汇承相关公司停止侵权、共同赔偿50万元。汇承相关公司不服提起上诉，最高人民法院二审维持原判。

本案系福建省首例涉动物养殖制剂的方法发明技术类案件。因本案所涉技术领域较为特殊且极其专业，在案证据以及法院内部"鉴定人和鉴定机构统一登记管理制度"均无法判定被诉侵权产品的组分含量、质量比等，导致待证侵权事实真伪不明。本案在确认侵权的方法上，除了聘请技术调查官就待证事项进行技术分析外，还创造性运用《最高人民法院关于知识产权民事诉讼证据若干规定》第二十一条的规定，在未建立"鉴定人和鉴定机构统一登记管理制度"的鉴定业务领域，参照《最高人民法院关于知识产权民事诉讼证据若干规定》第三十二条规定的鉴定人选任程序，选取具有检测能力、检测水平的

专业机构就被诉侵权产品的组分、质量比等进行检测，并就检测方法是否规范、技术手段是否可靠进行审查，最终根据检测报告准确有效查明被诉侵权产品的组分、质量比等，认定被诉侵权产品落入涉案专利的保护范围。此外，在责任分担上，法院通过三被告属于经营范围、经营场所和高层管理人员高度重合的关联公司等证据，认定三被告在被诉侵权产品的制造、销售、许诺销售行为中主观上存在意思联络、行为上进行分工合作，构成共同侵权并判决其承担连带赔偿责任，体现了法院对于涉农资案件的强保护力度。

（福建省提供）

湖北省武汉市洪山区市场监管局处理"包装盒（利脑心24片）"外观设计专利侵权纠纷案

2023年8月，请求人山东某生物医药科技有限公司就其名称为"包装盒（利脑心24片）"的外观设计专利与被请求人武汉某大药房有限公司的专利侵权纠纷，向武汉市洪山区市场监管局提出处理请求。在本案处理过程中，请求人于2023年9月向洪山区市场监管局提出行政调解申请。双方经洪山区市场监管局主持调解达成一致后，共同向武汉市中级人民法院提起行政调解协议司法确认申请。2023年10月，武汉市中级人民法院对双方当事人签订的行政调解协议予以司法确认。请求人未提起行政诉讼。

（湖北省提供）

广东省东莞市某电子科技有限公司假冒专利案

2023年6月，东莞市市场监管局根据其他部门移送的关于东莞市某电子科技有限公司涉嫌生产销售假冒专利的产品的案件线索，对当事人进行立案调查。经查，当事人于2021年10月开始生产标注"产品专

利号：202174685666.3"的智能防烧数字万用表（型号：SK832L 旗舰版）2200 台用于销售，其标注的专利号是当事人虚构，并未申请为专利产品，案发时已销售 170 台，违法所得 2384.76 元，剩余 2030 台未销售，未销售产品货值共 28480.9 元。

当事人违反了《中华人民共和国专利法实施细则》第八十四条第一款第（一）项的规定，构成了假冒专利行为。东莞市市场监管局依据《中华人民共和国专利法》第六十八条的规定，对当事人作出没收违法所得、罚款的行政处罚。

（广东省提供）

行政裁决"一种机动式远程升降喷雾机"实用新型专利侵权纠纷案

2023 年 7 月 5 日，专利权人康某向大理州市场监管局提交实用新型专利侵权纠纷的请求书，称被请求人随州市某环保科技有限公司未经专利权人康某许可，实施其"一种机动式远程升降喷雾机"专利，请求责令被请求人停止侵权。执法部门在实施行政裁决过程中，为准确查明本案专利权保护范围等技术事实，首次引入技术调查官辅助完成本案调查取证和口头审理，有力提升专利侵权纠纷行政裁决效率。

经审理后，大理州市场监管局根据《中华人民共和国专利法》第六十四条第一款、第六十五条之规定，做出行政裁决，责令被请求人不得实施帮助侵权行为。

（云南省提供）

行政调解"藏炉底座"外观设计专利侵权纠纷协议司法确认案

2023 年 10 月 30 日，专利权人段某某向迪庆州市场监管局提交外观设计专利侵权纠纷请求书，称香格里拉市某炉具店未经其许可使用其"藏炉底座"专利。执法部门完成调查取证后，依法组织双方当事人进行调解。

按照双方当事人的意愿，执法部门主持双方当事人达成调解协议，并根据云南省高级人民法院和云南省知识产权局联合印发的《关于开展知识产权纠纷行政调解协议司法确认工作的实施办法（试行）》，组织双方当事人向香格里拉人民法院进行司法确认。

（云南省提供）

青海省海东市市场监管局裁决桥梁施工设备专利侵权纠纷系列案

请求人山东某路桥科技有限公司是专利名称"支架用落架座"（专利号 ZL202030231101.6）、"新型悬臂梁用多功能支撑体系"（专利号 ZL201921633703.2）、"桥梁用三角托架"（专利号 ZL201921558332.6）3 件专利的专利权人，涉案专利权在请求人提起侵权纠纷处理请求时合法有效。请求人称，被请求人某集团公司乐化公路第二项目经理部一分部未经许可，在承建桥梁过程中，非法使用请求人 3 件专利权产品，被请求人生产、使用的侵权产品侵犯了请求人的涉案专利权。请求人提交了涉案专利的授权公开文本、专利权评价报告、施工现场公证书等证据材料支持其主张。2023 年 4 月 19 日，海东市市场监督管理局对上述 3 起案件依法予以立案，并采取合并调查审理的办案模式。案件审理过程中，海东市市场监督管理局会同乐都区市场监督管理局执法人员及时到涉案现场取证，并委托甘肃省知识产权保护中心对涉案专利进行侵权判定。根据专利侵权判定全面覆盖原则、第三方专家对涉案产品专利侵权判定意见、双方答辩意见的综合研判，海东市市场监督管理局认为被控涉嫌侵权产品技术方案未包含涉案专利的全部技术特征，被控侵权产品未落入涉案专利保护范围。海东市市场监督管理局于 2023 年 8 月 16 日作出裁决，认定被请求人未构成侵犯涉案专利权行为，驳回请求人的请求。

专利侵权纠纷行政裁决具有效率高、成本低、专业性强、程序简便的特点，有利于促成专利侵权纠纷的快速解决，发挥化解民事纠纷的"分流阀"作用。该系列案是青海省推动专利侵权纠纷行政裁决试点工作处理的首起案件，实现了青海省专利侵权纠纷行政裁决的"零突破"，为全面推进全省专利侵权纠纷行政裁决工作具有重要的指导和示范作用。同时依托外省知识产权技术人才优势为专利侵权判定提供技术支撑，对进一步深化知识产权保护跨区域合作起到积极推动作用。

（青海省提供）

青海省西宁市市场监管局裁决
旱厕专利侵权纠纷系列案

请求人湟源某畜牧业开发有限公司是专利名称"一种旱水两用环保厕所"（专利号 ZL202121304581. X）、"旱厕"（专利号 ZL202030370876.1）2 件专利的专利权人，以上专利截至请求人提出专利侵权处理之日均为有效状态。请求人称 2022 年 10 月，在贵南县某施工现场发现被请求人承担项目中存在许诺销售、制造旱厕专利产品行为，在贵南县修建旱水两用浅埋双

格式厕所 942 座，相关产品与请求人 2 件专利技术方案完全相同，侵犯了请求人的专利权。2023 年 7 月 24 日，西宁市市场监管局对上述 2 起案件依法予以立案，并采取合并调查审理的办案模式。案件审理过程中，西宁市市场监管局组成合议组，并引入知识产权技术调查官出具侵权意见书，经审理，西宁市市场监管局认为被控侵权产品技术方案落入涉案专利权的保护范围，被请求人构成侵权。2023 年 8 月 25 日，西宁市市场监管局就 2 起案件作出行政裁决，责令被请求人立即停止制造、许诺销售、使用涉案专利侵权产品。

此系列案为青海省首次引入知识产权技术调查官参与辅助技术调查和审判的案件，技术调查官的引入为知识产权行政机关处理专利侵权纠纷查明事实提供了技术参考，为高效维护专利权人合法权益，营造良好知识产权保护氛围提供了保障。

（青海省提供）

侵犯商标权典型案例

安徽省铜陵市公安机关破获
制售假冒品牌吹风机案

2023 年 3 月，根据群众举报线索，安徽省铜陵市公安机关破获一起制售假冒品牌吹风机案，抓获犯罪嫌疑人 16 名，捣毁制假售假窝点 10 处，现场查获假冒国外品牌吹风机成品 1168 套、零部件和包材 3 万余件，涉案金额 4000 余万元，依法平等保护外资企业在华合法权益。案件成功侦破后，外方驻华机构向公安机关致信感谢，高度赞誉公安机关在保护知识产权方面作出的努力。

（公安部提供）

南京海关智慧赋能查获
出口侵权轴承案

2023 年 9 月，南京海关所属常州海关运用大数据分析，在对宁波某贸易有限公司申报出口的一批轴承风险研判后，认为该批货物具有较大侵权嫌疑。后经查验发现，货物中共有 5597 套轴承涉嫌侵权，其中，5557 套轴承本体使用了"SKF"标识，10 套轴承本体使用了"NSK"标识，10 套轴承本体使用了"TIMKEN"标识，20 套轴承外包装使用了"EMERSON 及图形"标识，并申报为"无中英文品牌"。经权利人确认，上述轴承均为侵权货物。10 月，

海关依法对货物实施扣留并立案调查。该案货值约合人民币84.72万元，涉嫌构成刑事犯罪。公安机关已刑事立案，案件正在侦办中。

该案是海关智慧赋能提升执法质效的典型案例。本案中，海关以"大数据"理念为核心，根据公安机关通报的境外执法机构查获的侵权货物信息，结合关区历史查发，采集多渠道数据要素开发构建知识产权侵权货物风险研判模型，加强单证分析，运用"大数据＋人工智能＋专家智慧"，进一步提升对侵权货物的精准查缉能力。海关在单一案件中查发的侵权轴承数量多、价值高，得到权利人高度认可，评价这起案件"实践中很罕见，非常具有典型意义。"

（海关总署提供）

深圳海关查获侵犯内外资企业知识产权货物案

2023年1月，深圳海关所属蛇口海关在对济宁某电子商务公司申报出口的一票货物进行查验时，发现若干未向海关申报的耳机，包括使用"HUAWEI"标识耳机19925个、使用"SAMSUNG"标识耳机398198个，合计价值人民币109.5万元。经权利人确认，上述耳机均为侵权货物。海关依法对货物实施扣留，立案调查后作出没收侵权货物并处罚款的行政处罚决定，同时将涉嫌犯罪线索通报公安机关。

该案是海关平等保护内外资企业合法权益，支持多元主体创新、营造优越营商环境的典型案例。国外品牌进入国内市场，其知识产权需要获得保护；国内自主品牌发挥创新优势扬帆海外市场，其知识产权同样需要获得保护。本案中，海关同时查获侵犯内、外资企业知识产权的货物，从查验、确权到立案查处的知识产权海关保护过程中始终保持执法统一，为不同国别的权利人提供一致的保护力度和执法便利，彰显了海关认真贯彻知识产权"内外同保护"理念、坚决保护企业创新成果的决心与担当。

（海关总署提供）

浙江省海宁市市场监管局查处孙某某等人生产销售假冒知名品牌汽车玻璃案

浙江省海宁市市场监管局依法查处孙某某等人生产销售假冒知名品牌汽车玻璃的违法行为，涉案金额2亿余元。当事人行为涉嫌构成犯罪，案件已移送公安机关处理。

2023年10月，海宁市市场监管局接到线索，称其辖区存在违法生产销售知名品牌汽车玻璃窝点。海宁市市场监管局立即会同公安机关对涉嫌存在违法行为的窝点开展联合执法检查，现场查扣假冒宝马、奔驰、本田等知名品牌商标侵权汽车玻璃片6191片，另有20余万片玻璃尚未打印商标。经查，该案涉案团伙自2018年以来，在未经注册商标权利人许可的情况下，从普通玻璃生产厂家购进汽车玻璃，通过喷砂、烫印等方式在汽车玻璃上印制宝马、奔驰、本田、大众、丰田、通用、福特、马自达、菲亚特、路虎、雷克萨斯、捷豹等品牌商标后销往浙江、江苏、山东、河南、湖北、湖南等地，涉案金额2亿余元。当事人的行为构成《中华人民共和国商标法》第五十七条第（三）项规定的违法情形。目前，公安机关已逮捕9人，刑拘26人。

本案当事人的反侦察意识较强，涉案产品品种杂、数量多、金额大，现场调查取证困难。市场监管部门联合公安机关，通过精心谋划、深入挖掘、相互协作，全面搜集违法犯罪证据，确保了案件的顺利查办，有力保护了众多知名汽车品牌注册商标专用权。

（市场监管总局提供）

江苏省东台市市场监管局查处刘某等人非法制售假冒化妆品案

2023年4月1日，江苏省东台市市场监管局依法查处刘某等人非法制售假冒化妆品的违法行为，涉案货值 1.03 亿元。当事人行为涉嫌构成犯罪，案件已移送公安机关处理。

2023 年 3 月 31 日，东台市市场监管局接举报称某民房内制售化妆品。随即，执法人员开展执法检查，现场查获假冒"欧莱雅""馥蕾诗""兰蔻""玉兰油"等品牌化妆品包装盒、包装瓶等包装材料 38.46 万只（个），生产的成品化妆品 1.73 万只（盒），气动液体灌装机、激光喷码机、流水线输送机、烫金机、恒温加热台等制假设备 20 多台，未灌装的生产原料 9.6 吨。经查，2022 年 6 月以来，刘某、练某招聘工人非法生产假冒化妆品，并将化妆品自行分装，再将成品销售给下线，通过代购、直播等方式以接近正品的价格销售给消费者，涉案货值高达 1.03 亿元。东台市场监管局和公安机关联合行动，经过 3 个多月的努力，捣毁生产窝点 3 个、销售窝点 2 个，打掉 1 个跨上海、广东、浙江等 5 省 8 市的化妆品非法制售网络，抓捕犯罪嫌疑人 17 名。

本案涉案人员众多、涉及地区广，制假售假形成"产业"链条。市场监管部门联合公安机关第一时间成立专案组，会商研判案情，制定行动计划，对案件实施精准攻坚。本案的查办展现了市场监管部门严厉打击侵权假冒行为的决心和信心，震慑了违法犯罪行为，维护了公平竞争的市场秩序。

（市场监管总局提供）

天津北江轻车汽车技术有限公司未经商标权利人许可，在同一种商品上使用与其注册商标相同的商标案

一、基本案情

第 1157047 号"DENSO"商标是株式会社电桩 DENSO CORPORATION（日本）在第 7 类"点火装置"上的注册商标。商标专用期限为 1998 年 3 月 7 日至 2028 年 3 月 6 日。

第 135095 号"TOYOTA"商标是丰田汽车公司（TOYOTA MOTOR CORPORATION）在第 19 类"汽车、汽车修配零件"上的注册商标。商标专用期限为 1980 年 1 月 20 日至 2030 年 1 月 19 日。

2023 年 7 月 13 日，天津市北辰区市场监管局执法人员联合公安北辰分局干警。在天津市北辰区天津温悦日租月租住宿南（G104）附近停放的牌照号为津 AY0382 车辆中，发现天津北江轻车汽车技术有限公司生产的 1100 支"DENSO"品牌点火线圈，经商标权利人鉴别为侵权产品。同日对天津市武清区京津科技谷产业园和园道 89 号 26 号楼三层当事人住所进行检查，在该处内发现大量当事人加工生产的"DENSO"、"TOYOTA"品牌点火线圈，数量 53751 支，经商标权利人鉴别当事人加工生产的点火线圈均为侵权商品。按照厂家市场指导价格计算，货值金额约 1717.5 万元。最终，天津市北辰区市场监管局认定当事人未经商标注册人的许可，在点火线圈上使用与其注册商标相同的商标。当事人的行为构成了《中华人民共和国商标法》第五十七条第一项所指的违法行为，因当事人侵权行为违法经营额较大，符合《最高人民检察院公安部关于公安机关管辖的刑事案件立案追诉标准的规定（二）》第六十九条第二项的规定，涉嫌犯罪，办案机关于 2023 年 7 月 13 日将此案移送北辰公安分局处置。

二、典型意义

本案是北辰区市场监管局近年来查处的违法经营额较大，案件涉及范围较广的商标侵权类案件。根据当时掌握的信息，当事人生产销售的假冒点火线圈已销往至东南亚地区。成功捣毁该制假窝点有力净化了市场环境，维护了中国制造良好形象。在调查过程中，北辰区市场监管局充分发挥行刑衔接、跨区域办案机制，依据北辰辖区内发现的案件线索，顺藤摸瓜，联合公安北辰分局成功在天津市武清区内捣毁了当事人制假窝点，为今后跨区域，部门间联合办案提供了经验。

（天津市提供）

河北邢台某商贸有限公司侵犯 五粮液注册商标专用权案

根据上级交办案件线索，河北省邢台市信都区市场监管局对邢台某商贸有限公司进行检查。经查，该公司用尖庄、五粮醇等酒二次灌装至其循环回收的1618五粮液品鉴酒空瓶中，并通过网络销售平台从天津购进假冒1618五粮液瓶盖及相关配套组件，使用以上假冒1618五粮液瓶盖及相关配套组件重新封口，制造假冒1618五粮液品鉴酒369瓶次。当事人的行为违反了《中华人民共和国商标法》第五十七条第（一）款第一项的规定，依据《中华人民共和国商标法》第六十条第（二）款的规定，信都区市场监管局依法没收当事人侵权1618五粮液品鉴酒及空瓶，并处罚款17.5万元。天津市市场监管综合行政执法总队根据信都区市场监管局提供的案件线索，依法对销售假冒1618五粮液瓶盖及相关配套组件的天津某企业进行查处。

（河北省提供）

河北保定白沟新城某手表销售部 侵犯注册商标专用权商品案

2023年3月17日，保定市市场监管局白沟新城分局执法人员对当事人保定白沟新城某手表销售部位于白沟国际商贸城一期的库房进行检查，发现该库房货架和样品桌上放有"浪琴"牌手表、"阿玛尼"牌手表、"欧米茄"牌手表、"劳力士"牌手表、"卡地亚"牌手表和"香奈儿"牌手表，当事人不能提供该批商品的进货票据、商标注册证或商标授权书。经查，当事人未经注册商标权利人许可，以非正常渠道购进"浪琴"牌手表300块，"阿玛尼""欧米茄""卡地亚""劳力士""香奈儿"等品牌手表各购进150块，

进货价均为每块30元。截至查处之日，当事人已按照33元至50元的价格部分售卖，经计算涉案商品购进价格共计31500元，违法经营额43050元，违法所得16160元。当事人销售侵犯注册商标专用权商品的行为违反了《中华人民共和国商标法》第五十七条第一款第（三）项之规定，其行为构成侵犯注册商标专用权的违法行为。白沟新城分局依法责令当事人立即停止侵权行为，没收侵犯注册商标专用权手表640块，没收违法所得16160元，罚款人民币103840元。

（河北省提供）

辽宁省辽阳市市场监管局查处王某某 销售侵犯注册商标专用权线缆案

2023年12月，辽阳市市场监管局依法对王某某销售侵犯他人注册商标专用权线缆的违法行为责令立即停止侵权行为，并作出没收侵权商品、罚款906.2万元的行政处罚决定，依法将王某某列入严重违法失信名单。

辽阳市文圣区人民检察院作出不起诉决定后，于2023年2月依法将当事人涉嫌违法线索移交办案机关。经立案后查明，当事人自2019年至2021年，先后分31次从河北省廊坊市某电线厂购进假冒"津成""通源"两种品牌电线，并进行销售。经委托辽阳市价格认证中心认定，当事人至案发时违法经营额共计258.9万余元。

当事人违反了《中华人民共和国商标法》有关规定，市场监管部门依法作出上述处罚决定。违法当事人从非正规渠道购进假冒他人注册商标的电线电缆并流入市场销售，在使用中存在很大的质量风险和安全隐患，极易导致巨大的生命财产损失。市场监管部门聚焦民生主动履职，牢固树立"民生无小事"意识，持续打击线缆行业违法违规经营行为，全力保护商标权人的合法利益和人民群众的生命财产安全。

（辽宁省提供）

黑龙江省哈尔滨市市场监管局查处松北区某批发部销售侵犯注册商标专用权商品案

第 10461952 号三维标志商标是乐高博士有限公司（LEGO JURIS A/S）在第 21 类"午餐盒；糖盒；家用器皿；厨房用具；家用或厨房用容器；日用玻璃器皿（包括杯、盘、壶、缸）；陶器；瓷器；存钱罐；垃圾桶；旅行饮水瓶；梳子；刷子；制刷原料；梳妆海绵；冰块模；隔热容器；清洁用钢丝绒；清洁用布；家用海绵；手动清洁器具；未加工或半加工玻璃（建筑玻璃除外）；室内水族池"等商品上注册的商标，注册日期为 2013 年 9 月 28 日，注册商标专用权至 2033 年 9 月 27 日止。

2023 年 2 月 16 日，哈尔滨市市场监管局根据权利人投诉依法对哈尔滨市松北区某批发部立案调查。经查，当事人于 2022 年 8 月 29 日购入韩国 KIDSONE. Ltd. 生产的三种儿童用餐具，包括"乐高小人"形状的儿童水杯、顶部带有"乐高小人"形状的儿童学习筷、带有"乐高小人"形状的儿童勺叉盒套装，并通过其在 1688 网站经营的网店对外批发。另经查，韩国 KIDSONE CO.Ltd. 在中国境内并没有取得权利人许可使用其注册商标。经比对，涉案商品采用的形状和细节构成与权利商标在三维构成上基本一致。办案机关认为，当事人未经许可，擅自销售与权利人注册商标相同的商品，违反了《中华人民共和国商标法》第五十七条第（三）项规定，已构成侵犯注册商标专用权违法行为。最终，办案机关对当事人作出责令立即停止侵权行为，没收侵权商品，没收违法所得，并处以罚款的行政处罚。

该案件是黑龙江省市场监管部门近几年来办理的首例三维标志商标侵权案件，权利人注册的"乐高小人"三维标志商标，经过长期的宣传和使用，在中国市场中具有较高的知名度，已经成为相关公众迅速辨识商品来源的重要标志，在消费者中已经有良好的声誉。当事人未经权利人许可在互联网销售与当事人注册商标相同的商品，侵犯了权利人注册商标专用权，

依法应当予以处罚。该案的查处维护了权利人合法权益，展现了我国加强知识产权保护的良好形象。

（黑龙江省提供）

上海市杨浦区市场监管局大桥所办理艾某某侵犯茅台注册商标专用权案

第 3029843 号" MOUTAI "是中国贵州茅台酒厂（集团）有限责任公司在第 33 类"果酒（含酒精）；含酒精液体；酒（饮料）；酒精饮料（啤酒除外）；开胃酒；苦味酒；料酒；葡萄酒；食用酒精；蒸煮提取物（利口酒和烈酒）；"商品上的注册商标。该商标注册公告时间为 2003 年 1 月 7 日，商标专用期限为 2003 年 1 月 7 日至 2033 年 1 月 06 日止。

第 3159141 号"贵州茅台"是中国贵州茅台酒厂（集团）有限责任公司在第 33 类"酒精饮料（啤酒除外）；果酒（含酒精）；酒（饮料）；含酒精液体；料酒；食用酒精；苦味酒；开胃酒；葡萄酒；蒸煮提取物（利口酒和烈酒）；"商品上的注册商标。该商标注册公告时间为 2003 年 4 月 21 日，商标专用期限为 2003 年 4 月 21 日至 2033 年 4 月 20 日止。

第 3333018 号"◉"是中国贵州茅台酒厂（集团）有限责任公司在第 33 类"果酒（含酒精）；苦味酒；开胃酒；葡萄酒；蒸煮提取物（利口酒和烈酒）；酒（饮料）；含酒精液体；酒精饮料（啤酒除外）；料酒；食用酒精；"商品上的注册商标。该商标注册公告时间为 2003 年 9 月 28 日，商标专用期限为 2003 年 9 月 28 日至 2033 年 9 月 27 日止。

2023 年 2 月，接市场监管总局执法稽查局案件线索转办，艾某某通过天猫平台购买茅台酒膜口帽，用于制作贵州茅台酒。经查，2022 年 9 月 16 日，艾某某通过天猫平台"仙冠奇旗舰店"购买飞天茅台酒瓶帽、热缩膜、NFC 芯片。后经公安部门协助，寻找到艾某某出租屋处。根据艾某某供述，其通过京东平台购买茅台王子酒，另从他人处收购贵州茅台酒空瓶。艾某某利用上述材料，自行灌装贵州茅台酒，并利用工作间隙，将自行灌装的贵州茅台酒与他人的贵州茅台酒

进行调换。后将调换获得的贵州茅台酒对外出售。经查，上述瓶帽带有"◉"商标、热缩膜带有"MOUTAI"和"贵州茅台"商标。上述商标的注册人为中国贵州茅台酒厂（集团）有限责任公司，注册证号分别为第3333018号、第3029843号和第3159141号。2023年3月9日，经贵州茅台酒股份有限公司辨认，上述瓶帽、热缩膜、贵州茅台酒等物品均非注册人生产，又经请示上海市知识产权局，定性了案件中涉及到用于制造侵权商品的原辅材料属于侵权商品的问题。本案中，根据艾某某为制售侵权商品所购买的瓶帽、热缩膜和NFC芯片的数量和花费，及其自行灌装10瓶贵州茅台酒和1瓶调换获得贵州茅台酒均无标价的情况（贵州茅台酒市场建议零售价为1499元），认定本案侵权商品为32份瓶帽和热缩膜、40个NFC芯片、10瓶自行灌装的贵州茅台酒和1瓶调换获得贵州茅台酒；违法经营额为17752.68元。

当事人未取得商标注册人的许可，自行购买带有注册商标的瓶帽、热缩膜和NFC芯片，并制作成贵州茅台酒销售的行为，违反了《中华人民共和国商标法》第五十七条第（一）项规定的侵犯注册商标专用权行为，依据《中华人民共和国商标法》第六十条第二款的规定，责令其立即停止侵权行为，没收侵权物品，并罚款人民币壹万元整。本案明确认定对用于制造侵权商品的原辅材料属于《商标法》第六十条第二款中所述的侵权商品，解决了类似案件认定难、定性依据条款不明确的问题。

（上海市提供）

浙江省湖州市安吉县公安局成功侦破"7·27"安吉白茶被假冒注册商标案

2023年7月27日，安吉县公安机关会同安吉县白茶专班与第三方电商平台开展警企协作，通过数据分析和深度研判，发现浙江某茶叶有限公司在未经授权的情况下，擅自在网上销售价格低廉的"安吉白茶"商品。经查，以滕某某为首的犯罪团伙，利用"安吉白茶"品牌市场美誉度，在金华注册茶业公司，联系包材商私自印刷"安吉白茶"标识的外包装，再通过低价收购外地白茶用以假冒安吉白茶进行填装，销售至全国各地。8月8日，湖州市县两级公安机关派出精干警力赴金华开展集中收网，共抓获犯罪嫌疑人15人，成功捣毁非法生产窝点3处、非法生产线2条，查扣印有安吉白茶商标标识的包装罐、标签等包材及各类茶样7种，共2.2万余件，涉案价值600余万元，成功摧毁了一条生产销售假冒安吉白茶的地下产业链条。

2023年8月9日，安吉县公安局对"7·27"安吉白茶被假冒注册商标案滕某某在内的8名犯罪嫌疑人依法采取刑事强制措施，案件正在进一步办理中。

（浙江省提供）

安徽省宁国市查处"5·23"特大生产销售侵权化妆品案

一、基本案情

2023年5月15日，宁国市市场监管局接消费者投诉，称其在某娇岚美妆店网店购买的2支"娜涟"光感隔离霜疑似假冒产品。经该品牌权利人鉴定，确认为侵权假冒产品。执法人员查询发现，此店网页显示涉案产品月销1000件以上，销售额已超过5万元。遂将该案移送至宁国市公安局侦办并联合成立"5·23"专案组。

经过三个月的线上侦查，专案组查明主犯曾某耀藏身湖南娄底的家中远程指挥杨某鹏、曾某乔、王某明、欧某伟等人在浙江义乌3处制假窝点现场生产大量侵权假冒化妆品。主犯王某杰、张某远等人通过开设公司，在河南郑州、海南海口、湖南长沙、江西宜丰、陕西西安等地注册多个市场经营主体，招揽员工在拼多多、淘宝等电商平台以店群模式开设网店大肆销售侵权假冒化妆品，从犯王某晴、孙某敏、魏某婷、李某瞳、岳某仝、王某轩等人明知公司售假，仍帮助公司从事管理性工作。摸清该制假售假团伙的运营规律后，2023年8月22日，联合专案组在湖南娄底、浙江义乌、河南郑州等地同步收网，一举捣毁生产销售窝点5处，抓捕涉案人员22人，扣押涉案物品（含原料、设备设施、包装及产品）30 余吨，记账账本 7 本，用于网店开办营业执照 37 张。经核实，扣押的涉案产品共 56 种，案涉侵权商标包括白云山、润百颜、甄视康、大水滴、娜涟、HBN、LBR 等 52 个，涉案货值金额高达 2.5 亿元。截至上报时，安徽省宁国市人民法院已开庭审理此案。

二、典型意义

一是小线索不放过，牵出大要案。该案案源线索为网购投诉，网店注册及发货地均不在安徽省宁国市，但投诉商品被鉴定为假冒侵权后，市场监管部门敏锐察觉该款产品销售数量大，销售价格低，背后可能隐藏制假售假链条，办案人员破除网络经营地空间思维束缚，及时立案调查并移送公安机关。两部门积极探索开展先期协作，不断深挖案件线索，为案件的成功侦破奠定了坚实基础。

二是情报分析准确，行动精准彻底。专案组通过刑侦手段，精准锁定主犯曾某藏身位置。侦查人员高价租住义乌窝点所在小区，摸清制假窝点活动规律。通过前期研判，造假窝点经营数据主要保存在主犯曾某燿手机中，如果不先期控制曾某燿及其交易手机，案件将无法做大坐实。为此，第 1 抓捕组先期在湖南娄底控制主犯曾某燿，扣押关键证据，其余 3 个抓捕组随即在浙江义乌、河南郑州等地同步集中收网。

三是行刑衔接畅通，形成打击合力。公安部门运用技侦手段，秘密收集犯罪证据，精准锁定团伙人员，抓捕准备严谨周密。市场监管部门充分发挥专业技术优势，及时对涉案物品清点分类，完成侵权假冒产品鉴定，检察院提前介入引导侦查，三方及时会商研判，大大提升了案件的办理质效。安徽省市场监管局、省药监局对该案双挂牌督办，全程跟进指导，通过发函、现场听取案情汇报等方式深入督导，有力推动案件挖深坐实。

四是强化证据引领，助推办案实效。涉案产品交易网店数量达 1136 个，涉多个网络交易平台，分布于全国各地，窝点记账本记载的仅为收、支流水账，销售产品品种、价格和流向都没有记载。交易主要通过电话或微信联系，支付方式主要是支付宝或微信。一

有风吹草动，立即拉黑或删除微信好友，转移仓库位置。每天每笔交易数据均要核实，任务量庞大。办案人员加班加点，逐一细致核实每天每笔交易数据，核查每天生产销售产品品种、价格和销售流向，为案件成功办理做好坚实工作，也对以后类似案件的办理具有重要指导意义。

（安徽省提供）

厦门海关查获 13 个集装箱侵犯
自主品牌儿童纸尿裤案

2023 年 7 月，厦门某供应链有限公司向厦门海关申报出口一批婴儿纸尿裤，共计 13 个集装箱 415 万片，申报货值折合人民币 235 万余元。经分析，该批婴儿纸尿裤其货源地、贸易国别属于高风险侵权航线，存在较大侵权嫌疑，遂下达查验指令，并重点核实是否为侵权货物。经厦门海关所属高崎海关查验，发现 13 个集装箱 415 万片纸尿裤上均标有"GOOD BABY"标识，涉嫌侵犯好孩子儿童用品有限公司在海关总署备案的"Goodbaby"商标专用权。经联系权利人，权利人来函确认该批货物为侵权货物，并申请知识产权海关保护。海关依法扣留上述侵权嫌疑货物。

本案是海关保护自主品牌，推动创新发展的生动实践。厦门海关始终秉持着打击侵权与保护创新两手抓的理念，坚持为自主产权权利人提供个性化的指导与服务，为民营企业和中小微企业"品牌出海"保驾护航。该案为目前厦门海关查获单起侵权商品数量之最，既打击了侵权行为，保护了自主知识产权权利人的合法权益，又激励民营企业和中小微企业创新热情。2023 年以来，厦门海关查获侵犯自主知识产权货物 59 批次、433 万件，对包括安踏、好孩子等 42 家民营企业自主知识产权实施有效保护，帮助企业提升市场占有率。"Goodbaby"商标权人好孩子儿童用品有限公司专门致函厦门海关，称海关的工作"帮我司保住了国外订单，加大了对外出口业务，提高了我司的国际市场占有率"。

（福建省提供）

江西省赣州市市场监管局查处于都泰华五金交电商行销售侵犯注册商标专用权物品案

2023 年 3 月 7 日，赣州市市场监管局依法对于都泰华五金交电商行销售侵犯正泰注册商标专用权物品的违法行为，作出没收侵权商品、罚款 9.11 万元的行政处罚。

根据举报线索，赣州市市场监管局执法人员对于都县部分楼盘进行现场检查，发现部分楼盘低压配电箱内安装的标有"正泰"、"CHNT"牌注册商标的双电源自动转换开关、浪涌保护器、隔离开关为假冒商品。经查，当事人供货商于都泰华五金交电商行共销售假冒"正泰""CHNT"牌注册商标的双电源自动转换开关、浪涌保护器等电器产品 233 个，涉案金额 75932 元。当事人的上述行为违反了《中华人民共和国商标法》第五十七条第一款第三项的规定，赣州市市场监管局依据该法第六十条第二款的规定对当事人作出上述行政处罚，并将该案移送公安机关。

（江西省提供）

河南省鹤壁市市场监管局查处鹤壁市某超市销售侵犯注册商标专用权白酒案

2023 年 4 月 25 日，鹤壁市山城区人民检察院向鹤壁市市场监管局送达检察意见书（鹤山城检意〔2023〕12 号）并附不起诉决定书（鹤山城检刑不诉〔2023〕13 号）和相关刑事卷宗复印件，检察意见书内容为鹤壁市公安局城乡一体化示范区分局以销售假冒注册商标的商品罪移送起诉，当事人的行为构成销售假冒注册商标的商品罪，但犯罪情节轻微，认罪认罚，具有退赃情节，无违法犯罪记录，决定对当事人相对不起诉，建议该局对当事人给予行政处罚。

经查，2018 年以来，鹤壁市淇滨区某超市老板韩某明知系假冒注册商标的白酒，仍多次从李某（因犯销售假冒注册商标的商品罪被判处有期徒刑六个月，并处罚金五万元）处购买假冒五粮液、剑南春和汾酒等用于销售牟利。经检察机关核实，韩某从李某处购买的假酒市场零售价值为 191112 元，案发之时扣押在案的假酒经鉴定市场零售价值为 105376 元。鹤壁市市场监管局依据《中华人民共和国商标法》第六十条第二款之规定，责令当事人立即改正违法行为；作出没收侵犯注册商标专用权的 134 瓶白酒；处以罚款 10 万元的行政处罚。

（河南省提供）

湖北省荆州市沙市区市场监管局查处肖某琴等人制售侵犯注册商标专用权白酒案

2023 年 3 月 2 日，荆州市沙市区市场监管局接到群众举报线索，称肖某琴涉嫌生产侵犯注册商标专用权的白酒。经查明，该制假窝点将涉嫌侵犯注册商标专用权的假茅台酒销往荆州市区及周边县市，以及省内外其他地区，涉案金额达 2.1 亿元，非法获利 1.15 亿元。因当事人的行为违反了《中华人民共和国商标法》第五十七条的相关规定，且涉嫌假冒注册商标犯罪，荆州市沙市区市场监管局依法将该案件移送荆州市沙市区公安分局处理。

（湖北省提供）

湖南省郴州市市场监管局查处曹某某销售假冒注册商标的白酒案

2022 年 8 月 23 日，郴州市市场监管局根据举报对曹某某的经营场所进行执法检查，经初步核查，判定曹某某涉嫌长期大量购进假冒白酒用于销售的违法行为，遂对其进行立案调查。

2023 年 1 月 10 日，郴州市市场监管局联合公安机关对当事人经营的多个门店、仓库现场检查，发现 57 箱涉及贵州茅台、习酒、洋河、酒鬼酒等多个知名品牌的白酒，上述白酒经商标持有人鉴别均为假冒注册商标的白酒，涉案物品金额为 49 万元。由于涉案商品货值数额较大，涉嫌构成犯罪，郴州市市场监管局依法将该案移送公安机关处理。经公安机关侦查，嫌疑人曹某某 2022 年先后三次销售给某公司假冒"贵州茅台"注册商标的白酒 114 瓶，销售金额 35 万元。

2023 年 8 月 16 日，郴州市苏仙区人民法院依法公开审理了该案，一审判决被告人曹某某犯销售假冒注册商标的商品罪，判处有期徒刑三年，缓刑四年，并处罚金 3.5 万元。

（湖南省提供）

广东省深圳市某科技有限公司侵犯美国吉列公司注册商标专用权案

2023 年 4 月，深圳市市场监管局宝安监管局根据举报，对深圳市某科技有限公司的经营场所进行检查，查获当事人生产的 EB20-P 型电动牙刷头 2400 支，其整体外观与美国吉列有限责任公司的第 13723219 号商标极其相似，当事人不能提供商标权利人的授权。深圳市市场监管局宝安监管局依法对当事人立案调查。经查明，当事人未经商标注册人许可，生产的上述电动牙刷头与美国吉列有限责任公司注册商标核定使用的商品属于同一种商品，包含与美国吉列有限责任公司注册商标核相近似的三维标志，易使相关公众对产品的来源产生混淆。未发现该产品的销售记录。

当事人违反了《中华人民共和国商标法》第五十七条第（二）项所规定，构成商标侵权行为，深圳市市场监管局宝安监管局依据《中华人民共和国商标法》第六十条第二款规定，对当事人作出没收侵权商品、罚款的行政处罚。

（广东省提供）

广西壮族自治区河池市天峨县市场监管局查处侵犯"牛栏山"注册商标专用权案

第 866912 号"牛栏山"商标是北京顺鑫农业股份有限公司牛栏山酒厂在第 33 类"含酒精饮料（啤酒除外）"商品（服务）上的注册商标，专用权期限至 2026 年 8 月 27 日。

2022 年 9 月 22 日，广西壮族自治区河池市天峨县市场监管局执法人员根据投诉，对天峨县建阳食品店、天峨县韦家批发超市、天峨县小赵百货超市 3 家小卖部开展检查。经查，3 家小卖部销售牛栏山陈酿白酒，无法提供品牌授权许可、合同和进货票据，经商标注册人辨认属于侵权商品。天峨县市场监管局对 3 家小卖部销售侵犯"牛栏山"注册商标专用权的商品的行为作出行政处罚。

经进一步线索摸排发现，3 家小卖部销售的侵权白酒系推销人员上门推销，涉及面广，违法经营额达到移送标准。天峨县市场监管局将线索移送天峨县公安局，并联合成立专案组开展调查。经多次实地摸排发现，嫌疑人吴某联合家庭成员在河北省保定市制售假冒"牛栏山"注册商标的白酒，通过物流点发往全国各地。假冒白酒生产者与各地经销商紧密合作，形成一条分工协作、中转运输、产运加工一条龙的灰色产业链。

2023 年 9 月 12 日，天峨县市场监管局执法人员配合天峨警方专案组人员前往湖北省随州市、河北省保定市、广西南宁市、广西梧州市、广西百色市等地开展收网行动，将吴某等 6 名嫌疑人抓捕归案。天峨县市场监管局执法人员联合天峨警方专案组人员在调查中发现，2021 年 1 月以来，吴某等人售卖假冒"牛栏山"白酒累计涉案金额超 3000 万元。吴某等 5 名犯罪嫌疑人被天峨县警方依法采取强制措施，并交由河池市宜州区检察院提起公诉，案件正在审理当中。

（广西壮族自治区提供）

海南某玻璃科技有限公司侵犯注册商标专用权案

2018 年 9 月和 2018 年 11 月，海南某玻璃科技有限公司（以下简称当事人）与大潮公司签订玻璃采购协议，约定当事人提供的钢化中空玻璃必须使用信义牌玻璃原片。当事人按该协议约定向信义特种玻璃（江门）有限公司采购信义牌玻璃原片进行加工。为证明所使用的玻璃原片是信义牌，当事人未经商标权利人许可，把私自制作的与信义公司的"XYG"注册商标高度一致的商标模板印在了成品钢化中空玻璃上，生产假冒商标玻璃约 6000m² 并被全部安装在三亚海棠之星项目一期房产内。

2020 年 7 月，"XYG"商标权利人向三亚市公安局报案。2023 年 7 月 25 日，三亚市综合行政执法局收到三亚市城郊人民检察院《检察意见书》：海南某玻璃科技有限公司构成假冒注册商标罪，但依法对其作出不起诉决定，建议你局根据相关法律规定，对海南某玻璃科技有限公司作出行政处罚。

经查，当事人未取得信义 XYG 商标权利人的许可，擅自在其加工生产的钢化中空玻璃上使用假冒"XYG"商标并进行销售，构成侵犯注册商标专用权行为，违法经营额为 1116833.72 元，违法所得 359740.93 元。当事人的上述行为违反了《中华人民共和国商标法》第五十七条第（一）项之规定，依据《中华人民共和国商标法》第六十条第二款的规定，对当事人罚款人民币 50 万元。

（海南省提供）

贵州省遵义市公安机关侦破 "9·28" 特大制售假冒 注册商标白酒案

2023 年 3 月，贵州省遵义市播州区公安机关根据情报线索，成功侦破"9·28"特大制售假冒注册商标白酒案，一举打掉了以黄某浩、冯某桥、苟某松等人为首的制售假酒犯罪团伙，并先后在贵州、广东、四川、云南等地抓获犯罪嫌疑人 35 名。

经查，黄某浩、冯某桥、苟某松等人为非法牟取利益，藏匿于遵义市播州区城乡结合区域，在未经注册商标专用权人授权许可的情况下，擅自组织生产假冒知名白酒，通过网络、熟客介绍等方式销售至 15 个酒庄以及 20 余个省（市、区）。本案查获假冒知名白酒 5000 余瓶，收缴制假包装材料 10 万余件，冻结涉案资金 1250 余万元，为权利人挽回损失 1865 万元，有力维护了白酒企业合法权益。

黄某浩、冯某桥、苟某松等人的行为已触犯《中华人民共和国刑法》第二百一十三条、二百一十四条的规定。2023 年 6 月 20 日，黄某浩、冯某桥、苟某松等人分别被贵州省遵义市中级人民法院判处五年零三个月至十个月不等有期徒刑，并处罚金。

（贵州省提供）

云南省文山州富宁县市场监管局 查处侵犯云南白药注册 商标专用权案

2023 年 6 月 19 日，富宁县市场监管局执法人员根据云南白药集团股份有限公司投诉对富宁县田蓬镇富宁田蓬某零售批发二店进行检查，现场查获假冒注册商标"云南白药"的牙膏共计 51 支。

当事人销售侵犯他人注册商标专用权商品的行为，违反了《中华人民共和国商标法》第五十七条第三项的规定，构成侵犯注册商标专用权。富宁县市场监管局依据《中华人民共和国商标法》第六十条第二款和《中华人民共和国行政处罚法》第三十二条第五项的规定，对当事人作出责令立即停止侵权行为，没收侵犯注册商标专用权的产品，并处罚金。

（云南省提供）

青海省西宁市"7·31"系列制售假冒注册商标的商品罪案

2018年至2020年期间，侯某某、冀某、管某某等人，为牟取巨额非法利润，在未取得注册商标所有权人授权许可的情况下，分别在出租厂房内，通过将低价购入的白酒自行勾兑后灌装入收购的多个标准品牌商标标识的白酒包装内，后分别以明显低于市场价的价格出售给林某某，并通过物流送至林某某位于西宁的两个仓库，林某某通过向他人及侯某某、管某某处低价购入假冒注册商标的白酒后，伙同储某某向西宁市部分生活小超市低价转卖。生产商侯某某、管某某非法经营数额为人民币100余万元，中间商林某某及20余家商铺销售金额达人民币3000余万元。公安机关查获待售的假冒注册商标白酒3.49万瓶，半成品25吨，共计价值近亿元。2021年8月至11月，西宁市检察院对制售假冒注册商标的商品系列案件依法陆续向西宁市中级人民法院提起公诉。2021年10月至2022年3月，28起案件陆续开庭审理。庭审中，刑事检察部门检察官就辩护人提出的犯罪金额认定、侵权产品抽样鉴定等问题进行了答辩，对存在的量刑情节等问题予以回应，配合民事公益诉讼部门检察官以公益诉讼起诉人身份对涉案人员提起惩罚性赔偿诉求。西宁市中级人民法院对27件案件均作出有罪判决，其中民事公益诉讼部门提出惩罚性赔偿的26起案件中21案在庭前达成调解，共计缴纳惩罚性赔偿金4215万元，司法鉴定、仓储保管等费用57万元，相关涉案人员在省级新闻媒体公开赔礼道歉。部分被告人上诉后，省人民检察院出庭发表维持原判意见，2023年5月，省高级人民法院裁定维持原判。

该案系青海省首例侵犯知识产权刑事附带民事公益诉讼案件，案件涉及范围广、涉案人数多、社会影响大。属于公安部督办案件，案情复杂，涉及青海、甘肃、江苏等省市，由市区三级公安机关统一行动、多部门联动成功办理的一起跨区域侵犯知识产权重点案件。检察机关在办理这起系列案过程中，不仅通过刑事追诉对犯罪个体形成了强力威慑，同时以公益诉讼起诉人身份对涉案人员提起惩罚性赔偿诉求，充分发挥了惩罚性赔偿制度的震慑、遏制和预防功效，积极运用国家公权力对不法行为进行否定性司法评价，正面引导社会价值观，实现保护公益目标，营造了法治化营商环境。

（青海省提供）

新疆巴州若羌县公安机关查处孙某等人销售侵犯注册商标专用权的商品案

2023年4月20日，巴州公安局在若羌县依吞布拉克检查站，截获1辆装载疑似侵权假冒商品的牵引货车，查获疑似假冒阿迪达斯、耐克、LV、鳄鱼等13个品牌袜子32万余双，若羌县公安局食品药品环境犯罪侦查大队依法立案侦查。经委托上述13个品牌商标权利人鉴定，32万余双各类品牌袜子均属侵权假冒商品，货值以市场价计算3000万余元。巴州公安局食药环分局牵头，抽调网安、技侦、法制等警力组成联合专案组，奔赴浙江、辽宁等地，成功抓获犯罪嫌疑人孙某、秋某某、邱某3人，并一举摧毁了制售侵权假冒国际品牌商品犯罪的链条，捣毁制假窝点2处，现场查获侵权假冒阿迪达斯、耐克品牌袜子近7万双。2023年8月3日，公安机关依据《中华人民共和国刑法》第二百一十四条对犯罪嫌疑人孙某以涉嫌销售侵犯注册商标的商品罪、依据《中华人民共和国刑法》第二百一十三条对犯罪嫌疑人秋某某和邱某以涉嫌假冒注册商标罪，移送至若羌县人民检察院审查起诉。

（新疆维吾尔自治区提供）

三方合作打击湖州销售假冒华为翻新手机案

阿里巴巴打假联盟成立于 2017 年 1 月，希望通过运用阿里巴巴互联网智能算法技术，结合人的品牌知识，行业特征与资源，联合线下执法行动和民事诉讼等手段来共同治理假货问题，建立多方合作环境，加强权利人和平台的知识产权保护，提升消费者信心。自打假联盟成立以来，阿里巴巴协助执法机关和品牌权利人分析、锁定嫌疑人，配合执法部门进行电子证据采集、搜证及提供技术支持。通过数年的合作磨合，成功形成了阿里巴巴 + 品牌权利人 + 执法部门的三方合作打假模式及其清晰的合作流程，陆续产出了一系列有重大社会影响力的经典案例，挖出了假货的生产源头、线下批发窝点，对整个假货制售假链路及重点犯案区域进行了打击、震慑，取得了良好的社会反响。

2022 年 12 月，阿里巴巴打假联盟成员华为公司发现售假线索，后至湖州长兴进行报案，湖州支队同步阿里巴巴打假特战队后进行研判并立案打击。经过深入协助执法机关开展线索的研判分析，挖掘到背后产供销一体的制售翻新机的团伙。2023 年 2 月 16 日，湖州食药支队同长兴食药大队，成功捣毁生产—销售链条，摧毁汕头制假窝点一个，摧毁深圳写字楼内销售总窝点一个，搜查扣押到成品华为假手机 200 余台、假冒华为包装盒 200 余个、组装用屏幕总成 500 余个、假冒手机后盖 300 余个、假冒充电头 200 余个、充电线 100 余条、耳机 200 个、印标机 2 台、电脑主机 6 台、进网许可标识 9 卷、其他组装用手机配件若干，现场抓获 11 人。经查，2021 年以来，犯罪嫌疑人通过从深圳华强北、华强南市场上购买回收破旧华为手机及相关手机配件，后将手机及配件发货至汕头生产窝点，以家庭作坊的形式，通过拆解配件、重新组装翻新手机的方式，生产制作假华为 P30、华为 P40、华为 MATE20 手机等，团伙已生产、销售假冒华为手机至少 1.5 万台，涉案价值 2000 余万元。

（中国品牌建设促进会提供）

其他侵权假冒典型案例

辽宁省大连市市场监管综合行政执法队破获特大生产、销售益安宁等假药案件

大连市市场监管局收到投诉举报线索，称于 2022 年 8 月在林国繁处采购"益安宁丸"〔标示：香港同溢（正品）藥业公司；批次编號 Batch No:HK210620；规格：每 18 丸重 3.1 克〕，经与真品比对，怀疑上述药品为假药。提供产品 3 盒。2022 年 11 月 17 日，《大连市市场监督管理局关于协查"益安宁丸"产品相关情况的函》（大市监药稽函〔2022〕169 号），所附样品 1 盒，请福建省药品监督管理局协助调查。2023 年 1 月 10 日收到福建省药品监督管理局厦门药品稽查办公室《关于标示香港同溢（正品）药业公司生产益安宁丸有关事项核查情况的复函》，称所附样品不属于该公司生产的产品。2023 年 2 月 23 日，我局委托大连市药品检验检测经检验对上述药品进行检验，经检验未检出与西洋参对照药材、人参皂苷 Rb1 对照品、人参皂苷 Re 对照品、人参皂苷 Rg1 对照品和拟人参皂苷 F11 对照品相应的斑点。2023 年 3 月 13 日，此案由大连市市场监管局联合市公安局食药侦支队、市公安局西岗分局联合侦办。2023 年 5 月 17 日，市市场监管局、市公安局食药侦支队、市公安局西岗分局赴广东省东莞市开展联合收网行动，现场协助抓捕犯罪嫌疑人 6 人，现场

查获益安宁丸 56 万粒、包装盒 4000 余盒、商标 5000 余张、牛黄安宫丸、舒筋健腰丸、痛风散等三种产品 10000 余瓶，半包装的半成品药丸 5000 余公斤，用于制造的原材料、包装盒、包装品 10000 余件，缴获生产线设备 3 台，打掉黑加工厂 2 处，储货仓库 1 处，涉案价值 2000 余万元。现场查获的益安宁丸、牛黄安宫丸、舒筋健腰丸、痛风散等四种产品，经初步认定为药品，怀疑是假药。该案成功实现了从销售到生产源头全链条破获。

该案涉案违法人员数量多，销售网络涉及多个省、市，市市场监管局、市公安局食药侦支队执法人员已摸排取证。上述违法行为涉嫌违反《中华人民共和国刑法》第一百四十一条销售假药罪。因现场查获涉案药品数量、货值金额较大，鉴于案件调查取证及时效等因素，依据《中华人民共和国行政处罚法》第二十七条、《行政执法机关移送涉嫌犯罪案件的规定》第三条的规定，已将该案移送市食药侦支队处理。

（辽宁省提供）

浙江省绍兴市诸暨市市场监管局、公安局联合查处刘某、李某等人使用、销售司美格鲁肽假药案

2022 年 11 月和 2023 年 1 月，诸暨市市场监管局根据医疗美容行业排查整治行动及群众举报发现的线索，先后查获刘某、李某等人使用、销售"司美格鲁肽"医美减肥针假药案，在省、市局的指导和帮助下，最终认定涉案产品"AB 轻盈组合"属于《中华人民共和国药品管理法》第九十八条第二款所指的假药。由于涉案当事人的违法情节已达到刑事立案标准，2022 年 12 月和 2023 年 2 月，诸暨市市场监管局先后将刘某、李某等人使用、销售"司美格鲁肽"假药案移送公安机关处理，并成立联合专案组继续开展侦查，最终成功捣毁位于江苏省宿迁市的网络销售团伙和广东省广州市的制假售假窝点，涉案当事人达 13 人，涉案金额逾亿元。该案为全国查获的首例非法研发、生产、

销售"司美格鲁肽"假药系列案件，涉案当事人已被当地检察机关依法提起公诉。

（浙江省提供）

安徽省蚌埠市市场监管局查处张某等生产销售掺混二甲醚不合格液化气案

一、基本案情

2022 年 12 月 6 日，蚌埠市市场监管局根据举报，联合公安机关对张某等经营的液化气充装站开展突击检查。此次检查区域涉及蚌埠市怀远县、五河县和宿州市泗县两市三县，共查封涉案液化气充装站 2 家，捣毁非法液化气充装点 7 个，抽查掺有二甲醚的液化气 11 组，扣押液化气 347 瓶，扣押槽车 5 辆，伪劣液化气及原料 50 吨，查扣涉案资金 100 余万元，经检验，上述 11 组液化气全部不合格，主要成分含量实测值仅为 20%—80%。

案经查明，2021 年 11 月以来，怀远县永帅液化气充装站和遇春液化气充装站的实际经营者张某，为牟取暴利，抢占液化气供应市场，从山东东营、河南信阳、江苏苏州、安徽阜阳等地购买二甲醚、丙烷液化气等原料，在其经营的液化气站内将二甲醚掺入液化气内并销售给下线批发商王某山等人。王某山及其团伙平均日购两吨左右掺入二甲醚的劣质液化气销售给怀远县多个乡镇的销售商，累计涉案金额近 1400 万元。检察机关提起公诉 45 人，已公诉 11 人，其余正在陆续开庭审理。

二、典型意义

二甲醚是一种有机化工原料，具有胶溶性，掺入液化气罐中会严重腐蚀密封钢瓶胶圈导致漏气，产生严重安全隐患，还会产生有毒废弃物，国家明令禁止将二甲醚非法添加至液化石油气储罐中作为燃烧剂使用。农村地区罐装液化气的使用范围较广，不法分子将劣质液化气销往农村地区，严重影响农村地区一老一小等群众的生命安全，通过市场监管部门和公安部

门协同作战，一举打掉在蚌埠地区大肆生产销售伪劣液化石油气的利益链条犯罪团伙，有效解决了潜在的民生安全问题。通过集中整治联合打击，有效净化了液化气运营市场，维护了正常液化气经营企业的合法权益，是蚌埠市优化营商环境和维护市场公平竞争秩序的具体举措。

（安徽省提供）

福建省福州市查处林某某侵犯商业秘密案

德某（福州）有限公司与福建华某特种汽车配件有限公司为关联企业，朱某某为两家公司的法定代表人，主要经营汽车配件出口业务。林某某曾任德某公司常务副总经理，负责销售，并在华某公司担任董事。2015年6月，两公司因债务问题进行裁员，朱某某委托林某某带领销售团队维持业务。同月，林某某成立福州星某汽配有限公司，并通知原公司的国外客户，声称星某公司将接管原公司的出口业务。同年10月，林某某指示员工取走存有客户资料的电脑。从2016年5月30日至2021年2月8日，林某某未遵守保守商业秘密的要求，利用掌握的客户信息继续经营，非法获利845万余元。2021年9月28日，福州市鼓楼区检察院以侵犯商业秘密罪对被告人林某某提起公诉。2023年4月11日，鼓楼区人民法院以侵犯商业秘密罪作出判决，判处被告人林某某有期徒刑五年六个月，并处罚金1200万元。林某某不服，提出上诉。2023年7月10日，福州市中级人民法院裁定驳回上诉，维持原判。

本案系福建省首例侵犯经营信息类商业秘密案件。检察机关在办案中围绕商业秘密本质特征，积极引导侦查取证，厘清证据标准，依法指控犯罪。在办案过程中，检察机关贯彻"检察护企"理念，既依法惩治犯罪，又积极开展追赃挽损工作，促使公安机关冻结被告人账户，挽回经济损失270万余元，并协助修复商业秘密，帮助企业恢复生产。

（福建省提供）

河南省郑州市"8·01"制售假烟网络案件

2022年8月1日，郑州市烟草专卖局北城区直属分局联合高速交警、食药环民警配合布控，在京港澳郑州东路段设卡，当场查获一起跨省制造、运输假烟案件。"8·01"案件是一起涉及制假烟叶供应、烟丝生产、储存和假烟生产、运输、包装、装潢、销售等环节的全链条制售假烟网络案件。该案内含4个团伙有层级、有组织、跨地区、分工作案，目前已涉及河南郑州、许昌、漯河、洛阳、新乡、三门峡，河北保定、唐山、沧州，辽宁葫芦岛、辽阳等3省11市，查扣现货假烟528万支，涉案假烟2097.6万支，YJ14-23烟机一套，实物案值661.88万元，该团伙累计生产假烟13次，运输10次，1962箱合计3139.2万支，涉案案值6000余万元。已捣毁生产制假窝点1处，排查到可疑窝点4处，涉案骨干31人，成员54人，目前已刑拘23人，逮捕12人，网上追捕2人，判刑7人。

2023年11月6日，人民法院判决主犯解某、胡某铭有期徒刑各十五年；从犯解某有期徒刑七年六个月；从犯张某峰有期徒刑四年；从犯胡某国有期徒刑八年；从犯张某峰有期徒刑六年；从犯胡某军有期徒刑一年。

（河南省提供）

广东省深圳市某发展有限公司违规使用"南山荔枝"地理标志产品名称案

根据权利人对"某荔枝"的微信公众号上使用"深圳南山荔枝 中华人民共和国地理标志保护产品"、"'南山荔枝'首个荔枝界地理标志保护产品"等描述的涉嫌知识产权侵权行为的举报，2023年4月，深圳市市场监管局南山监管局依法对该微信公众号的注册运营主体深圳市某发展有限公司立案调查。经查明，当事人不符合地理标志产品标准要求而在自己注册并运营的微信公众账号上直接突出宣传使用"南山荔枝"地理标志产品的名称，使用"深圳南山荔枝 中华人民共和国地理标志保护产品""'南山荔枝'首个荔枝界地理标志保护产品"等描述，同时当事人销售上述情形荔枝产品，违法所得为2754元。

当事人违反了《广东省地理标志条例》第二十条第一款第（二）项及第（五）项规定，构成"不符合地理标志产品标准和管理规范要求而使用该地理标志产品的名称和销售《广东省地理标志条例》第二十条第（一）项至第（四）项情形产品"的行为，深圳市市场监管局南山监管局依据《广东省地理标志条例》第二十六条的规定，对当事人作出没收违法所得、罚款的行政处罚。

（广东省提供）

贵州某公司诉贵州某酒业公司
陈某某商业诋毁纠纷案

原告贵州某公司系品名为"ZUNYI1935"白酒的生产商。贵州某酒业公司通过抖音账号和微信朋友圈发布含有原告产品的视频，称其为"假酒"，买到后举报或者转发均有现金奖励，并称该酒"没商标、红色文化，没登记证，'三无'产品"。其中，抖音视频播放量为9439次，点赞量为125次，分享次数为9次。

法院认为，侵权方并非出于营造良性公平竞争秩序的目的，仅是由于自身不法行为被处罚，夸大、歪曲未经行政机关、司法机关确认侵犯案外人合法权益的事实并在网络平台公开发布，其采取的手段缺乏正当性，不符合社会主义核心价值观的法治原则，构成商业诋毁，应当停止侵权；但被侵权方本身可能存在侵犯案外人合法权益的行为，违背社会主义核心价值观的诚实信用原则，因此所取得的权益不存在合法性和正当性，其赔偿损失和赔礼道歉的诉请依法也不应当得到支持。

（贵州省提供）

云南省红河州屏边县市场监管局查处
冒用地理标志专用标志案

2023年9月14日，屏边县市场监管局执法人员根据"屏边猕猴桃"地理标志专用标志使用人投诉，对屏边某农产品有限责任公司进行检查。经查明，屏边某农产品有限责任公司在未取得备案公告及地理标志专用标志使用权的情况下，擅自定制并使用印有"屏边猕猴桃"地理标志注册商标共计3000个，已构成未经许可擅自使用地理标志专用标志的侵权行为。

当事人违反了《中华人民共和国产品质量法》第三十一条及《地理标志产品保护规定》第二十一条规定，属于伪造或者冒用认证标志等质量标志的行为。屏边县市场监管局依据《中华人民共和国产品质量法》第五十三条之规定，对当事人作出责令立即停止侵权行为，没收涉案物品，并处罚金。

（云南省提供）

新疆阿勒泰市北屯镇某农资店
经营假种子案

2022年8月18日，阿勒泰地区农业农村局接到电话投诉称其购买种植的JK518葵花发生大面积列当，同时出现大面积葵花盘子腐烂，杂株达到30%左右等问题。2022年8月18日由新疆臻冠达农业科技有限公司进行技术鉴定和定损。经查明，阿勒泰市北屯镇某农资店销售安徽华夏种业杂交食葵种子JK518共计260袋（13000粒/袋，1200元/袋），合计31.2万元，涉案种子抽样送北京玉米种子检测中心进行真实性检测，鉴定意见为"排除两者为同一品种"。阿勒泰市北屯镇某农资店经营假种子涉嫌构成生产、销售伪劣种子罪或生产、销售伪劣产品罪，经批准于2023年4月移交阿勒泰地区公安局食药环犯罪侦查分局立案侦查。

（新疆维吾尔自治区提供）

六、政策法规

VI. Laws and Regulations

政策性文件

中共中央 国务院印发
《质量强国建设纲要》

新华社北京2月6日电　近日，中共中央、国务院印发了《质量强国建设纲要》，并发出通知，要求各地区各部门结合实际认真贯彻落实。

《质量强国建设纲要》主要内容如下。

建设质量强国是推动高质量发展、促进我国经济由大向强转变的重要举措，是满足人民美好生活需要的重要途径。为统筹推进质量强国建设，全面提高我国质量总体水平，制定本纲要。

一、形势背景

质量是人类生产生活的重要保障。党的十八大以来，在以习近平同志为核心的党中央坚强领导下，我国质量事业实现跨越式发展，质量强国建设取得历史性成效。全民质量意识显著提高，质量管理和品牌发展能力明显增强，产品、工程、服务质量总体水平稳步提升，质量安全更有保障，一批重大技术装备、重大工程、重要消费品、新兴领域高技术产品的质量达到国际先进水平，商贸、旅游、金融、物流等服务质量明显改善；产业和区域质量竞争力持续提升，质量基础设施效能逐步彰显，质量对提高全要素生产率和促进经济发展的贡献更加突出，人民群众质量获得感显著增强。

当今世界正经历百年未有之大变局，新一轮科技革命和产业变革深入发展，引发质量理念、机制、实践的深刻变革。质量作为繁荣国际贸易、促进产业发展、增进民生福祉的关键要素，越来越成为经济、贸易、科技、文化等领域的焦点。当前，我国质量水平的提高仍然滞后于经济社会发展，质量发展基础还不够坚实。

面对新形势新要求，必须把推动发展的立足点转到提高质量和效益上来，培育以技术、标准、品牌、质量、服务等为核心的经济发展新优势，推动中国制造向中国创造转变、中国速度向中国质量转变、中国产品向中国品牌转变，坚定不移推进质量强国建设。

二、总体要求

（一）指导思想。以习近平新时代中国特色社会主义思想为指导，立足新发展阶段，完整、准确、全面贯彻新发展理念，构建新发展格局，统筹发展和安全，以推动高质量发展为主题，以提高供给质量为主攻方向，以改革创新为根本动力，以满足人民日益增长的美好生活需要为根本目的，深入实施质量强国战略，牢固树立质量第一意识，健全质量政策，加强全面质量管理，促进质量变革创新，着力提升产品、工程、服务质量，着力推动品牌建设，着力增强产业质量竞争力，着力提高经济发展质量效益，着力提高全民质量素养，积极对接国际先进技术、规则、标准，全方位建设质量强国，为全面建设社会主义现代化国家、实现中华民族伟大复兴的中国梦提供质量支撑。

（二）主要目标

到2025年，质量整体水平进一步全面提高，中国品牌影响力稳步提升，人民群众质量获得感、满意度明显增强，质量推动经济社会发展的作用更加突出，质量强国建设取得阶段性成效。

——经济发展质量效益明显提升。经济结构更加优化，创新能力显著提升，现代化经济体系建设取得重大进展，单位GDP资源能源消耗不断下降，经济发展新动能和质量新优势显著增强。

——产业质量竞争力持续增强。制约产业发展的质量瓶颈不断突破，产业链供应链整体现代化水平显著提高，一二三产业质量效益稳步提高，农业标准化生产普及率稳步提升，制造业质量竞争力指数达到86，服务业供给有效满足产业转型升级和居民消费升级需要，质量竞争型产业规模显著扩大，建成一批具有引领力的质量卓越产业集群。

——产品、工程、服务质量水平显著提升。质量供给和需求更加适配，农产品质量安全例行监测合格率和食品抽检合格率均达到98%以上，制造业产品质量合格率达到94%，工程质量抽查符合率不断提高，消费品质量合格率有效支撑高品质生活需要，服务质量满意度全面提升。

——品牌建设取得更大进展。品牌培育、发展、壮大的促进机制和支持制度更加健全，品牌建设水平显著提高，企业争创品牌、大众信赖品牌的社会氛围更加浓厚，品质卓越、特色鲜明的品牌领军企业持续涌现，形成一大批质量过硬、优势明显的中国品牌。

——质量基础设施更加现代高效。质量基础设施管理体制机制更加健全、布局更加合理，计量、标准、认证认可、检验检测等实现更高水平协同发展，建成若干国家级质量标准实验室，打造一批高效实用的质量基础设施集成服务基地。

——质量治理体系更加完善。质量政策法规更加健全，质量监管体系更趋完备，重大质量安全风险防控机制更加有效，质量管理水平普遍提高，质量人才队伍持续壮大，质量专业技术人员结构和数量更好适配现代质量管理需要，全民质量素养不断增强，质量发展环境更加优化。

到2035年，质量强国建设基础更加牢固，先进质量文化蔚然成风，质量和品牌综合实力达到更高水平。

三、推动经济质量效益型发展

（三）增强质量发展创新动能。建立政产学研用深度融合的质量创新体系，协同开展质量领域技术、管理、制度创新。加强质量领域基础性、原创性研究，

集中实施一批产业链供应链质量攻关项目，突破一批重大标志性质量技术和装备。开展质量管理数字化赋能行动，推动质量策划、质量控制、质量保证、质量改进等全流程信息化、网络化、智能化转型。加强专利、商标、版权、地理标志、植物新品种、集成电路布图设计等知识产权保护，提升知识产权公共服务能力。建立质量专业化服务体系，协同推进技术研发、标准研制、产业应用，打通质量创新成果转化应用渠道。

（四）树立质量发展绿色导向。开展重点行业和重点产品资源效率对标提升行动，加快低碳零碳负碳关键核心技术攻关，推动高耗能行业低碳转型。全面推行绿色设计、绿色制造、绿色建造，健全统一的绿色产品标准、认证、标识体系，大力发展绿色供应链。优化资源循环利用技术标准，实现资源绿色、高效再利用。建立健全碳达峰、碳中和标准计量体系，推动建立国际互认的碳计量基准、碳监测及效果评估机制。建立实施国土空间生态修复标准体系。建立绿色产品消费促进制度，推广绿色生活方式。

（五）强化质量发展利民惠民。开展质量惠民行动，顺应消费升级趋势，推动企业加快产品创新、服务升级、质量改进，促进定制、体验、智能、时尚等新型消费提质扩容，满足多样化、多层级消费需求。开展放心消费创建活动，推动经营者诚信自律，营造安全消费环境，加强售后服务保障。完善质量多元救济机制，鼓励企业投保产品、工程、服务质量相关保险，健全质量保证金制度，推行消费争议先行赔付，开展消费投诉信息公示，加强消费者权益保护，让人民群众买得放心、吃得安心、用得舒心。

四、增强产业质量竞争力

（六）强化产业基础质量支撑。聚焦产业基础质量短板，分行业实施产业基础质量提升工程，加强重点领域产业基础质量攻关，实现工程化突破和产业化应用。开展材料质量提升关键共性技术研发和应用验证，提高材料质量稳定性、一致性、适用性水平。改进基础零部件与元器件性能指标，提升可靠性、耐久性、先进性。推进基础制造工艺与质量管理、数字智

能、网络技术深度融合，提高生产制造敏捷度和精益性。支持通用基础软件、工业软件、平台软件、应用软件工程化开发，实现工业质量分析与控制软件关键技术突破。加强技术创新、标准研制、计量测试、合格评定、知识产权、工业数据等产业技术基础能力建设，加快产业基础高级化进程。

（七）提高产业质量竞争水平。推动产业质量升级，加强产业链全面质量管理，着力提升关键环节、关键领域质量管控水平。开展对标达标提升行动，以先进标准助推传统产业提质增效和新兴产业高起点发展。推进农业品种培优、品质提升、品牌打造和标准化生产，全面提升农业生产质量效益。加快传统制造业技术迭代和质量升级，强化战略性新兴产业技术、质量、管理协同创新，培育壮大质量竞争型产业，推动制造业高端化、智能化、绿色化发展，大力发展服务型制造。加快培育服务业新业态新模式，以质量创新促进服务场景再造、业务再造、管理再造，推动生产性服务业向专业化和价值链高端延伸，推动生活性服务业向高品质和多样化升级。完善服务业质量标准，加强服务业质量监测，优化服务业市场环境。加快大数据、网络、人工智能等新技术的深度应用，促进现代服务业与先进制造业、现代农业融合发展。

（八）提升产业集群质量引领力。支持先导性、支柱性产业集群加强先进技术应用、质量创新、质量基础设施升级，培育形成一批技术质量优势突出、产业链融通发展的产业集群。深化产业集群质量管理机制创新，构建质量管理协同、质量资源共享、企业分工协作的质量发展良好生态。组建一批产业集群质量标准创新合作平台，加强创新技术研发，开展先进标准研制，推广卓越质量管理实践。依托国家级新区、国家高新技术产业开发区、自由贸易试验区等，打造技术、质量、管理创新策源地，培育形成具有引领力的质量卓越产业集群。

（九）打造区域质量发展新优势。加强质量政策引导，推动区域质量发展与生产力布局、区位优势、环境承载能力及社会发展需求对接融合。推动东部地区发挥质量变革创新的引领带动作用，增强质量竞争新

优势，实现整体质量提升。引导中西部地区因地制宜发展特色产业，促进区域内支柱产业质量升级，培育形成质量发展比较优势。推动东北地区优化质量发展环境，加快新旧动能转换，促进产业改造升级和质量振兴。健全区域质量合作互助机制，推动区域质量协同发展。深化质量强省建设，推动质量强市、质量强业向纵深发展，打造质量强国建设标杆。

专栏1　区域质量发展示范工程

——建设国家质量创新先导区。在质量治理理念先进、质量变革创新活跃、产业质量优势显著、城乡质量发展均衡的区域，依托中心城市、城市群开展质量协同发展试点，建设国家质量创新先导区，探索构建新型质量治理体制机制和现代质量政策体系，率先探索有特色的质量效益型发展路径。

——打造质量强国标杆城市。推动不同类型城市立足自身定位和资源要素优势，制定实施城市质量发展战略，支持城市导入全面质量管理方法，运用数字技术和标准手段推动城市管理理念、方法、模式创新，推动城市建设与质量发展融合共进，促进城市精细化、品质化、智能化发展。

——创建质量品牌提升示范区。鼓励产业园区、产业集聚区等创造性开展质量提升行动，制定和实施先进质量标准，通过质量人才培养、质量品牌建设、质量基础设施服务，培育一批产业集群商标和区域品牌，提升产业质量效益。

五、加快产品质量提档升级

（十）提高农产品食品药品质量安全水平。严格落实食品安全"四个最严"要求，实行全主体、全品种、全链条监管，确保人民群众"舌尖上的安全"。强化农产品质量安全保障，制定农产品质量监测追溯互联互通标准，加大监测力度，依法依规严厉打击违法违规使用禁限用药物行为，严格管控直接上市农产品农兽药残留超标问题，加强优质农产品基地建设，推行承诺达标合格证制度，推进绿色食品、有机农产品、良好农业规范的认证管理，深入实施地理标志农产品保护工程，推进现代农业全产业链标准化试点。深入实施食品安全战略，推进食品安全放心工程。调整优化食品产业布局，加快产业技术改造升级。完善食品安全标准体系，推动食品生产企业建立实施危害分析和关键控制点体系，加强生产经营过程

质量安全控制。加快构建全程覆盖、运行高效的农产品食品安全监管体系，强化信用和智慧赋能质量安全监管，提升农产品食品全链条质量安全水平。加强药品和疫苗全生命周期管理，推动临床急需和罕见病治疗药品、医疗器械审评审批提速，提高药品检验检测和生物制品（疫苗）批签发能力，优化中药审评机制，加速推进化学原料药、中药技术研发和质量标准升级，提升仿制药与原研药、专利药的质量和疗效一致性。加强农产品食品药品冷链物流设施建设，完善信息化追溯体系，实现重点类别产品全过程可追溯。

（十一）优化消费品供给品类。实施消费品质量提升行动，加快升级消费品质量标准，提高研发设计与生产质量，推动消费品质量从生产端符合型向消费端适配型转变，促进增品种、提品质、创品牌。加快传统消费品迭代创新，推广个性化定制、柔性化生产，推动基于材料选配、工艺美学、用户体验的产品质量变革。加强产品前瞻性功能研发，扩大优质新型消费品供给，推行高端品质认证，以创新供给引领消费需求。强化农产品营养品质评价和分等分级。增加老年人、儿童、残疾人等特殊群体的消费品供给，强化安全要求、功能适配、使用便利。对标国际先进标准，推进内外贸产品同线同标同质。鼓励优质消费品进口，提高出口商品品质和单位价值，实现优进优出。制定消费品质量安全监管目录，对质量问题突出、涉及人民群众身体健康和生命财产安全的重要消费品，严格质量安全监管。

（十二）推动工业品质量迈向中高端。发挥工业设计对质量提升的牵引作用，大力发展优质制造，强化研发设计、生产制造、售后服务全过程质量控制。加强应用基础研究和前沿技术研发，强化复杂系统的功能、性能及可靠性一体化设计，提升重大技术装备制造能力和质量水平。建立首台（套）重大技术装备检测评定制度，加强检测评定能力建设，促进原创性技术和成套装备产业化。完善重大工程设备监理制度，保障重大设备质量安全与投资效益。加快传统装备智能化改造，大力发展高质量通用智能装备。实施质量可靠性提升计划，提高机械、电子、汽车等产品及其基础零部件、元器件

可靠性水平，促进品质升级。

专栏 2　重点产品质量阶梯攀登工程

——关键基础材料。推进特种材料、功能材料、复合材料等设计制造技术研发和质量精确控制技术攻关。加强新材料的质量性能研发。运用质量工程技术，缩短研发、工程化、产业化周期，提升制造质量水平。

——基础零部件及元器件。强化通用型基础零部件质量攻关，加快发展核心元器件，依靠技术进步、管理创新、标准完善，提升零部件及元器件精确性、耐久性、通用性。

——重点消费品。加强创新创意设计，加快新技术研发应用，推动纺织品、快速消费品、家电家居用品等升级迭代和品牌化发展。加大健身器材和运动用品优质供给，提升移动终端、可穿戴设备、新能源汽车与智能网联汽车等新型消费产品用户体验和质量安全水平。强化玩具、文具等儿童和学生用品益智性、舒适性、安全性，加强养老产品、康复辅助器具等特殊消费品的研发和质量设计。针对家电、家具、可穿戴设备等产品，推广人体工效学设计，加强人体工效基础研究与产品标准研制。

——重大技术装备。加快基础共性技术和增材制造、智能制造等前沿技术研究，推动品质性能升级和新产品规模化应用。提升轨道交通装备、工程机械等质量可靠性。加强仪器仪表、农机装备等领域关键部件及整机装备的技术研发和质量攻关，保障产业链供应链安全稳定。开展关键承压类特种设备技术攻关，提升机电类特种设备安全可靠性。

六、提升建设工程品质

（十三）强化工程质量保障。全面落实各方主体的工程质量责任，强化建设单位工程质量首要责任和勘察、设计、施工、监理单位主体责任。严格执行工程质量终身责任书面承诺制、永久性标牌制、质量信息档案等制度，强化质量责任追溯追究。落实建设项目法人责任制，保证合理工期、造价和质量。推进工程质量管理标准化，实施工程施工岗位责任制，严格进场设备和材料、施工工序、项目验收的全过程质量管控。完善建设工程质量保修制度，加强运营维护管理。强化工程建设全链条质量监管，完善日常检查和抽查抽测相结合的质量监督检查制度，加强工程质量监督队伍建设，探索推行政府购买服务方式委托社会力量辅助工程质量监督检查。完善工程建设招标投标制度，将企业工程质量情况纳入招标投标评审，加强标后合同履约监管。

（十四）提高建筑材料质量水平。加快高强度高耐久、可循环利用、绿色环保等新型建材研发与应用，推动钢材、玻璃、陶瓷等传统建材升级换代，提升建材性能和品质。大力发展绿色建材，完善绿色建材产品标准和认证评价体系，倡导选用绿色建材。鼓励企业建立装配式建筑部品部件生产、施工、安装全生命周期质量控制体系，推行装配式建筑部品部件驻厂监造。落实建材生产和供应单位终身责任，严格建材使用单位质量责任，强化影响结构强度和安全性、耐久性的关键建材全过程质量管理。加强建材质量监管，加大对外墙保温材料、水泥、电线电缆等重点建材产品质量监督抽查力度，实施缺陷建材响应处理和质量追溯。开展住宅、公共建筑等重点领域建材专项整治，促进从生产到施工全链条的建材行业质量提升。

（十五）打造中国建造升级版。坚持百年大计、质量第一，树立全生命周期建设发展理念，构建现代工程建设质量管理体系，打造中国建造品牌。完善勘察、设计、监理、造价等工程咨询服务技术标准，鼓励发展全过程工程咨询和专业化服务。完善工程设计方案审查论证机制，突出地域特征、民族特点、时代风貌，提供质量优良、安全耐久、环境协调、社会认可的工程设计产品。加大先进建造技术前瞻性研究力度和研发投入，加快建筑信息模型等数字化技术研发和集成应用，创新开展工程建设工法研发、评审、推广。加强先进质量管理模式和方法高水平应用，打造品质工程标杆。推广先进建造设备和智能建造方式，提升建设工程的质量和安全性能。大力发展绿色建筑，深入推进可再生能源、资源建筑应用，实现工程建设全过程低碳环保、节能减排。

专栏3　建设工程质量管理升级工程

——推进建设工程质量管理标准化。加强对工程参建各方主体的质量行为和工程实体质量控制的标准化管理，制定质量管理标准化手册，明确企业和现场项目管理机构的质量责任和义务，规范重点分项工程、关键工序做法及管理要求。大力推广信息技术应用，打造基于信息化技术、覆盖施工全过程的质量管理标准体系。建立基于质量行为标准化和工程实体质量控制标准化为核心内容的指标体系和评价制度，及时总结具有推广价值的质量管理标准化成果。

——严格质量追溯。明确工程项目及关键部位、关键环节的质量责任，建立施工过程质量责任标识制度，严格施工过程质量控制。加强施工记录和验收资料管理，推行工程建设数字化成果交付、审查、存档，保证工程质量的可追溯性。推进工程建设领域质量信用信息归集共享，对违法违规的市场主体实施联合惩戒。健全建设工程质量指标体系和评价制度。

——实施样板示范。以现场示范操作、视频影像、实物展示等形式展示关键部位与工序的技术、施工要求，引导施工人员熟练掌握质量标准和具体工艺。积极实施质量管理标准化示范工程，发挥示范带动作用，推动工程建设领域优质化、品牌化发展。推动精品建造和精细管理，建设品质工程。

七、增加优质服务供给

（十六）提高生产服务专业化水平。大力发展农业社会化服务，开展农技推广、生产托管、代耕代种等专业服务。发展智能化解决方案、系统性集成、流程再造等服务，提升工业设计、检验检测、知识产权、质量咨询等科技服务水平，推动产业链与创新链、价值链精准对接、深度融合。统筹推进普惠金融、绿色金融、科创金融、供应链金融发展，提高服务实体经济质量升级的精准性和可及性。积极发展多式联运、智慧物流、供应链物流，提升冷链物流服务质量，优化国际物流通道，提高口岸通关便利化程度。规范发展网上销售、直播电商等新业态新模式。加快发展海外仓等外贸新业态。提高现代物流、生产控制、信息数据等服务能力，增强产业链集成优势。加强重大装备、特种设备、耐用消费品的售后服务能力建设，提升安装、维修、保养质量水平。

（十七）促进生活服务品质升级。大力发展大众餐饮服务，提高质量安全水平。创新丰富家政服务，培育优质服务品牌。促进物业管理、房屋租赁服务专业化、规范化发展。提升旅游管理和服务水平，规范旅游市场秩序，改善旅游消费体验，打造乡村旅游、康养旅游、红色旅游等精品项目。提升面向居家生活、户外旅游等的应急救援服务能力。大力发展公共交通，引导网约出租车、定制公交等个性化出行服务规范发展。推动航空公司和机场全面建立旅客服务质量管理体系，提高航空服务能力和品质。积极培育体育赛事活动、社区健身等服务项目，提升公共体育场馆开放服务品质。促进网络购物、移动支付等新模式规范有序发展，鼓励超市、电商平台等零售业态多元化融合发展。支持有条件的地方建设新型消费体验中心，开展多样化体验活动。加强生活服务质量监管，保障人民群众享有高品质生活。

（十八）提升公共服务质量效率。围绕城乡居民生活便利化、品质化需要，加强便民服务设施建设，提升卫生、文化等公共设施服务质量。推动政务服务事项集成化办理、一窗通办、网上办理、跨省通办，提高服务便利度。建设高质量教育体系，推动基本公共教育、职业技术教育、高等教育等提质扩容。大力推动图书馆、博物馆等公共文化场馆数字化发展，加快线上线下服务融合。加强基层公共就业创业服务平台建设，强化职业技能培训、用工指导等公共就业服务。加强养老服务质量标准与评价体系建设，扩大日间照料、失能照护、助餐助行等养老服务有效供给，积极发展互助性养老服务。健全医疗质量管理体系，完善城乡医疗服务网络，逐步扩大城乡家庭医生签约服务覆盖范围。完善突发公共卫生事件监测预警处置机制，加强实验室检测网络建设，强化科技标准支撑和物资质量保障。持续推进口岸公共卫生核心能力建设，进一步提升防控传染病跨境传播能力。加强公共配套设施适老化、适儿化、无障碍改造。

专栏4　服务品质提升工程

——开展优质服务标准建设行动。健全服务质量标准体系，推行优质服务承诺、认证、标识制度，推动服务行业诚信化、标准化、职业化发展，培育一批金牌服务市场主体和现代服务企业。大力发展标准认证、检验检测等高技术服务业。

——推行服务质量监测评价。加强服务质量监测评价能力建设，构建评价指标体系，培育市场化、专业化第三方监测评价机构，逐步扩大服务质量监测覆盖面。应用人工智能、大数据、自动语音识别调查等方式，开展服务质量监测评价，定期发布监测评价结果，改善群众服务消费体验。

——实施服务品质升级计划。在物流、商务咨询、检验检测等生产性服务领域，开展质量标杆企业创建行动。在健康、养老、文化、旅游、体育等生活性服务领域，开展质量满意度提升行动。加快工业设计、建筑设计、服务设计、文化创意协同发展，打造高端设计服务企业和品牌。

八、增强企业质量和品牌发展能力

（十九）加快质量技术创新应用。强化企业创新主体地位，引导企业加大质量技术创新投入，推动新技术、新工艺、新材料应用，促进品种开发和品质升级。鼓励企业加强质量技术创新中心建设，推进质量设计、试验检测、可靠性工程等先进质量技术的研发应用。支持企业牵头组建质量技术创新联合体，实施重大质量改进项目，协同开展产业链供应链质量共性技术攻关。鼓励支持中小微企业实施技术改造、质量改进、品牌建设，提升中小微企业质量技术创新能力。

（二十）提升全面质量管理水平。鼓励企业制定实施以质取胜生产经营战略，创新质量管理理念、方法、工具，推动全员、全要素、全过程、全数据的新型质量管理体系应用，加快质量管理成熟度跃升。强化新一代信息技术应用和企业质量保证能力建设，构建数字化、智能化质量管控模式，实施供应商质量控制能力考核评价，推动质量形成过程的显性化、可视化。引导企业开展质量管理数字化升级、质量标杆经验交流、质量管理体系认证、质量标准制定等，加强全员质量教育培训，健全企业首席质量官制度，重视质量经理、质量工程师、质量技术能手队伍建设。

（二十一）争创国内国际知名品牌。完善品牌培育发展机制，开展中国品牌创建行动，打造中国精品和"百年老店"。鼓励企业实施质量品牌战略，建立品牌培育管理体系，深化品牌设计、市场推广、品牌维护等能力建设，提高品牌全生命周期管理运营能力。开展品牌理论、价值评价研究，完善品牌价值评价标准，推动品牌价值评价和结果应用。统筹开展中华老字号和地方老字号认定，完善老字号名录体系。持续办好"中国品牌日"系列活动。支持企业加强品牌保护和维权，依法严厉打击品牌仿冒、商标侵权等违法行为，为优质品牌企业发展创造良好环境。

专栏5　中国品牌建设工程

——实施中国精品培育行动。建立中国精品质量标准体系和标识认证制度，培育一批设计精良、生产精细、服务精心的高端品牌。推广实施智能制造、绿色制造、优质制造。在金融、商贸、物流、文旅、体育等领域，推动标准化、专业化、品牌化发展，培育一批专业度高、覆盖面广、影响力大、放心安全的服务精品。

——提升品牌建设软实力。鼓励企业加强产品设计、文化创意、技术创新与品牌建设融合，建设品牌专业化服务平台，发展品牌建设中介服务机构，引导高等学校、科研院所、行业协会等加强品牌发展与传播理论研究，支持高等学校开设品牌相关课程，加大品牌专业人才队伍建设力度，支撑品牌创建、运营及管理。积极参与品牌评价国际标准制定。

——办好"中国品牌日"系列活动。定期举办中国品牌博览会，全方位展示品牌发展最新成果。举办中国品牌发展国际论坛，拓展质量品牌交流互鉴平台。鼓励地方开展特色品牌创建活动，不断提高本地品牌知名度。加强中国品牌宣传推广和传播，讲好中国品牌故事。

九、构建高水平质量基础设施

（二十二）优化质量基础设施管理。建立高效权威的国家质量基础设施管理体制，推进质量基础设施分级分类管理。深化计量技术机构改革创新，推进国家现代先进测量体系建设，完善国家依法管理的量值传递体系和市场需求导向的量值溯源体系，规范和引导计量技术服务市场发展。深入推进标准化运行机制创新，优化政府颁布标准与市场自主制定标准二元结构，不断提升标准供给质量和效率，推动国内国际标准化协同发展。深化检验检测机构市场化改革，加强公益性机构功能性定位、专业化建设，推进经营性机构集约化运营、产业化发展。深化检验检测认证机构资质审批制度改革，全面实施告知承诺和优化审批服务，优化规范检验检测机构资质认定程序。加强检验检测认证机构监管，落实主体责任，规范从业行为。开展质量基础设施运行监测和综合评价，提高质量技术服务机构管理水平。

（二十三）加强质量基础设施能力建设。合理布局国家、区域、产业质量技术服务机构，建设系统完备、结构优化、高效实用的质量基础设施。实施质量基础设施能力提升行动，突破量子化计量及扁平化量值传递关键技术，构建标准数字化平台，发展新型标准化服务工具和模式，加强检验检测技术与装备研发，加快认证认可技术研究由单一要素向系统性、集成化方向发展。加快建设国家级质量标准实验室，开展先进质量标准、检验检测方法、高端计量仪器、检验检测

设备设施的研制验证。完善检验检测认证行业品牌培育、发展、保护机制，推动形成检验检测认证知名品牌。加大质量基础设施能力建设，逐步增加计量检定校准、标准研制与实施、检验检测认证等无形资产投资，鼓励社会各方共同参与质量基础设施建设。

（二十四）提升质量基础设施服务效能。开展质量基础设施助力行动，围绕科技创新、优质制造、乡村振兴、生态环保等重点领域，大力开展计量、标准化、合格评定等技术服务，推动数据、仪器、设备等资源开放共享，更好服务市场需求。深入实施"标准化＋"行动，促进全域标准化深度发展。实施质量基础设施拓展伙伴计划，构建协同服务网络，打造质量基础设施集成服务基地，为产业集群、产业链质量升级提供"一站式"服务。支持区域内计量、标准、认证认可、检验检测等要素集成融合，鼓励跨区域要素融通互补、协同发展。建设技术性贸易措施公共服务体系，加强对技术性贸易壁垒和动植物卫生检疫措施的跟踪、研判、预警、评议、应对。加强质量标准、检验检疫、认证认可等国内国际衔接，促进内外贸一体化发展。

> **专栏6 质量基础设施升级增效工程**
>
> ——打造质量技术机构能力升级版。加强计量、标准化、检验检疫、合格评定等基础理论、应用技术研究，推动专业技术能力升级和研究领域拓展，加快国家产业计量测试中心、国家产品质量检验检测中心规划建设，加快重大科研装备和实验室设施更新改造，强化从业人员专业化、职业化水平，实现计量、标准化、认证认可、检验检测、特种设备等质量技术机构的科研实力、装备水平、管理效能、人员素质全面提升。
>
> ——建设国家级质量标准实验室。依托高等学校、科研院所、质检中心、技术标准创新基地、国家级标准验证点和专业技术创新中心等，建设一批高水平国家级质量标准实验室，承担质量标准基础科学与应用研究，加强关键性、前瞻性、战略性质量共性技术攻关，研究解决质量创新、安全风险管控、质量治理重要问题，培养质量标准领军人才，加快质量科研成果转化。
>
> ——创建质量基础设施集成服务基地。以产业园区、头部企业、国家质检中心为骨干，以优化服务、提高效率、辐射带动为导向，健全质量基础设施运行机制，加强计量、标准、认证认可、检验检测等要素统筹建设与协同服务，推进技术、信息、人才、设备等向社会开放共享，支撑中小微企业质量升级，推动产业集群、特色优势产业链质量联动提升。

——完善技术性贸易措施公共服务。推动国内外规制协调、标准协同以及合格评定结果互认，参与技术性贸易措施国际规则制定。完善技术性贸易措施通报、评议、研究及预警应对工作机制，强化部际协调、基层技术支撑和专家队伍建设。优化国家技术性贸易措施公共信息和技术服务，加强通报咨询中心和研究评议基地建设。

十、推进质量治理现代化

（二十五）加强质量法治建设。健全质量法律法规，修订完善产品质量法，推动产品安全、产品责任、质量基础设施等领域法律法规建设。依法依规严厉打击制售假冒伪劣商品、侵犯知识产权、工程质量违法违规等行为，推动跨行业跨区域监管执法合作，推进行政执法与刑事司法衔接。支持开展质量公益诉讼和集体诉讼，有效执行商品质量惩罚性赔偿制度。健全产品和服务质量担保与争议处理机制，推行第三方质量争议仲裁。加强质量法治宣传教育，普及质量法律知识。

（二十六）健全质量政策制度。完善质量统计指标体系，开展质量统计分析。完善多元化、多层级的质量激励机制，健全国家质量奖励制度，鼓励地方按有关规定对质量管理先进、成绩显著的组织和个人实施激励。建立质量分级标准规则，实施产品和服务质量分级，引导优质优价，促进精准监管。建立健全强制性与自愿性相结合的质量披露制度，鼓励企业实施质量承诺和标准自我声明公开。完善政府采购政策和招投标制度，健全符合采购需求特点、质量标准、市场交易习惯的交易规则，加强采购需求管理，推动形成需求引领、优质优价的采购制度。健全覆盖质量、标准、品牌、专利等要素的融资增信体系，强化对质量改进、技术改造、设备更新的金融服务供给，加大对中小微企业质量创新的金融扶持力度。将质量内容纳入中小学义务教育，支持高等学校加强质量相关学科建设和专业设置，完善质量专业技术技能人才职业培训制度和职称制度，实现职称制度与职业资格制度有效衔接，着力培养质量专业技能型人才、科研人才、经营管理人才。建立质量政策评估制度，强化结果反馈和跟踪改进。

（二十七）优化质量监管效能。健全以"双随机、一公开"监管和"互联网＋监管"为基本手段、以重点监管为补充、以信用监管为基础的新型监管机制。创新质量监管方式，完善市场准入制度，深化工业产品生产许可证和强制性认证制度改革，分类放宽一般工业产品和服务业准入限制，强化事前事中事后全链条监管。对涉及人民群众身体健康和生命财产安全、公共安全、生态环境安全的产品以及重点服务领域，依法实施严格监管。完善产品质量监督抽查制度，加强工业品和消费品监督检查，推动实现生产流通、线上线下一体化抽查，探索建立全国联动抽查机制，对重点产品实施全国企业抽查全覆盖，强化监督抽查结果处理。建立健全产品质量安全风险监控机制，完善产品伤害监测体系，开展质量安全风险识别、评估和处置。建立健全产品质量安全事故强制报告制度，开展重大质量安全事故调查与处理。健全产品召回管理体制机制，加强召回技术支撑，强化缺陷产品召回管理。构建重点产品质量安全追溯体系，完善质量安全追溯标准，加强数据开放共享，形成来源可查、去向可追、责任可究的质量安全追溯链条。加强产品防伪监督管理。建立质量安全"沙盒监管"制度，为新产品新业态发展提供容错纠错空间。加强市场秩序综合治理，营造公平竞争的市场环境，促进质量竞争、优胜劣汰。严格进出口商品质量安全检验监管，持续完善进出口商品质量安全风险预警和快速反应监管机制。加大对城乡结合部、农村等重点区域假冒伪劣的打击力度。强化网络平台销售商品质量监管，健全跨地区跨行业监管协调联动机制，推进线上线下一体化监管。

（二十八）推动质量社会共治。创新质量治理模式，健全以法治为基础、政府为主导、社会各方参与的多元治理机制，强化基层治理、企业主责和行业自律。深入实施质量提升行动，动员各行业、各地区及广大企业全面加强质量管理，全方位推动质量升级。支持群团组织、一线班组开展质量改进、质量创新、劳动技能竞赛等群众性质量活动。发挥行业协会商会、学会及消费者组织等的桥梁纽带作用，开展标准制定、品牌建设、质量管理等技术服务，推进行业质量诚信自律。引导消费者树立绿色健康安全消费理念，主动参与质量促进、社会监督等活动。发挥新闻媒体宣传引导作用，传播先进质量理念和最佳实践，曝光制售假冒伪劣等违法行为。引导社会力量参与质量文化建设，鼓励创作体现质量文化特色的影视和文学作品。以全国"质量月"等活动为载体，深入开展全民质量行动，弘扬企业家精神和工匠精神，营造政府重视质量、企业追求质量、社会崇尚质量、人人关心质量的良好氛围。

（二十九）加强质量国际合作。深入开展双多边质量合作交流，加强与国际组织、区域组织和有关国家的质量对话与磋商，开展质量教育培训、文化交流、人才培养等合作。围绕区域全面经济伙伴关系协定实施等，建设跨区域计量技术转移平台和标准信息平台，推进质量基础设施互联互通。健全贸易质量争端预警和协调机制，积极参与技术性贸易措施相关规则和标准制定。参与建立跨国（境）消费争议处理和执法监管合作机制，开展质量监管执法和消费维权双多边合作。定期举办中国质量大会，积极参加和承办国际性质量会议。

专栏 7　质量安全监管筑堤工程

——完善产品质量监督抽查制度。加大消费投诉集中产品、质量问题多发产品的抽查力度，聚焦网络交易平台、农村和城乡结合部消费市场，强化流通领域产品质量监督抽查。推行"即抽、即检、即报告、即处置"工作模式，及时发现、精准处理质量安全问题。开展国家与地方联动抽查、地方跨区域联动抽查。推动产品质量监督抽查全国一体化建设，实现全国监督抽查数据有效整合、信息共享。推动实施快速检验机制，大力发展快检技术和装备。实行产品质量责任生产流通双向追查，严查不合格产品流向。开展监督抽查不合格结果处理督导检查。

——加强产品伤害监测。健全全国统一产品伤害监测系统，合理布局产品伤害哨点监测医院，拓宽学校、社区等伤害监测渠道，实时监测产品安全状况。建立健全国家产品伤害数据库，加强产品伤害统计分析与经济社会损失评估。

——完善重点产品事故报告与调查制度。实施汽车、电动自行车、电子电器、儿童和学生用品等产品事故强制报告制度。健全产品事故调查机制，组建专家队伍，开展重大事故深度调查。在全国布局一批产品质量安全事故调查站点，建立统一的质量安全事故基础数据库。

——开展产品质量安全风险评估。建立全国统一的产品质量安全风险监测平台，完善产品危害识别和试验验证体系，加强产品缺陷与失效分析、事故复现与场景重构等能力建设，开展损伤机理、有毒有害物质慢性危害研究评估。制定产品质量安全风险评估技术规则，建立风险评估模型，强化风险信息研判，综合评定伤害程度、影响、风险等级，分类实施预警、下架、召回等措施。

十一、组织保障

（三十）加强党的领导。坚持党对质量工作的全面领导，把党的领导贯彻到质量工作的各领域各方面各环节，确保党中央决策部署落到实处。建立质量强国建设统筹协调工作机制，健全质量监督管理体制，强化部门协同、上下联动，整体有序推进质量强国战略实施。

（三十一）狠抓工作落实。各级党委和政府要将质量强国建设列入重要议事日程，纳入国民经济和社会发展规划、专项规划、区域规划。各地区各有关部门要结合实际，将纲要主要任务与国民经济和社会发展规划有效衔接、同步推进，促进产业、财政、金融、科技、贸易、环境、人才等方面政策与质量政策协同，确保各项任务落地见效。

（三十二）开展督察评估。加强中央质量督察工作，形成有效的督促检查和整改落实机制。深化质量工作考核，将考核结果纳入各级党政领导班子和领导干部政绩考核内容。对纲要实施中作出突出贡献的单位和个人，按照国家有关规定予以表彰。建立纲要实施评估机制，市场监管总局会同有关部门加强跟踪分析和督促指导，重大事项及时向党中央、国务院请示报告。

国务院办公厅关于印发《专利转化运用专项行动方案（2023—2025年）》的通知
国办发〔2023〕37号

各省、自治区、直辖市人民政府，国务院各部委、各直属机构：

《专利转化运用专项行动方案（2023—2025年）》已经国务院同意，现印发给你们，请认真贯彻执行。

国务院办公厅

2023年10月17日

（本文有删减）

专利转化运用专项行动方案
（2023—2025 年）

为贯彻落实《知识产权强国建设纲要（2021—2035 年）》和《"十四五"国家知识产权保护和运用规划》，大力推动专利产业化，加快创新成果向现实生产力转化，开展专利转化运用专项行动，制定本方案。

一、总体要求

以习近平新时代中国特色社会主义思想为指导，全面贯彻落实党的二十大精神，聚焦大力推动专利产业化，做强做优实体经济，有效利用新型举国体制优势和超大规模市场优势，充分发挥知识产权制度供给和技术供给的双重作用，有效利用专利的权益纽带和信息链接功能，促进技术、资本、人才等资源要素高效配置和有机聚合。从提升专利质量和加强政策激励两方面发力，着力打通专利转化运用的关键堵点，优化市场服务，培育良好生态，激发各类主体创新活力和转化动力，切实将专利制度优势转化为创新发展的强大动能，助力实现高水平科技自立自强。

到 2025 年，推动一批高价值专利实现产业化。高校和科研机构专利产业化率明显提高，全国涉及专利的技术合同成交额达到 8000 亿元。一批主攻硬科技、掌握好专利的企业成长壮大，重点产业领域知识产权竞争优势加速形成，备案认定的专利密集型产品产值超万亿元。

二、大力推进专利产业化，加快专利价值实现

（一）梳理盘活高校和科研机构存量专利。建立市场导向的存量专利筛选评价、供需对接、推广应用、跟踪反馈机制，力争 2025 年底前实现高校和科研机构未转化有效专利全覆盖。由高校、科研机构组织筛选具有潜在市场价值的专利，依托全国知识产权运营服务平台体系一线上登记入库。有效运用大数据、人工智能等新技术，按产业细分领域向企业匹配推送，促成供需对接。基于企业对专利产业化前景评价、专利技术改进需求和产学研合作意愿的反馈情况，识别

存量专利产业化潜力，分层构建可转化的专利资源库。加强地方政府部门、产业园区、行业协会和全国知识产权运营服务平台体系等各方协同，根据存量专利分层情况，采取差异化推广措施。针对高价值存量专利，匹配政策、服务、资本等优质资源，推动实现快速转化。在盘活存量专利的同时，引导高校、科研机构在科研活动中精准对接市场需求，积极与企业联合攻关，形成更多符合产业需要的高价值专利。

（二）以专利产业化促进中小企业成长。开展专精特新中小企业"一月一链"投融资路演活动，帮助企业对接更多优质投资机构。推动专项支持的企业进入区域性股权市场，开展规范化培育和投后管理。支持开展企业上市知识产权专项服务，加强与证券交易所联动，有效降低上市过程中的知识产权风险。

（三）推进重点产业知识产权强链增效。以重点产业领域企业为主体，协同各类重大创新平台，培育和发现一批弥补共性技术短板、具有行业领先优势的高价值专利组合。围绕产业链供应链，建立关键核心专利技术产业化推进机制，推动扩大产业规模和效益，加快形成市场优势。支持建设产业知识产权运营中心，组建产业知识产权创新联合体，遵循市场规则，建设运营重点产业专利池。深入实施创新过程知识产权管理国际标准，出台标准与专利协同政策指引，推动创新主体提升国际标准制定能力。面向未来产业等前沿技术领域，鼓励探索专利开源等运用新模式。

（四）培育推广专利密集型产品。加快完善国家专利密集型产品备案认定平台，以高新技术企业、专精特新企业、科技型企业等为重点，全面开展专利产品备案，2025 年底前实现全覆盖，作为衡量专利转化实施情况的基础依据。围绕专利在提升产品竞争力和附加值中的实际贡献，制定出台专利密集型产品认定国家标准，分产业领域开展统一认定。培育推广专利密集型产品，健全专利密集型产业增加值核算与发布机制，加强专利密集型产业培育监测评价。

三、打通转化关键堵点，激发运用内生动力

（五）强化高校、科研机构专利转化激励。探索高

校和科研机构职务科技成果转化管理新模式，健全专利转化的尽职免责和容错机制，对专利等科技成果作价入股所形成国有股权的保值增值实施按年度、分类型、分阶段整体考核，不再单独进行个案考核。对达成并备案的专利开放许可，依法依规予以技术合同登记认定。推动高校、科研机构加快实施以产业化前景分析为核心的专利申请前评估制度。强化职务发明规范管理，建立单位、科研人员和技术转移机构等权利义务对等的知识产权收益分配机制。加强产学研合作协议知识产权条款审查，合理约定权利归属与收益分配。支持高校、科研机构通过多种途径筹资设立知识产权管理资金和运营基金。推动建立以质量为导向的专利代理等服务招标机制。

（六）强化提升专利质量促进专利产业化的政策导向。各地区、各有关部门在涉及专利的考核中，要突出专利质量和转化运用的导向，避免设置专利申请量约束性指标，不得将财政资助奖励政策与专利数量简单挂钩。在各级各类涉及专利指标的项目评审、机构评估、企业认定、人才评价、职称评定等工作中，要将专利的转化效益作为重要评价标准，不得直接将专利数量作为主要条件。出台中央企业高价值专利工作指引，引导企业提高专利质量效益。启动实施财政资助科研项目形成专利的声明制度，加强跟踪监测和评价反馈，对于授权超过 5 年没有实施且无正当理由的专利，国家可以无偿实施，也可以许可他人有偿实施或无偿实施，促进财政资助科研项目的高价值专利产出和实施。

（七）加强促进转化运用的知识产权保护工作。加强地方知识产权综合立法，一体推进专利保护和运用。加强知识产权保护体系建设。

四、培育知识产权要素市场，构建良好服务生态

（八）高标准建设知识产权市场体系。完善专利权转让登记机制，完善专利开放许可相关交易服务、信用监管、纠纷调解等配套措施。创新先进技术成果转化运用模式。优化全国知识产权运营服务平台体系，支持国家知识产权和科技成果产权交易机构链接区域

和行业交易机构，在知识产权交易、金融、专利导航和专利密集型产品等方面强化平台功能，搭建数据底座，聚焦重点区域和产业支持建设若干知识产权运营中心，形成线上线下融合、规范有序、充满活力的知识产权运用网络。建立统一规范的知识产权交易制度，推动各类平台互联互通、开放共享，实现专利转化供需信息一点发布、全网通达。建立知识产权交易相关基础数据统计发布机制，健全知识产权评估体系，鼓励开发智能化评估工具。建立专利实施、转让、许可、质押、进出口等各类数据集成和监测机制。2024 年底前，完成技术合同登记与专利转让、许可登记备案信息共享，扩大高校、科研机构专利实施许可备案覆盖面。

（九）推进多元化知识产权金融支持。加大知识产权融资信贷政策支持力度，稳步推广区域性股权市场运营管理风险补偿基金等机制安排，优化知识产权质物处置模式。开展银行知识产权质押融资内部评估试点，扩大银行业金融机构知识产权质押登记线上办理试点范围。完善全国知识产权质押信息平台，扩展数据共享范围。探索创业投资等多元资本投入机制，通过优先股、可转换债券等多种形式加大对企业专利产业化的资金支持，支持以"科技成果＋认股权"方式入股企业。探索推进知识产权证券化，探索银行与投资机构合作的"贷款＋外部直投"等业务模式。完善知识产权保险服务体系，探索推行涉及专利许可、转化、海外布局、海外维权等保险新产品。

（十）完善专利转化运用服务链条。引导树立以促进专利产业化为导向的服务理念，拓展专利代理机构服务领域，提供集成化专利转化运用解决方案。培育一批专业性强、信用良好的知识产权服务机构和专家型人才，参与服务各级各类科技计划项目，助力核心技术攻关和专利转化运用。加大知识产权标准化数据供给，鼓励开发好使管用的信息服务产品。面向区域重大战略、重点产业领域、国家科技重大项目、国家战略科技力量，深入开展专利转化运用服务精准对接活动。加快推进知识产权服务业集聚区优化升级，到2025 年，高质量建设 20 个国家知识产权服务业集聚发展示范区。

（十一）畅通知识产权要素国际循环。发挥自由贸易试验区、自由贸易港的示范引领作用，推进高水平制度型开放，不断扩大知识产权贸易。加快国家知识产权服务出口基地建设。推出更多技术进出口便利化举措，引导银行为技术进出口企业提供优质外汇结算服务。鼓励海外专利权人、外商投资企业等按照自愿平等的市场化原则，转化实施专利技术。建立健全国际大科学计划知识产权相关规则，支持国际科技合作纵深发展。探索在共建"一带一路"国家、金砖国家等开展专利推广应用和普惠共享，鼓励国际绿色技术知识产权开放实施。

五、强化组织保障，营造良好环境

（十二）加强组织实施。坚持党对专利转化运用工作的全面领导。成立由国家知识产权局牵头的专利转化运用专项行动工作专班，落实党中央、国务院相关决策部署，研究重大政策、重点项目，协调解决难点问题，推进各项任务落实见效。各地区要加强组织领导，将专利转化运用工作纳入政府重要议事日程，落实好专项行动各项任务。2023 年启动第一批专利产业化项目，逐年滚动扩大实施范围和成效。

（十三）强化绩效考核。各地区要针对专利产业化项目中产生的高价值专利和转化效益高的企业等，定期做好分类统计和总结上报。国家知识产权局要会同相关部门定期公布在专项行动中实现显著效益的高价值专利和企业。将专项行动绩效考核纳入国务院督查事项，对工作成效突出的单位和个人按国家有关规定给予表彰。

（十四）加大投入保障。落实好支持专利转化运用的相关税收优惠政策。各地区要加大专利转化运用投入保障，引导建立多元化投入机制，带动社会资本投向专利转化运用。

（十五）营造良好环境。实施知识产权公共服务普惠工程，健全便民利民知识产权公共服务体系，推动实现各类知识产权业务"一网通办"和"一站式"服务。加强宣传引导和经验总结，及时发布先进经验和典型案例，在全社会营造有利于专利转化运用的良好氛围。

国务院办公厅关于印发《知识产权领域中央与地方财政事权和支出责任划分改革方案》的通知

国办发〔2023〕48 号

各省、自治区、直辖市人民政府，国务院各部委、各直属机构：

《知识产权领域中央与地方财政事权和支出责任划分改革方案》已经党中央、国务院同意，现印发给你们，请结合实际认真贯彻落实。

国务院办公厅
2023 年 12 月 26 日

知识产权领域中央与地方财政事权和支出责任划分改革方案

按照党中央、国务院有关决策部署，现就知识产权领域中央与地方财政事权和支出责任划分改革制定如下方案。

一、总体要求

以习近平新时代中国特色社会主义思想为指导，深入贯彻落实党的二十大精神，立足新发展阶段，完整、准确、全面贯彻新发展理念，加快构建新发展格局，着力推动高质量发展，坚定实施创新驱动发展战略，牢固树立保护知识产权就是保护创新的理念，健全充分发挥中央和地方两个积极性体制机制，厘清权责关系，适当加强中央在知识产权保护方面财政事权，减少并规范中央和地方共同财政事权，赋予地方更多自主权，优化政府间事权和财权划分，建立权责清晰、财力协调、区域均衡的中央和地方财政关系，形成稳定的各级政府事权、支出责任和财力相适应的制度，全面加强知识产权保护工作，健全新领域新业态知识产权保护制度，维护知识产权领域国家安全，加强知识产权法治保障，推动进一步提升知识产权创造、运用、保护、管理和服务水平，为实施创新驱动发展战略和知识产权强国战略、推动高质量发展提供有力支撑。

二、主要内容

（一）知识产权宏观管理

将制定实施国家知识产权战略、规划、政策，制定知识产权领域法律、行政法规、司法解释、部门规章等，构建数据知识产权保护规则，推动建立数据知识产权保护行业规范，知识产权强国建设监测评估，全国性知识产权统计调查分析发布，确认为中央财政事权，由中央承担支出责任。

将制定实施地方知识产权战略、规划、政策，制定知识产权领域地方性法规、地方政府规章等，地方性知识产权统计调查分析发布，确认为地方财政事权，由地方承担支出责任。

（二）知识产权授权确权

将专利、商标、地理标志、集成电路布图设计、植物新品种权等涉及的审查注册登记和复审无效，计算机软件著作权、外国作者或其他著作权人作品、港澳台作者或其他著作权人作品的登记，特殊标志、奥林匹克标志的登记备案，专利、商标审查协作体系和审查能力建设，确认为中央财政事权，由中央承担支出责任。

将国内作者或其他著作权人作品的登记，确认为中央与地方共同财政事权，由中央与地方分别承担支出责任。其中，国家著作权管理部门办理的登记，由中央承担支出责任；地方著作权管理部门办理的登记，由地方承担支出责任。

（三）知识产权运用促进

将全国性知识产权运营服务体系建设和知识产权交易规范指导，专利、商标、著作权质押登记，植物新品种权转让登记公告，专利许可备案和转让登记，商标许可备案和转让核准，专利、植物新品种权强制许可，专利开放许可声明审查和纠纷调解，出版境外音像制品合同登记，按产业领域加强专利导航，指导和规范全国性知识产权无形资产评估，全国知识产权服务业监管，专利代理机构执业许可和外国专利代理机构在中国境内设立常驻代表机构审批，专利代理师考试组织和资格认定，商标代理机构备案，重大专利商标代理监管案件查办，著作权集体管理组织及其分支机构的设立审批，著作权涉外机构、国（境）外著作权认证机关、外国和国际著作权组织在华设立代表机构审批，确认为中央财政事权，由中央承担支出责任。

将地方性知识产权转移转化促进和知识产权交易运营监督管理，地方性重大经济科技活动知识产权评议，出版外国图书合同登记、出版和复制境外电子出版物和计算机软件合同登记、复制境外音像制品委托合同登记，向国外申请植物新品种权登记，结合本地区产业发展开展专利导航，地方知识产权服务业监管，承办本行政区域内专利代理师资格考试考务工作，确认为地方财政事权，由地方承担支出责任。

将著作权许可和转让备案，确认为中央与地方共同财政事权，由中央与地方分别承担支出责任。其中，国家著作权管理部门办理的备案，由中央承担支出责任；地方著作权管理部门办理的备案，由地方承担支出责任。

（四）知识产权保护

将全国性知识产权保护体系建设，全国性涉外知识产权纠纷应对机制建设，全国性知识产权保护状况评价和绩效监督考核，全国性知识产权保护专项行动组织，在全国有重大影响或跨区域的知识产权重大违法案件组织查办和督查督办，知识产权海关保护，在全国有重大影响的专利侵权纠纷的行政裁决和行政调解，药品专利纠纷早期解决机制相关行政裁决，著作权集体管理组织收取使用费标准的行政裁决，在全国有重大影响的著作权纠纷的行政调解，集成电路布图设计专有权侵权纠纷的行政裁决和行政调解，外国投资者并购境内企业安全审查中涉及的知识产权对外转让审查，向国外转让植物新品种权审批，全国软件正版化工作组织推进，植物品种保护名录征集和发布，确认为中央财政事权，由中央承担支出责任。

将地方性知识产权保护体系建设，地方性涉外知识产权纠纷应对机制建设，地方知识产权保护状况评价和绩效监督考核，地方知识产权执法、快速协同保护、维权援助，未列入中央财政事权的知识产权侵权纠纷的行政裁决和行政调解，技术出口中涉及专利权、集成电路布图设计专有权、计算机软件著作权的对外转让审查，本地区软件正版化工作组织推进，确认为地方财政事权，由地方承担支出责任。

（五）知识产权公共服务

将全国性知识产权公共服务体系建设，全国性知识产权数据资源加工分析、统筹管理、共享开放，全国性知识产权信息的研究分析和传播利用，全国性知识产权信息化、智能化基础设施建设和网络安全防护，全国性知识产权风险预测预警，确认为中央财政事权，由中央承担支出责任。

将地方性知识产权公共服务体系建设，推动知识产权信息在地方的传播利用和融合应用，地方性知识产权信息化、智能化基础设施建设和网络安全防护，地方性知识产权风险预测预警，确认为地方财政事权，由地方承担支出责任。

（六）知识产权涉外工作

将知识产权涉外事宜统筹协调，国家层面知识产权合作交流，深化同共建"一带一路"国家和地区知识产权合作，涉外知识产权谈判，知识产权相关国际条约磋商、签署、履约及落实，与世界知识产权组织和其他相关国际组织的合作交流，研究推动数据知识产权保护国际规则制定，确认为中央财政事权，由中央承担支出责任。

将地方与外国地方政府和地方组织开展知识产权合作交流，确认为地方财政事权，由地方承担支出责任。

（七）知识产权领域其他事项

将知识产权人才队伍建设，知识产权宣传教育和普法，高等学校知识产权学科、学院、学位建设等事项，按照隶属关系分别确认为中央或地方财政事权，由同级财政承担支出责任。中央职能部门及所属机构承担的事项，确认为中央财政事权，由中央承担支出责任；地方职能部门及所属机构承担的事项，确认为地方财政事权，由地方承担支出责任。将知识产权涉港澳台事宜统筹协调，确认为中央财政事权，由中央承担支出责任；将地方与港澳台开展知识产权合作交流，确认为地方财政事权，由地方承担支出责任。

中央与新疆生产建设兵团财政事权和支出责任划分，参照中央与地方划分原则执行；财政支持政策原则上参照新疆维吾尔自治区有关政策执行，并适当考虑新疆生产建设兵团的特殊因素。知识产权领域其他未列事项，按照改革的总体要求和事项特点具体确定财政事权和支出责任。

三、配套措施

（一）加强组织领导。各地区各有关部门要深刻领悟"两个确立"的决定性意义，增强"四个意识"、坚定"四个自信"、做到"两个维护"，切实把思想和行动统一到党中央、国务院决策部署上来，加强组织领导，切实履行职责，密切协调配合，强化监管监督，确保改革工作落实到位。

（二）落实支出责任。各地区各有关部门要根据改革确定的财政事权和支出责任划分，合理安排预算，及时下达资金，切实落实支出责任。要落实全面实施预算绩效管理的要求，着力优化支出结构，提高知识产权领域财政资源配置效率和使用效益。

（三）推进省以下改革。各省级人民政府要参照本方案精神，结合省以下财政体制等实际，合理划分省以下知识产权领域财政事权和支出责任。要明确省级人民政府推进本行政区域内知识产权工作的职责，加强省级统筹，加大对行政区域内财力困难地区的资金支持力度。要将适宜由地方更高一级政府承担的知识产权领域支出责任上移，避免基层政府承担过多支出责任。

本方案自 2024 年 1 月 1 日起实施。

2023 年知识产权强国建设纲要和"十四五"规划实施推进计划

为贯彻落实中共中央、国务院印发的《知识产权强国建设纲要（2021—2035 年）》（《以下简称《纲要》）和国务院印发的《"十四五"国家知识产权保护和运用规划》（《以下简称《规划》），深入实施知识产权强国战略，加快建设知识产权强国，明确 2023 年度重点任务和工作措施，制定本计划。

一、完善知识产权制度

（一）完善知识产权法律法规规章

1. 推动完成《中华人民共和国专利法实施细则》修改，推进《中华人民共和国商标法》《中华人民共和国商标法实施条例》修改。推进《集体商标、证明商标注册和管理办法》修改。完成《专利审查指南》适应性修改。推进知识产权基础性法律研究论证。加快开展集成电路布图设计制度修改调研论证。（国家知识产权局负责）

2. 推进修改《中华人民共和国著作权法实施条例》《著作权集体管理条例》《著作权行政处罚实施办法》《作品自愿登记试行办法》《计算机软件著作权登记办法》。推动出台《民间文学艺术作品著作权保护条例》。（中央宣传部负责）

3. 推进《中华人民共和国反不正当竞争法》及相关配套规章的制定和修改。推进修改《中华人民共和国电子商务法》中的知识产权条款。推进修改《商业秘密保护规定》《禁止滥用知识产权排除、限制竞争行为规定》。研究制定《标准必要专利反垄断指南》《禁止网络不正当竞争行为暂行规定》。（市场监管总局负责）

4. 推进修改《中华人民共和国植物新品种保护条例》《中华人民共和国植物新品种保护条例实施细则（农业部分）》。（农业农村部、国家知识产权局、国家林草局负责）

5. 推进修改《生物遗传资源获取和惠益分享管理条例（草案）》。（生态环境部负责）

6. 加快推进《中医药传统知识保护条例》立法进程。（国家中医药局、国家卫生健康委、国家知识产权局负责）

7. 推进修改《国防专利条例》。（中央军委装备发展部、国家国防科工局负责）

8. 推进修改《展会知识产权保护办法》。（商务部、中央宣传部、市场监管总局、国家知识产权局、中国贸促会负责）

（二）改革完善知识产权重大政策

9. 积极推动知识产权领域中央与地方财政事权和支出责任划分改革。（财政部、国家知识产权局负责）

10. 深入推进知识产权强国建设示范工作，"一省一策"共建知识产权强省，启动新一批知识产权强市建设。（国家知识产权局负责）

11. 实施一流专利商标审查机构建设工程，提高专利商标审查质量和审查效率。开展专利商标审查官制度研究。（国家知识产权局负责）

12. 做好外观设计专利明显区别审查和国际申请审查。在实用新型专利审查中引入明显创造性审查。（国家知识产权局负责）

13. 推进修改《关于规范专利申请行为的若干规定》。（国家知识产权局负责）

14. 建立完善财政资助科研项目形成知识产权的声明制度，印发实施方案，面向中央财政重点项目和试点省份施行财政资助科研项目形成专利的声明制度。（国家知识产权局、科技部、财政部、中央军委装备发展部、国家国防科工局、国家自然科学基金委负责）

15. 鼓励所监管的中央科技企业采用科技型企业股权和分红等中长期激励措施。完善中央企业科技创新考核奖励方案。（国务院国资委负责）

16. 推动建立林草实质性派生品种制度。（国家林草局负责）

17. 出台《军用计算机软件著作权登记工作暂行办法》。（中央军委装备发展部、中央宣传部负责）

（三）完善新兴领域和特定领域知识产权规则

18. 加快数据知识产权保护规则构建，探索数据知识产权登记制度，开展数据知识产权地方试点。（中央宣传部、国家知识产权局按职责分工负责）

19. 探索大数据、人工智能、区块链以及传统文化、传统知识领域知识产权保护规则。（中央宣传部、最高人民法院、国家知识产权局按职责分工负责）

20. 深入推进开展"区块链＋版权"创新应用试点工作，持续开展民间文艺版权保护与促进试点工作。（中央宣传部、中央网信办负责）

21. 做好重点开源项目的合规评价工作，组织开展开源知识产权系列培训，推动开源知识产权标准研制和制度研究。（工业和信息化部、国家知识产权局负责）

22. 加强非物质文化遗产的搜集整理和转化利用。开展非物质文化遗产领域相关知识产权保护研究。扩大非物质文化遗产领域知识产权保护培训覆盖面。（中央宣传部、文化和旅游部按职责分工负责）

23. 持续推动实施数字版权管理服务认证，深入推进自主数字版权保护标准规模化部署应用。（中央宣传部、市场监管总局、广电总局按职责分工负责）

24. 完善《国家中医药传统知识保护数据库入库及代表性名录发布暂行办法（草案）》。（国家中医药局负责）

二、强化知识产权保护

（一）加强知识产权司法保护

25. 推进深化国家层面知识产权案件上诉审理机制改革，加强专业化审判体系建设，深入推进知识产权"三合一"审判改革。（最高人民法院负责）

26. 推动建立健全符合知识产权审判规律的特别程序法律制度。推进修改《中华人民共和国民事诉讼法》中技术调查官相关规定。（最高人民法院负责）

27. 制定出台《关于办理侵犯知识产权刑事案件适用法律若干问题的解释》。发布知识产权司法保护典型案例。（最高人民法院、最高人民检察院、公安部按职责分工负责）

28. 深入推进知识产权检察综合履职。持续推进惩治知识产权恶意诉讼专项工作。（最高人民检察院负责）

29. 制定发布《人民检察院办理知识产权案件工作指引》。（最高人民检察院负责）

30. 组织开展"昆仑2023"专项行动，依法严厉打击各类侵犯知识产权犯罪。加快构建系统完备的知识产权犯罪侦查工作体系。（公安部负责）

（二）强化知识产权行政保护

31. 印发实施加强新时代专利侵权纠纷行政裁决工作意见，深入开展纠纷快速处理试点，优化重大专利侵权纠纷行政裁决工作流程，依法依规做好重大专利侵权纠纷行政裁决工作。（国家知识产权局、司法部负责）

32. 评选发布年度知识产权行政保护典型案例和知识产权行政执法指导案例。研究制定商标行政执法证据规则和行政执法指导手册，进一步完善调查取证规则，规范违法经营额计算。制定知识产权行政保护技术调查官管理办法。制定知识产权检验鉴定机构遴选荐用办法。（中央宣传部、市场监管总局、国家知识产权局按职责分工负责）

33. 强化商标专利执法专业指导，进一步加大对侵权假冒、商标一般违法、违法代理等行为的规制，优化创新和营商环境。（国家知识产权局负责）

34. 深入推进商标执法，严厉打击侵权假冒行为，加大对恶意申请注册商标、违法使用商标行为的查处力度。进一步强化专利执法，严厉查处假冒专利等违法行为，切实提高违法成本。（市场监管总局负责）

35. 进一步完善商标专利执法体系，严格履行《市场监督管理综合行政执法事项指导目录（2022年版）》有关知识产权执法职责，加强案件管理，推进实施商标专利领域"数字+执法"能力提升行动。培养商标专利执法专家人才，探索建立专家意见书制度。（市场监管总局负责）

36. 实施商品交易市场知识产权保护规范国家标准，持续推进知识产权保护规范化市场建设。（国家知识产权局负责）

37. 稳步推进地理标志统一认定，组织实施地理标志保护工程，持续开展国家地理标志产品保护示范区建设。（国家知识产权局、农业农村部、市场监管总局负责）

38. 聚焦重要商品和要素市场侵犯知识产权问题，打击商业标识仿冒混淆行为。深入推进全国商业秘密保护创新试点工作，及时总结推广试点成果，启动第二批试点。（市场监管总局负责）

39. 组织开展重点领域、重点行业市场竞争状况评估，加强对滥用知识产权排除、限制竞争行为的监管执法，维护市场公平竞争。（市场监管总局负责）

40. 推动药品专利纠纷早期解决机制有效运行，依法依规做好药品专利纠纷早期解决机制案件行政裁决工作。（国家知识产权局、国家药监局按职责分工负责）

41. 开展打击网络侵权盗版"剑网2023"专项行

动、青少年版权保护季行动、图书盗版专项整治、院线电影盗录传播专项整治等，落实版权主动监管和重点作品预警机制。（中央宣传部、中央网信办、工业和信息化部、公安部按职责分工负责）

42. 强化对网络直播、网络音视频、网络图文、数字藏品等新媒体业态的版权监管，完善体育赛事、综艺节目、电商平台的版权保护机制。（中央宣传部负责）

43. 研究制定《版权行政执法指导意见》，建立健全统一协调的版权行政执法标准、证据规则、案例指导制度和督办奖励机制。（中央宣传部负责）

44. 持续开展全国种业监管执法年活动，严厉查处侵犯植物新品种权行为和套牌侵权案件。推进修改农业植物新品种权侵权案件处理规定和农业部植物新品种复审委员会审理规定。修订《林草植物新品种保护行政执法办法》，适时发布第九批林草植物新品种保护名录。（农业农村部、国家林草局按职责分工负责）

45. 指导各地出台省级文化市场综合执法事项指导目录，编制配套行政处罚裁量基准。（文化和旅游部负责）

46. 组织开展全面加强知识产权海关保护"龙腾行动2023"、寄递渠道知识产权海关保护"蓝网行动2023"、出口转运货物知识产权海关保护"净网行动2023"等专项行动，严厉查处进出口环节侵权案件。推进知识产权海关保护智能化建设，完善知识产权海关保护执法系统和备案系统，优化知识产权海关保护备案办理流程。（海关总署负责）

47. 制定发布《跨境电商知识产权保护指南》。（国家知识产权局、商务部负责）

48. 深化寄递企业主体责任落实，严厉打击寄递假冒伪劣商品违法行为。（国家邮政局负责）

（三）健全知识产权协同保护格局

49. 强化行政执法与司法保护衔接和跨部门执法合作，促进行政执法标准与司法裁判标准统一，健全跨区域、跨部门知识产权保护协作机制。（中央宣传部、最高人民法院、最高人民检察院、公安部、农业农村部、文化和旅游部、海关总署、市场监管总局、国家知识产权局按职责分工负责）

50. 持续推进知识产权纠纷多元化解工作，加强知识产权纠纷调解组织和仲裁机构建设，做好知识产权诉讼与仲裁、调解对接工作，健全知识产权纠纷在线诉讼、在线调解等工作机制。（中央宣传部、最高人民法院、司法部、国家知识产权局、中国贸促会按职责分工负责）

51. 制定出台《关于强化知识产权协同保护的意见》。（最高人民法院、司法部、国家知识产权局按职责分工负责）

52. 起草知识产权保护体系建设工程实施方案。高水平建设知识产权快速协同保护体系，持续优化知识产权保护中心网络。高标准建设国家知识产权保护示范区，做好第二批示范区遴选工作。（国家知识产权局负责）

53. 研究制定《关于开展"总对总"版权领域解纷机制试点工作的意见》，开展版权纠纷在线诉调对接工作。（中央宣传部、最高人民法院按职责分工负责）

54. 推进将知识产权保护工作与基层平安创建、常态化扫黑除恶、平安建设考核评价相结合。（中央政法委负责）

55. 研究起草《公证行业电子存证业务服务规范（试行）》，进一步加强知识产权相关鉴定机构和鉴定人监督管理。（司法部、国家知识产权局按职责分工负责）

56. 加强知识产权领域严重违法失信名单管理，依法依规对知识产权领域严重违法失信行为实施惩戒。依托国家企业信用信息公示系统，依法归集公示行政许可、行政处罚、商标、专利、知识产权出质登记等涉企知识产权信息。（中央宣传部、国家发展改革委、中国人民银行、市场监管总局、国家知识产权局按职责分工负责）

57. 进一步完善软件正版化工作机制，开展联合督查与年度核查。（中央宣传部、国管局按职责分工负责）

58. 持续优化海外知识产权纠纷应对指导中心网络布局，遴选第三批海外知识产权纠纷应对指导地方分中心。（国家知识产权局、中国贸促会负责）

59. 做好知识产权对外转让审查有关工作，依法管理涉及国家安全的知识产权对外转让行为，加强对地方相关工作的指导。持续开展知识产权对外转让数据监测分析。（中央宣传部、国家发展改革委、科技部、农业农村部、商务部、国家知识产权局、国家林草局按职责分工负责）

60. 持续开展生物遗传资源调查、评估和保护工作，推进生物多样性相关传统知识调查和编目。（生态环境部负责）

61. 推进中国国际知识产权仲裁委员会建设。（中国贸促会负责）

三、完善知识产权市场运行机制

（一）提高知识产权创造质量

62. 突出质量导向，改革完善知识产权考核评价机制。（教育部、科技部、工业和信息化部、国务院国资委、国家知识产权局、中国科学院按职责分工负责）

63. 制定知识产权高质量发展年度工作指引，配合做好国家高质量发展综合绩效评价工作。（国家知识产权局负责）

64. 强化专利申请源头治理和商标恶意注册打击力度。制定特定领域的商标注册申请和使用系列指引，制定《系统治理商标恶意注册促进高质量发展工作方案（2023—2025年）》。（国家知识产权局负责）

65. 畅通专利优先审查绿色通道，促进知识产权与关键核心技术攻关联动。（工业和信息化部、国家知识产权局按职责分工负责）

66. 研究制定《中央企业高价值专利工作指引》。（国务院国资委、国家知识产权局负责）

67. 培育第五批专精特新"小巨人"企业，引导各地新培育一批省级专精特新中小企业。按照国家有关规定，面向企业深入推进知识产权强国建设示范工作。深化实施中小企业知识产权战略推进工程，开展科技成果赋智中小企业专项行动、工业企业知识产权运用试点培育。（工业和信息化部、国家知识产权局按职责分工负责）

68. 开展《创新管理知识产权管理指南》国际标准实施试点，发布实施《企业知识产权合规管理体系要求》国家标准。（市场监管总局、国家知识产权局按职

责分工负责）

69. 加强科技计划项目全周期的知识产权管理与服务。提升项目承担单位知识产权管理能力，鼓励知识产权服务机构参与服务各级各类科技计划项目。（科技部、国家知识产权局负责）

70. 加快推进育种联合攻关，培育优良植物新品种。修改《农业植物新品种保护审查指南》，制定生物育种品种审查要点。完善品种权在线申请审查办公系统，加强品种分子鉴定技术应用研究，提高授权速度。（农业农村部负责）

71. 提升林草植物新品种审查测试工作的信息化管理水平。推进编制实施林草植物新品种测试体系规划，加快测试指南编制进度，完善测试技术标准体系。（国家林草局负责）

72. 加强国防关键技术核心专利培育和高价值专利组合培育。（中央军委装备发展部、国家国防科工局按职责分工负责）

（二）加强知识产权综合运用

73. 开展专利密集型产业增加值核算和发布工作。大力培育和发展专利密集型产业，推进专利密集型产品备案认定工作。（国家统计局、国家知识产权局按职责分工负责）

74. 开展中国版权产业经济贡献率调研工作，鼓励支持地方开展版权产业的调研工作。（中央宣传部负责）

75. 印发《专利导航工程实施评价方案》，上线国家专利导航综合服务平台，发布推广专利导航优秀成果。推进实施重点领域专利导航项目，围绕关键核心技术攻关开展专利布局。（国家知识产权局负责）

76. 开展科技成果评价改革试点和赋予科研人员职务科技成果所有权或长期使用权试点相关工作。推进科技成果转化年度报告制度。（教育部、科技部、财政部、国家知识产权局、中国科学院按职责分工负责）

77. 持续健全科技成果信息汇交机制，建设完善国家科技计划成果库，推动财政性资金支持形成的非涉密科技成果信息开放共享。（科技部负责）

78. 推动专利开放许可制度全面落地。探索完善专利权转让登记工作，加大数据采集分析力度。发布专

利许可费率统计数据。（国家知识产权局负责）

79. 启动实施"千企百城"商标品牌价值提升行动，推动商标品牌指导站高质量建设和规范化运行，促进提升重点区域和企业商标品牌价值。编制发布中国商标品牌发展指数报告。（国家知识产权局负责）

80. 深入开展地理标志助力乡村振兴行动，推动实施"地理标志品牌＋"专项计划，助推特色产业发展。（国家知识产权局、农业农村部负责）

81. 深入实施地理标志农产品保护工程，择优遴选部分地理标志农产品，推进全产业链标准化，建设核心生产基地，开展特征品质评价和监测。（农业农村部、国家知识产权局按职责分工负责）

82. 指导高校进一步完善职务科技成果披露制度和专利申请前评估制度，加强高校知识产权全流程管理。深入开展"百校千项"高价值专利培育转化行动和"千校万企"协同创新伙伴行动。按照国家有关规定，面向高校深入推进知识产权强国建设试点示范工作，推进高校专业化国家技术转移机构建设，推进高校国家知识产权信息服务中心高质量建设。（教育部、科技部、工业和信息化部、国家知识产权局按职责分工负责）

83. 做好提升高水平医院临床研究和成果转化能力试点工作。（国家卫生健康委负责）

84. 加强以知识产权为核心的科技成果管理，依托先导专项组织实施高价值专利培育。稳步推进中国科学院院属单位开展贯标工作，加强知识产权专业化人才培养培训，探索建立知识产权维权援助服务体系。鼓励有条件的院属单位建立专业化知识产权转移转化机构。（中国科学院负责）

85. 建设国防知识产权转化平台，促进国防知识产权转化对接。（中央军委装备发展部、国家国防科工局按职责分工负责）

86. 出台《国防科技工业知识产权转化目录（第九批）》。支持先进技术成果长三角转化中心建设。（国家国防科工局、国家知识产权局负责）

（三）促进知识产权市场化运营

87. 深入开展知识产权代理行业"蓝天"专项整治行动。加快完善知识产权服务业监管体系，健全代理行业监管长效机制，推进实施信用评价管理。实施知识产权服务市场主体培育行动。（国家知识产权局负责）

88. 深入实施专利转化专项计划，持续发挥中央财政资金引导作用。升级知识产权运营平台体系，建设新一批重点产业知识产权运营中心。（财政部、国家知识产权局按职责分工负责）

89. 推动完善知识产权质押融资模式，稳妥审慎扩大对知识产权质押融资的支持力度。指导试点银行探索知识产权内部评估模式。推进知识产权相关担保登记信息的统一查询工作。（中央宣传部、中国人民银行、金融监管总局、国家知识产权局按职责分工负责）

90. 强化监管引导，督促行业在依法合规的前提下积极发展知识产权信托业务。指导完善知识产权保险产品和服务，推广知识产权海外侵权责任险。（金融监管总局、国家知识产权局按职责分工负责）

91. 鼓励金融机构开发适应知识产权服务业特点的融资和保险产品。（金融监管总局、中国人民银行、国家知识产权局负责）

92. 稳妥推进知识产权资产证券化工作，鼓励科技型企业通过知识产权资产证券化模式开展融资，完善知识产权资产证券化业务监管体系。强化上市公司知识产权信息披露日常监管，督促上市公司严格执行知识产权信息披露相关规定。（中国证监会负责）

93. 适时修改《著作权质权登记办法》，优化版权质押融资体制机制，扩大版权质押融资规模。（中央宣传部负责）

94. 推进全国版权示范城市、示范园区（基地）、示范单位创建和国家版权创新发展基地试点工作。研究制定《推动版权产业高质量发展指导意见》，不断完善全国版权展会授权交易体系，指导全国版权交易中心（贸易基地）专业化建设。推动国际性的版权交易和信息服务。（中央宣传部负责）

95. 推进知识产权服务出口基地建设，持续推动知识产权服务业和服务贸易高质量发展。（商务部、国家知识产权局按职责分工负责）

96. 充分发挥律师等法律服务队伍职能作用，以更好维护市场主体合法权益为导向，推进知识产权诉讼

代理、维权援助、调解等法律服务向专业化方向深入发展。（司法部、国家知识产权局负责）

97.支持符合条件的知识产权服务机构申报高新技术企业、技术先进型服务企业、专精特新中小企业等。（科技部、工业和信息化部、国家知识产权局按职责分工负责）

98.有序推动和引导社会资本投资知识产权运营等服务业态，鼓励各类知识产权运营基金重点支持知识产权运营服务业态发展。（国家知识产权局负责）

四、提高知识产权公共服务水平

（一）加强知识产权公共服务供给

99.加快建设国家知识产权保护信息平台。修改《国家知识产权局数据资源管理办法》，发布《知识产权数据资源名录》，推动更多知识产权数据实现开放共享。建设开放一批知识产权专题数据库。与相关国家地区、组织开展知识产权数据交换。（国家知识产权局负责）

100.制定实施知识产权公共服务普惠工程实施方案和地市级综合性知识产权公共服务机构工作指引。新增备案一批国家知识产权信息公共服务网点。筹建第二期第一批世界知识产权组织技术与创新支持中心（TISC）。（国家知识产权局负责）

101.印发《农作物种质资源共享利用办法（试行）》，推动国家农作物种质资源信息共享。（农业农村部负责）

102.加强文化和旅游领域知识产权信息公共服务。（文化和旅游部负责）

103.面向重点领域推广应用国防科技工业知识产权。（国家国防科工局负责）

104.丰富知识产权公共服务应用场景，将海外专利信息资源系统融入"智慧科协2.0"核心共享服务平台，赋能基层应用。（中国科协负责）

（二）提高知识产权公共服务效能

105.落实国务院营商环境创新试点任务部署，积极做好中国和全球营商环境评价评估知识产权有关工作。（国家知识产权局负责）

106.全面实行知识产权政务服务事项办事指南，

推动更多事项"网上办""掌上查"，拓展"一网通办"应用场景。深入开展"减证便民"工作，编制知识产权证明事项清单，扩大电子证照共享应用和告知承诺实施范围。加强专利权评价报告电商平台共享试点工作。（国家知识产权局负责）

107.持续加强知识产权公共服务机构分级分类管理，推动建立中西部地区公共服务帮扶机制，推进建设知识产权公共服务标准化城市。（国家知识产权局负责）

108.发挥知识产权质押信息平台作用，持续推进质押服务便利化和信息共享，扩大知识产权线上质押登记试点范围。（国家发展改革委、金融监管总局、国家知识产权局按职责分工负责）

109.制定修订植物新品种权申请、变更、转让、质押、异议等办事指南，优化完善植物新品种保护信息服务平台。（农业农村部、国家林草局按职责分工负责）

五、营造良好的知识产权人文社会环境

（一）大力倡导知识产权文化理念

110.组织办好世界知识产权日、全国知识产权宣传周、中国国际版权博览会、国际版权论坛、中国网络版权保护与发展大会等大型活动。配合做好进博会、服贸会等重大开放平台知识产权相关工作。（中央宣传部、国家知识产权局按职责分工负责）

111.加强新时代高校学生知识产权宣传普及教育，打造精品校园文化项目，开发共建校外优质社会实践体验基地，把知识产权宣传教育有机融入社会实践。继续开展全国大学生版权征文活动。（中央宣传部、教育部按职责分工负责）

112.推动有关部门将知识产权法治宣传列入普法责任，充分运用中国普法"一网两微一端"和全国普法新媒体矩阵开展普法宣传。（司法部负责）

113.充分利用全国科普日、全国知识产权宣传周等重要时间节点开展知识产权科普活动，依托"科普中国"打造优质科普内容库和全媒体传播矩阵。（科技部、中国科协负责）

114.加强涉外知识产权宣传，讲好中国知识产权

故事。（中央宣传部、外交部、商务部、国家知识产权局按职责分工负责）

（二）夯实知识产权事业发展基础

115.完善知识产权人才评价体系，完善知识产权专业职称评价标准，指导有条件的地方建立知识产权高级职称评审委员会。（人力资源社会保障部、国家知识产权局按职责分工负责）

116.完善知识产权人才培养机制，加强国际化人才培养。开展知识产权专业学位建设，研究建立知识产权专业学位教育指导委员会，支持高校设置知识产权相关专业，推动知识产权学科专业教育与职业发展相衔接，完善知识产权相关学科专业课程设置，加强知识产权相关专业建设，深入实施一流课程建设"双万计划"，打造一批知识产权"金专""金课"。（中央宣传部、外交部、教育部、国家知识产权局按职责分工负责）

117.加快推进知识产权新型智库建设，强化知识产权领域重大理论和实践问题研究。（中央宣传部、教育部、国家知识产权局、中国科学院按职责分工负责）

118.进一步推进中小学知识产权教育，多种形式开展知识产权教育活动。（教育部、国家知识产权局按职责分工负责）

119.加强知识产权保护公证、仲裁、调解、律师等专业人才的培养力度。加强知识产权管理部门公职律师队伍建设。（司法部、国家知识产权局负责）

六、深度参与全球知识产权治理

120.深度参与世界知识产权组织框架下的全球知识产权治理与国际规则制定，办好与世界知识产权组织合作50周年系列活动，推进马德里体系纳入中文语言磋商进程。（国家知识产权局、中央宣传部、外交部、中国贸促会负责）

121.积极参与世贸组织框架下的知识产权议题谈判磋商，深度参与全球知识产权治理。继续推进中国—尼加拉瓜、中国—以色列、中国—海合会等自贸协定知识产权议题谈判。积极推动加入《全面与进步跨太平洋伙伴关系协定》（CPTPP）进程。（商务部、中央宣传部、最高人民法院、最高人民检察院、国家知识产权局负责）

122.加强"一带一路"知识产权合作，深度参与中美欧日韩、金砖国家、中国—东盟、亚太经合组织等小多边合作。持续维护拓展专利审查高速路（PPH）国际合作网络。（中央宣传部、商务部、国家知识产权局按职责分工负责）

123.依托与经贸相关的知识产权工作组会议机制，加强与欧盟、日本、俄罗斯、瑞士等主要贸易伙伴与经贸相关的双边知识产权交流合作。（商务部负责）

124.做好《视听表演北京条约》《马拉喀什条约》等重点国际版权条约的落地实施工作，做好《保护广播组织条约》《保护传统文化表现形式条约》等国际版权条约和法律文书谈判磋商。（中央宣传部负责）

125.推动落实《区域全面经济伙伴关系协定》（RCEP）知识产权章节和中欧地理标志保护与合作协定。（中央宣传部、最高人民法院、最高人民检察院、农业农村部、商务部、国家知识产权局按职责分工负责）

126.深化植物新品种DUS测试领域国际交流合作，推进国内与国际在线申请平台对接。（农业农村部、国家林草局按职责分工负责）

127.构建版权产业国际风险防控体系，编制重点国家、地区版权营商环境指南。（中央宣传部负责）

128.强化企业海外知识产权风险预警和维权援助，加强公共信息平台建设。（商务部、国家知识产权局、中国贸促会按职责分工负责）

129.积极参与国际刑警组织、世界海关组织等国际框架下的全球知识产权治理，围绕重点跨国侵权假冒犯罪案件与国外执法部门加强沟通合作。充分利用并巩固现有知识产权海关保护国际合作机制，不断拓展合作领域。（公安部、海关总署按职责分工负责）

130.鼓励支持境外知名仲裁机构在我国特定区域设立业务机构，开展涉外知识产权仲裁业务。（司法部负责）

131.开展"一带一路"沿线国家知识产权官员研修班等培训，继续加强面向周边和发展中国家的知识产权培训。（国家知识产权局、国家国际发展合作署按职责分工负责）

132.积极发挥非政府组织在知识产权国际交流合

作中的作用，持续打造知识产权高端国际论坛和品牌活动。做好 2024 年国际保护知识产权协会（AIPPI）杭州世界知识产权大会的筹备工作。（民政部、中国贸促会按职责分工负责）

133. 研究完善全球知识产权保护指数，发布全球知识产权保护指数报告。（中国贸促会负责）

134. 推进数字版权保护技术品牌和技术标准国际化，加强数字版权保护技术海外推广应用。（广电总局负责）

七、加强组织保障

135. 开展《纲要》和《规划》实施情况年度监测评估以及《规划》实施中期评估，推广知识产权强国建设第二批典型案例，加强指标数据的动态监测和发布工作，对工作任务落实情况开展督促检查，纳入相关工作评价。（联席会议办公室、联席会议成员单位负责）

136. 充分发挥知识产权强国建设专家咨询委员会和国家知识产权战略实施研究基地作用，强化政策咨询和研究支撑。（联席会议办公室负责）

137. 落实落细相关税费优惠政策，不断优化管理服务措施，为知识产权强国建设积极营造良好的税收环境。（财政部、税务总局按职责分工负责）

138. 按照国家有关规定，对在知识产权强国建设工作中作出突出贡献的集体和个人给予表彰。（联席会议办公室、人力资源社会保障部负责）

139. 编制发布中国知识产权发展状况年度评价报告。（联席会议办公室负责）

上述各项任务分工中，由多个部门负责的，列第一位的部门为牵头部门，其他为参与部门。

行政法规

中华人民共和国专利法实施细则

（2001 年 6 月 15 日中华人民共和国国务院令第306 号公布　根据 2002 年 12 月 28 日《国务院关于修改〈中华人民共和国专利法实施细则〉的决定》第一次修订　根据 2010 年 1 月 9 日《国务院关于修改〈中华人民共和国专利法实施细则〉的决定》第二次修订　根据 2023 年 12 月 11 日《国务院关于修改〈中华人民共和国专利法实施细则〉的决定》第三次修订）

第一章　总　则

第一条　根据《中华人民共和国专利法》（以下简称专利法），制定本细则。

第二条　专利法和本细则规定的各种手续，应当以书面形式或者国务院专利行政部门规定的其他形式办理。以电子数据交换等方式能够有形地表现所载内容，并可以随时调取查用的数据电文（以下统称电子形式），视为书面形式。

第三条　依照专利法和本细则规定提交的各种文件应当使用中文；国家有统一规定的科技术语的，应当采用规范词；外国人名、地名和科技术语没有统一中文译文的，应当注明原文。

依照专利法和本细则规定提交的各种证件和证明文件是外文的，国务院专利行政部门认为必要时，可以要求当事人在指定期限内附送中文译文；期满未附送的，视为未提交该证件和证明文件。

第四条　向国务院专利行政部门邮寄的各种文件，以寄出的邮戳日为递交日；邮戳日不清晰的，除当事人能够提出证明外，以国务院专利行政部门收到日为递交日。

以电子形式向国务院专利行政部门提交各种文件的，以进入国务院专利行政部门指定的特定电子系统的日期为递交日。

国务院专利行政部门的各种文件，可以通过电子形式、邮寄、直接送交或者其他方式送达当事人。当事人委托专利代理机构的，文件送交专利代理机构；未委托专利代理机构的，文件送交请求书中指明的联系人。

国务院专利行政部门邮寄的各种文件，自文件发出之日起满15日，推定为当事人收到文件之日。当事人提供证据能够证明实际收到文件的日期的，以实际收到日为准。

根据国务院专利行政部门规定应当直接送交的文件，以交付日为送达日。

文件送交地址不清，无法邮寄的，可以通过公告的方式送达当事人。自公告之日起满1个月，该文件视为已经送达。

国务院专利行政部门以电子形式送达的各种文件，以进入当事人认可的电子系统的日期为送达日。

第五条 专利法和本细则规定的各种期限开始的当日不计算在期限内，自下一日开始计算。期限以年或者月计算的，以其最后一月的相应日为期限届满日；该月无相应日的，以该月最后一日为期限届满日；期限届满日是法定休假日的，以休假日后的第一个工作日为期限届满日。

第六条 当事人因不可抗拒的事由而延误专利法或者本细则规定的期限或者国务院专利行政部门指定的期限，导致其权利丧失的，自障碍消除之日起2个月内且自期限届满之日起2年内，可以向国务院专利行政部门请求恢复权利。

除前款规定的情形外，当事人因其他正当理由延误专利法或者本细则规定的期限或者国务院专利行政部门指定的期限，导致其权利丧失的，可以自收到国务院专利行政部门的通知之日起2个月内向国务院专利行政部门请求恢复权利；但是，延误复审请求期限的，可以自复审请求期限届满之日起2个月内向国务院专利行政部门请求恢复权利。

当事人依照本条第一款或者第二款的规定请求恢复权利的，应当提交恢复权利请求书，说明理由，必要时附具有关证明文件，并办理权利丧失前应当办理

的相应手续；依照本条第二款的规定请求恢复权利的，还应当缴纳恢复权利请求费。

当事人请求延长国务院专利行政部门指定的期限的，应当在期限届满前，向国务院专利行政部门提交延长期限请求书，说明理由，并办理有关手续。

本条第一款和第二款的规定不适用专利法第二十四条、第二十九条、第四十二条、第七十四条规定的期限。

第七条 专利申请涉及国防利益需要保密的，由国防专利机构受理并进行审查；国务院专利行政部门受理的专利申请涉及国防利益需要保密的，应当及时移交国防专利机构进行审查。经国防专利机构审查没有发现驳回理由的，由国务院专利行政部门作出授予国防专利权的决定。

国务院专利行政部门认为其受理的发明或者实用新型专利申请涉及国防利益以外的国家安全或者重大利益需要保密的，应当及时作出按照保密专利申请处理的决定，并通知申请人。保密专利申请的审查、复审以及保密专利权无效宣告的特殊程序，由国务院专利行政部门规定。

第八条 专利法第十九条所称在中国完成的发明或者实用新型，是指技术方案的实质性内容在中国境内完成的发明或者实用新型。

任何单位或者个人将在中国完成的发明或者实用新型向外国申请专利的，应当按照下列方式之一请求国务院专利行政部门进行保密审查：

（一）直接向外国申请专利或者向有关国外机构提交专利国际申请的，应当事先向国务院专利行政部门提出请求，并详细说明其技术方案；

（二）向国务院专利行政部门申请专利后拟向外国申请专利或者向有关国外机构提交专利国际申请的，应当在向外国申请专利或者向有关国外机构提交专利国际申请前向国务院专利行政部门提出请求。

向国务院专利行政部门提交专利国际申请的，视为同时提出了保密审查请求。

第九条 国务院专利行政部门收到依照本细则第八条规定递交的请求后，经过审查认为该发明或者实用新型可能涉及国家安全或者重大利益需要保密的，

应当在请求递交日起 2 个月内向申请人发出保密审查通知；情况复杂的，可以延长 2 个月。

国务院专利行政部门依照前款规定通知进行保密审查的，应当在请求递交日起 4 个月内作出是否需要保密的决定，并通知申请人；情况复杂的，可以延长 2 个月。

第十条 专利法第五条所称违反法律的发明创造，不包括仅其实施为法律所禁止的发明创造。

第十一条 申请专利应当遵循诚实信用原则。提出各类专利申请应当以真实发明创造活动为基础，不得弄虚作假。

第十二条 除专利法第二十八条和第四十二条规定的情形外，专利法所称申请日，有优先权的，指优先权日。

本细则所称申请日，除另有规定的外，是指专利法第二十八条规定的申请日。

第十三条 专利法第六条所称执行本单位的任务所完成的职务发明创造，是指：

（一）在本职工作中作出的发明创造；

（二）履行本单位交付的本职工作之外的任务所作出的发明创造；

（三）退休、调离原单位后或者劳动、人事关系终止后 1 年内作出的，与其在原单位承担的本职工作或者原单位分配的任务有关的发明创造。

专利法第六条所称本单位，包括临时工作单位；专利法第六条所称本单位的物质技术条件，是指本单位的资金、设备、零部件、原材料或者不对外公开的技术信息和资料等。

第十四条 专利法所称发明人或者设计人，是指对发明创造的实质性特点作出创造性贡献的人。在完成发明创造过程中，只负责组织工作的人、为物质技术条件的利用提供方便的人或者从事其他辅助工作的人，不是发明人或者设计人。

第十五条 除依照专利法第十条规定转让专利权外，专利权因其他事由发生转移的，当事人应当凭有关证明文件或者法律文书向国务院专利行政部门办理专利权转移手续。

专利权人与他人订立的专利实施许可合同，应

当自合同生效之日起 3 个月内向国务院专利行政部门备案。

以专利权出质的，由出质人和质权人共同向国务院专利行政部门办理出质登记。

第十六条 专利工作应当贯彻党和国家知识产权战略部署，提升我国专利创造、运用、保护、管理和服务水平，支持全面创新，促进创新型国家建设。

国务院专利行政部门应当提升专利信息公共服务能力，完整、准确、及时发布专利信息，提供专利基础数据，促进专利相关数据资源的开放共享、互联互通。

第二章 专利的申请

第十七条 申请专利的，应当向国务院专利行政部门提交申请文件。申请文件应当符合规定的要求。

申请人委托专利代理机构向国务院专利行政部门申请专利和办理其他专利事务的，应当同时提交委托书，写明委托权限。

申请人有 2 人以上且未委托专利代理机构的，除请求书中另有声明的外，以请求书中指明的第一申请人为代表人。

第十八条 依照专利法第十八条第一款的规定委托专利代理机构在中国申请专利和办理其他专利事务的，涉及下列事务，申请人或者专利权人可以自行办理：

（一）申请要求优先权的，提交第一次提出的专利申请（以下简称在先申请）文件副本；

（二）缴纳费用；

（三）国务院专利行政部门规定的其他事务。

第十九条 发明、实用新型或者外观设计专利申请的请求书应当写明下列事项：

（一）发明、实用新型或者外观设计的名称；

（二）申请人是中国单位或者个人的，其名称或者姓名、地址、邮政编码、统一社会信用代码或者身份证件号码；申请人是外国人、外国企业或者外国其他组织的，其姓名或者名称、国籍或者注册的国家或者地区；

（三）发明人或者设计人的姓名；

（四）申请人委托专利代理机构的，受托机构的名称、机构代码以及该机构指定的专利代理师的姓名、专利代理师资格证号码、联系电话；

（五）要求优先权的，在先申请的申请日、申请号以及原受理机构的名称；

（六）申请人或者专利代理机构的签字或者盖章；

（七）申请文件清单；

（八）附加文件清单；

（九）其他需要写明的有关事项。

第二十条 发明或者实用新型专利申请的说明书应当写明发明或者实用新型的名称，该名称应当与请求书中的名称一致。说明书应当包括下列内容：

（一）技术领域：写明要求保护的技术方案所属的技术领域；

（二）背景技术：写明对发明或者实用新型的理解、检索、审查有用的背景技术；有可能的，并引证反映这些背景技术的文件；

（三）发明内容：写明发明或者实用新型所要解决的技术问题以及解决其技术问题采用的技术方案，并对照现有技术写明发明或者实用新型的有益效果；

（四）附图说明：说明书有附图的，对各幅附图作简略说明；

（五）具体实施方式：详细写明申请人认为实现发明或者实用新型的优选方式；必要时，举例说明；有附图的，对照附图。

发明或者实用新型专利申请人应当按照前款规定的方式和顺序撰写说明书，并在说明书每一部分前面写明标题，除非其发明或者实用新型的性质用其他方式或者顺序撰写能节约说明书的篇幅并使他人能够准确理解其发明或者实用新型。

发明或者实用新型说明书应当用词规范、语句清楚，并不得使用"如权利要求……所述的……"一类的引用语，也不得使用商业性宣传用语。

发明专利申请包含一个或者多个核苷酸或者氨基酸序列的，说明书应当包括符合国务院专利行政部门规定的序列表。

实用新型专利申请说明书应当有表示要求保护的产品的形状、构造或者其结合的附图。

第二十一条 发明或者实用新型的几幅附图应当按照"图1，图2，……"顺序编号排列。

发明或者实用新型说明书文字部分中未提及的附图标记不得在附图中出现，附图中未出现的附图标记不得在说明书文字部分中提及。申请文件中表示同一组成部分的附图标记应当一致。

附图中除必需的词语外，不应当含有其他注释。

第二十二条 权利要求书应当记载发明或者实用新型的技术特征。

权利要求书有几项权利要求的，应当用阿拉伯数字顺序编号。

权利要求书中使用的科技术语应当与说明书中使用的科技术语一致，可以有化学式或者数学式，但是不得有插图。除绝对必要的外，不得使用"如说明书……部分所述"或者"如图……所示"的用语。

权利要求中的技术特征可以引用说明书附图中相应的标记，该标记应当放在相应的技术特征后并置于括号内，便于理解权利要求。附图标记不得解释为对权利要求的限制。

第二十三条 权利要求书应当有独立权利要求，也可以有从属权利要求。

独立权利要求应当从整体上反映发明或者实用新型的技术方案，记载解决技术问题的必要技术特征。

从属权利要求应当用附加的技术特征，对引用的权利要求作进一步限定。

第二十四条 发明或者实用新型的独立权利要求应当包括前序部分和特征部分，按照下列规定撰写：

（一）前序部分：写明要求保护的发明或者实用新型技术方案的主题名称和发明或者实用新型主题与最接近的现有技术共有的必要技术特征；

（二）特征部分：使用"其特征是……"或者类似的用语，写明发明或者实用新型区别于最接近的现有技术的技术特征。这些特征和前序部分写明的特征合在一起，限定发明或者实用新型要求保护的范围。

发明或者实用新型的性质不适于用前款方式表达的，独立权利要求可以用其他方式撰写。

一项发明或者实用新型应当只有一个独立权利要求，并写在同一发明或者实用新型的从属权利要求之前。

第二十五条 发明或者实用新型的从属权利要求应当包括引用部分和限定部分，按照下列规定撰写：

（一）引用部分：写明引用的权利要求的编号及其主题名称；

（二）限定部分：写明发明或者实用新型附加的技术特征。

从属权利要求只能引用在前的权利要求。引用两项以上权利要求的多项从属权利要求，只能以择一方式引用在前的权利要求，并不得作为另一项多项从属权利要求的基础。

第二十六条 说明书摘要应当写明发明或者实用新型专利申请所公开内容的概要，即写明发明或者实用新型的名称和所属技术领域，并清楚地反映所要解决的技术问题、解决该问题的技术方案的要点以及主要用途。

说明书摘要可以包含最能说明发明的化学式；有附图的专利申请，还应当在请求书中指定一幅最能说明该发明或者实用新型技术特征的说明书附图作为摘要附图。摘要中不得使用商业性宣传用语。

第二十七条 申请专利的发明涉及新的生物材料，该生物材料公众不能得到，并且对该生物材料的说明不足以使所属领域的技术人员实施其发明的，除应当符合专利法和本细则的有关规定外，申请人还应当办理下列手续：

（一）在申请日前或者最迟在申请日（有优先权的，指优先权日），将该生物材料的样品提交国务院专利行政部门认可的保藏单位保藏，并在申请时或者最迟自申请日起4个月内提交保藏单位出具的保藏证明和存活证明；期满未提交证明的，该样品视为未提交保藏；

（二）在申请文件中，提供有关该生物材料特征的资料；

（三）涉及生物材料样品保藏的专利申请应当在请求书和说明书中写明该生物材料的分类命名（注明拉丁文名称）、保藏该生物材料样品的单位名称、地址、保藏日期和保藏编号；申请时未写明的，应当自申请日起4个月内补正；期满未补正的，视为未提交保藏。

第二十八条 发明专利申请人依照本细则第二十七条的规定保藏生物材料样品的，在发明专利申请公布后，任何单位或者个人需要将该专利申请所涉及的生物材料作为实验目的使用的，应当向国务院专利行政部门提出请求，并写明下列事项：

（一）请求人的姓名或者名称和地址；

（二）不向其他任何人提供该生物材料的保证；

（三）在授予专利权前，只作为实验目的使用的保证。

第二十九条 专利法所称遗传资源，是指取自人体、动物、植物或者微生物等含有遗传功能单位并具有实际或者潜在价值的材料和利用此类材料产生的遗传信息；专利法所称依赖遗传资源完成的发明创造，是指利用了遗传资源的遗传功能完成的发明创造。

就依赖遗传资源完成的发明创造申请专利的，申请人应当在请求书中予以说明，并填写国务院专利行政部门制定的表格。

第三十条 申请人应当就每件外观设计产品所需要保护的内容提交有关图片或者照片。

申请局部外观设计专利的，应当提交整体产品的视图，并用虚线与实线相结合或者其他方式表明所需要保护部分的内容。

申请人请求保护色彩的，应当提交彩色图片或者照片。

第三十一条 外观设计的简要说明应当写明外观设计产品的名称、用途，外观设计的设计要点，并指定一幅最能表明设计要点的图片或者照片。省略视图或者请求保护色彩的，应当在简要说明中写明。

对同一产品的多项相似外观设计提出一件外观设计专利申请的，应当在简要说明中指定其中一项作为基本设计。

申请局部外观设计专利的，应当在简要说明中写明请求保护的部分，已在整体产品的视图中用虚线与实线相结合方式表明的除外。

简要说明不得使用商业性宣传用语，也不得说明产品的性能。

第三十二条 国务院专利行政部门认为必要时，可以要求外观设计专利申请人提交使用外观设计的产品样品或者模型。样品或者模型的体积不得超过30厘米×30厘米×30厘米，重量不得超过15公斤。易腐、易损或者危险品不得作为样品或者模型提交。

第三十三条 专利法第二十四条第（二）项所称中国政府承认的国际展览会，是指国际展览会公约规定的在国际展览局注册或者由其认可的国际展览会。

专利法第二十四条第（三）项所称学术会议或者技术会议，是指国务院有关主管部门或者全国性学术团体组织召开的学术会议或者技术会议，以及国务院有关主管部门认可的由国际组织召开的学术会议或者技术会议。

申请专利的发明创造有专利法第二十四条第（二）项或者第（三）项所列情形的，申请人应当在提出专利申请时声明，并自申请日起2个月内提交有关发明创造已经展出或者发表，以及展出或者发表日期的证明文件。

申请专利的发明创造有专利法第二十四条第（一）项或者第（四）项所列情形的，国务院专利行政部门认为必要时，可以要求申请人在指定期限内提交证明文件。

申请人未依照本条第三款的规定提出声明和提交证明文件的，或者未依照本条第四款的规定在指定期限内提交证明文件的，其申请不适用专利法第二十四条的规定。

第三十四条 申请人依照专利法第三十条的规定要求外国优先权的，申请人提交的在先申请文件副本应当经原受理机构证明。依照国务院专利行政部门与该受理机构签订的协议，国务院专利行政部门通过电子交换等途径获得在先申请文件副本的，视为申请人提交了经该受理机构证明的在先申请文件副本。要求本国优先权，申请人在请求书中写明在先申请的申请日和申请号的，视为提交了在先申请文件副本。

要求优先权，但请求书中漏写或者错写在先申请的申请日、申请号和原受理机构名称中的一项或者两项内容的，国务院专利行政部门应当通知申请人在指定期限内补正；期满未补正的，视为未要求优先权。

要求优先权的申请人的姓名或者名称与在先申请文件副本中记载的申请人姓名或者名称不一致的，应

当提交优先权转让证明材料，未提交该证明材料的，视为未要求优先权。

外观设计专利申请人要求外国优先权，其在先申请未包括对外观设计的简要说明，申请人按照本细则第三十一条规定提交的简要说明未超出在先申请文件的图片或者照片表示的范围的，不影响其享有优先权。

第三十五条 申请人在一件专利申请中，可以要求一项或者多项优先权；要求多项优先权的，该申请的优先权期限从最早的优先权日起计算。

发明或者实用新型专利申请人要求本国优先权，在先申请是发明专利申请的，可以就相同主题提出发明或者实用新型专利申请；在先申请是实用新型专利申请的，可以就相同主题提出实用新型或者发明专利申请。外观设计专利申请人要求本国优先权，在先申请是发明或者实用新型专利申请的，可以就附图显示的设计提出相同主题的外观设计专利申请；在先申请是外观设计专利申请的，可以就相同主题提出外观设计专利申请。但是，提出后一申请时，在先申请的主题有下列情形之一的，不得作为要求本国优先权的基础：

（一）已经要求外国优先权或者本国优先权的；

（二）已经被授予专利权的；

（三）属于按照规定提出的分案申请的。

申请人要求本国优先权的，其在先申请自后一申请提出之日起即视为撤回，但外观设计专利申请人要求以发明或者实用新型专利申请作为本国优先权基础的除外。

第三十六条 申请人超出专利法第二十九条规定的期限，向国务院专利行政部门就相同主题提出发明或者实用新型专利申请，有正当理由的，可以在期限届满之日起2个月内请求恢复优先权。

第三十七条 发明或者实用新型专利申请人要求了优先权的，可以自优先权日起16个月内或者自申请日起4个月内，请求在请求书中增加或者改正优先权要求。

第三十八条 在中国没有经常居所或者营业所的申请人，申请专利或者要求外国优先权的，国务院专利行政部门认为必要时，可以要求其提供下列文件：

（一）申请人是个人的，其国籍证明；

（二）申请人是企业或者其他组织的，其注册的国家或者地区的证明文件；

（三）申请人的所属国，承认中国单位和个人可以按照该国国民的同等条件，在该国享有专利权、优先权和其他与专利有关的权利的证明文件。

第三十九条 依照专利法第三十一条第一款规定，可以作为一件专利申请提出的属于一个总的发明构思的两项以上的发明或者实用新型，应当在技术上相互关联，包含一个或者多个相同或者相应的特定技术特征，其中特定技术特征是指每一项发明或者实用新型作为整体，对现有技术作出贡献的技术特征。

第四十条 依照专利法第三十一条第二款规定，将同一产品的多项相似外观设计作为一件申请提出的，对该产品的其他设计应当与简要说明中指定的基本设计相似。一件外观设计专利申请中的相似外观设计不得超过 10 项。

专利法第三十一条第二款所称同一类别并且成套出售或者使用的产品的两项以上外观设计，是指各产品属于分类表中同一大类，习惯上同时出售或者同时使用，而且各产品的外观设计具有相同的设计构思。

将两项以上外观设计作为一件申请提出的，应当将各项外观设计的顺序编号标注在每件外观设计产品各幅图片或者照片的名称之前。

第四十一条 申请人撤回专利申请的，应当向国务院专利行政部门提出声明，写明发明创造的名称、申请号和申请日。

撤回专利申请的声明在国务院专利行政部门做好公布专利申请文件的印刷准备工作后提出的，申请文件仍予公布；但是，撤回专利申请的声明应当在以后出版的专利公报上予以公告。

第三章　专利申请的审查和批准

第四十二条 在初步审查、实质审查、复审和无效宣告程序中，实施审查和审理的人员有下列情形之一的，应当自行回避，当事人或者其他利害关系人可以要求其回避：

（一）是当事人或者其代理人的近亲属的；

（二）与专利申请或者专利权有利害关系的；

（三）与当事人或者其代理人有其他关系，可能影响公正审查和审理的；

（四）复审或者无效宣告程序中，曾参与原申请的审查的。

第四十三条 国务院专利行政部门收到发明或者实用新型专利申请的请求书、说明书（实用新型必须包括附图）和权利要求书，或者外观设计专利申请的请求书、外观设计的图片或者照片和简要说明后，应当明确申请日、给予申请号，并通知申请人。

第四十四条 专利申请文件有下列情形之一的，国务院专利行政部门不予受理，并通知申请人：

（一）发明或者实用新型专利申请缺少请求书、说明书（实用新型无附图）或者权利要求书的，或者外观设计专利申请缺少请求书、图片或者照片、简要说明的；

（二）未使用中文的；

（三）申请文件的格式不符合规定的；

（四）请求书中缺少申请人姓名或者名称，或者缺少地址的；

（五）明显不符合专利法第十七条或者第十八条第一款的规定的；

（六）专利申请类别（发明、实用新型或者外观设计）不明确或者难以确定的。

第四十五条 发明或者实用新型专利申请缺少或者错误提交权利要求书、说明书或者权利要求书、说明书的部分内容，但申请人在递交日要求了优先权的，可以自递交日起 2 个月内或者在国务院专利行政部门指定的期限内以援引在先申请文件的方式补交。补交的文件符合有关规定的，以首次提交文件的递交日为申请日。

第四十六条 说明书中写有对附图的说明但无附图或者缺少部分附图的，申请人应当在国务院专利行政部门指定的期限内补交附图或者声明取消对附图的说明。申请人补交附图的，以向国务院专利行政部门提交或者邮寄附图之日为申请日；取消对附图的说明的，保留原申请日。

第四十七条 两个以上的申请人同日（指申请日；

有优先权的，指优先权日）分别就同样的发明创造申请专利的，应当在收到国务院专利行政部门的通知后自行协商确定申请人。

同一申请人在同日（指申请日）对同样的发明创造既申请实用新型专利又申请发明专利的，应当在申请时分别说明对同样的发明创造已申请了另一专利；未作说明的，依照专利法第九条第一款关于同样的发明创造只能授予一项专利权的规定处理。

国务院专利行政部门公告授予实用新型专利权，应当公告申请人已依照本条第二款的规定同时申请了发明专利的说明。

发明专利申请经审查没有发现驳回理由，国务院专利行政部门应当通知申请人在规定期限内声明放弃实用新型专利权。申请人声明放弃的，国务院专利行政部门应当作出授予发明专利权的决定，并在公告授予发明专利权时一并公告申请人放弃实用新型专利权声明。申请人不同意放弃的，国务院专利行政部门应当驳回该发明专利申请；申请人期满未答复的，视为撤回该发明专利申请。

实用新型专利权自公告授予发明专利权之日起终止。

第四十八条 一件专利申请包括两项以上发明、实用新型或者外观设计的，申请人可以在本细则第六十条第一款规定的期限届满前，向国务院专利行政部门提出分案申请；但是，专利申请已经被驳回、撤回或者视为撤回的，不能提出分案申请。

国务院专利行政部门认为一件专利申请不符合专利法第三十一条和本细则第三十九条或者第四十条的规定的，应当通知申请人在指定期限内对其申请进行修改；申请人期满未答复的，该申请视为撤回。

分案的申请不得改变原申请的类别。

第四十九条 依照本细则第四十八条规定提出的分案申请，可以保留原申请日，享有优先权的，可以保留优先权日，但是不得超出原申请记载的范围。

分案申请应当依照专利法及本细则的规定办理有关手续。

分案申请的请求书中应当写明原申请的申请号和申请日。

第五十条 专利法第三十四条和第四十条所称初步审查，是指审查专利申请是否具备专利法第二十六条或者第二十七条规定的文件和其他必要的文件，这些文件是否符合规定的格式，并审查下列各项：

（一）发明专利申请是否明显属于专利法第五条、第二十五条规定的情形，是否不符合专利法第十七条、第十八条第一款、第十九条第一款或者本细则第十一条、第十九条、第二十九条第二款的规定，是否明显不符合专利法第二条第二款、第二十六条第五款、第三十一条第一款、第三十三条或者本细则第二十条至第二十四条的规定；

（二）实用新型专利申请是否明显属于专利法第五条、第二十五条规定的情形，是否不符合专利法第十七条、第十八条第一款、第十九条第一款或者本细则第十一条、第十九条至第二十二条、第二十四条至第二十六条的规定，是否明显不符合专利法第二条第三款、第二十二条、第二十六条第三款、第二十六条第四款、第三十一条第一款、第三十三条或者本细则第二十三条、第四十九条第一款的规定，是否依照专利法第九条规定不能取得专利权；

（三）外观设计专利申请是否明显属于专利法第五条、第二十五条第一款第（六）项规定的情形，是否不符合专利法第十七条、第十八条第一款或者本细则第十一条、第十九条、第三十条、第三十一条的规定，是否明显不符合专利法第二条第四款、第二十三条第一款、第二十三条第二款、第二十七条第二款、第三十一条第二款、第三十三条或者本细则第四十九条第一款的规定，是否依照专利法第九条规定不能取得专利权；

（四）申请文件是否符合本细则第二条、第三条第一款的规定。

国务院专利行政部门应当将审查意见通知申请人，要求其在指定期限内陈述意见或者补正；申请人期满未答复的，其申请视为撤回。申请人陈述意见或者补正后，国务院专利行政部门仍然认为不符合前款所列各项规定的，应当予以驳回。

第五十一条 除专利申请文件外，申请人向国务院专利行政部门提交的与专利申请有关的其他文件有下列情形之一的，视为未提交：

（一）未使用规定的格式或者填写不符合规定的；

（二）未按照规定提交证明材料的。

国务院专利行政部门应当将视为未提交的审查意见通知申请人。

第五十二条 申请人请求早日公布其发明专利申请的，应当向国务院专利行政部门声明。国务院专利行政部门对该申请进行初步审查后，除予以驳回的外，应当立即将申请予以公布。

第五十三条 申请人写明使用外观设计的产品及其所属类别的，应当使用国务院专利行政部门公布的外观设计产品分类表。未写明使用外观设计的产品所属类别或者所写的类别不确切的，国务院专利行政部门可以予以补充或者修改。

第五十四条 自发明专利申请公布之日起至公告授予专利权之日止，任何人均可以对不符合专利法规定的专利申请向国务院专利行政部门提出意见，并说明理由。

第五十五条 发明专利申请人因有正当理由无法提交专利法第三十六条规定的检索资料或者审查结果资料的，应当向国务院专利行政部门声明，并在得到有关资料后补交。

第五十六条 国务院专利行政部门依照专利法第三十五条第二款的规定对专利申请自行进行审查时，应当通知申请人。

申请人可以对专利申请提出延迟审查请求。

第五十七条 发明专利申请人在提出实质审查请求时以及在收到国务院专利行政部门发出的发明专利申请进入实质审查阶段通知书之日起的 3 个月内，可以对发明专利申请主动提出修改。

实用新型或者外观设计专利申请人自申请日起 2 个月内，可以对实用新型或者外观设计专利申请主动提出修改。

申请人在收到国务院专利行政部门发出的审查意见通知书后对专利申请文件进行修改的，应当针对通知书指出的缺陷进行修改。

国务院专利行政部门可以自行修改专利申请文件中文字和符号的明显错误。国务院专利行政部门自行

修改的，应当通知申请人。

第五十八条 发明或者实用新型专利申请的说明书或者权利要求书的修改部分，除个别文字修改或者增删外，应当按照规定格式提交替换页。外观设计专利申请的图片或者照片的修改，应当按照规定提交替换页。

第五十九条 依照专利法第三十八条的规定，发明专利申请经实质审查应当予以驳回的情形是指：

（一）申请属于专利法第五条、第二十五条规定的情形，或者依照专利法第九条规定不能取得专利权的；

（二）申请不符合专利法第二条第二款、第十九条第一款、第二十二条、第二十六条第三款、第二十六条第四款、第二十六条第五款、第三十一条第一款或者本细则第十一条、第二十三条第二款规定的；

（三）申请的修改不符合专利法第三十三条规定，或者分案的申请不符合本细则第四十九条第一款的规定的。

第六十条 国务院专利行政部门发出授予专利权的通知后，申请人应当自收到通知之日起 2 个月内办理登记手续。申请人按期办理登记手续的，国务院专利行政部门应当授予专利权，颁发专利证书，并予以公告。

期满未办理登记手续的，视为放弃取得专利权的权利。

第六十一条 保密专利申请经审查没有发现驳回理由的，国务院专利行政部门应当作出授予保密专利权的决定，颁发保密专利证书，登记保密专利权的有关事项。

第六十二条 授予实用新型或者外观设计专利权的决定公告后，专利法第六十六条规定的专利权人、利害关系人、被控侵权人可以请求国务院专利行政部门作出专利权评价报告。申请人可以在办理专利权登记手续时请求国务院专利行政部门作出专利权评价报告。

请求作出专利权评价报告的，应当提交专利权评价报告请求书，写明专利申请号或者专利号。每项请求应当限于一项专利申请或者专利权。

专利权评价报告请求书不符合规定的，国务院专

利行政部门应当通知请求人在指定期限内补正；请求人期满未补正的，视为未提出请求。

第六十三条 国务院专利行政部门应当自收到专利权评价报告请求书后2个月内作出专利权评价报告，但申请人在办理专利权登记手续时请求作出专利权评价报告的，国务院专利行政部门应当自公告授予专利权之日起2个月内作出专利权评价报告。

对同一项实用新型或者外观设计专利权，有多个请求人请求作出专利权评价报告的，国务院专利行政部门仅作出一份专利权评价报告。任何单位或者个人可以查阅或者复制该专利权评价报告。

第六十四条 国务院专利行政部门对专利公告、专利单行本中出现的错误，一经发现，应当及时更正，并对所作更正予以公告。

第四章 专利申请的复审与专利权的无效宣告

第六十五条 依照专利法第四十一条的规定向国务院专利行政部门请求复审的，应当提交复审请求书，说明理由，必要时还应当附具有关证据。

复审请求不符合专利法第十八条第一款或者第四十一条第一款规定的，国务院专利行政部门不予受理，书面通知复审请求人并说明理由。

复审请求书不符合规定格式的，复审请求人应当在国务院专利行政部门指定的期限内补正；期满未补正的，该复审请求视为未提出。

第六十六条 请求人在提出复审请求或者在对国务院专利行政部门的复审通知书作出答复时，可以修改专利申请文件；但是，修改应当仅限于消除驳回决定或者复审通知书指出的缺陷。

第六十七条 国务院专利行政部门进行复审后，认为复审请求不符合专利法和本细则有关规定或者专利申请存在其他明显违反专利法和本细则有关规定情形的，应当通知复审请求人，要求其在指定期限内陈述意见。期满未答复的，该复审请求视为撤回；经陈述意见或者进行修改后，国务院专利行政部门认为仍不符合专利法和本细则有关规定的，应当作出驳回复审请求的复审决定。

国务院专利行政部门进行复审后，认为原驳回决定不符合专利法和本细则有关规定的，或者认为经过修改的专利申请文件消除了原驳回决定和复审通知书指出的缺陷的，应当撤销原驳回决定，继续进行审查程序。

第六十八条 复审请求人在国务院专利行政部门作出决定前，可以撤回其复审请求。

复审请求人在国务院专利行政部门作出决定前撤回其复审请求的，复审程序终止。

第六十九条 依照专利法第四十五条的规定，请求宣告专利权无效或者部分无效的，应当向国务院专利行政部门提交专利权无效宣告请求书和必要的证据一式两份。无效宣告请求书应当结合提交的所有证据，具体说明无效宣告请求的理由，并指明每项理由所依据的证据。

前款所称无效宣告请求的理由，是指被授予专利的发明创造不符合专利法第二条、第十九条第一款、第二十二条、第二十三条、第二十六条第三款、第二十六条第四款、第二十七条第二款、第三十三条或者本细则第十一条、第二十三条第二款、第四十九条第一款的规定，或者属于专利法第五条、第二十五条规定的情形，或者依照专利法第九条规定不能取得专利权。

第七十条 专利权无效宣告请求不符合专利法第十八条第一款或者本细则第六十九条规定的，国务院专利行政部门不予受理。

在国务院专利行政部门就无效宣告请求作出决定之后，又以同样的理由和证据请求无效宣告的，国务院专利行政部门不予受理。

以不符合专利法第二十三条第三款的规定为理由请求宣告外观设计专利权无效，但是未提交证明权利冲突的证据的，国务院专利行政部门不予受理。

专利权无效宣告请求书不符合规定格式的，无效宣告请求人应当在国务院专利行政部门指定的期限内补正；期满未补正的，该无效宣告请求视为未提出。

第七十一条 在国务院专利行政部门受理无效宣告请求后，请求人可以在提出无效宣告请求之日起1个月内增加理由或者补充证据。逾期增加理由或者补充证据的，国务院专利行政部门可以不予考虑。

第七十二条 国务院专利行政部门应当将专利权无效宣告请求书和有关文件的副本送交专利权人，要求其在指定的期限内陈述意见。

专利权人和无效宣告请求人应当在指定期限内答复国务院专利行政部门发出的转送文件通知书或者无效宣告请求审查通知书；期满未答复的，不影响国务院专利行政部门审理。

第七十三条 在无效宣告请求的审查过程中，发明或者实用新型专利的专利权人可以修改其权利要求书，但是不得扩大原专利的保护范围。国务院专利行政部门在修改后的权利要求基础上作出维持专利权有效或者宣告专利权部分无效的决定的，应当公告修改后的权利要求。

发明或者实用新型专利的专利权人不得修改专利说明书和附图，外观设计专利的专利权人不得修改图片、照片和简要说明。

第七十四条 国务院专利行政部门根据当事人的请求或者案情需要，可以决定对无效宣告请求进行口头审理。

国务院专利行政部门决定对无效宣告请求进行口头审理的，应当向当事人发出口头审理通知书，告知举行口头审理的日期和地点。当事人应当在通知书指定的期限内作出答复。

无效宣告请求人对国务院专利行政部门发出的口头审理通知书在指定的期限内未作答复，并且不参加口头审理的，其无效宣告请求视为撤回；专利权人不参加口头审理的，可以缺席审理。

第七十五条 在无效宣告请求审查程序中，国务院专利行政部门指定的期限不得延长。

第七十六条 国务院专利行政部门对无效宣告的请求作出决定前，无效宣告请求人可以撤回其请求。

国务院专利行政部门作出决定之前，无效宣告请求人撤回其请求或者其无效宣告请求被视为撤回的，无效宣告请求审查程序终止。但是，国务院专利行政部门认为根据已进行的审查工作能够作出宣告专利权无效或者部分无效的决定的，不终止审查程序。

第五章　专利权期限补偿

第七十七条 依照专利法第四十二条第二款的规定请求给予专利权期限补偿的，专利权人应当自公告授予专利权之日起 3 个月内向国务院专利行政部门提出。

第七十八条 依照专利法第四十二条第二款的规定给予专利权期限补偿的，补偿期限按照发明专利在授权过程中不合理延迟的实际天数计算。

前款所称发明专利在授权过程中不合理延迟的实际天数，是指自发明专利申请日起满 4 年且自实质审查请求之日起满 3 年之日至公告授予专利权之日的间隔天数，减去合理延迟的天数和由申请人引起的不合理延迟的天数。

下列情形属于合理延迟：

（一）依照本细则第六十六条的规定修改专利申请文件后被授予专利权的，因复审程序引起的延迟；

（二）因本细则第一百零三条、第一百零四条规定情形引起的延迟；

（三）其他合理情形引起的延迟。

同一申请人同日对同样的发明创造既申请实用新型专利又申请发明专利，依照本细则第四十七条第四款的规定取得发明专利权的，该发明专利权的期限不适用专利法第四十二条第二款的规定。

第七十九条 专利法第四十二条第二款规定的由申请人引起的不合理延迟包括以下情形：

（一）未在指定期限内答复国务院专利行政部门发出的通知；

（二）申请延迟审查；

（三）因本细则第四十五条规定情形引起的延迟；

（四）其他由申请人引起的不合理延迟。

第八十条 专利法第四十二条第三款所称新药相关发明专利是指符合规定的新药产品专利、制备方法专利、医药用途专利。

第八十一条 依照专利法第四十二条第三款的规定请求给予新药相关发明专利权期限补偿的，应当符合下列要求，自该新药在中国获得上市许可之日起 3 个月内向国务院专利行政部门提出：

（一）该新药同时存在多项专利的，专利权人只能请求对其中一项专利给予专利权期限补偿；

（二）一项专利同时涉及多个新药的，只能对一个新药就该专利提出专利权期限补偿请求；

（三）该专利在有效期内，且尚未获得过新药相关发明专利权期限补偿。

第八十二条 依照专利法第四十二条第三款的规定给予专利权期限补偿的，补偿期限按照该专利申请日至该新药在中国获得上市许可之日的间隔天数减去5年，在符合专利法第四十二条第三款规定的基础上确定。

第八十三条 新药相关发明专利在专利权期限补偿期间，该专利的保护范围限于该新药及其经批准的适应症相关技术方案；在保护范围内，专利权人享有的权利和承担的义务与专利权期限补偿前相同。

第八十四条 国务院专利行政部门对依照专利法第四十二条第二款、第三款的规定提出的专利权期限补偿请求进行审查后，认为符合补偿条件的，作出给予期限补偿的决定，并予以登记和公告；不符合补偿条件的，作出不予期限补偿的决定，并通知提出请求的专利权人。

第六章　专利实施的特别许可

第八十五条 专利权人自愿声明对其专利实行开放许可的，应当在公告授予专利权后提出。

开放许可声明应当写明以下事项：

（一）专利号；

（二）专利权人的姓名或者名称；

（三）专利许可使用费支付方式、标准；

（四）专利许可期限；

（五）其他需要明确的事项。

开放许可声明内容应当准确、清楚，不得出现商业性宣传用语。

第八十六条 专利权有下列情形之一的，专利权人不得对其实行开放许可：

（一）专利权处于独占或者排他许可有效期限内的；

（二）属于本细则第一百零三条、第一百零四条规定的中止情形的；

（三）没有按照规定缴纳年费的；

（四）专利权被质押，未经质权人同意的；

（五）其他妨碍专利权有效实施的情形。

第八十七条 通过开放许可达成专利实施许可的，专利权人或者被许可人应当凭能够证明达成许可的书面文件向国务院专利行政部门备案。

第八十八条 专利权人不得通过提供虚假材料、隐瞒事实等手段，作出开放许可声明或者在开放许可实施期间获得专利年费减免。

第八十九条 专利法第五十三条第（一）项所称未充分实施其专利，是指专利权人及其被许可人实施其专利的方式或者规模不能满足国内对专利产品或者专利方法的需求。

专利法第五十五条所称取得专利权的药品，是指解决公共健康问题所需的医药领域中的任何专利产品或者依照专利方法直接获得的产品，包括取得专利权的制造该产品所需的活性成分以及使用该产品所需的诊断用品。

第九十条 请求给予强制许可的，应当向国务院专利行政部门提交强制许可请求书，说明理由并附具有关证明文件。

国务院专利行政部门应当将强制许可请求书的副本送交专利权人，专利权人应当在国务院专利行政部门指定的期限内陈述意见；期满未答复的，不影响国务院专利行政部门作出决定。

国务院专利行政部门在作出驳回强制许可请求的决定或者给予强制许可的决定前，应当通知请求人和专利权人拟作出的决定及其理由。

国务院专利行政部门依照专利法第五十五条的规定作出给予强制许可的决定，应当同时符合中国缔结或者参加的有关国际条约关于为了解决公共健康问题而给予强制许可的规定，但中国作出保留的除外。

第九十一条 依照专利法第六十二条的规定，请求国务院专利行政部门裁决使用费数额的，当事人应当提出裁决请求书，并附具双方不能达成协议的证明文件。国务院专利行政部门应当自收到请求书之日起3个月内作出裁决，并通知当事人。

第七章　对职务发明创造的发明人或者设计人的奖励和报酬

第九十二条　被授予专利权的单位可以与发明人、设计人约定或者在其依法制定的规章制度中规定专利法第十五条规定的奖励、报酬的方式和数额。鼓励被授予专利权的单位实行产权激励，采取股权、期权、分红等方式，使发明人或者设计人合理分享创新收益。

企业、事业单位给予发明人或者设计人的奖励、报酬，按照国家有关财务、会计制度的规定进行处理。

第九十三条　被授予专利权的单位未与发明人、设计人约定也未在其依法制定的规章制度中规定专利法第十五条规定的奖励的方式和数额的，应当自公告授予专利权之日起 3 个月内发给发明人或者设计人奖金。一项发明专利的奖金最低不少于 4000 元；一项实用新型专利或者外观设计专利的奖金最低不少于 1500 元。

由于发明人或者设计人的建议被其所属单位采纳而完成的发明创造，被授予专利权的单位应当从优发给奖金。

第九十四条　被授予专利权的单位未与发明人、设计人约定也未在其依法制定的规章制度中规定专利法第十五条规定的报酬的方式和数额的，应当依照《中华人民共和国促进科技成果转化法》的规定，给予发明人或者设计人合理的报酬。

第八章　专利权的保护

第九十五条　省、自治区、直辖市人民政府管理专利工作的部门以及专利管理工作量大又有实际处理能力的地级市、自治州、盟、地区和直辖市的区人民政府管理专利工作的部门，可以处理和调解专利纠纷。

第九十六条　有下列情形之一的，属于专利法第七十条所称的在全国有重大影响的专利侵权纠纷：

（一）涉及重大公共利益的；

（二）对行业发展有重大影响的；

（三）跨省、自治区、直辖市区域的重大案件；

（四）国务院专利行政部门认为可能有重大影响的其他情形。

专利权人或者利害关系人请求国务院专利行政部门处理专利侵权纠纷，相关案件不属于在全国有重大影响的专利侵权纠纷的，国务院专利行政部门可以指定有管辖权的地方人民政府管理专利工作的部门处理。

第九十七条　当事人请求处理专利侵权纠纷或者调解专利纠纷的，由被请求人所在地或者侵权行为地的管理专利工作的部门管辖。

两个以上管理专利工作的部门都有管辖权的专利纠纷，当事人可以向其中一个管理专利工作的部门提出请求；当事人向两个以上有管辖权的管理专利工作的部门提出请求的，由最先受理的管理专利工作的部门管辖。

管理专利工作的部门对管辖权发生争议的，由其共同的上级人民政府管理专利工作的部门指定管辖；无共同上级人民政府管理专利工作的部门的，由国务院专利行政部门指定管辖。

第九十八条　在处理专利侵权纠纷过程中，被请求人提出无效宣告请求并被国务院专利行政部门受理的，可以请求管理专利工作的部门中止处理。

管理专利工作的部门认为被请求人提出的中止理由明显不能成立的，可以不中止处理。

第九十九条　专利权人依照专利法第十六条的规定，在其专利产品或者该产品的包装上标明专利标识的，应当按照国务院专利行政部门规定的方式予以标明。

专利标识不符合前款规定的，由县级以上负责专利执法的部门责令改正。

第一百条　申请人或者专利权人违反本细则第十一条、第八十八条规定的，由县级以上负责专利执法的部门予以警告，可以处 10 万元以下的罚款。

第一百零一条　下列行为属于专利法第六十八条规定的假冒专利的行为：

（一）在未被授予专利权的产品或者其包装上标注专利标识，专利权被宣告无效后或者终止后继续在产品或者其包装上标注专利标识，或者未经许可在产品或者产品包装上标注他人的专利号；

（二）销售第（一）项所述产品；

（三）在产品说明书等材料中将未被授予专利权的

技术或者设计称为专利技术或者专利设计，将专利申请称为专利，或者未经许可使用他人的专利号，使公众将所涉及的技术或者设计误认为是专利技术或者专利设计；

（四）伪造或者变造专利证书、专利文件或者专利申请文件；

（五）其他使公众混淆，将未被授予专利权的技术或者设计误认为是专利技术或者专利设计的行为。

专利权终止前依法在专利产品、依照专利方法直接获得的产品或者其包装上标注专利标识，在专利权终止后许诺销售、销售该产品的，不属于假冒专利行为。

销售不知道是假冒专利的产品，并且能够证明该产品合法来源的，由县级以上负责专利执法的部门责令停止销售。

第一百零二条 除专利法第六十五条规定的外，管理专利工作的部门应当事人请求，可以对下列专利纠纷进行调解：

（一）专利申请权和专利权归属纠纷；

（二）发明人、设计人资格纠纷；

（三）职务发明创造的发明人、设计人的奖励和报酬纠纷；

（四）在发明专利申请公布后专利权授予前使用发明而未支付适当费用的纠纷；

（五）其他专利纠纷。

对于前款第（四）项所列的纠纷，当事人请求管理专利工作的部门调解的，应当在专利权被授予之后提出。

第一百零三条 当事人因专利申请权或者专利权的归属发生纠纷，已请求管理专利工作的部门调解或者向人民法院起诉的，可以请求国务院专利行政部门中止有关程序。

依照前款规定请求中止有关程序的，应当向国务院专利行政部门提交请求书，说明理由，并附具管理专利工作的部门或者人民法院的写明申请号或者专利号的有关受理文件副本。国务院专利行政部门认为当事人提出的中止理由明显不能成立的，可以不中止有关程序。

管理专利工作的部门作出的调解书或者人民法院作出的判决生效后，当事人应当向国务院专利行政部门办理恢复有关程序的手续。自请求中止之日起1年内，有关专利申请权或者专利权归属的纠纷未能结案，需要继续中止有关程序的，请求人应当在该期限内请求延长中止。期满未请求延长的，国务院专利行政部门自行恢复有关程序。

第一百零四条 人民法院在审理民事案件中裁定对专利申请权或者专利权采取保全措施的，国务院专利行政部门应当在收到写明申请号或者专利号的裁定书和协助执行通知书之日中止被保全的专利申请权或者专利权的有关程序。保全期限届满，人民法院没有裁定继续采取保全措施的，国务院专利行政部门自行恢复有关程序。

第一百零五条 国务院专利行政部门根据本细则第一百零三条和第一百零四条规定中止有关程序，是指暂停专利申请的初步审查、实质审查、复审程序，授予专利权程序和专利权无效宣告程序；暂停办理放弃、变更、转移专利权或者专利申请权手续，专利权质押手续以及专利权期限届满前的终止手续等。

第九章　专利登记和专利公报

第一百零六条 国务院专利行政部门设置专利登记簿，登记下列与专利申请和专利权有关的事项：

（一）专利权的授予；

（二）专利申请权、专利权的转移；

（三）专利权的质押、保全及其解除；

（四）专利实施许可合同的备案；

（五）国防专利、保密专利的解密；

（六）专利权的无效宣告；

（七）专利权的终止；

（八）专利权的恢复；

（九）专利权期限的补偿；

（十）专利实施的开放许可；

（十一）专利实施的强制许可；

（十二）专利权人的姓名或者名称、国籍和地址的变更。

第一百零七条 国务院专利行政部门定期出版专利公报，公布或者公告下列内容：

（一）发明专利申请的著录事项和说明书摘要；

（二）发明专利申请的实质审查请求和国务院专利行政部门对发明专利申请自行进行实质审查的决定；

（三）发明专利申请公布后的驳回、撤回、视为撤回、视为放弃、恢复和转移；

（四）专利权的授予以及专利权的著录事项；

（五）实用新型专利的说明书摘要，外观设计专利的一幅图片或者照片；

（六）国防专利、保密专利的解密；

（七）专利权的无效宣告；

（八）专利权的终止、恢复；

（九）专利权期限的补偿；

（十）专利权的转移；

（十一）专利实施许可合同的备案；

（十二）专利权的质押、保全及其解除；

（十三）专利实施的开放许可事项；

（十四）专利实施的强制许可的给予；

（十五）专利权人的姓名或者名称、国籍和地址的变更；

（十六）文件的公告送达；

（十七）国务院专利行政部门作出的更正；

（十八）其他有关事项。

第一百零八条 国务院专利行政部门应当提供专利公报、发明专利申请单行本以及发明专利、实用新型专利、外观设计专利单行本，供公众免费查阅。

第一百零九条 国务院专利行政部门负责按照互惠原则与其他国家、地区的专利机关或者区域性专利组织交换专利文献。

第十章　费　用

第一百一十条 向国务院专利行政部门申请专利和办理其他手续时，应当缴纳下列费用：

（一）申请费、申请附加费、公布印刷费、优先权要求费；

（二）发明专利申请实质审查费、复审费；

（三）年费；

（四）恢复权利请求费、延长期限请求费；

（五）著录事项变更费、专利权评价报告请求费、无效宣告请求费、专利文件副本证明费。

前款所列各种费用的缴纳标准，由国务院发展改革部门、财政部门会同国务院专利行政部门按照职责分工规定。国务院财政部门、发展改革部门可以会同国务院专利行政部门根据实际情况对申请专利和办理其他手续应当缴纳的费用种类和标准进行调整。

第一百一十一条 专利法和本细则规定的各种费用，应当严格按照规定缴纳。

直接向国务院专利行政部门缴纳费用的，以缴纳当日为缴费日；以邮局汇付方式缴纳费用的，以邮局汇出的邮戳日为缴费日；以银行汇付方式缴纳费用的，以银行实际汇出日为缴费日。

多缴、重缴、错缴专利费用的，当事人可以自缴费日起3年内，向国务院专利行政部门提出退款请求，国务院专利行政部门应当予以退还。

第一百一十二条 申请人应当自申请日起2个月内或者在收到受理通知书之日起15日内缴纳申请费、公布印刷费和必要的申请附加费；期满未缴纳或者未缴足的，其申请视为撤回。

申请人要求优先权的，应当在缴纳申请费的同时缴纳优先权要求费；期满未缴纳或者未缴足的，视为未要求优先权。

第一百一十三条 当事人请求实质审查或者复审的，应当在专利法及本细则规定的相关期限内缴纳费用；期满未缴纳或者未缴足的，视为未提出请求。

第一百一十四条 申请人办理登记手续时，应当缴纳授予专利权当年的年费；期满未缴纳或者未缴足的，视为未办理登记手续。

第一百一十五条 授予专利权当年以后的年费应当在上一年度期满前缴纳。专利权人未缴纳或者未缴足的，国务院专利行政部门应当通知专利权人自应当缴纳年费期满之日起6个月内补缴，同时缴纳滞纳金；滞纳金的金额按照每超过规定的缴费时间1个月，加收当年全额年费的5%计算；期满未缴纳的，专利权自应当缴纳年费期满之日起终止。

第一百一十六条 恢复权利请求费应当在本细则规定的相关期限内缴纳；期满未缴纳或者未缴足的，视为未提出请求。

延长期限请求费应当在相应期限届满之日前缴纳；期满未缴纳或者未缴足的，视为未提出请求。

著录事项变更费、专利权评价报告请求费、无效宣告请求费应当自提出请求之日起1个月内缴纳；期满未缴纳或者未缴足的，视为未提出请求。

第一百一十七条 申请人或者专利权人缴纳本细则规定的各种费用有困难的，可以按照规定向国务院专利行政部门提出减缴的请求。减缴的办法由国务院财政部门会同国务院发展改革部门、国务院专利行政部门规定。

第十一章 关于发明、实用新型国际申请的特别规定

第一百一十八条 国务院专利行政部门根据专利法第十九条规定，受理按照专利合作条约提出的专利国际申请。

按照专利合作条约提出并指定中国的专利国际申请（以下简称国际申请）进入国务院专利行政部门处理阶段（以下称进入中国国家阶段）的条件和程序适用本章的规定；本章没有规定的，适用专利法及本细则其他各章的有关规定。

第一百一十九条 按照专利合作条约已确定国际申请日并指定中国的国际申请，视为向国务院专利行政部门提出的专利申请，该国际申请日视为专利法第二十八条所称的申请日。

第一百二十条 国际申请的申请人应当在专利合作条约第二条所称的优先权日（本章简称优先权日）起30个月内，向国务院专利行政部门办理进入中国国家阶段的手续；申请人未在该期限内办理该手续的，在缴纳宽限费后，可以在自优先权日起32个月内办理进入中国国家阶段的手续。

第一百二十一条 申请人依照本细则第一百二十条的规定办理进入中国国家阶段的手续的，应当符合下列要求：

（一）以中文提交进入中国国家阶段的书面声明，写明国际申请号和要求获得的专利权类型；

（二）缴纳本细则第一百一十条第一款规定的申请费、公布印刷费，必要时缴纳本细则第一百二十条规定的宽限费；

（三）国际申请以外文提出的，提交原始国际申请的说明书和权利要求书的中文译文；

（四）在进入中国国家阶段的书面声明中写明发明创造的名称，申请人姓名或者名称、地址和发明人的姓名，上述内容应当与世界知识产权组织国际局（以下简称国际局）的记录一致；国际申请中未写明发明人的，在上述声明中写明发明人的姓名；

（五）国际申请以外文提出的，提交摘要的中文译文，有附图和摘要附图的，提交附图副本并指定摘要附图，附图中有文字的，将其替换为对应的中文文字；

（六）在国际阶段向国际局已办理申请人变更手续的，必要时提供变更后的申请人享有申请权的证明材料；

（七）必要时缴纳本细则第一百一十条第一款规定的申请附加费。

符合本条第一款第（一）项至第（三）项要求的，国务院专利行政部门应当给予申请号，明确国际申请进入中国国家阶段的日期（以下简称进入日），并通知申请人其国际申请已进入中国国家阶段。

国际申请已进入中国国家阶段，但不符合本条第一款第（四）项至第（七）项要求的，国务院专利行政部门应当通知申请人在指定期限内补正；期满未补正的，其申请视为撤回。

第一百二十二条 国际申请有下列情形之一的，其在中国的效力终止：

（一）在国际阶段，国际申请被撤回或者被视为撤回，或者国际申请对中国的指定被撤回的；

（二）申请人未在优先权日起32个月内按照本细则第一百二十条规定办理进入中国国家阶段手续的；

（三）申请人办理进入中国国家阶段的手续，但自优先权日起32个月期限届满仍不符合本细则第一百二十一条第（一）项至第（三）项要求的。

依照前款第（一）项的规定，国际申请在中国的效力终止的，不适用本细则第六条的规定；依照前款第（二）项、第（三）项的规定，国际申请在中国的效力终止的，不适用本细则第六条第二款的规定。

第一百二十三条 国际申请在国际阶段作过修改，

申请人要求以经修改的申请文件为基础进行审查的，应当自进入日起 2 个月内提交修改部分的中文译文。在该期间内未提交中文译文的，对申请人在国际阶段提出的修改，国务院专利行政部门不予考虑。

第一百二十四条 国际申请涉及的发明创造有专利法第二十四条第（二）项或者第（三）项所列情形之一，在提出国际申请时作过声明的，申请人应当在进入中国国家阶段的书面声明中予以说明，并自进入日起 2 个月内提交本细则第三十三条第三款规定的有关证明文件；未予说明或者期满未提交证明文件的，其申请不适用专利法第二十四条的规定。

第一百二十五条 申请人按照专利合作条约的规定，对生物材料样品的保藏已作出说明的，视为已经满足了本细则第二十七条第（三）项的要求。申请人应当在进入中国国家阶段声明中指明记载生物材料样品保藏事项的文件以及在该文件中的具体记载位置。

申请人在原始提交的国际申请的说明书中已记载生物材料样品保藏事项，但是没有在进入中国国家阶段声明中指明的，应当自进入日起 4 个月内补正。期满未补正的，该生物材料视为未提交保藏。

申请人自进入日起 4 个月内向国务院专利行政部门提交生物材料样品保藏证明和存活证明的，视为在本细则第二十七条第（一）项规定的期限内提交。

第一百二十六条 国际申请涉及的发明创造依赖遗传资源完成的，申请人应当在国际申请进入中国国家阶段的书面声明中予以说明，并填写国务院专利行政部门制定的表格。

第一百二十七条 申请人在国际阶段已要求一项或者多项优先权，在进入中国国家阶段时该优先权要求继续有效的，视为已经依照专利法第三十条的规定提出了书面声明。

申请人应当自进入日起 2 个月内缴纳优先权要求费；期满未缴纳或者未缴足的，视为未要求该优先权。

申请人在国际阶段已依照专利合作条约的规定，提交过在先申请文件副本的，办理进入中国国家阶段手续时不需要向国务院专利行政部门提交在先申请文件副本。申请人在国际阶段未提交在先申请文件副本的，国务院专利行政部门认为必要时，可以通知申请

人在指定期限内补交；申请人期满未补交的，其优先权要求视为未提出。

第一百二十八条 国际申请的申请日在优先权期限届满之后 2 个月内，在国际阶段受理局已经批准恢复优先权的，视为已经依照本细则第三十六条的规定提出了恢复优先权请求；在国际阶段申请人未请求恢复优先权，或者提出了恢复优先权请求但受理局未批准，申请人有正当理由的，可以自进入日起 2 个月内向国务院专利行政部门请求恢复优先权。

第一百二十九条 在优先权日起 30 个月期满前要求国务院专利行政部门提前处理和审查国际申请的，申请人除应当办理进入中国国家阶段手续外，还应当依照专利合作条约第二十三条第二款规定提出请求。国际局尚未向国务院专利行政部门传送国际申请的，申请人应当提交经确认的国际申请副本。

第一百三十条 要求获得实用新型专利权的国际申请，申请人可以自进入日起 2 个月内对专利申请文件主动提出修改。

要求获得发明专利权的国际申请，适用本细则第五十七条第一款的规定。

第一百三十一条 申请人发现提交的说明书、权利要求书或者附图中的文字的中文译文存在错误的，可以在下列规定期限内依照原始国际申请文本提出改正：

（一）在国务院专利行政部门做好公布发明专利申请或者公告实用新型专利权的准备工作之前；

（二）在收到国务院专利行政部门发出的发明专利申请进入实质审查阶段通知书之日起 3 个月内。

申请人改正译文错误的，应当提出书面请求并缴纳规定的译文改正费。

申请人按照国务院专利行政部门的通知书的要求改正译文的，应当在指定期限内办理本条第二款规定的手续；期满未办理规定手续的，该申请视为撤回。

第一百三十二条 对要求获得发明专利权的国际申请，国务院专利行政部门经初步审查认为符合专利法和本细则有关规定的，应当在专利公报上予以公布；国际申请以中文以外的文字提出的，应当公布申请文件的中文译文。

要求获得发明专利权的国际申请，由国际局以中文进行国际公布的，自国际公布日或者国务院专利行政部门公布之日起适用专利法第十三条的规定；由国际局以中文以外的文字进行国际公布的，自国务院专利行政部门公布之日起适用专利法第十三条的规定。

对国际申请，专利法第二十一条和第二十二条中所称的公布是指本条第一款所规定的公布。

第一百三十三条 国际申请包含两项以上发明或者实用新型的，申请人可以自进入日起，依照本细则第四十八条第一款的规定提出分案申请。

在国际阶段，国际检索单位或者国际初步审查单位认为国际申请不符合专利合作条约规定的单一性要求时，申请人未按照规定缴纳附加费，导致国际申请某些部分未经国际检索或者未经国际初步审查，在进入中国国家阶段时，申请人要求将所述部分作为审查基础，国务院专利行政部门认为国际检索单位或者国际初步审查单位对发明单一性的判断正确的，应当通知申请人在指定期限内缴纳单一性恢复费。期满未缴纳或者未足额缴纳的，国际申请中未经检索或者未经国际初步审查的部分视为撤回。

第一百三十四条 国际申请在国际阶段被有关国际单位拒绝给予国际申请日或者宣布视为撤回的，申请人在收到通知之日起2个月内，可以请求国际局将国际申请档案中任何文件的副本转交国务院专利行政部门，并在该期限内向国务院专利行政部门办理本细则第一百二十条规定的手续，国务院专利行政部门应当在接到国际局传送的文件后，对国际单位作出的决定是否正确进行复查。

第一百三十五条 基于国际申请授予的专利权，由于译文错误，致使依照专利法第六十四条规定确定的保护范围超出国际申请的原文所表达的范围的，以依照原文限制后的保护范围为准；致使保护范围小于国际申请的原文所表达的范围的，以授权时的保护范围为准。

第十二章 关于外观设计国际申请的特别规定

第一百三十六条 国务院专利行政部门根据专利法第十九条第二款、第三款规定，处理按照工业品外观设计国际注册海牙协定（1999年文本）（以下简称海牙协定）提出的外观设计国际注册申请。

国务院专利行政部门处理按照海牙协定提出并指定中国的外观设计国际注册申请（简称外观设计国际申请）的条件和程序适用本章的规定；本章没有规定的，适用专利法及本细则其他各章的有关规定。

第一百三十七条 按照海牙协定已确定国际注册日并指定中国的外观设计国际申请，视为向国务院专利行政部门提出的外观设计专利申请，该国际注册日视为专利法第二十八条所称的申请日。

第一百三十八条 国际局公布外观设计国际申请后，国务院专利行政部门对外观设计国际申请进行审查，并将审查结果通知国际局。

第一百三十九条 国际局公布的外观设计国际申请中包括一项或者多项优先权的，视为已经依照专利法第三十条的规定提出了书面声明。

外观设计国际申请的申请人要求优先权的，应当自外观设计国际申请公布之日起3个月内提交在先申请文件副本。

第一百四十条 外观设计国际申请涉及的外观设计有专利法第二十四条第（二）项或者第（三）项所列情形的，应当在提出外观设计国际申请时声明，并自外观设计国际申请公布之日起2个月内提交本细则第三十三条第三款规定的有关证明文件。

第一百四十一条 一件外观设计国际申请包括两项以上外观设计的，申请人可以自外观设计国际申请公布之日起2个月内，向国务院专利行政部门提出分案申请，并缴纳费用。

第一百四十二条 国际局公布的外观设计国际申请中包括含设计要点的说明书的，视为已经依照本细则第三十一条的规定提交了简要说明。

第一百四十三条 外观设计国际申请经国务院专利行政部门审查后没有发现驳回理由的，由国务院专利行政部门作出给予保护的决定，通知国际局。

国务院专利行政部门作出给予保护的决定后，予以公告，该外观设计专利权自公告之日起生效。

第一百四十四条 已在国际局办理权利变更手续

的，申请人应当向国务院专利行政部门提供有关证明材料。

第十三章　附　则

第一百四十五条　经国务院专利行政部门同意，任何人均可以查阅或者复制已经公布或者公告的专利申请的案卷和专利登记簿，并可以请求国务院专利行政部门出具专利登记簿副本。

已视为撤回、驳回和主动撤回的专利申请的案卷，自该专利申请失效之日起满 2 年后不予保存。

已放弃、宣告全部无效和终止的专利权的案卷，自该专利权失效之日起满 3 年后不予保存。

第一百四十六条　向国务院专利行政部门提交申请文件或者办理各种手续，应当由申请人、专利权人、其他利害关系人或者其代表人签字或者盖章；委托专利代理机构的，由专利代理机构盖章。

请求变更发明人姓名、专利申请人和专利权人的姓名或者名称、国籍和地址、专利代理机构的名称、

地址和专利代理师姓名的，应当向国务院专利行政部门办理著录事项变更手续，必要时应当提交变更理由的证明材料。

第一百四十七条　向国务院专利行政部门邮寄有关申请或者专利权的文件，应当使用挂号信函，不得使用包裹。

除首次提交专利申请文件外，向国务院专利行政部门提交各种文件、办理各种手续的，应当标明申请号或者专利号、发明创造名称和申请人或者专利权人姓名或者名称。

一件信函中应当只包含同一申请的文件。

第一百四十八条　国务院专利行政部门根据专利法和本细则制定专利审查指南。

第一百四十九条　本细则自 2001 年 7 月 1 日起施行。1992 年 12 月 12 日国务院批准修订、1992 年 12 月 21 日中国专利局发布的《中华人民共和国专利法实施细则》同时废止。

司法解释

最高人民法院关于知识产权法庭若干问题的规定

（2018 年 12 月 3 日最高人民法院审判委员会第 1756 次会议通过；根据 2023 年 10 月 16 日最高人民法院审判委员会第 1901 次会议通过的《最高人民法院关于修改〈最高人民法院关于知识产权法庭若干问题的规定〉的决定》修正，该修正自 2023 年 11 月 1 日起施行）

为进一步统一知识产权案件裁判标准，依法平等保护各类市场主体合法权益，加大知识产权司法保护力度，优化科技创新法治环境，加快实施创新驱动发展战略，根据《中华人民共和国人民法院组织法》《中华人民共和国民事诉讼法》《中华人民共和国行政诉讼法》《全国人民代表大会常务委员会关于专利等知识产权案件诉讼程序若干问题的决定》等法律规定，结合审判工作实际，就最高人民法院知识产权法庭相关问题规定如下。

第一条　最高人民法院设立知识产权法庭，主要审理专利等专业技术性较强的知识产权上诉案件。

知识产权法庭是最高人民法院派出的常设审判机构，设在北京市。

知识产权法庭作出的判决、裁定、调解书和决定，是最高人民法院的判决、裁定、调解书和决定。

第二条　知识产权法庭审理下列上诉案件：

（一）专利、植物新品种、集成电路布图设计授权

确权行政上诉案件；

（二）发明专利、植物新品种、集成电路布图设计权属、侵权民事和行政上诉案件；

（三）重大、复杂的实用新型专利、技术秘密、计算机软件权属、侵权民事和行政上诉案件；

（四）垄断民事和行政上诉案件。

知识产权法庭审理下列其他案件：

（一）前款规定类型的全国范围内重大、复杂的第一审民事和行政案件；

（二）对前款规定的第一审民事和行政案件已经发生法律效力的判决、裁定、调解书依法申请再审、抗诉、再审等适用审判监督程序的案件；

（三）前款规定的第一审民事和行政案件管辖权争议，行为保全裁定申请复议、罚款、拘留决定申请复议，报请延长审限等案件；

（四）最高人民法院认为应当由知识产权法庭审理的其他案件。

第三条 审理本规定第二条所称案件的下级人民法院应当按照规定及时向知识产权法庭移送纸质、电子卷宗。

第四条 知识产权法庭可以要求当事人披露涉案知识产权相关权属、侵权、授权确权等关联案件情况。

当事人拒不如实披露的，可以作为认定其是否遵循诚实信用原则和构成滥用权利等的考量因素。

第五条 知识产权法庭可以根据案件情况到实地或者原审人民法院所在地巡回审理案件。

第六条 知识产权法庭采取保全等措施，依照执行程序相关规定办理。

第七条 知识产权法庭审理的案件的立案信息、合议庭组成人员、审判流程、裁判文书等依法公开。

第八条 知识产权法庭法官会议由庭长、副庭长和若干资深法官组成，讨论重大、疑难、复杂案件等。

第九条 知识产权法庭应当加强对有关案件审判工作的调研，及时总结裁判标准和审理规则，指导下级人民法院审判工作。

第十条 对知识产权法院、中级人民法院已经发生法律效力的本规定第二条第一款规定类型的第一审民事和行政案件判决、裁定、调解书，省级人民检察院向高级人民法院提出抗诉的，高级人民法院应当告知其由最高人民检察院依法向最高人民法院提出，并由知识产权法庭审理。

第十一条 本规定自 2019 年 1 月 1 日起施行。最高人民法院此前发布的司法解释与本规定不一致的，以本规定为准。

部门规章

禁止滥用知识产权排除、限制竞争行为规定

（2023 年 6 月 25 日国家市场监督管理总局令第 79 号公布　自 2023 年 8 月 1 日起施行）

第一条 为了预防和制止滥用知识产权排除、限制竞争行为，根据《中华人民共和国反垄断法》（以下简称反垄断法），制定本规定。

第二条 反垄断与保护知识产权具有共同的目标，即促进竞争和创新，提高经济运行效率，维护消费者利益和社会公共利益。

经营者依照有关知识产权的法律、行政法规规定行使知识产权，但不得滥用知识产权，排除、限制竞争。

第三条 本规定所称滥用知识产权排除、限制竞争行为，是指经营者违反反垄断法的规定行使知识产权，达成垄断协议，滥用市场支配地位，实施具有或

者可能具有排除、限制竞争效果的经营者集中等垄断行为。

第四条 国家市场监督管理总局（以下简称市场监管总局）根据反垄断法第十三条第一款规定，负责滥用知识产权排除、限制竞争行为的反垄断统一执法工作。

市场监管总局根据反垄断法第十三条第二款规定，授权各省、自治区、直辖市市场监督管理部门（以下称省级市场监管部门）负责本行政区域内垄断协议、滥用市场支配地位等滥用知识产权排除、限制竞争行为的反垄断执法工作。

本规定所称反垄断执法机构包括市场监管总局和省级市场监管部门。

第五条 本规定所称相关市场，包括相关商品市场和相关地域市场，根据反垄断法和《国务院反垄断委员会关于相关市场界定的指南》进行界定，并考虑知识产权、创新等因素的影响。在涉及知识产权许可等反垄断执法工作中，相关商品市场可以是技术市场，也可以是含有特定知识产权的产品市场。相关技术市场是指由行使知识产权所涉及的技术和可以相互替代的同类技术之间相互竞争所构成的市场。

第六条 经营者之间不得利用行使知识产权的方式，达成反垄断法第十七条、第十八条第一款所禁止的垄断协议。

经营者不得利用行使知识产权的方式，组织其他经营者达成垄断协议或者为其他经营者达成垄断协议提供实质性帮助。

经营者能够证明所达成的协议属于反垄断法第二十条规定情形的，不适用第一款和第二款的规定。

第七条 经营者利用行使知识产权的方式，与交易相对人达成反垄断法第十八条第一款第一项、第二项规定的协议，经营者能够证明其不具有排除、限制竞争效果的，不予禁止。

经营者利用行使知识产权的方式，与交易相对人达成协议，经营者能够证明参与协议的经营者在相关市场的市场份额低于市场监管总局规定的标准，并符合市场监管总局规定的其他条件的，不予禁止。具体标准可以参照《国务院反垄断委员会关于知识产权领

域的反垄断指南》相关规定。

第八条 具有市场支配地位的经营者不得在行使知识产权的过程中滥用市场支配地位，排除、限制竞争。

市场支配地位根据反垄断法和《禁止滥用市场支配地位行为规定》的规定进行认定和推定。经营者拥有知识产权可以构成认定其具有市场支配地位的因素之一，但不能仅根据经营者拥有知识产权推定其在相关市场具有市场支配地位。

认定拥有知识产权的经营者在相关市场是否具有支配地位，还可以考虑在相关市场交易相对人转向具有替代关系的技术或者产品的可能性及转移成本、下游市场对利用知识产权所提供商品的依赖程度、交易相对人对经营者的制衡能力等因素。

第九条 具有市场支配地位的经营者不得在行使知识产权的过程中，以不公平的高价许可知识产权或者销售包含知识产权的产品，排除、限制竞争。

认定前款行为可以考虑以下因素：

（一）该项知识产权的研发成本和回收周期；

（二）该项知识产权的许可费计算方法和许可条件；

（三）该项知识产权可以比照的历史许可费或者许可费标准；

（四）经营者就该项知识产权许可所作的承诺；

（五）需要考虑的其他相关因素。

第十条 具有市场支配地位的经营者没有正当理由，不得在行使知识产权的过程中，拒绝许可其他经营者以合理条件使用该知识产权，排除、限制竞争。

认定前款行为应当同时考虑以下因素：

（一）该项知识产权在相关市场不能被合理替代，为其他经营者参与相关市场的竞争所必需；

（二）拒绝许可该知识产权将会导致相关市场的竞争或者创新受到不利影响，损害消费者利益或者社会公共利益；

（三）许可该知识产权对该经营者不会造成不合理的损害。

第十一条 具有市场支配地位的经营者没有正当理由，不得在行使知识产权的过程中，从事下列限定

交易行为，排除、限制竞争：

（一）限定交易相对人只能与其进行交易；

（二）限定交易相对人只能与其指定的经营者进行交易；

（三）限定交易相对人不得与特定经营者进行交易。

第十二条　具有市场支配地位的经营者没有正当理由，不得在行使知识产权的过程中，违背所在行业或者领域交易惯例、消费习惯或者无视商品的功能，从事下列搭售行为，排除、限制竞争：

（一）在许可知识产权时强制或者变相强制被许可人购买其他不必要的产品；

（二）在许可知识产权时强制或者变相强制被许可人接受一揽子许可。

第十三条　具有市场支配地位的经营者没有正当理由，不得在行使知识产权的过程中，附加下列不合理的交易条件，排除、限制竞争：

（一）要求交易相对人将其改进的技术进行排他性或者独占性回授，或者在不提供合理对价时要求交易相对人进行相同技术领域的交叉许可；

（二）禁止交易相对人对其知识产权的有效性提出质疑；

（三）限制交易相对人在许可协议期限届满后，在不侵犯知识产权的情况下利用竞争性的技术或者产品；

（四）对交易相对人附加其他不合理的交易条件。

第十四条　具有市场支配地位的经营者没有正当理由，不得在行使知识产权的过程中，对条件相同的交易相对人实行差别待遇，排除、限制竞争。

第十五条　涉及知识产权的经营者集中达到国务院规定的申报标准的，经营者应当事先向市场监管总局申报，未申报或者申报后获得批准前不得实施集中。

第十六条　涉及知识产权的经营者集中审查应当考虑反垄断法第三十三条规定的因素和知识产权的特点。

根据涉及知识产权的经营者集中交易具体情况，附加的限制性条件可以包括以下情形：

（一）剥离知识产权或者知识产权所涉业务；

（二）保持知识产权相关业务的独立运营；

（三）以合理条件许可知识产权；

（四）其他限制性条件。

第十七条　经营者不得在行使知识产权的过程中，利用专利联营从事排除、限制竞争的行为。

专利联营的成员不得交换价格、产量、市场划分等有关竞争的敏感信息，达成反垄断法第十七条、第十八条第一款所禁止的垄断协议。但是，经营者能够证明所达成的协议符合反垄断法第十八条第二款、第三款和第二十条规定的除外。

具有市场支配地位的专利联营实体或者专利联营的成员不得利用专利联营从事下列滥用市场支配地位的行为：

（一）以不公平的高价许可联营专利；

（二）没有正当理由，限制联营成员或者被许可人的专利使用范围；

（三）没有正当理由，限制联营成员在联营之外作为独立许可人许可专利；

（四）没有正当理由，限制联营成员或者被许可人独立或者与第三方联合研发与联营专利相竞争的技术；

（五）没有正当理由，强制要求被许可人将其改进或者研发的技术排他性或者独占性地回授给专利联营实体或者专利联营的成员；

（六）没有正当理由，禁止被许可人质疑联营专利的有效性；

（七）没有正当理由，将竞争性专利强制组合许可，或者将非必要专利、已终止的专利与其他专利强制组合许可；

（八）没有正当理由，对条件相同的联营成员或者同一相关市场的被许可人在交易条件上实行差别待遇；

（九）市场监管总局认定的其他滥用市场支配地位的行为。

本规定所称专利联营，是指两个或者两个以上经营者将各自的专利共同许可给联营成员或者第三方。专利联营各方通常委托联营成员或者独立第三方对联营进行管理。联营具体方式包括达成协议、设立公司或者其他实体等。

第十八条　经营者没有正当理由，不得在行使知识产权的过程中，利用标准的制定和实施达成下列垄断协议：

（一）与具有竞争关系的经营者联合排斥特定经营者参与标准制定，或者排斥特定经营者的相关标准技术方案；

（二）与具有竞争关系的经营者联合排斥其他特定经营者实施相关标准；

（三）与具有竞争关系的经营者约定不实施其他竞争性标准；

（四）市场监管总局认定的其他垄断协议。

第十九条 具有市场支配地位的经营者不得在标准的制定和实施过程中从事下列行为，排除、限制竞争：

（一）在参与标准制定过程中，未按照标准制定组织规定及时充分披露其权利信息，或者明确放弃其权利，但是在标准涉及该专利后却向标准实施者主张该专利权；

（二）在其专利成为标准必要专利后，违反公平、合理、无歧视原则，以不公平的高价许可，没有正当理由拒绝许可、搭售商品或者附加其他不合理的交易条件、实行差别待遇等；

（三）在标准必要专利许可过程中，违反公平、合理、无歧视原则，未经善意谈判，请求法院或者其他相关部门作出禁止使用相关知识产权的判决、裁定或者决定等，迫使被许可方接受不公平的高价或者其他不合理的交易条件；

（四）市场监管总局认定的其他滥用市场支配地位的行为。

本规定所称标准必要专利，是指实施该项标准所必不可少的专利。

第二十条 认定本规定第十条至第十四条、第十七条至第十九条所称的"正当理由"，可以考虑以下因素：

（一）有利于鼓励创新和促进市场公平竞争；

（二）为行使或者保护知识产权所必需；

（三）为满足产品安全、技术效果、产品性能等所必需；

（四）为交易相对人实际需求且符合正当的行业惯例和交易习惯；

（五）其他能够证明行为具有正当性的因素。

第二十一条 经营者在行使著作权以及与著作权有关的权利时，不得从事反垄断法和本规定禁止的垄断行为。

第二十二条 分析认定经营者涉嫌滥用知识产权排除、限制竞争行为，可以采取以下步骤：

（一）确定经营者行使知识产权行为的性质和表现形式；

（二）确定行使知识产权的经营者之间相互关系的性质；

（三）界定行使知识产权所涉及的相关市场；

（四）认定行使知识产权的经营者的市场地位；

（五）分析经营者行使知识产权的行为对相关市场竞争的影响。

确定经营者之间相互关系的性质需要考虑行使知识产权行为本身的特点。在涉及知识产权许可的情况下，原本具有竞争关系的经营者之间在许可协议中是交易关系，而在许可人和被许可人都利用该知识产权生产产品的市场上则又是竞争关系。但是，如果经营者之间在订立许可协议时不存在竞争关系，在协议订立之后才产生竞争关系的，则仍然不视为竞争者之间的协议，除非原协议发生实质性的变更。

第二十三条 分析认定经营者行使知识产权的行为对相关市场竞争的影响，应当考虑下列因素：

（一）经营者与交易相对人的市场地位；

（二）相关市场的市场集中度；

（三）进入相关市场的难易程度；

（四）产业惯例与产业的发展阶段；

（五）在产量、区域、消费者等方面进行限制的时间和效力范围；

（六）对促进创新和技术推广的影响；

（七）经营者的创新能力和技术变化的速度；

（八）与认定行使知识产权的行为对相关市场竞争影响有关的其他因素。

第二十四条 反垄断执法机构对滥用知识产权排除、限制竞争行为进行调查、处罚时，依照反垄断法和《禁止垄断协议规定》《禁止滥用市场支配地位行为规定》《经营者集中审查规定》规定的程序执行。

第二十五条　经营者违反反垄断法和本规定，达成并实施垄断协议的，由反垄断执法机构责令停止违法行为，没收违法所得，并处上一年度销售额百分之一以上百分之十以下的罚款，上一年度没有销售额的，处五百万元以下的罚款；尚未实施所达成的垄断协议的，可以处三百万元以下的罚款。经营者的法定代表人、主要负责人和直接责任人员对达成垄断协议负有个人责任的，可以处一百万元以下的罚款。

经营者组织其他经营者达成垄断协议或者为其他经营者达成垄断协议提供实质性帮助的，适用前款规定。

第二十六条　经营者违反反垄断法和本规定，滥用市场支配地位的，由反垄断执法机构责令停止违法行为，没收违法所得，并处上一年度销售额百分之一以上百分之十以下的罚款。

第二十七条　经营者违法实施涉及知识产权的集中，且具有或者可能具有排除、限制竞争效果的，由市场监管总局责令停止实施集中、限期处分股份或者资产、限期转让营业以及采取其他必要措施恢复到集中前的状态，处上一年度销售额百分之十以下的罚款；不具有排除、限制竞争效果的，处五百万元以下的罚款。

第二十八条　对本规定第二十五条、第二十六条、第二十七条规定的罚款，反垄断执法机构确定具体罚款数额时，应当考虑违法行为的性质、程度、持续时间和消除违法行为后果的情况等因素。

第二十九条　违反反垄断法规定，情节特别严重、影响特别恶劣、造成特别严重后果的，市场监管总局可以在反垄断法第五十六条、第五十七条、第五十八条、第六十二条规定的罚款数额的二倍以上五倍以下确定具体罚款数额。

第三十条　反垄断执法机构工作人员滥用职权、玩忽职守、徇私舞弊或者泄露执法过程中知悉的商业秘密、个人隐私和个人信息的，依照有关规定处理。

第三十一条　反垄断执法机构在调查期间发现的公职人员涉嫌职务违法、职务犯罪问题线索，应当及时移交纪检监察机关。

第三十二条　本规定对滥用知识产权排除、限制竞争行为未作规定的，依照反垄断法和《禁止垄断协议规定》《禁止滥用市场支配地位行为规定》《经营者集中审查规定》处理。

第三十三条　本规定自2023年8月1日起施行。2015年4月7日原国家工商行政管理总局令第74号公布的《关于禁止滥用知识产权排除、限制竞争行为的规定》同时废止。

药品经营和使用质量监督管理办法

（2023年9月27日国家市场监督管理总局令第84号公布　自2024年1月1日起施行）

第一章　总　则

第一条　为了加强药品经营和药品使用质量监督管理，规范药品经营和药品使用质量管理活动，根据《中华人民共和国药品管理法》（以下简称《药品管理法》）《中华人民共和国疫苗管理法》《中华人民共和国药品管理法实施条例》等法律、行政法规，制定本办法。

第二条　在中华人民共和国境内的药品经营、使用质量管理及其监督管理活动，应当遵守本办法。

第三条　从事药品批发或者零售活动的，应当经药品监督管理部门批准，依法取得药品经营许可证，严格遵守法律、法规、规章、标准和规范。

药品上市许可持有人可以自行销售其取得药品注册证书的药品，也可以委托药品经营企业销售。但是，药品上市许可持有人从事药品零售活动的，应当取得药品经营许可证。

其他单位从事药品储存、运输等相关活动的，应当遵守本办法相关规定。

第四条　医疗机构应当建立药品质量管理体系，对本单位药品购进、储存、使用全过程的药品质量管理负责。使用放射性药品等特殊管理的药品的，应当按规定取得相关的使用许可。

医疗机构以外的其他药品使用单位，应当遵守本办法关于医疗机构药品购进、储存、使用全过程的药品质量管理规定。

第五条 药品上市许可持有人、药品经营企业和医疗机构等应当遵守国家药品监督管理局制定的统一药品追溯标准和规范，建立并实施药品追溯制度，按照规定提供追溯信息，保证药品可追溯。

第六条 国家药品监督管理局主管全国药品经营和使用质量监督管理工作，对省、自治区、直辖市药品监督管理部门的药品经营和使用质量监督管理工作进行指导。

省、自治区、直辖市药品监督管理部门负责本行政区域内药品经营和使用质量监督管理，负责药品批发企业、药品零售连锁总部的许可、检查和处罚，以及药品上市许可持有人销售行为的检查和处罚；按职责指导设区的市级、县级人民政府承担药品监督管理职责的部门（以下简称市县级药品监督管理部门）的药品经营和使用质量监督管理工作。

市县级药品监督管理部门负责本行政区域内药品经营和使用质量监督管理，负责药品零售企业的许可、检查和处罚，以及药品使用环节质量的检查和处罚。

国家市场监督管理总局按照有关规定加强市场监管综合执法队伍的指导。

第七条 国家药品监督管理局制定药品经营质量管理规范及其现场检查指导原则。省、自治区、直辖市药品监督管理部门可以依据本办法、药品经营质量管理规范及其现场检查指导原则，结合本行政区域实际情况制定检查细则。

第二章 经营许可

第八条 从事药品批发活动的，应当具备以下条件：

（一）有与其经营范围相适应的质量管理机构和人员；企业法定代表人、主要负责人、质量负责人、质量管理部门负责人等符合规定的条件；

（二）有依法经过资格认定的药师或者其他药学技术人员；

（三）有与其经营品种和规模相适应的自营仓库、营业场所和设施设备，仓库具备实现药品入库、传送、分拣、上架、出库等操作的现代物流设施设备；

（四）有保证药品质量的质量管理制度以及覆盖药品经营、质量控制和追溯全过程的信息管理系统，并符合药品经营质量管理规范要求。

第九条 从事药品零售连锁经营活动的，应当设立药品零售连锁总部，对零售门店进行统一管理。药品零售连锁总部应当具备本办法第八条第一项、第二项、第四项规定的条件，并具备能够保证药品质量、与其经营品种和规模相适应的仓库、配送场所和设施设备。

第十条 从事药品零售活动的，应当具备以下条件：

（一）经营处方药、甲类非处方药的，应当按规定配备与经营范围和品种相适应的依法经过资格认定的药师或者其他药学技术人员。只经营乙类非处方药的，可以配备经设区的市级药品监督管理部门组织考核合格的药品销售业务人员；

（二）有与所经营药品相适应的营业场所、设备、陈列、仓储设施以及卫生环境；同时经营其他商品（非药品）的，陈列、仓储设施应当与药品分开设置；在超市等其他场所从事药品零售活动的，应当具有独立的经营区域；

（三）有与所经营药品相适应的质量管理机构或者人员，企业法定代表人、主要负责人、质量负责人等符合规定的条件；

（四）有保证药品质量的质量管理制度、符合质量管理与追溯要求的信息管理系统，符合药品经营质量管理规范要求。

第十一条 开办药品经营企业，应当在取得营业执照后，向所在地县级以上药品监督管理部门申请药品经营许可证，提交下列材料：

（一）药品经营许可证申请表；

（二）质量管理机构情况以及主要负责人、质量负责人、质量管理部门负责人学历、工作经历相关材料；

（三）药师或者其他药学技术人员资格证书以及任职文件；

（四）经营药品的方式和范围相关材料；

（五）药品质量管理规章制度以及陈列、仓储等关键设施设备清单；

（六）营业场所、设备、仓储设施及周边卫生环境等情况，营业场所、仓库平面布置图及房屋产权或者使用权相关材料；

（七）法律、法规规定的其他材料。

申请人应当对其申请材料全部内容的真实性负责。

申请人应当按照国家有关规定对申请材料中的商业秘密、未披露信息或者保密商务信息进行标注，并注明依据。

第十二条　药品监督管理部门收到药品经营许可证申请后，应当根据下列情况分别作出处理：

（一）申请事项依法不需要取得药品经营许可的，应当即时告知申请人不受理；

（二）申请事项依法不属于本部门职权范围的，应当即时作出不予受理的决定，并告知申请人向有关行政机关申请；

（三）申请材料存在可以当场更正的错误的，应当允许申请人当场更正；

（四）申请材料不齐全或者不符合形式审查要求的，应当当场或者在五日内发给申请人补正材料通知书，一次告知申请人需要补正的全部内容，逾期不告知的，自收到申请材料之日起即为受理；

（五）申请材料齐全、符合形式审查要求，或者申请人按照要求提交全部补正材料的，应当受理药品经营许可证申请。

药品监督管理部门受理或者不予受理药品经营许可证申请的，应当出具加盖本部门专用印章和注明日期的受理通知书或者不予受理通知书。

第十三条　药品监督管理部门应当自受理申请之日起二十日内作出决定。

药品监督管理部门按照药品经营质量管理规范及其现场检查指导原则、检查细则等有关规定，组织开展申报资料技术审查和现场检查。

经技术审查和现场检查，符合条件的，准予许可，并自许可决定作出之日起五日内颁发药品经营许可证；不符合条件的，作出不予许可的书面决定，并说明理由。

仅从事乙类非处方药零售活动的，申请人提交申请材料和承诺书后，符合条件的，准予许可，当日颁发药品经营许可证。自许可决定作出之日起三个月内药品监督管理部门组织开展技术审查和现场检查，发现承诺不实的，责令限期整改，整改后仍不符合条件的，撤销药品经营许可证。

第十四条　药品监督管理部门应当在网站和办公场所公示申请药品经营许可证的条件、程序、期限、需要提交的全部材料目录和申请表格式文本等。

第十五条　药品监督管理部门应当公开药品经营许可证申请的许可结果，并提供条件便利申请人查询审批进程。

未经申请人同意，药品监督管理部门、专业技术机构及其工作人员不得披露申请人提交的商业秘密、未披露信息或者保密商务信息，法律另有规定或者涉及国家安全、重大社会公共利益的除外。

第十六条　药品监督管理部门认为药品经营许可涉及公共利益的，应当向社会公告，并举行听证。

药品经营许可直接涉及申请人与他人之间重大利益关系的，药品监督管理部门作出行政许可决定前，应当告知申请人、利害关系人享有要求听证的权利。

第十七条　药品经营许可证有效期为五年，分为正本和副本。药品经营许可证样式由国家药品监督管理局统一制定。药品经营许可证电子证书与纸质证书具有同等法律效力。

第十八条　药品经营许可证应当载明许可证编号、企业名称、统一社会信用代码、经营地址、法定代表人、主要负责人、质量负责人、经营范围、经营方式、仓库地址、发证机关、发证日期、有效期等项目。

企业名称、统一社会信用代码、法定代表人等项目应当与市场监督管理部门核发的营业执照中载明的相关内容一致。

第十九条　药品经营许可证载明事项分为许可事项和登记事项。

许可事项是指经营地址、经营范围、经营方式、仓库地址。

登记事项是指企业名称、统一社会信用代码、法定代表人、主要负责人、质量负责人等。

第二十条 药品批发企业经营范围包括中药饮片、中成药、化学药、生物制品、体外诊断试剂（药品）、麻醉药品、第一类精神药品、第二类精神药品、药品类易制毒化学品、医疗用毒性药品、蛋白同化制剂、肽类激素等。其中麻醉药品、第一类精神药品、第二类精神药品、药品类易制毒化学品、医疗用毒性药品、蛋白同化制剂、肽类激素等经营范围的核定，按照国家有关规定执行。

经营冷藏冷冻等有特殊管理要求的药品的，应当在经营范围中予以标注。

第二十一条 从事药品零售活动的，应当核定经营类别，并在经营范围中予以明确。经营类别分为处方药、甲类非处方药、乙类非处方药。

药品零售企业经营范围包括中药饮片、中成药、化学药、第二类精神药品、血液制品、细胞治疗类生物制品及其他生物制品等。其中第二类精神药品、血液制品、细胞治疗类生物制品经营范围的核定，按照国家有关规定执行。

经营冷藏冷冻药品的，应当在经营范围中予以标注。

药品零售连锁门店的经营范围不得超过药品零售连锁总部的经营范围。

第二十二条 从事放射性药品经营活动的，应当按照国家有关规定申领放射性药品经营许可证。

第二十三条 变更药品经营许可证载明的许可事项的，应当向发证机关提出药品经营许可证变更申请。未经批准，不得擅自变更许可事项。

发证机关应当自受理变更申请之日起十五日内作出准予变更或者不予变更的决定。

药品零售企业被其他药品零售连锁总部收购的，按照变更药品经营许可证程序办理。

第二十四条 药品经营许可证载明的登记事项发生变化的，应当在发生变化起三十日内，向发证机关申请办理药品经营许可证变更登记。发证机关应当在十日内完成变更登记。

第二十五条 药品经营许可证载明事项发生变更的，由发证机关在副本上记录变更的内容和时间，并按照变更后的内容重新核发药品经营许可证正本。

第二十六条 药品经营许可证有效期届满需要继续经营药品的，药品经营企业应当在有效期届满前六个月至两个月期间，向发证机关提出重新审查发证申请。

发证机关按照本办法关于申请办理药品经营许可证的程序和要求进行审查，必要时开展现场检查。药品经营许可证有效期届满前，应当作出是否许可的决定。

经审查符合规定条件的，准予许可，药品经营许可证编号不变。不符合规定条件的，责令限期整改；整改后仍不符合规定条件的，不予许可，并书面说明理由。逾期未作出决定的，视为准予许可。

在有效期届满前两个月内提出重新审查发证申请的，药品经营许可证有效期届满后不得继续经营；药品监督管理部门准予许可后，方可继续经营。

第二十七条 有下列情形之一的，由发证机关依法办理药品经营许可证注销手续，并予以公告：

（一）企业主动申请注销药品经营许可证的；

（二）药品经营许可证有效期届满未申请重新审查发证的；

（三）药品经营许可依法被撤销、撤回或者药品经营许可证依法被吊销的；

（四）企业依法终止的；

（五）法律、法规规定的应当注销行政许可的其他情形。

第二十八条 药品经营许可证遗失的，应当向原发证机关申请补发。原发证机关应当及时补发药品经营许可证，补发的药品经营许可证编号和有效期限与原许可证一致。

第二十九条 任何单位或者个人不得伪造、变造、出租、出借、买卖药品经营许可证。

第三十条 药品监督管理部门应当及时更新药品经营许可证核发、重新审查发证、变更、吊销、撤销、注销等信息，并在完成后十日内予以公开。

第三章　经营管理

第三十一条　从事药品经营活动的，应当遵守药品经营质量管理规范，按照药品经营许可证载明的经营方式和经营范围，在药品监督管理部门核准的地址销售、储存药品，保证药品经营全过程符合法定要求。

药品经营企业应当建立覆盖药品经营全过程的质量管理体系。购销记录以及储存条件、运输过程、质量控制等记录应当完整准确，不得编造和篡改。

第三十二条　药品经营企业应当开展评估、验证、审核等质量管理活动，对已识别的风险及时采取有效控制措施，保证药品质量。

第三十三条　药品经营企业的法定代表人、主要负责人对药品经营活动全面负责。

药品经营企业的主要负责人、质量负责人应当符合药品经营质量管理规范规定的条件。主要负责人全面负责企业日常管理，负责配备专门的质量负责人；质量负责人全面负责药品质量管理工作，保证药品质量。

第三十四条　药品上市许可持有人将其持有的品种委托销售的，接受委托的药品经营企业应当具有相应的经营范围。受托方不得再次委托销售。药品上市许可持有人应当与受托方签订委托协议，明确约定药品质量责任等内容，对受托方销售行为进行监督。

药品上市许可持有人委托销售的，应当向其所在地省、自治区、直辖市药品监督管理部门报告；跨省、自治区、直辖市委托销售的，应当同时报告药品经营企业所在地省、自治区、直辖市药品监督管理部门。

第三十五条　药品上市许可持有人应当建立质量管理体系，对药品经营过程中药品的安全性、有效性和质量可控性负责。药品存在质量问题或者其他安全隐患的，药品上市许可持有人应当立即停止销售，告知药品经营企业和医疗机构停止销售和使用，及时依法采取召回等风险控制措施。

第三十六条　药品经营企业不得经营疫苗、医疗机构制剂、中药配方颗粒等国家禁止药品经营企业经营的药品。

药品零售企业不得销售麻醉药品、第一类精神药品、放射性药品、药品类易制毒化学品、蛋白同化制剂、肽类激素（胰岛素除外）、终止妊娠药品等国家禁止零售的药品。

第三十七条　药品上市许可持有人、药品经营企业应当加强药品采购、销售人员的管理，对其进行法律、法规、规章、标准、规范和专业知识培训，并对其药品经营行为承担法律责任。

第三十八条　药品上市许可持有人、药品批发企业销售药品时，应当向购药单位提供以下材料：

（一）药品生产许可证、药品经营许可证复印件；

（二）所销售药品批准证明文件和检验报告书复印件；

（三）企业派出销售人员授权书原件和身份证复印件；

（四）标明供货单位名称、药品通用名称、药品上市许可持有人（中药饮片标明生产企业、产地）、批准文号、产品批号、剂型、规格、有效期、销售数量、销售价格、销售日期等内容的凭证；

（五）销售进口药品的，按照国家有关规定提供相关证明文件；

（六）法律、法规要求的其他材料。

上述资料应当加盖企业印章。符合法律规定的可靠电子签名、电子印章与手写签名或者盖章具有同等法律效力。

第三十九条　药品经营企业采购药品时，应当索取、查验、留存本办法第三十八条规定的有关材料、凭证。

第四十条　药品上市许可持有人、药品经营企业购销活动中的有关资质材料和购销凭证、记录保存不得少于五年，且不少于药品有效期满后一年。

第四十一条　药品储存、运输应当严格遵守药品经营质量管理规范的要求，根据药品包装、质量特性、温度控制等要求采取有效措施，保证储存、运输过程中的药品质量安全。冷藏冷冻药品储存、运输应当按要求配备冷藏冷冻设施设备，确保全过程处于规定的温度环境，按照规定做好监测记录。

第四十二条 药品零售企业应当遵守国家处方药与非处方药分类管理制度，按规定凭处方销售处方药，处方保留不少于五年。

药品零售企业不得以买药品赠药品或者买商品赠药品等方式向公众赠送处方药、甲类非处方药。处方药不得开架销售。

药品零售企业销售药品时，应当开具标明药品通用名称、药品上市许可持有人（中药饮片标明生产企业、产地）、产品批号、剂型、规格、销售数量、销售价格、销售日期、销售企业名称等内容的凭证。

药品零售企业配备依法经过资格认定的药师或者其他药学技术人员，负责药品质量管理、处方审核和调配、合理用药指导以及不良反应信息收集与报告等工作。

药品零售企业营业时间内，依法经过资格认定的药师或者其他药学技术人员不在岗时，应当挂牌告知。未经依法经过资格认定的药师或者其他药学技术人员审核，不得销售处方药。

第四十三条 药品零售连锁总部应当建立健全质量管理体系，统一企业标识、规章制度、计算机系统、人员培训、采购配送、票据管理、药学服务标准规范等，对所属零售门店的经营活动履行管理责任。

药品零售连锁总部所属零售门店应当按照总部统一质量管理体系要求开展药品零售活动。

第四十四条 药品零售连锁总部应当加强对所属零售门店的管理，保证其持续符合药品经营质量管理规范和统一的质量管理体系要求。发现所属零售门店经营的药品存在质量问题或者其他安全隐患的，应当及时采取风险控制措施，并依法向药品监督管理部门报告。

第四十五条 药品上市许可持有人、药品经营企业委托储存、运输药品的，应当对受托方质量保证能力和风险管理能力进行评估，与其签订委托协议，约定药品质量责任、操作规程等内容，对受托方进行监督，并开展定期检查。

药品上市许可持有人委托储存的，应当按规定向药品上市许可持有人、受托方所在地省、自治区、直辖市药品监督管理部门报告。药品经营企业委托储存药品的，按照变更仓库地址办理。

第四十六条 接受委托储存药品的单位应当符合药品经营质量管理规范有关要求，并具备以下条件：

（一）有符合资质的人员，相应的药品质量管理体系文件，包括收货、验收、入库、储存、养护、出库、运输等操作规程；

（二）有与委托单位实现数据对接的计算机系统，对药品入库、出库、储存、运输和药品质量信息进行记录并可追溯，为委托方药品召回等提供支持；

（三）有符合省级以上药品监督管理部门规定的现代物流要求的药品储存场所和设施设备。

第四十七条 接受委托储存、运输药品的单位应当按照药品经营质量管理规范要求开展药品储存、运输活动，履行委托协议约定的义务，并承担相应的法律责任。受托方不得再次委托储存。

受托方再次委托运输的，应当征得委托方同意，并签订质量保证协议，确保药品运输过程符合药品经营质量管理规范要求。疫苗、麻醉药品、精神药品、医疗用毒性药品、放射性药品、药品类易制毒化学品等特殊管理的药品不得再次委托运输。

受托方发现药品存在重大质量问题的，应当立即向委托方所在地和受托方所在地药品监督管理部门报告，并主动采取风险控制措施。

第四十八条 药品批发企业跨省、自治区、直辖市设置仓库的，药品批发企业所在地省、自治区、直辖市药品监督管理部门商仓库所在地省、自治区、直辖市药品监督管理部门后，符合要求的，按照变更仓库地址办理。

药品批发企业跨省、自治区、直辖市设置的仓库，应当符合本办法第八条有关药品批发企业仓库的条件。药品批发企业应当对异地仓库实施统一的质量管理。

药品批发企业所在地省、自治区、直辖市药品监督管理部门负责对跨省、自治区、直辖市设置仓库的监督管理，仓库所在地省、自治区、直辖市药品监督管理部门负责协助日常监管。

第四十九条 因科学研究、检验检测、慈善捐助、突发公共卫生事件等有特殊购药需求的单位，向所在地设区的市级以上地方药品监督管理部门报告后，可以到指定的药品上市许可持有人或者药品经营企业购买药品。供货单位应当索取购药单位有关资质材料并做好销售记录，存档备查。

突发公共卫生事件或者其他严重威胁公众健康的紧急事件发生时，药品经营企业应当按照县级以上人民政府的应急处置规定，采取相应措施。

第五十条 药品上市许可持有人、药品经营企业通过网络销售药品的，应当遵守《药品管理法》及药品网络销售监督管理有关规定。

第四章 药品使用质量管理

第五十一条 医疗机构应当建立健全药品质量管理体系，完善药品购进、验收、储存、养护及使用等环节的质量管理制度，明确各环节中工作人员的岗位责任。

医疗机构应当设置专门部门负责药品质量管理；未设专门部门的，应当指定专人负责药品质量管理。

第五十二条 医疗机构购进药品，应当核实供货单位的药品生产许可证或者药品经营许可证、授权委托书以及药品批准证明文件、药品合格证明等有效证明文件。首次购进药品的，应当妥善保存加盖供货单位印章的上述材料复印件，保存期限不得少于五年。

医疗机构购进药品时应当索取、留存合法票据，包括税票及详细清单，清单上应当载明供货单位名称、药品通用名称、药品上市许可持有人（中药饮片标明生产企业、产地）、批准文号、产品批号、剂型、规格、销售数量、销售价格等内容。票据保存不得少于三年，且不少于药品有效期满后一年。

第五十三条 医疗机构应当建立和执行药品购进验收制度，购进药品应当逐批验收，并建立真实、完整的记录。

药品购进验收记录应当注明药品的通用名称、药品上市许可持有人（中药饮片标明生产企业、产地）、批准文号、产品批号、剂型、规格、有效期、供货单位、购进数量、购进价格、购进日期。药品购进验收记录保存不得少于三年，且不少于药品有效期满后一年。

医疗机构接受捐赠药品、从其他医疗机构调入急救药品应当遵守本条规定。

第五十四条 医疗机构应当制定并执行药品储存、养护制度，配备专用场所和设施设备储存药品，做好储存、养护记录，确保药品储存符合药品说明书标明的条件。

医疗机构应当按照有关规定，根据药品属性和类别分库、分区、分垛储存药品，并实行色标管理。药品与非药品分开存放；中药饮片、中成药、化学药、生物制品分类存放；过期、变质、被污染等的药品应当放置在不合格库（区）；麻醉药品、精神药品、医疗用毒性药品、放射性药品、药品类易制毒化学品以及易燃、易爆、强腐蚀等危险性药品应当按照相关规定存放，并采取必要的安全措施。

第五十五条 医疗机构应当制定和执行药品养护管理制度，并采取必要的控温、防潮、避光、通风、防火、防虫、防鼠、防污染等措施，保证药品质量。

医疗机构应当配备药品养护人员，定期对储存药品进行检查和养护，监测和记录储存区域的温湿度，维护储存设施设备，并建立相应的养护档案。

第五十六条 医疗机构发现使用的药品存在质量问题或者其他安全隐患的，应当立即停止使用，向供货单位反馈并及时向所在地市县级药品监督管理部门报告。市县级药品监督管理部门应当按照有关规定进行监督检查，必要时开展抽样检验。

第五十七条 医疗机构应当积极协助药品上市许可持有人、中药饮片生产企业、药品批发企业履行药品召回、追回义务。

第五十八条 医疗机构应当建立覆盖药品购进、储存、使用的全过程追溯体系，开展追溯数据校验和采集，按规定提供药品追溯信息。

第五章 监督检查

第五十九条 药品监督管理部门应当根据药品经

营使用单位的质量管理，所经营和使用药品品种，检查、检验、投诉、举报等药品安全风险和信用情况，制定年度检查计划、开展监督检查并建立监督检查档案。检查计划包括检查范围、检查内容、检查方式、检查重点、检查要求、检查时限、承担检查的单位等。

药品监督管理部门应当将上一年度新开办的药品经营企业纳入本年度的监督检查计划，对其实施药品经营质量管理规范符合性检查。

第六十条 县级以上地方药品监督管理部门应当根据药品经营和使用质量管理风险，确定监督检查频次：

（一）对麻醉药品和第一类精神药品、药品类易制毒化学品经营企业检查，每半年不少于一次；

（二）对冷藏冷冻药品、血液制品、细胞治疗类生物制品、第二类精神药品、医疗用毒性药品经营企业检查，每年不少于一次；

（三）对第一项、第二项以外的药品经营企业，每年确定一定比例开展药品经营质量管理规范符合性检查，三年内对本行政区域内药品经营企业全部进行检查；

（四）对接收、储存疫苗的疾病预防控制机构、接种单位执行疫苗储存和运输管理规范情况进行检查，原则上每年不少于一次；

（五）每年确定一定比例医疗机构，对其购进、验收、储存药品管理情况进行检查，三年内对行政区域内医疗机构全部进行检查。

药品监督管理部门可结合本行政区域内工作实际，增加检查频次。

第六十一条 药品上市许可持有人、药品经营企业与受托开展药品经营相关活动的受托方不在同一省、自治区、直辖市的，委托方所在地药品监督管理部门负责对跨省、自治区、直辖市委托开展的药品经营活动实施监督管理，受托方所在地药品监督管理部门负责协助日常监管。委托方和受托方所在地药品监督管理部门应当加强信息沟通，相互通报监督检查等情况，必要时可以开展联合检查。

第六十二条 药品监督管理部门在监督检查过程中发现可能存在质量问题的药品，可以按照有关规定进行抽样检验。

第六十三条 根据监督检查情况，有证据证明可能存在药品安全隐患的，药品监督管理部门可以依法采取以下行政措施：

（一）行政告诫；

（二）责任约谈；

（三）责令限期整改；

（四）责令暂停相关药品销售和使用；

（五）责令召回药品；

（六）其他风险控制措施。

第六十四条 药品监督管理部门在监督检查过程中，发现存在涉嫌违反药品法律、法规、规章行为的，应当及时采取措施，按照职责和权限依法查处；涉嫌犯罪的移交公安机关处理。发现涉嫌违纪线索的，移送纪检监察部门。

第六十五条 药品上市许可持有人、药品生产企业、药品经营企业和医疗机构应当积极配合药品监督管理部门实施的监督检查，如实提供与被检查事项有关的物品和记录、凭证以及医学文书等资料，不得以任何理由拒绝、逃避监督检查，不得伪造、销毁、隐匿有关证据材料，不得擅自动用查封、扣押物品。

第六章　法律责任

第六十六条 药品经营和使用质量管理的违法行为，法律、行政法规已有规定的，依照其规定。

违反本办法规定，主动消除或者减轻违法行为危害后果的；违法行为轻微并及时改正，没有造成危害后果的；初次违法且危害后果轻微并及时改正的，依据《中华人民共和国行政处罚法》第三十二条、第三十三条规定从轻、减轻或者不予处罚。有证据足以证明没有主观过错的，不予行政处罚。

第六十七条 药品经营企业未按规定办理药品经营许可证登记事项变更的，由药品监督管理部门责令限期改正；逾期不改正的，处五千元以上五万元以下罚款。

第六十八条 药品经营企业未经批准变更许可

事项或者药品经营许可证超过有效期继续开展药品经营活动的，药品监督管理部门按照《药品管理法》第一百一十五条的规定给予处罚，但是，有下列情形之一，药品经营企业及时改正，不影响药品质量安全的，给予减轻处罚：

（一）药品经营企业超出许可的经营方式、经营地址从事药品经营活动的；

（二）超出经营范围经营的药品不属于疫苗、麻醉药品、精神药品、药品类易制毒化学品、医疗用毒性药品、血液制品、细胞治疗类生物制品的；

（三）药品经营许可证超过有效期但符合申请办理药品经营许可证要求的；

（四）依法可以减轻处罚的其他情形。

药品零售企业违反本办法第三十六条第二款规定，法律、行政法规已有规定的，依照法律、行政法规的规定处罚。法律、行政法规未作规定的，责令限期改正，处五万元以上十万元以下罚款；造成危害后果的，处十万元以上二十万元以下罚款。

第六十九条 有下列违反药品经营质量管理规范情形之一的，药品监督管理部门可以依据《药品管理法》第一百二十六条规定的情节严重的情形给予处罚：

（一）药品上市许可持有人委托不具备相应资质条件的企业销售药品的；

（二）药品上市许可持有人、药品批发企业将国家有专门管理要求的药品销售给个人或者不具备相应资质的单位，导致相关药品流入非法渠道或者去向不明，或者知道、应当知道购进单位将相关药品流入非法渠道仍销售药品的；

（三）药品经营质量管理和质量控制过程中，记录或者票据不真实，存在虚假欺骗行为的；

（四）对已识别的风险未及时采取有效的风险控制措施，造成严重后果的；

（五）知道或者应当知道他人从事非法药品生产、经营和使用活动，依然为其提供药品的；

（六）其他情节严重的情形。

第七十条 有下列情形之一的，由药品监督管理部门责令限期改正；逾期不改正的，处五千元以上三万元以下罚款：

（一）接受药品上市许可持有人委托销售的药品经营企业违反本办法第三十四条第一款规定再次委托销售的；

（二）药品上市许可持有人未按本办法第三十四条第一款、第三十五条规定对委托销售行为进行管理的；

（三）药品上市许可持有人、药品经营企业未按本办法第四十五条第一款规定对委托储存、运输行为进行管理的；

（四）药品上市许可持有人、药品经营企业未按本办法第三十四条第二款、第四十五条第二款规定报告委托销售、储存情况的；

（五）接受委托储存药品的受托方违反本办法第四十七条第一款规定再次委托储存药品的；

（六）接受委托运输药品的受托方违反本办法第四十七条第二款规定运输药品的；

（七）接受委托储存、运输的受托方未按本办法第四十七条第三款规定向委托方所在地和受托方所在地药品监督管理部门报告药品重大质量问题的。

第七十一条 药品上市许可持有人、药品经营企业未按本办法第三十八条、第三十九条、第四十条、第四十二条第三款规定履行购销查验义务或者开具销售凭证，违反药品经营质量管理规范的，药品监督管理部门按照《药品管理法》第一百二十六条给予处罚。

第七十二条 药品零售企业有以下情形之一的，由药品监督管理部门责令限期改正；逾期不改正的，处五千元以上五万元以下罚款；造成危害后果的，处五万元以上二十万元以下罚款：

（一）未按规定凭处方销售处方药的；

（二）以买药品赠药品或者买商品赠药品等方式向公众直接或者变相赠送处方药、甲类非处方药的；

（三）违反本办法第四十二条第五款规定的药师或者药学技术人员管理要求的。

第七十三条 医疗机构未按本办法第五十一条第二款规定设置专门质量管理部门或者人员、未按本办法第五十二条、第五十三条、第五十四条、第五十五条、第五十六条规定履行进货查验、药品储存和养护、停止使用、报告等义务的，由药品监督管理部门责令限期改正，并通报卫生健康主管部门；逾期不改正或者情节严重的，处五千元以上五万元以下罚款；造成严重后果的，处五万元以上二十万元以下罚款。

第七章 附 则

第七十四条 国家对疫苗、血液制品、麻醉药品、精神药品、医疗用毒性药品、放射性药品、药品类易制毒化学品等的经营、使用管理另有规定的，依照其规定。

第七十五条 本办法规定的期限以工作日计算。药品经营许可中技术审查、现场检查、企业整改等所需时间不计入期限。

第七十六条 药品经营许可证编号格式为"省份简称＋两位分类代码＋四位地区代码＋五位顺序号"。

其中两位分类代码为大写英文字母，第一位 A 表示批发企业，B 表示药品零售连锁总部，C 表示零售连锁门店，D 表示单体药品零售企业；第二位 A 表示法人企业，B 表示非法人企业。

四位地区代码为阿拉伯数字，对应企业所在地区（市、州）代码，按照国内电话区号编写，区号为四位的去掉第一个 0，区号为三位的全部保留，第四位为调整码。

第七十七条 药品批发企业，是指将购进的药品销售给药品生产企业、药品经营企业、医疗机构的药品经营企业。

药品零售连锁企业由总部、配送中心和若干个门店构成，在总部的管理下，实施规模化、集团化管理经营。

药品零售企业，是指将购进的药品直接销售给消费者的药品经营企业。

药品使用单位包括医疗机构、疾病预防控制机构等。

第七十八条 各省、自治区、直辖市药品监督管理部门可以依据本办法制定实施细则。

第七十九条 本办法自 2024 年 1 月 1 日起实施。

2004 年 2 月 4 日原国家食品药品监督管理局令第 6 号公布的《药品经营许可证管理办法》和 2007 年 1 月 31 日原国家食品药品监督管理局令第 26 号公布的《药品流通监督管理办法》同时废止。

规范申请专利行为的规定（2023）

（2023 年 12 月 21 日国家知识产权局令第 77 号公布 自 2024 年 1 月 20 日起施行）

第一条 为了规范申请专利行为，维护专利工作的正常秩序，根据《中华人民共和国专利法》《中华人民共和国专利法实施细则》《专利代理条例》等有关法律法规制定本规定。

第二条 提出或者代理提出专利申请的，应当遵守法律、行政法规和部门规章的有关规定，遵循专利法立法宗旨，恪守诚实信用原则，以真实发明创造活动为基础，不得弄虚作假，不得违反《中华人民共和国专利法实施细则》第十一条的规定实施非正常申请专利行为。

第三条 本规定所称非正常申请专利行为包括：

（一）所提出的多件专利申请的发明创造内容明显相同，或者实质上由不同发明创造特征、要素简单组合形成的；

（二）所提出专利申请存在编造、伪造、变造发明创造内容、实验数据或者技术效果，或者抄袭、简单替换、拼凑现有技术或者现有设计等类似情况的；

（三）所提出专利申请的发明创造内容主要为利用计算机技术等随机生成的；

（四）所提出专利申请的发明创造为明显不符合技术改进、设计常理，或者变劣、堆砌、非必要缩限保护范围的；

（五）申请人无实际研发活动提交多件专利申请，且不能作出合理解释的；

（六）将实质上与特定单位、个人或者地址关联的多件专利申请恶意分散、先后或者异地提出的；

（七）出于不正当目的转让、受让专利申请权，或者虚假变更发明人、设计人的；

（八）违反诚实信用原则、扰乱专利工作正常秩序的其他非正常申请专利行为。

第四条 任何单位或者个人不得代理、诱导、教唆、帮助他人实施各类非正常申请专利行为。

第五条 国务院专利行政部门根据《中华人民共和国专利法》《中华人民共和国专利法实施细则》相关规定，在专利申请的受理、初步审查、实质审查、复审程序或者国际申请的国际阶段程序中发现或者根据举报线索得知，并初步认定存在非正常申请专利行为的，可以组成专门审查工作组或者授权审查员启动专门审查程序，通知申请人在指定的期限内陈述意见并提交证明材料，或者主动撤回相关专利申请、法律手续办理请求。

第六条 申请人无正当理由逾期未答复的，相关专利申请视为撤回，相关法律手续办理请求视为未提出。

第七条 经申请人陈述意见后，国务院专利行政部门仍然认为属于非正常申请专利行为的，应当依法驳回相关专利申请，或者不予批准相关法律手续办理请求。

申请人对驳回专利申请决定不服的，可以依法提出专利复审请求；对不予批准相关法律手续办理请求不服的，可以依法提出行政复议申请或者提起行政诉讼。

第八条 对实施非正常申请专利行为的单位或者个人，依据《中华人民共和国专利法》《中华人民共和国专利法实施细则》实施行政处罚。

对实施本规定第四条规定的非正常申请专利行为的专利代理机构，以及擅自开展专利代理业务的机构或者个人，依据《专利代理条例》及相关规定实施行政处罚。

对于违反本规定涉嫌犯罪的，依法移送司法机关追究刑事责任。

第九条 可以对非正常申请专利行为采取下列处理措施：

（一）对该非正常专利申请不予减缴专利费用；对于五年内多次实施非正常申请专利行为等情节严重的申请人，其在该段时间内提出的专利申请均不予减缴专利费用；已经减缴的，要求其补缴相关减缴费用；

（二）在国务院专利行政部门政府网站和有关媒体上予以公告，并将相关信息纳入全国信用信息共享平台；

（三）实施非正常申请专利行为损害社会公共利益，并受到市场监督管理等部门较重行政处罚的，依照国家有关规定列入市场监督管理严重违法失信名单；

（四）在国务院专利行政部门的专利申请数量统计中扣除非正常申请专利行为相关的专利申请数量；

（五）对申请人和相关代理机构不予资助或者奖励；已经资助或者奖励的，全部或者部分追还。

第十条 采取本规定第九条所列处理措施前，必要时允许当事人陈述意见。

第十一条 管理专利工作的部门应当引导公众和专利代理机构依法提出专利申请，加强对非正常申请专利行为的管理。

地方管理专利工作的部门和专利代办处发现或者根据举报得知非正常申请专利行为线索的，应当及时向国务院专利行政部门报告。国务院专利行政部门对非正常申请专利行为依法进行处理时，地方管理专利工作的部门应当予以配合。

第十二条 向国外提出或者代理提出专利申请的，应当遵守中国和相关国家、地区法律法规的规定。不得违反诚实信用原则，不以真实发明创造活动为基础，以弄虚作假的方式提出专利申请，牟取不正当利益。

第十三条 本规定自2024年1月20日起施行。2007年8月27日国家知识产权局令第四十五号公布的《关于规范专利申请行为的若干规定》，2017年2月28日国家知识产权局令第七十五号公布的《国家知识产权局关于修改〈关于规范专利申请行为的若干规定〉的决定》和2021年3月11日国家知识产权局公告第四一一号公布的《关于规范申请专利行为的办法》同时废止。

规范性文件

人民检察院办理知识产权案件工作指引

发布时间：2023 年 4 月 26 日

目　录

第一章　总　则

第一条　为保障和规范人民检察院依法履行知识产权检察职责，促进创新型国家建设，根据《中华人民共和国刑事诉讼法》《中华人民共和国民事诉讼法》《中华人民共和国行政诉讼法》《中华人民共和国人民检察院组织法》等法律法规，结合人民检察院工作实际，制定本指引。

第二条　人民检察院办理知识产权案件，秉持客观公正立场，维护司法公正和司法权威，维护权利人的合法权益，保障国家法律的统一正确实施，服务国家知识产权强国建设，促进国家治理体系和治理能力现代化。

人民检察院通过办理侵犯知识产权刑事案件，惩罚犯罪，保障无罪的人不受刑事追究。通过办理知识产权民事诉讼和行政诉讼监督案件，监督和支持人民法院依法行使审判权和执行权，促进行政机关依法行使职权。通过办理知识产权公益诉讼案件，督促行政机关依法履行监督管理职责，支持适格主体依法行使公益诉权，维护国家利益和社会公共利益。

第三条　人民检察院办理知识产权案件，应当以事实为根据，以法律为准绳，坚持严格保护、协同保护、平等保护、公正合理保护原则。坚持激励、保护创新，着力提升知识产权综合保护质效，激发全社会创新创造活力。

第四条　本指引所指的知识产权案件，主要包括侵犯知识产权刑事案件、知识产权民事诉讼监督案件、知识产权行政诉讼监督案件、知识产权公益诉讼案件。

第五条　人民检察院应当充分发挥知识产权检察综合履职，通过审查逮捕、审查起诉等方式，履行知识产权刑事检察职能；通过提起抗诉、提出检察建议等方式对知识产权民事诉讼、行政诉讼活动实行法律监督；通过提出检察建议、提起诉讼和支持起诉等方式，履行知识产权公益诉讼检察职能。

第六条　人民检察院办理知识产权案件在事实认定、法律适用、案件处理等方面存在较大争议，或者有重大社会影响，需要当面听取当事人和其他相关人员意见的，经检察长批准，可以召开听证会。根据案件需要，可以邀请有专门知识的人或者检察技术人员参加听证会。

涉及商业秘密的知识产权案件听证会，当事人申请不公开听证的，可以不公开听证。

第七条　人民检察院办理知识产权案件，为解决案件中的专门性问题，可以依法聘请有专门知识的人或者指派具备相应资格的检察技术人员出具意见。

前款人员出具的意见，经审查可以作为办案部门、检察官判断运用证据或者作出相关决定的依据。

第八条　人民检察院办理知识产权案件认为需要鉴定的，可以委托具备法定资格的机构进行鉴定。

在诉讼过程中已经进行过鉴定的，除确有必要外，一般不再委托鉴定。

第九条　人民检察院办理知识产权案件，涉及国家秘密、商业秘密、个人隐私或者其他需要保密的情形，应当依职权或者依当事人、辩护人、诉讼代理人、其他利害关系人书面申请，审查决定采取组织诉讼参与人签署保密承诺书、对秘密信息进行技术处理等必要的保密措施。

第十条　人民检察院在办理知识产权案件时，应当加强与公安机关、人民法院、知识产权相关行政部门等沟通交流，建立健全工作联络机制，推进执法司法办案动态信息互通和共享，确保执法与司法有效衔接。

人民检察院在办理知识产权案件中，发现涉嫌犯罪线索或者其他违法线索的，应当按照规定及时将相关线索及材料移送本院相关检察业务部门或者有管辖权的公安机关、行政机关。

人民检察院在办理知识产权案件中，认为行政执法机关应当依法移送涉嫌犯罪案件而不移送的，经检察长批准，应当向同级行政执法机关提出检察意见，要求行政执法机关及时向公安机关移送案件并将有关材料抄送人民检察院。

第十一条　人民检察院在履行法律监督职责中发现有关单位和部门在履行知识产权管理监督职责方面存在《人民检察院检察建议工作规定》第十一条规定情形的，可以向有关单位和部门提出改进工作、完善治理的检察建议。

第十二条　人民检察院办理知识产权案件，一般应当对最高人民检察院、最高人民法院发布的知识产权指导性案例和典型案例进行类案检索。

人民检察院在办理知识产权案件时，为准确查明案件事实和正确适用法律，应当检索涉及同一当事人、同一知识产权权利的已生效知识产权案件。

第二章　知识产权刑事案件的办理

第十三条　人民检察院办理侵犯知识产权犯罪和生产、销售伪劣商品、非法经营等犯罪存在竞合或者数罪并罚的案件，由负责管辖处罚较重罪名或者主罪的办案部门或者办案组织办理。

第十四条　人民检察院办理知识产权案件，应当进一步健全完善与公安机关的侦查监督与协作配合工作机制。经公安机关商请或者人民检察院认为确有必要时，可以派员通过审查证据材料等方式对重大、疑难、复杂知识产权刑事案件的案件性质、收集证据、适用法律等提出意见建议。

第十五条　人民检察院办理知识产权刑事案件，应当加强全链条惩治，注重审查和发现上下游关联犯罪线索，查明有无遗漏罪行和其他应当追究刑事责任的单位和个人。

第十六条　人民检察院办理知识产权刑事案件，应当坚持宽严相济刑事政策，该严则严，当宽则宽。

犯罪嫌疑人、被告人自愿认罪，通过退赃退赔、赔偿损失、赔礼道歉等方式表示真诚悔罪，且愿意接受处罚的，可以依法提出从宽处罚的量刑建议。有赔偿能力而不赔偿损失的，不能适用认罪认罚从宽制度。

人民检察院办理知识产权刑事案件，应当听取被害人及其诉讼代理人的意见，依法积极促进犯罪嫌疑人、被告人与被害人达成谅解。犯罪嫌疑人、被告人自愿对权利人作出合理赔偿的，可以作为从宽处罚的考量因素。

第十七条　人民检察院办理侵犯知识产权刑事案件，对于符合适用涉案企业合规改革案件范围和条件的，依法依规适用涉案企业合规机制。根据案件具体情况和法定从轻、减轻情节，结合企业合规整改效果，依法提出处理意见。

人民检察院对于拟作不批准逮捕、不起诉、变更强制措施等决定的涉企知识产权犯罪案件，可以根据《人民检察院审查案件听证工作规定》召开听证会，邀请公安机关、知识产权权利人、第三方组织组成人员等到会发表意见。

第十八条　人民检察院在办理知识产权刑事案件中，发现与人民法院正在审理的民事、行政案件或者人民检察院正在办理的民事、行政诉讼监督案件系同一事实或者存在牵连关系，或者案件办理结果以另一案件审理或者办理结果为依据的，应当及时将刑事案件受理情况告知相关的人民法院、人民检察院。

第十九条　人民检察院对知识产权刑事案件作出不起诉决定，对被不起诉人需要给予行政处罚、政务处分或者其他处分的，经检察长批准，应当依法向同级有关主管机关提出检察意见，自不起诉决定作出之日起三日以内连同不起诉决定书一并送达。有关主管机关应当将处理结果及时通知人民检察院。

第二十条　侵害国家、集体享有的知识产权或者侵害行为致使国家财产、集体财产遭受损失的，人民检察院在提起公诉时，可以提起附带民事诉讼；损害社会公共利益的，人民检察院在提起公诉时，可以提起刑事附带民事公益诉讼。

人民检察院一般应当对在案全部被告人和没有被追究刑事责任的共同侵害人，一并提起附带民事诉讼或者刑事附带民事公益诉讼，但共同犯罪案件中同案犯在逃的或者已经赔偿损失的除外。在逃的同案犯到案后，人民检察院可以依法对其提起附带民事诉讼或者刑事附带民事公益诉讼。

第二十一条　人民检察院办理知识产权刑事案件，应当依法向被害人及其法定代理人或者其近亲属告知诉讼权利义务。对于被害人以外其他知识产权权利人需要告知诉讼权利义务的，人民检察院应当自受理审查起诉之日起十日内告知。

第二十二条　本指引第二十一条规定的知识产权权利人包括：

（一）刑法第二百一十七条规定的著作权人或者与著作权有关的权利人；

（二）商标注册证上载明的商标注册人；

（三）专利证书上载明的专利权人；

（四）商业秘密的权利人；

（五）其他依法享有知识产权的权利人。

第三章　知识产权民事、行政诉讼监督案件的办理

第二十三条　当事人对知识产权法院、中级人民法院已经发生法律效力的第一审案件判决、裁定和调解书申请监督，按照相关规定此类案件应以最高人民法院为第二审人民法院的，由作出该第一审生效判决、裁定、调解书的人民法院所在地同级人民检察院受理。经审查符合监督条件的，受理案件的人民检察院可以向同级人民法院提出再审检察建议，或者提请最高人民检察院向最高人民法院抗诉。

前款规定的案件，当事人认为人民检察院对同级人民法院第一审已经发生法律效力的民事判决、裁定、调解书作出的不支持监督申请决定存在明显错误的，可以在不支持监督申请决定作出之日起一年内向最高人民检察院申请复查一次。

第二十四条　根据本指引第二十三条受理的案件，下级人民检察院在提请最高人民检察院抗诉时，应当将《提请抗诉报告书》和案件卷宗等材料直接报送最高人民检察院，同时将相关法律文书抄送省级人民检察院备案。

第二十五条　人民检察院在履行职责中发现知识产权民事、行政案件分别具有《人民检察院民事诉讼监督规则》第三十七条、《人民检察院行政诉讼监督规则》第三十六条规定之情形，应当依职权启动监督程序。

适用《人民检察院民事诉讼监督规则》第三十七条第一款第（六）项和《人民检察院行政诉讼监督规则》第三十六条第一款第（五）项时，一般考虑如下因素：

（一）涉及地域广、利益群体众多的；

（二）涉及医药、食品、环境等危害国家利益和社会公共利益的；

（三）涉及高新技术、关键核心技术等影响产业发展的；

（四）其他具有重大社会影响的情形。

第二十六条　知识产权民事诉讼监督案件的范围包括：

（一）著作权、商标权、专利权、植物新品种权、集成电路布图设计专有权、企业名称（商号）权、特殊标志专有权、网络域名、确认不侵害知识产权等知识产权权属、侵权纠纷案件；

（二）著作权、商标、专利、植物新品种、集成电路布图设计、商业秘密、网络域名、企业名称（商号）、特殊标志、技术合同、特许经营等涉知识产权合同纠纷案件；

（三）仿冒、商业贿赂、虚假宣传、侵害商业秘密、商业诋毁等不正当竞争纠纷案件；

（四）垄断协议、滥用市场支配地位、经营者集中等垄断纠纷案件；

（五）其他与知识产权有关的民事案件。

第二十七条　人民检察院对知识产权民事诉讼案件进行法律监督，应当围绕申请监督请求、争议焦点，对知识产权权利客体、权利效力、权利归属、侵权行为、抗辩事由、法律责任等裁判、调解结果，审判人员违法行为以及执行活动进行全面审查。申请人或者其他当事人对提出的主张，应当提供证据材料。

第二十八条　知识产权权益受到侵害的当事人，经有关行政机关、社会组织等依法履职后合法权益仍未能得到维护，具有起诉维权意愿，但因诉讼能力较弱提起诉讼确有困难等情形的，人民检察院可以支持起诉。

第二十九条　人民检察院在案件办理中发现当事人单独或者与他人恶意串通，采取伪造证据、虚假陈述等手段，捏造知识产权民事案件基本事实，虚构知识产权民事纠纷，提起民事诉讼，妨害司法秩序或者严重侵害他人合法权益，涉嫌构成虚假诉讼罪或者其他犯罪的，应当及时向公安机关移送犯罪线索。

第三十条　人民检察院办理侵害著作权民事诉讼监督案件，应当围绕申请人的申请监督请求、争议焦点，审查诉讼的案由、主体是否适格、著作权权利基础及范围、被诉侵权行为、是否构成实质性相似、抗辩事由是否成立、被告承担民事责任的形式等。

第三十一条　人民检察院办理侵害商标权民事诉讼监督案件，应当围绕申请人的申请监督请求、争议焦点，审查主体是否为注册商标专用权人或者利害关系人、注册商标保护范围、被诉侵权行为、是否容易导致混淆或者误导公众、抗辩事由是否成立、被告承担民事责任的形式等。

第三十二条　人民检察院办理侵害专利权民事诉讼监督案件，应当围绕申请人的申请监督请求、争议焦点，审查诉讼的专利类型、主体是否为专利权人或者利害关系人、专利权的保护范围、被诉侵权行为、是否落入专利权保护范围、抗辩事由是否成立、被告承担民事责任的形式等。

第三十三条　人民检察院办理反不正当竞争民事诉讼监督案件，应当围绕申请人的申请监督请求、争议焦点，准确理解反不正当竞争法与专利法、商标法、著作权法等法律规定之间的关系，以及反不正当竞争

法总则第二条与第二章之间的关系，结合反不正当竞争法的相关规定进行审查。

第三十四条　人民检察院办理涉及知识产权合同纠纷民事诉讼监督案件，应当围绕申请人的申请监督请求、争议焦点，审查合同所涉知识产权的权利归属、合同效力、合同约定、履行行为、合同无效的缔约过错、违约行为、违约责任、合同解除等。

第三十五条　由人民法院作出生效裁判和调解书的行政诉讼案件，具有下列情形之一的，属于知识产权行政诉讼监督案件：

（一）有关各级行政机关所作的涉及著作权、商标、专利、不正当竞争和垄断行政行为的案件；

（二）有关国务院部门所作的涉及专利、商标、植物新品种、集成电路布图设计等知识产权授权确权行政行为的案件；

（三）有关国务院部门所作的涉及专利、植物新品种、集成电路布图设计强制许可决定以及强制许可使用费或者报酬裁决的案件；

（四）其他知识产权行政诉讼案件。

第三十六条　人民检察院对人民法院作出生效裁判和调解书的知识产权行政诉讼案件进行法律监督，应当围绕申请人的申请监督请求、争议焦点、《人民检察院行政诉讼监督规则》第三十六条规定的情形以及发现的其他违法情形，综合考虑被诉行政行为作出时的事实、法律法规等，对行政诉讼活动进行全面审查。

第三十七条　人民检察院在办理知识产权授权确权行政诉讼监督案件中，当事人在人民法院诉讼中未提出主张，但依法履行知识产权授权确权行政机关的认定存在明显不当，人民法院在听取各方当事人陈述意见后，对相关事由进行审查并作出裁判的，人民检察院应一并进行审查。

第三十八条　人民检察院在办理知识产权行政诉讼监督案件时，具有下列情形之一的，不属于《人民检察院行政诉讼监督规则》第七十七条第一款第（二）项"案件事实清楚，法律关系简单的"简易案件：

（一）涉及国家利益或者社会公共利益的；

（二）对各级行政机关作出的涉及专利、不正当竞争和垄断行政行为提起诉讼的；

（三）对国务院部门作出的涉及专利、植物新品种、集成电路布图设计授权确权行政行为提起诉讼的；

（四）对国务院部门作出的涉及专利、植物新品种、集成电路布图设计的强制许可决定以及强制许可使用费或者报酬的裁决提起诉讼的；

（五）具有重大社会影响、涉及地域广或者利益群体众多的情形。

第三十九条 人民检察院在办理知识产权行政诉讼监督案件时，发现存在行政执法标准和司法裁判标准不统一，导致同类案件出现不同处理结果的，应当依法向行政机关或者人民法院提出检察建议。

第四章 知识产权公益诉讼案件的办理

第四十条 人民检察院在履行职责中发现负有知识产权监督管理职责的行政机关违法行使职权或者不作为，致使国家利益或者社会公共利益受到侵害的，应当向行政机关提出检察建议，督促其依法履行职责。行政机关不依法履行职责的，人民检察院可以依法向人民法院提起行政公益诉讼。

第四十一条 人民检察院在履行职责中发现涉及知识产权领域损害社会公共利益的行为，可以依法向人民法院提起民事公益诉讼。

第四十二条 对于适格主体提起的知识产权民事公益诉讼案件，人民检察院可以采取提供法律咨询、向人民法院提交支持起诉意见书、协助调查取证、出席法庭等方式支持起诉。

第四十三条 人民检察院在办理知识产权刑事、民事、行政案件过程中，应当注重发现知识产权公益诉讼案件线索，并及时将有关材料移送负责知识产权公益诉讼检察的部门或者办案组织办理。

第五章 附 则

第四十四条 人民检察院履行知识产权检察职能应当适用《人民检察院刑事诉讼规则》《人民检察院民事诉讼监督规则》《人民检察院行政诉讼监督规则》《人民检察院公益诉讼办案规则》和本指引等相关规定。

第四十五条 本指引由最高人民检察院负责解释，自发布之日起施行。

国家药品监督管理局 国家市场监督管理总局 公安部 最高人民法院 最高人民检察院关于印发药品行政执法与刑事司法衔接工作办法的通知

国药监法〔2022〕41 号

各省、自治区、直辖市药品监督管理局、市场监督管理局、公安厅（局）、高级人民法院、人民检察院，新疆生产建设兵团药品监督管理局、市场监督管理局、公安局、人民检察院，新疆维吾尔自治区高级人民法院生产建设兵团分院：

为进一步健全药品行政执法与刑事司法衔接工作机制，加大对药品领域违法犯罪行为的打击力度，严防严管严控药品安全风险，切实保障人民群众用药安全有效，按照中央集中打击整治危害药品安全违法犯罪工作相关部署，国家药品监督管理局、市场监督管理总局、公安部、最高人民法院、最高人民检察院研究制定了《药品行政执法与刑事司法衔接工作办法》，现予以印发，请遵照执行。

国 家 药 监 局
国家市场监督管理总局
公 安 部
最 高 人 民 法 院
最 高 人 民 检 察 院
2023 年 1 月 10 日

药品行政执法与刑事司法衔接工作办法

第一章 总 则

第一条 为进一步健全药品行政执法与刑事司法衔接工作机制，加大对药品领域违法犯罪行为打击力度，切实维护人民群众身体健康和生命安全，根据《中华人民共和国刑法》《中华人民共和国刑事诉讼法》

《中华人民共和国行政处罚法》《中华人民共和国药品管理法》《中华人民共和国疫苗管理法》《医疗器械监督管理条例》《化妆品监督管理条例》《行政执法机关移送涉嫌犯罪案件的规定》等法律、行政法规和相关司法解释，结合工作实际，制定本办法。

第二条　本办法适用于各级药品监管部门、公安机关、人民检察院、人民法院办理的药品领域（含药品、医疗器械、化妆品，下同）涉嫌违法犯罪案件。

第三条　各级药品监管部门、公安机关、人民检察院、人民法院之间应当加强协作，统一法律适用，健全情况通报、案件移送、信息共享、信息发布等工作机制。

第四条　药品监管部门应当依法向公安机关移送药品领域涉嫌犯罪案件，对发现违法行为明显涉嫌犯罪的，及时向公安机关、人民检察院通报，根据办案需要依法出具认定意见或者协调检验检测机构出具检验结论，依法处理不追究刑事责任、免予刑事处罚或者已给予刑事处罚，但仍应当给予行政处罚的案件。

第五条　公安机关负责药品领域涉嫌犯罪移送案件的受理、审查工作。对符合立案条件的，应当依法立案侦查。对药品监管部门商请协助的重大、疑难案件，与药品监管部门加强执法联动，对明显涉嫌犯罪的，协助采取紧急措施，加快移送进度。

第六条　人民检察院对药品监管部门移送涉嫌犯罪案件活动和公安机关有关立案侦查活动，依法实施法律监督。

第七条　人民法院应当充分发挥刑事审判职能，依法审理危害药品安全刑事案件，准确适用财产刑、职业禁止或者禁止令，提高法律震慑力。

第二章　案件移送与法律监督

第八条　药品监管部门在依法查办案件过程中，发现违法事实涉及的金额、情节、造成的后果，根据法律、司法解释、立案追诉标准等规定，涉嫌构成犯罪，依法需要追究刑事责任的，应当依照本办法向公安机关移送。对应当移送的涉嫌犯罪案件，立即指定2名以上行政执法人员组成专案组专门负责，核实情况后，提出移送涉嫌犯罪案件的书面报告。药品监管部门主要负责人应当自接到报告之日起3日内作出批准移送或者不批准移送的决定。批准移送的，应当在24小时内向同级公安机关移送；不批准移送的，应当将不予批准的理由记录在案。

第九条　药品监管部门向公安机关移送涉嫌犯罪案件，应当附有下列材料，并将案件移送书抄送同级人民检察院：

（一）涉嫌犯罪案件的移送书，载明移送机关名称、违法行为涉嫌犯罪罪名、案件主办人及联系电话等。案件移送书应当附移送材料清单，并加盖移送机关公章；

（二）涉嫌犯罪案件情况的调查报告，载明案件来源，查获情况，犯罪嫌疑人基本情况，涉嫌犯罪的事实、证据和法律依据，处理建议等；

（三）涉案物品清单，载明涉案物品的名称、数量、特征、存放地等事项，并附采取行政强制措施、表明涉案物品来源的相关材料；

（四）对需要检验检测的，附检验检测机构出具的检验结论及检验检测机构资质证明；

（五）现场笔录、询问笔录、认定意见等其他有关涉嫌犯罪的材料。有鉴定意见的，应附鉴定意见。

对有关违法行为已经作出行政处罚决定的，还应当附行政处罚决定书和相关执行情况。

第十条　公安机关对药品监管部门移送的涉嫌犯罪案件，应当出具接受案件的回执或者在案件移送书的回执上签字。

公安机关审查发现移送的涉嫌犯罪案件材料不全的，应当在接受案件的24小时内书面告知移送机关在3日内补正，公安机关不得以材料不全为由不接受移送案件。

公安机关审查发现移送的涉嫌犯罪案件证据不充分的，可以就证明有犯罪事实的相关证据等提出补充调查意见，由移送机关补充调查并及时反馈公安机关。因客观条件所限，无法补正的，移送机关应当向公安机关作出书面说明。根据实际情况，公安机关可以依法自行调查。

第十一条　药品监管部门移送涉嫌犯罪案件，应当接受人民检察院依法实施的监督。人民检察院发现药品监管部门不依法移送涉嫌犯罪案件的，应当向药品监管部门提出检察意见并抄送同级司法行政机关。药品监管部门应当自收到检察意见之日起 3 日内将案件移送公安机关，并将案件移送书抄送人民检察院。

第十二条 公安机关对药品监管部门移送的涉嫌犯罪案件，应当自接受案件之日起 3 日内作出立案或者不立案的决定；案件较为复杂的，应当在 10 日内作出决定；案情重大、疑难、复杂或者跨区域性的，经县级以上公安机关负责人批准，应当在 30 日内决定是否立案；特殊情况下，受案单位报经上一级公安机关批准，可以再延长 30 日作出决定。接受案件后对属于公安机关管辖但不属于本公安机关管辖的案件，应当在 24 小时内移送有管辖权的公安机关，并书面通知移送机关，抄送同级人民检察院。对不属于公安机关管辖的，应当在 24 小时内退回移送机关，并书面说明理由。

公安机关作出立案、不予立案、撤销案件决定的，应当自作出决定之日起 3 日内书面通知移送机关，同时抄送同级人民检察院。公安机关作出不予立案或者撤销案件决定的，应当说明理由，并将案卷材料退回移送机关。

第十三条 药品监管部门接到公安机关不予立案的通知书后，认为依法应当由公安机关决定立案的，可以自接到不予立案通知书之日起 3 日内，提请作出不予立案决定的公安机关复议，也可以建议人民检察院依法进行立案监督。

作出不予立案决定的公安机关应当自收到药品监管部门提请复议的文件之日起 3 日内作出立案或者不予立案的决定，并书面通知移送机关。移送机关对公安机关不予立案的复议决定仍有异议的，应当自收到复议决定通知书之日起 3 日内建议人民检察院依法进行立案监督。

公安机关应当接受人民检察院依法进行的立案监督。

第十四条 药品监管部门建议人民检察院进行立案监督的案件，应当提供立案监督建议书、相关案件材料，并附公安机关不予立案、立案后撤销案件决定及说明理由的材料，复议维持不予立案决定的材料或者公安机关逾期未作出是否立案决定的材料。

人民检察院认为需要补充材料的，药品监管部门应当及时提供。

第十五条 药品监管部门对于不追究刑事责任的案件，应当依法作出行政处罚或者其他处理。

药品监管部门向公安机关移送涉嫌犯罪案件前，已经作出的警告、责令停产停业、暂扣或者吊销许可证件、责令关闭、限制从业等行政处罚决定，不停止执行。未作出行政处罚决定的，原则上应当在公安机关决定不予立案或者撤销案件、人民检察院作出不起诉决定、人民法院作出无罪或者免予刑事处罚判决后，再决定是否给予行政处罚，但依法需要给予警告、通报批评、限制开展生产经营活动、责令停产停业、责令关闭、限制从业、暂扣或者吊销许可证件行政处罚的除外。

已经作出罚款行政处罚并已全部或者部分执行的，人民法院在判处罚金时，在罚金数额范围内对已经执行的罚款进行折抵。

违法行为构成犯罪，人民法院判处拘役或者有期徒刑时，公安机关已经给予当事人行政拘留并执行完毕的，应当依法折抵相应刑期。

药品监管部门作出移送决定之日起，涉嫌犯罪案件的移送办理时间，不计入行政处罚期限。

第十六条 公安机关对发现的药品违法行为，经审查没有犯罪事实，或者立案侦查后认为犯罪事实显著轻微、不需要追究刑事责任，但依法应当予以行政处罚的，应当将案件及相关证据材料移交药品监管部门。

药品监管部门应当自收到材料之日起 15 日内予以核查，按照行政处罚程序作出立案、不立案、移送案件决定的，应当自作出决定之日起 3 日内书面通知公安机关，并抄送同级人民检察院。

第十七条 人民检察院对作出不起诉决定的案件，认为依法应当给予行政处罚的，应当将案件及相关证据材料移交药品监管部门处理，并提出检察意见。药品监管部门应当自收到检察意见书之日起 2 个月内向人民检察院通报处理情况或者结果。

人民法院对作出无罪或者免予刑事处罚判决的案件，认为依法应当给予行政处罚的，应当将案件及相关证据材料移交药品监管部门处理，并可以提出司法建议。

第十八条 对于尚未作出生效裁判的案件，药品监管部门依法应当作出责令停产停业、吊销许可证件、责令关闭、限制从业等行政处罚，需要配合的，公安机关、人民检察院、人民法院应当给予配合。

对于人民法院已经作出生效裁判的案件，依法还应当由药品监管部门作出吊销许可证件等行政处罚的，需要人民法院提供生效裁判文书，人民法院应当及时提供。药品监管部门可以依据人民法院生效裁判认定的事实和证据依法予以行政处罚。

第十九条 对流动性、团伙性、跨区域性危害药品安全犯罪案件的管辖，依照最高人民法院、最高人民检察院、公安部等部门联合印发的《关于办理流动性、团伙性、跨区域性犯罪案件有关问题的意见》（公通字〔2011〕14号）相关规定执行。

上级公安机关指定下级公安机关立案侦查的案件，需要人民检察院审查批准逮捕、审查起诉的，按照最高人民法院、最高人民检察院、公安部、国家安全部、司法部、全国人大常委会法制工作委员会联合印发的《关于实施刑事诉讼法若干问题的规定》相关规定执行。

第二十条 多次实施危害药品安全违法犯罪行为，未经处理，且依法应当追诉的，涉案产品的销售金额或者货值金额累计计算。

第二十一条 药品监管部门在行政执法和查办案件过程中依法收集的物证、书证、视听资料、电子数据等证据材料，在刑事诉讼中可以作为证据使用；经人民法院查证属实，可以作为定案的根据。

第二十二条 药品监管部门查处危害药品安全违法行为，依据《中华人民共和国药品管理法》《中华人民共和国疫苗管理法》等相关规定，认为需要对有关责任人员予以行政拘留的，应当在依法作出其他种类的行政处罚后，参照本办法，及时将案件移送有管辖权的公安机关决定是否行政拘留。

第三章 涉案物品检验、认定与移送

第二十三条 公安机关、人民检察院、人民法院办理危害药品安全犯罪案件，商请药品监管部门提供检验结论、认定意见协助的，药品监管部门应当按照公安机关、人民检察院、人民法院刑事案件办理的法定时限要求积极协助，及时提供检验结论、认定意见，并承担相关费用。

药品监管部门应当在其设置或者确定的检验检测机构协调设立检验检测绿色通道，对涉嫌犯罪案件涉案物品的检验检测实行优先受理、优先检验、优先出具检验结论。

第二十四条 地方各级药品监管部门应当及时向公安机关、人民检察院、人民法院通报药品检验检测机构名单、检验检测资质及项目等信息。

第二十五条 对同一批次或者同一类型的涉案药品，如因数量较大等原因，无法进行全部检验检测，根据办案需要，可以依法进行抽样检验检测。公安机关、人民检察院、人民法院对符合行政执法规范要求的抽样检验检测结果予以认可，可以作为该批次或者该类型全部涉案产品的检验检测结果。

第二十六条 对于《中华人民共和国药品管理法》第九十八条第二款第二项、第四项及第三款第三项至第六项规定的假药、劣药，能够根据在案证据材料作出判断的，可以由地市级以上药品监管部门出具认定意见。

对于依据《中华人民共和国药品管理法》第九十八条第二款、第三款的其他规定认定假药、劣药，或者是否属于第九十八条第二款第二项、第三款第六项规定的假药、劣药存在争议的，应当由省级以上药品监管部门设置或者确定的药品检验机构进行检验，出具质量检验结论。

对于《中华人民共和国刑法》第一百四十二条之一规定的"足以严重危害人体健康"难以确定的，根据地市级以上药品监管部门出具的认定意见，结合其他证据作出认定。

对于是否属于民间传统配方难以确定的，根据地市级以上药品监管部门或者有关部门出具的认定意见，结合其他证据作出认定。

第二十七条 药品、医疗器械、化妆品的检验检测，按照《中华人民共和国药品管理法》及其实施条例、《医疗器械监督管理条例》《化妆品监督管理条例》等有关规定执行。必要时，检验机构可以使用经国务院药品监督管理部门批准的补充检验项目和检验方法进行检验，出具检验结论。

第二十八条 药品监管部门依据检验检测报告、结合专家意见等相关材料得出认定意见的，应当包括认定依据、理由、结论。按照以下格式出具结论：

（一）假药案件，结论中应当写明"经认定，……为假药"；

（二）劣药案件，结论中应当写明"经认定，……为劣药"；

（三）妨害药品管理案件，对属于难以确定"足以严重危害人体健康"的，结论中应当写明"经认定，当事人实施……的行为，足以严重危害人体健康"；

（四）生产、销售不符合保障人体健康的国家标准、行业标准的医疗器械案件，结论中应当写明"经认定，涉案医疗器械……不符合……标准，结合本案其他情形，足以严重危害人体健康"；

（五）生产、销售不符合卫生标准的化妆品案件，结论中应当写明"经认定，涉案化妆品……不符合……标准或者化妆品安全技术规范"。

其他案件也应当写明认定涉嫌犯罪应具备的结论性意见。

第二十九条 办案部门应当告知犯罪嫌疑人、被害人或者其辩护律师、法定代理人，在涉案物品依法处置前可以提出重新或者补充检验检测、认定的申请。提出申请的，应有充分理由并提供相应证据。

第三十条 药品监管部门在查处药品违法行为过程中，应当妥善保存所收集的与违法行为有关的证据。

药品监管部门对查获的涉案物品，应当如实填写涉案物品清单，并按照国家有关规定予以处理。对需要进行检验检测的涉案物品，应当由法定检验检测机构进行检验检测，并出具检验结论。

第三十一条 药品监管部门应当自接到公安机关立案通知书之日起 3 日内，将涉案物品以及与案件有关的其他材料移交公安机关，并办理交接手续。

对于已采取查封、扣押等行政强制措施的涉案物品，药品监管部门于交接之日起解除查封、扣押，由公安机关重新对涉案物品履行查封、扣押手续。

第三十二条 公安机关办理药品监管部门移送的涉嫌犯罪案件和自行立案侦查的案件时，因客观条件限制，或者涉案物品对保管条件、保管场所有特殊要求，或者涉案物品需要无害化处理的，在采取必要措施固定留取证据后，可以委托药品监管部门代为保管和处置。

公安机关应当与药品监管部门签订委托保管协议，并附有公安机关查封、扣押涉案物品的清单。

药品监管部门应当配合公安机关、人民检察院、人民法院在办案过程中对涉案物品的调取、使用及检验检测等工作。

药品监管部门不具备保管条件的，应当出具书面说明，推荐具备保管条件的第三方机构代为保管。

涉案物品相关保管、处置等费用有困难的，由药品监管部门会同公安机关等部门报请本级人民政府解决。

第四章　协作配合与督办

第三十三条 各级药品监管部门、公安机关、人民检察院应当定期召开联席会议，推动建立地区间、部门间药品案件查办联动机制，通报案件办理工作情况，研究解决办案协作、涉案物品处置等重大问题。

第三十四条 药品监管部门、公安机关、人民检察院、人民法院应当建立双向案件咨询制度。药品监管部门对重大、疑难、复杂案件，可以就刑事案件立案追诉标准、证据固定和保全等问题咨询公安机关、人民检察院；公安机关、人民检察院、人民法院可以就案件办理中的专业性问题咨询药品监管部门。受咨询的机关应当认真研究，及时答复；书面咨询的，应当书面答复。

第三十五条 药品监管部门、公安机关和人民检察院应当加强对重大案件的联合督办工作。

国家药品监督管理局、公安部、最高人民检察院可以对下列重大案件实行联合督办：

（一）在全国范围内有重大影响的案件；

（二）引发公共安全事件，对公民生命健康、财产造成特别重大损害、损失的案件；

（三）跨地区，案情复杂、涉案金额特别巨大的案件；

（四）其他有必要联合督办的重大案件。

第三十六条 药品监管部门在日常工作中发现违反药品领域法律法规行为明显涉嫌犯罪的，应当立即以书面形式向同级公安机关和人民检察院通报。

公安机关应当及时进行审查，必要时，经办案部门负责人批准，可以进行调查核实。调查核实过程中，公安机关可以依照有关法律和规定采取询问、查询、勘验、鉴定和调取证据材料等不限制被调查对象人身、财产权利的措施。对符合立案条件的，公安机关应当及时依法立案侦查。

第三十七条 药品监管部门对明显涉嫌犯罪的案件，在查处、移送过程中，发现行为人可能存在逃匿或者转移、灭失、销毁证据等情形的，应当及时通报公安机关，由公安机关协助采取紧急措施，必要时双方协同加快移送进度，依法采取紧急措施予以处置。

第三十八条 各级药品监管部门对日常监管、监督抽检、风险监测和处理投诉举报中发现的涉及药品刑事犯罪的重要违法信息，应当及时通报同级公安机关和人民检察院；公安机关应当将侦办案件中发现的重大药品安全风险信息通报同级药品监管部门。

公安机关在侦查药品犯罪案件中，已查明涉案药品流向的，应当及时通报同级药品监管部门依法采取控制措施，并提供必要的协助。

第三十九条 各级药品监管部门、公安机关、人民检察院、人民法院应当建立药品违法犯罪案件信息发布沟通协作机制。发布案件信息，应当及时提前互相通报情况；联合督办的重要案件信息应当联合发布。

第五章 信息共享与通报

第四十条 各级药品监管部门、公安机关、人民检察院应当通过行政执法与刑事司法衔接信息共享平台，逐步实现涉嫌犯罪案件网上移送、网上受理、网上监督。

第四十一条 已经接入信息共享平台的药品监管部门、公安机关、人民检察院，应当在作出相关决定之日起 7 日内分别录入下列信息：

（一）适用普通程序的药品违法案件行政处罚、案件移送、提请复议和建议人民检察院进行立案监督的信息；

（二）移送涉嫌犯罪案件的立案、复议、人民检察院监督立案后的处理情况，以及提请批准逮捕、移送审查起诉的信息；

（三）监督移送、监督立案以及批准逮捕、提起公诉的信息。

尚未建成信息共享平台的药品监管部门、公安机关、人民检察院，应当自作出相关决定后及时向其他部门通报前款规定的信息。

有关信息涉及国家秘密、工作秘密的，可免予录入、共享，或者在录入、共享时作脱密处理。

第四十二条 各级药品监管部门、公安机关、人民检察院应当对信息共享平台录入的案件信息及时汇总、分析，定期对平台运行情况总结通报。

第六章 附 则

第四十三条 属于《中华人民共和国监察法》规定的公职人员在行使公权力过程中发生的依法由监察机关负责调查的案件，不适用本办法，应当依法及时将有关问题线索移送监察机关处理。

第四十四条 各省、自治区、直辖市的药品监管部门、公安机关、人民检察院、人民法院可以根据本办法制定本行政区域的实施细则。

第四十五条 本办法中"3 日""7 日""15 日"的规定是指工作日，不含法定节假日、休息日。法律、行政法规和部门规章有规定的从其规定。

第四十六条 本办法自 2023 年 2 月 1 日起施行。《食品药品行政执法与刑事司法衔接工作办法》（食药监稽〔2015〕271 号）中有关规定与本办法不一致的，以本办法为准。

商务部 文化和旅游部 市场监管总局 文物局 知识产权局关于印发《中华老字号示范创建管理办法》的 通 知

各省、自治区、直辖市及计划单列市、新疆生产建设兵团商务、文化和旅游、市场监管、文物、知识产权主管部门：

为立足新发展阶段，完整、准确、全面贯彻新发展理念，促进老字号创新发展，充分发挥老字号在商贸流通、消费促进、质量管理、技术创新、品牌建设、文化传承等方面的示范引领作用，服务构建以国内大循环为主体、国内国际双循环相互促进的新发展格局，商务部、文化和旅游部、市场监管总局、文物局、知识产权局联合制定了《中华老字号示范创建管理办法》，现印发给你们，请遵照执行。

商 务 部
文化和旅游部
市场监管总局
文 物 局
知识产权局
2023 年 1 月 6 日

中华老字号示范创建管理办法

第一章 总 则

第一条 为立足新发展阶段，完整、准确、全面贯彻新发展理念，贯彻《中共中央办公厅、国务院办公厅关于实施中华优秀传统文化传承发展工程的意见》，落实《商务部等 8 部门关于促进老字号创新发展的意见》，促进老字号创新发展，充分发挥老字号在商贸流通、消费促进、质量管理、技术创新、品牌建设、文化传承等方面的示范引领作用，服务构建以国内大循环为主体、国内国际双循环相互促进的新发展格局，制定本办法。

第二条 本办法所称中华老字号，是指历史底蕴深厚、文化特色鲜明、工艺技术独特、设计制造精良、产品服务优质、营销渠道高效、社会广泛认同的品牌（字号、商标等）。

第三条 商务部负责全国中华老字号示范创建工作，会同文化和旅游部、市场监管总局、文物局、知识产权局（以下称相关部门）将符合本办法第二条、第六条、第七条规定，在全国范围内具有较强示范引领性的品牌认定为中华老字号，将其所属企业认定为中华老字号企业，建立中华老字号名录。

各省、自治区、直辖市和计划单列市商务主管部门（以下称省级商务主管部门）会同同级相关部门负责本行政区域内中华老字号示范创建相关工作。

第四条 中华老字号示范创建遵循"自愿申报、自主创建、优中择优、动态管理"的原则。

第五条 中华老字号示范创建以企业为主体，创建企业应当体现品牌示范性、企业代表性、行业引领性，注重理念、设计、研发、工艺、技术、制造、产品、服务、经营、营销、管理等各方面创新，与时俱进、守正创新，彰显经济价值和文化价值。

第二章 示范条件

第六条 中华老字号应当具备以下基本条件：

（一）品牌创立时间在 50 年（含）以上；

（二）具有中华民族特色和鲜明的地域文化特征；

（三）面向居民生活提供经济价值、文化价值较高的产品、技艺或服务；

（四）在所属行业或领域内具有代表性、引领性和示范性，得到广泛的社会认同和赞誉。

第七条 中华老字号企业应当具备以下基本条件：

（一）在中华人民共和国境内依法设立；

（二）依法拥有与中华老字号相一致的字号，或与中华老字号相一致的注册商标的所有权或使用权且未侵犯他人注册商标专用权，传承关系明确且无争议；

（三）主营业务连续经营 30 年（含）以上，且主要面向居民生活提供商品或服务；

（四）经营状况良好，且具有较强的可持续发展能力；

（五）具有符合现代要求的企业治理模式，在设计、研发、工艺、技术、制造、产品、服务和经营理念、营销渠道、管理模式等方面具备较强的创新能力；

（六）在所属行业或领域内具有较强影响力；

（七）未在经营异常名录或严重违法失信名单中。

第三章　申报与认定

第八条　商务部会同相关部门原则上每3年认定并公布新一批次中华老字号名录。

中华老字号申报和认定工作主要通过商务部中华老字号信息管理系统（网址：https://zhlzh.mofcom.gov.cn）进行，具体时间安排由商务部会同相关部门发布通知。

第九条　符合本办法第六条、第七条规定条件的企业应在规定日期内通过商务部中华老字号信息管理系统上传申报材料，具体包括：

（一）企业基本信息、股权结构及近5年经营情况；

（二）品牌创立时间的证明材料；

（三）老字号注册商标的权属证明文件；

（四）主营业务传承脉络清晰的证明材料；

（五）品牌历史价值和文化价值的介绍材料；

（六）企业在设计研发、工艺技术、产品服务和经营理念、营销渠道、管理模式等方面创新发展的介绍材料；

（七）企业文化的介绍材料和获得荣誉的证明材料；

（八）针对上述材料并经法定代表人或负责人签字的真实性承诺；

（九）商务主管部门和相关部门认为应当提交的其他相关材料。

上述申报材料应当真实、有效、完整，其中能够通过政府信息系统获取的，相关部门可不再要求企业提供。

中央企业可通过其一级集团（总公司）并经主管单位同意后向商务部申报。

第十条　省级商务主管部门会同同级相关部门组织有关机构和专家对申报材料进行研究论证后向商务部提出推荐名单，并优先推荐已被认定为省级老字号3年（含）以上的企业。

商务部将根据各地中华老字号和省级老字号数量，结合各地历史文化、经济发展等综合情况，采用因素法确定每一批次各地可推荐的数量上限。

省级商务主管部门可根据需要委托市级相关部门对本地区企业申报材料的真实性、有效性、完整性进行审核。

推荐名单应当对外公示，且公示期不少于15个工作日。公示期满无异议或异议不成立的，由省级商务主管部门向商务部提出推荐意见并上报申报材料。

第十一条　商务部会同相关部门组织专家按照科学、公平、公正的原则，对各地推荐的企业进行评议，按照不超过全国推荐总量80%的比例提出拟认定的中华老字号及其所属企业。

参与评议的专家可根据需要或委托有关机构采取材料审查、现场调查、查阅档案等形式进行审查。

第十二条　商务部在商务部网站对拟认定的中华老字号及其所属企业相关信息进行公示，公示期不少于15个工作日。任何单位或个人对名单有不同意见的，均可向商务部提出异议，并提供详实的书面举证材料。

商务部在接到异议后会同相关部门组织专家对异议情况进行复核。如存在较大争议，商务部可召开听证会。

第十三条　在公示期间无异议或异议不成立的，由商务部会同相关部门列入中华老字号名录并向社会公布，由商务部依据本办法授予中华老字号标识使用权、颁发中华老字号牌匾。

第十四条　中华老字号标识属商务部标志，中华老字号企业可依据《中华老字号标识和牌匾使用规定》（附件），使用中华老字号标识和牌匾。

第四章　动态管理

第十五条　中华老字号企业的企业名称或其商标发生以下变化的，应当自发生变化之日起30个工作日之内通过商务部中华老字号信息管理系统向住所地省级商务主管部门提出申请，并详细说明发生变化的理由：

（一）企业名称发生变化的；

（二）在不丧失老字号注册商标使用权的前提下，该注册商标发生转让的。

省级商务主管部门在接到企业申请后，应按照中华老字号认定条件进行审核，并提出审核意见报商务部。审核过程中可根据需要现场核实相关情况或要求企业补充提供相关材料，必要时向社会公示。

商务部收到省级商务主管部门审核意见后进行复核，必要时商相关部门联合审核，并通过商务部中华老字号信息管理系统公布复核通过的企业变更信息。

第十六条 中华老字号企业应当于每季度首月 10 日前通过商务部中华老字号信息管理系统填报上一季度经营情况，并于每年 1 月 31 日前填报上一年度经营情况（上市公司可在季报年报公布后的 5 个工作日内进行上报）。

第十七条 商务部组织有关机构开展中华老字号日常监测，建立"红绿灯"机制，对出现本办法第十八条、第十九条、第二十条所列有关情形的中华老字号企业，分别采取相应管理措施。商务部组织有关机构建立创新发展评估模型，原则上每年对中华老字号企业进行评估，发布评估报告，并依据评估结果分别采取通报表扬、约谈警示等措施。

第十八条 中华老字号企业出现下列情形之一的，由住所地省级商务主管部门责令 3 个月内予以整改，必要时可约谈企业负责人：

（一）企业信息发生变化后未按本办法第十五条规定及时提交申请的；

（二）未按本办法第十六条规定按时在商务部中华老字号信息管理系统填报相关信息的；

（三）中华老字号标识、牌匾使用不符合《中华老字号标识和牌匾使用规定》的；

（四）因经营问题被相关部门作出行政处罚，或引起社会不良影响的；

（五）因违反《文物保护法》相关规定，对涉及不可移动文物的生产经营场所违法进行修缮、转让、抵押、改变用途等活动被相关部门作出行政处罚的；

（六）被相关部门列入经营异常名录的。

第十九条 中华老字号企业出现下列情形之一的，住所地省级商务主管部门可以建议商务部暂停其中华老字号标识及牌匾使用权：

（一）被省级商务主管部门约谈，未按时整改或整改措施不力的；

（二）被相关部门列入严重违法失信名单的。

商务部认为确有必要的，应当作出暂停其中华老字号标识及牌匾使用权的决定，并责令其于 3 个月内完成整改。

中华老字号企业整改完成后，由住所地省级商务主管部门对整改情况进行审核，并提出审核意见报商务部。商务部认为整改到位的，应当作出撤销暂停其中华老字号标识及牌匾使用权的决定。

第二十条 中华老字号企业出现下列情形之一的，住所地省级商务主管部门可以建议商务部将其移出中华老字号名录并收回中华老字号标识使用权及牌匾：

（一）企业破产清算、解散、注销、被吊销营业执照或三年以上不开展经营活动的；

（二）丧失老字号注册商标所有权及使用权的；

（三）发生严重损害消费者权益、出现重大质量问题或安全事故、重复侵犯他人知识产权、严重扰乱市场秩序或其他严重违法行为的；

（四）以欺骗或其他不正当手段骗取中华老字号示范称号的；

（五）被暂停中华老字号标识及牌匾使用权，到期后仍未有效整改的；

（六）其他不符合中华老字号和中华老字号企业基本条件的。

商务部认为确有必要的，商相关部门作出移出中华老字号名录并收回中华老字号标识使用权及牌匾的决定。

第二十一条 商务部会同相关部门原则上每 3 年对中华老字号开展复核。对复核中发现已经不符合中华老字号条件的，商相关部门作出移出中华老字号名录、收回中华老字号标识使用权及牌匾的决定。

第二十二条 商务部作出暂停或收回中华老字号标识使用权、移出中华老字号名录决定的，在商务部中华老字号信息管理系统中通报并在商务部网站向社会公布。

被移出中华老字号名录的，自决定作出之日起两个申报周期内不得再次申报中华老字号。

第五章 其 他

第二十三条 省级各相关部门加强对本行政区域内老字号知识产权、历史网点、文化遗产的保护，为老字号文化传承、技艺改造、改革创新提供必要的政策支持，组织开展老字号宣传推广活动。

第二十四条 中华老字号企业违反《中华老字号标识和牌匾使用规定》的，商务部和省级商务主管部门可依据本办法采取相关措施。

中华老字号企业因违反本办法第十九条，被暂停中华老字号标识、牌匾使用权期间，应撤回其含有中华老字号标识的相关产品、服务，移除并妥善保存中华老字号牌匾，且不得以中华老字号名义开展宣传。

任何单位或个人冒用或滥用中华老字号标识或牌匾，违反《商标法》《反不正当竞争法》《广告法》等法律法规的，由市场监管部门依法依规进行查处。

第二十五条 本办法实施前已经商务部认定的中华老字号，按照本办法管理，无需重新申报，但应当按照本办法规定进行定期复核。

第二十六条 本办法由商务部负责解释。

第二十七条 本办法自公布之日起30日后施行。《商务部关于实施"振兴老字号工程"的通知》（商改发〔2006〕171号）、《商务部关于印发〈"中华老字号"标识使用规定〉的通知》（商改发〔2007〕137号）同时废止。

附件：中华老字号标识和牌匾使用规定。

附件

中华老字号标识和牌匾使用规定

第一条 为维护中华老字号信誉，加强对中华老字号标识和牌匾的管理，规范中华老字号标识和牌匾的使用，依据《中华老字号示范创建管理办法》，制定本规定。

第二条 中华老字号标识和牌匾的使用应当遵循本规定。

第三条 商务部对中华老字号标识和牌匾的使用实行统一管理和监督。省级商务主管部门按照职责分工对所辖区域内中华老字号标识和牌匾的使用进行管理与监督。

第四条 中华老字号标识适用于商务部认定的中华老字号及中华老字号企业。未被认定为中华老字号的企业或个人，不得使用中华老字号标识和文字。

第五条 中华老字号标识属商务部所有，由标准图形和"中华老字号"中英文文字组成，图形可单独使用，也可与文字组合使用。标识设有标准色3色、标准组合4种供企业选用。推荐使用第一种"中华老字号"2色标识。中华老字号标识标准图形、标准字体、标准色彩、标准组合详见附。

第六条 中华老字号企业可以在相应产品或服务的包装、装潢、各类资料、广告宣传及互联网等媒介中使用统一规定的中华老字号标识。

第七条 中华老字号标识只能用于与中华老字号相一致的产品或服务上，以其老字号注册商标核定使用的商品或服务为限，并应明显标注获得认定的企业名称，不得扩大使用范围。同时，应符合《商标法》《广告法》等相关法律法规要求。

第八条 中华老字号标识在使用时，必须根据规定式样使用，可按比例放大或缩小，但不得更改标识的比例关系和色值。

第九条 中华老字号标识在印刷时，附着媒介的底色不得影响标识的标准色值，不得透叠其他色彩和图案。

第十条 商务部统一制作和颁发中华老字号牌匾，未经许可，任何组织或个人不得自行制作、伪造、变造、销售或者冒用。

第十一条 中华老字号牌匾不得复制。

第十二条 中华老字号牌匾应悬挂或放置于中华老字号企业主要办公或经营场所，牌匾需保持牢固安全、整洁、美观，任何组织或个人不得随意侵占、污损、破坏牌匾。涉及不可移动文物的，悬挂、放置牌匾不得破坏文物。

第十三条 被商务部移出中华老字号名录并收回中华老字号标识使用权及牌匾的企业，自商务部作出决定之日起，停止使用中华老字号标识，并负责清理自身使用的有关中华老字号标识；中华老字号牌匾由所在省级商务主管部门负责收回，交回商务部统一注销和销毁。

第十四条 中华老字号企业的企业名称和注册商标人名义发生变更后，中华老字号标识和牌匾的使用权随之变更，但须按照《中华老字号示范创建管理办法》规定报商务部备案。

市场监管总局关于新时代加强知识产权执法的意见

国市监稽发〔2023〕66 号

各省、自治区、直辖市和新疆生产建设兵团市场监管局（厅、委）：

加强知识产权保护是建设创新型国家的内在要求，是促进高质量发展的重要举措。近年来，各级市场监管部门将保护知识产权作为市场监管综合执法的重要内容，针对商标、专利等领域侵权假冒违法行为，持续加大知识产权执法力度，有力保护了权利人的合法权益，维护了创新发展的良好环境。当前，侵权假冒行为越来越呈现出线上线下一体化运作、跨区域、链条化的特点，知识产权执法工作面临新的挑战。为进一步加强知识产权执法工作，现提出以下意见：

一、总体要求

（一）指导思想。以习近平新时代中国特色社会主义思想为指导，全面贯彻党的二十大和二十届历次全会精神，认真落实《知识产权强国建设纲要（2021—2035 年）》《"十四五"国家知识产权保护和运用规划》，加强知识产权执法的法治保障，积极创新和转变执法方式，建立完善知识产权执法机制，强化对大案要案的组织查办和督察督办，依法平等保护各类经营主体的知识产权，为创新驱动发展战略实施提供有力支撑。

（二）基本原则。

发挥综合优势。深入落实党中央、国务院关于完善知识产权管理体制的决策部署，深化综合行政执法

改革和打击侵权假冒工作协调机制改革优势，全面履行知识产权执法职责，综合运用多种法律手段，依法打击侵权假冒违法行为。

坚持打建结合。针对重点产品、重点领域、重点市场、重点环节，持续加大执法力度，坚决遏制侵权假冒多发势头。加强制度机制建设，完善知识产权执法保障措施，不断提高执法效能。

加强协作联动。积极创新执法方式，推进线上线下一体化执法，加强跨区域协作、跨部门协同和上下级联动，由区域内、单环节执法向跨区域、全链条执法转变，形成对侵权假冒违法行为的追踪溯源和联合打击态势。

强化技术支撑。运用智慧监管手段为执法办案赋能，加强大数据、云计算、移动互联网等信息技术在执法中的应用，加大对相关数据信息的整合、分析和研判力度，提高对侵权假冒违法行为的挖掘和精准打击能力。

调动多方参与。发挥行业组织的行业自律和协调管理作用，引导权利人积极维权，鼓励社会公众参与社会监督，充分调动各方积极性，构建行业组织、企业、媒体、公众参与支持知识产权执法的工作格局。

（三）主要目标。到 2025 年，知识产权全链条执法机制更加完善，网络环境下执法办案难题得到有效破解，知识产权执法的法治化、智能化、规范化水平明显提升，商标、专利等领域侵权假冒突出问题得到有效治理，行政执法、行业自律、企业维权、社会监督协调运作的知识产权执法体系基本建成。

二、突出执法重点

（一）加强重点产品执法。以关系人民群众生命健康、财产安全的食品药品、农资、电子产品、家用电器、汽车配件和侵权假冒多发的服饰箱包等日用消费品为重点，严厉查处商标侵权、假冒专利等违法行为。聚焦初级农产品、加工食品、道地药材、手工艺品等，加大对地理标志侵权假冒违法行为的查处力度。围绕举办国际性、全国性的重要展会及体育、文化活动等，加强官方标志和特殊标志执法。

（二）加强重点领域执法。加强互联网领域知识产

权执法，严厉查处网络销售、直播带货中侵权假冒违法行为，督促电子商务平台经营者、平台内经营者落实"通知—删除—公示"责任。加强外商投资领域和老字号品牌的知识产权保护，集中解决企业反映比较集中的问题，加大对假冒仿冒相关公众所熟知的商标、恶意抢注商标等违法行为的打击力度，依法平等保护内外资企业的知识产权。

（三）加强重点市场执法。以近年来侵权假冒案件多发、舆情关注和举报投诉较多的商品交易市场为重点，加大违法线索摸排和整合分析力度，严厉查处商标侵权、假冒专利、假冒地理标志等违法行为。在节假日等消费高峰时段，加强对农村和城乡接合部市场的执法检查，从零售端入手，深挖侵权假冒商品销售网络和生产源头，铲除违法产业链条。

（四）加强重点环节执法。推动实施《商标代理监督管理规定》《规范商标申请注册行为若干规定》，严厉查处恶意申请注册商标、以欺骗或者其他不正当手段申请注册商标和商标代理违法行为。按照《商标印制管理办法》等有关规定，严厉查处违法印制商标行为。按照《专利代理条例》《专利代理管理办法》等有关规定，依法查处专利代理违法行为，维护知识产权代理行业秩序。

三、强化支撑保障

（一）推进严格规范公正文明执法。严格执行《市场监督管理行政处罚程序规定》，提升执法的统一性和规范化水平。按照《市场监督管理执法监督暂行规定》，加强知识产权执法评议、案卷评查和纠正，强化层级监督。梳理分析商标、专利领域执法的难点堵点问题，研究制定执法工作指引，规范自由裁量标准。深入开展公正文明执法行风建设，推进分类、精准执法，把握好时度效，广泛运用处罚、教育、告诫、约谈等方式，保障行政执法的法律效果和社会效果相统一。

（二）健全完善执法机制。深入剖析互联网领域违法行为规律，推动完善网络环境下调查取证制度规范，构建线上线下结合、上下联动、区域协作的全链条执法机制。支持有条件的地方开展试点，建立完善执法部门与平台经营者、权利人的沟通合作机制，依托电商平台大数据资源、快递物流等信息和跨部门衔接、跨区域协作机制，打通生产、流通、销售等环节，强化全链条执法、源头打击。完善行刑衔接机制，加强与公安机关的信息共享、情况通报、线索研判，对于重大复杂案件，视情请公安机关提前介入，增强对侵权假冒违法行为的打击合力。

（三）强化执法技术支撑。充分发挥智慧监管在线索摸排、情报分析、调查取证等方面的作用，加快推进全国统一的市场监管执法办案系统建设。利用网络交易监测系统和12315平台，多方汇集违法线索，加强对违法信息的梳理研判，提高对违法行为的发现、甄别、挖掘和精准打击能力。结合开展"数字＋执法"能力提升三年行动，加强和规范执法数据报送、情报实时归集、线索科学分析、数据有效利用，及时发现苗头性、倾向性、潜在性问题，高效精准防范化解风险隐患。

（四）充分利用社会资源。加强与行业协会及商标、专利、地理标志等领域社会组织、中介机构的沟通联系，发挥其对成员的行为导引、规则约束、权益维护及公共服务作用，为执法办案提供必要支持。健全知识产权权利人联系名录，发挥权利人在侵权调查、商品鉴别、信息溯源中的作用。加强新闻媒体的舆论监督和正面引导，畅通投诉举报渠道，鼓励社会公众举报违法行为。建立由高校教授、专家学者、知名律师等组成的专家库，为执法提供法律咨询和专业技术等方面服务，探索建立专家意见书制度。鼓励各地建立技术调查官参与知识产权执法的制度。

（五）加强执法能力建设。实施知识产权执法人才建设发展计划，通过举办培训班和开设网络课程等方式，强化业务培训和岗位练兵，提高执法人员的法律素养和业务水平。分层级、分片区、分类型组织开展典型案件分析研讨，持续举办电子数据取证大比武等活动，着力提高网络环境下办案技能。定期编发知识产权典型案例，以案释法，交流案件查办和执法实务经验。针对知识产权行政执法中的重大疑难复杂问题，加强与知识产权管理部门、司法机关的交流研讨，推动行政执法与司法标准的统一。

四、组织实施

（一）加强组织领导。各级市场监管部门要高度重视知识产权执法工作，结合市场监管综合执法改革，建立完善知识产权执法制度机制，着力构建上下统一协调、优化协同高效的执法体系。省级市场监管部门要加强对本省（区、市）知识产权执法工作的组织领导，发挥好统筹协调和上下贯通作用，市、县级市场监管部门要发挥执法办案主力军作用，严格依法履职尽责。要结合本地实际，研究确定执法重点，完善政策措施，推动知识产权执法工作持续深入开展。发挥好质量强国建设协调推进工作机制作用，统筹强化打击侵权假冒工作，完善跨部门、跨层级的知识产权执法协同工作体系。

（二）发挥系统集成优势。牢固树立全链条办案理念，查办个案要深挖生产源头和销售网络，发现违法行为涉及外地的，要将有关情况及时通报涉案地市场监管部门，协同查处上下游关联违法行为。对于重大跨区域案件，上级市场监管部门要统一组织执法行动，协调开展"集群作战"；对于复杂案件及查处难度较大的案件，上级市场监管部门要实施挂牌督办。下级市场监管部门发现的重大跨区域案件线索，可报请上级市场监管部门指定管辖或组织查办，重大跨省域线索上报总局协调处置。

（三）强化工作指导。建立完善业务咨询和请示答复制度，对于执法办案中遇到的重大疑难复杂问题，本级市场监管部门研究难以解决的，应当逐级向上级市场监管部门请示，上级市场监管部门要及时研究予以答复。对于涉及商标专利注册登记、权属及代理等相关情况，可征求业务主管部门意见。健全总局和省、市、县级知识产权执法联络体系，确立执法联络员，搭建快捷高效的交流沟通平台。完善案例发布制度，定期筛选发布具有典型性和指导性的案件。

（四）加大宣传普法力度。坚持执法和普法有效融合，通过案件公开、媒体曝光、专家点评等方式，加强典型案件解读，发挥办案的警示震慑效应，引导经营者守法诚信经营。密切关注舆情动态，加强分析研判，及时回应社会关切。围绕"3·15"

"4·26""5·10""12·4"等重要节点，组织开展知识产权执法集中宣传活动，展示执法成效、宣传先进典型，引导社会公众自觉抵制侵权假冒行为，增强全社会的知识产权保护意识，为创新驱动发展战略实施营造良好社会氛围。

市场监管总局

2023 年 8 月 8 日

国家知识产权局关于印发 2023 年全国知识产权行政保护 工作方案的通知

国知发保字〔2023〕4 号

各省、自治区、直辖市和新疆生产建设兵团知识产权局：

现将《2023 年全国知识产权行政保护工作方案》（以下简称《工作方案》）印发给你们，请结合实际认真贯彻落实。

各地落实《工作方案》情况和工作成效将纳入 2023 年知识产权行政保护绩效考核范围。各省级知识产权局的实施方案、半年和全年工作总结请分别于 2023 年 3 月 15 日、7 月 1 日和 12 月 1 日前报送国家知识产权局知识产权保护司，电子件同时发送至联系邮箱。

特此通知。

国家知识产权局

2023 年 3 月 1 日

2023 年全国知识产权行政 保护工作方案

为全面贯彻党的二十大精神，认真落实党中央、国务院关于全面加强知识产权保护的决策部署，按照 2023 年全国知识产权局局长会议和知识产权保护工作会议有关要求，切实加强知识产权行政保护工作，优化创新环境和营商环境，推动经济高质量发展，制定本工作方案。

一、总体要求

坚持以习近平新时代中国特色社会主义思想为指导，全面贯彻落实党的二十大精神和中央经济工作会议精神，深入落实习近平总书记在十九届中央政治局第二十五次集体学习时的重要讲话精神，按照《知识产权强国建设纲要（2021—2035年）》《"十四五"国家知识产权保护和运用规划》和《关于强化知识产权保护的意见》（以下简称《意见》）及其推进计划的相关工作部署，强化法治保障、严格产权保护，坚持改革驱动、质量引领，全面加强知识产权行政保护，继续加大对重点领域、关键环节侵犯知识产权行为的打击和治理力度，高质量推进知识产权行政保护工作，不断提升知识产权全链条保护水平，持续建设支撑国际一流营商环境和创新环境的知识产权保护体系，为加快推进知识产权强国建设、全面建设社会主义现代化强国提供有力支撑保障。

二、主要任务

（一）加强行政保护法治保障

1. 深入实施《意见》及其推进计划。压实属地和部门责任，认真履行知识产权保护职责，高标准推进知识产权保护政策任务措施落实。用好2022年知识产权保护工作检查考核结果，切实发挥检查考核"指挥棒"作用，抓好检查考核发现的短板弱项整改工作。继续推动将知识产权保护纳入中央督检考计划，继续做好督查激励涉及知识产权保护的相关工作，开展知识产权保护检查考核，确保知识产权保护各项重点工作落地见效。持续开展知识产权保护社会满意度年度调查，继续探索知识产权保护水平评估工作，推进知识产权保护立体化评价体系建设。

2. 切实发挥执法保护标准指南作用。继续完善专利、商标执法办案标准，深入落实《商标侵权判断标准》《商标一般违法判断标准》及其理解与适用，在行政裁决案件办理中严格把握《专利侵权纠纷行政裁决办案指南》等执法规范性文件适用规则，积极促进行政执法标准与司法裁判标准协调衔接，充分发挥标准指南的规范引领作用。开展新兴领域知识产权鉴定

研究，完善知识产权鉴定方法手段，充分发挥鉴定在知识产权执法中的积极作用。加大地理标志保护相关技术标准制定实施工作力度。

3. 推动知识产权保护制度完善实施。配合完成《专利法实施细则》修改，推进商标法及其实施条例修订。积极推动地理标志专门立法工作，推进落实地理标志统一认定制度，做好农产品相关政策衔接与平稳过渡。推动健全知识产权保护法律体系，制定实施知识产权保护地方性法规规章，严格依法行政，严格执法保护。鼓励积极探索大数据、人工智能、基因技术等新领域新业态知识产权保护策略、路径和方法。不断健全行政部门和司法机关加强知识产权保护制度衔接。提高专利侵权行政裁决执行水平，确保行政处罚、联合惩戒、信用监管等措施手段落地实施。

4. 严厉打击非正常专利申请和商标恶意注册行为。持续规范专利申请行为，建立快速处置联动机制，完善专利申请精准管理名单制度，健全主动核查和举报机制，加强对提交非正常专利申请的单位和个人的信用监管和政策约束。加强对冒用他人身份信息申请专利等重点违规行为治理，在工作中发现涉嫌犯罪的，及时通报或移送司法机关。及时处置上级交办和部门、地区转办的非正常专利申请重点问题线索和商标恶意注册申请案件线索。

（二）筑牢行政保护工作基础

5. 持续加大专利侵权纠纷行政裁决办案力度。畅通行政裁决受理渠道，简化受理程序，对于符合条件的案件推行适用简易程序。依法依规做好重大专利侵权纠纷、药品专利纠纷早期解决机制案件的行政裁决工作。加大涉民营企业、外资企业等专利侵权纠纷办案力度，做好侵权纠纷防范和行政调解工作。有力有效处置专利重复侵权、群体侵权、恶意侵权等行为。进一步强化行政裁决工作的规范性，着力提高执法办案业务能力和水平，建立健全跨区域专利侵权纠纷案件行政裁决机制，加大跨区域、跨部门办案协作、标准对接、业务交流力度。进一步完善技术调查官制度和知识产权侵权纠纷检验鉴定工作体系。

6. 扎实推进商标保护执法案件指导。按照《知识产权行政保护案件请示办理工作办法》，规范案件请示

办理工作，提高案件办理质量。严格商标管理，加大对线上线下违反禁止性规定使用商标等违反商标管理秩序行为的规制。重点围绕商标印制、生产流通等关键环节，加强对涉及区域广、持续时间长、涉案金额大、社会关注度高等严重侵权行为的案件业务指导力度。认真督促定牌加工企业，严格履行商标审核义务，防范商标侵权行为发生。

7. 深入开展地理标志保护监管。落实《地理标志保护和运用"十四五"规划》，加速推进"十四五"地理标志工作重点任务落实。组织实施地理标志保护工程，强化地理标志保护监管。将地理标志保护产品和作为集体商标、证明商标注册的地理标志保护监管纳入日常监管，重点围绕产地控制和特色质量控制，加大抽查范围、比例和频次，实现地理标志高水平保护、高标准管理、高质量发展。积极推动中欧地理标志保护与合作协定落实，持续加强对第一批生效清单的日常监测、快速处置和执法联动。

（三）强化重点领域和关键环节行政保护

8. 加强涉外知识产权保护。做好《区域全面经济伙伴关系协定》实施工作，推动中泰地理标志互认互保工作取得新进展。完善知识产权对外转让审查制度，依法严格管理技术出口知识产权对外转让行为。进一步完善海外知识产权纠纷应对指导工作机制，加强海外知识产权纠纷应对指导中心及各分中心能力建设，及时监测重大海外知识产权纠纷信息，有效加强海外信息共享与交流，提升应急工作水平，因地制宜做好海外风险预警与防控体系建设。

9. 加强重大活动和重要节点保障。做好第 19 届亚运会、第 31 届世界大学生夏季运动会、中国载人航天工程系列飞行任务等国际大型赛事、重大工程相关特殊标志保护。严格按照《展会知识产权保护指引》加强展前排查、展中巡查、展后追查，协同做好对知识产权侵权行为的防范、调解和查处工作，有效维护中国国际进口博览会、中国国际服务贸易交易会、中国进出口商品交易会、中国国际消费品博览会等大型展会知识产权保护秩序。紧盯"五一"、中秋、国庆等重要节日，以问题为导向制定工作预案，开展专项行动，快速有效应对各类突发情况。在应季地理标志产品集

中上市的时间节点，加大风险隐患排查力度，营造公平公正市场氛围，助力乡村振兴和农民增收。

10. 突出民生热点及重点领域保护。继续加强对关系公共利益和人民群众切身利益的食品药品、种业、水泥、公共卫生以及绿色低碳技术等重点领域，特别是对民生物资、农业农村领域、网络市场领域、食品、影响青少年儿童视力相关产品等商品的知识产权行政保护。配合做好"扫黑除恶"市场流通领域相关整治工作，及时移送知识产权保护工作中涉黑涉恶和行业乱象线索。聚焦初级农产品、加工食品、道地药材、手工艺品等，持续组织开展地理标志专项整治工作。

11. 聚焦新型市场及关键环节保护。持续推进知识产权保护规范化市场培育工作，推动实施《商品交易市场知识产权保护规范》国家标准，新认定一批国家级知识产权保护规范化市场。畅通投诉举报渠道，完善纠纷处理机制，高效化解各类知识产权纠纷。持续推进实施《电子商务平台知识产权保护管理》国家标准执行，引导电商平台实施知识产权全流程管理和保护。提升线上侵权假冒行为治理水平，提高对平台内经营者知识产权授权信息抽查检查频次，完善线下线上一体化保护。

（四）优化行政保护工作机制

12. 持续强化知识产权全链条保护。高质量推进国家级知识产权保护中心和快速维权中心建设布局和高效运行，深入开展知识产权纠纷快速处理试点工作。持续完善知识产权维权援助"全国一张网"，提高维权援助规范化、标准化水平。加强知识产权纠纷调解组织和队伍建设，持续推进知识产权纠纷在线诉调对接工作。严格落实知识产权信用管理规定，依法依规开展失信行为认定与惩戒。推进知识产权领域以信用为基础的分级分类监管工作，重点加强对非正常专利申请、商标抢注等行为的信用监管。

13. 积极探索数字化保护新模式。积极应对新技术、新产业、新业态、新模式下知识产权行政保护新形势，坚持改革创新驱动，鼓励知识产权保护领域数字化改革，探索运用互联网、大数据、云计算、人工智能、区块链等新技术新应用，大力推动知识产权保护数字化治理模式创新。提升行政裁决线上办案水平，

推动知识产权保护从单向管理转向双向互动、从线下转向线上线下融合，持续探索建立智慧、高效、协同的数字化知识产权保护体系。

14.着力发挥试点示范引领带动作用。开展国家知识产权保护示范区建设和第二批示范区遴选工作，强化政策支持，聚焦深化改革，加大资源投入，总结推广一批示范区典型经验，打造一批知识产权保护高地。深入推进地理标志产品保护示范区建设和地理标志专用标志使用核准改革试点，建立完善地理标志专用标志用标核准、注销和监管工作体系，增强专用标志使用的规范性。大力度推进专利侵权纠纷行政裁决规范化建设试点工作，推动优秀试点省份在条件成熟地区率先启动开展一批市域、县域行政裁决规范化建设试点。

三、工作要求

（一）强化组织领导

高度重视，精心组织实施，结合本地实际制定切实可行的实施方案或工作计划，细化工作措施，建立工作台账，明确责任部门、责任人，保障各项任务落实到位。加强督导检查，切实保障各项任务落实到位。有重要情况及时向地方党委、政府报告，有重大疑难问题及时请示。对工作成效显著的地区和成绩突出的人员给予通报表扬，对侵权假冒问题多发频发、行政保护不力的地区予以通报批评，并通过约谈、专门督导等方式督促整改。

（二）加强业务指导

健全省市区县层级化执法指导工作体系，全面加强知识产权执法办案业务指导，深入贯彻落实知识产权相关办案规范标准。创新方式持续开展年度知识产权行政保护案卷评查工作。对下级单位上报的疑难案件请示等，按照行政保护案件请示办理工作相关规定，认真研判案情、做好法理分析、及时予以答复。积极做好年度知识产权行政保护典型案例和指导案例的遴选报送和评选发布工作，强化正向激励引导。

（三）注重协同联动

强化责任意识，加强与市场监管等部门协同联动，加强与人民法院、检察机关、公安机关的协调合作，建立长效联络机制，形成工作合力。积极拓宽跨地区跨部门行政保护协作范围，加强行政与刑事司法保护衔接协作，推进实施行政调解协议司法确认机制。深化十二省市、华北五省（区、市）、黄河流域九省区、晋冀鲁豫十八市等跨地区知识产权行政保护协作，加强跨地区跨部门执法交流。持续健全与电商平台工作联动和信息推送机制，提升互联网领域保护效率。

（四）加强宣传培训

完善行政保护标准化培训体系，创新业务培训、案例研讨、宣讲交流等方式，提升基层执法办案人员的政治素质和业务能力。提高舆情监测、舆论引导和舆情应对能力，及时通报重大舆情。加大宣传普及专利、商标、地理标志保护有关专业知识的工作力度，发布年度中国知识产权保护状况白皮书和有影响力的典型案件。充分利用世界知识产权日、全国知识产权宣传周等重要时机，大力开展集中宣传、政策解读，构建全方位、多层次传播矩阵，增强全社会尊重和保护知识产权意识。

七、附 录

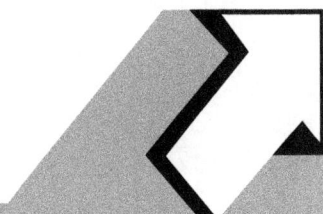

VII. Attachment

2023 年反侵权假冒工作大事记

1 月

1 月，商务部、文化和旅游部、市场监管总局、国家文物局、国家知识产权局联合印发《中华老字号示范创建管理办法》，坚持历史传统与示范引领并重、保护促进与规范管理并举，聚焦充分发挥老字号在消费促进、产业升级、文化引领、民族自信等方面的示范引领作用，对中华老字号示范创建的总体要求、基本条件、申报认定、动态管理等内容作出明确规定和要求。

1 月 6 日，全国知识产权局局长会议在京召开。会议以习近平新时代中国特色社会主义思想为指导，全面贯彻党的二十大精神，落实中央经济工作会议精神和党中央、国务院决策部署，按照全国市场监管工作有关要求，系统总结 2022 年知识产权主要工作和新时代十年发展成就，分析当前形势，部署 2023 年重点任务，动员全系统干部职工踔厉奋发、勇毅前行，深入实施知识产权强国建设纲要和"十四五"规划，以中国式现代化为指引加快建设知识产权强国。

1 月 12 日，全国打击侵权假冒工作办公室主任会议以视频方式召开。会议深入学习党的二十大精神，贯彻落实习近平总书记关于保护知识产权、打击侵权假冒重要指示批示要求，总结回顾 2022 年工作进展，研究部署 2023 年重点任务。会上，天津、江苏、江西三个省（市）打击侵权假冒工作领导小组办公室负责人、义乌市打击侵权假冒工作领导小组组长作经验交流。各省（区、市）和新疆生产建设兵团打击侵权假冒工作领导小组办公室主任，全国打击侵权假冒工作领导小组成员单位联络员等参加会议。

1 月 13 日，全国市场监管工作会议召开。会议以习近平新时代中国特色社会主义思想为指导，全面贯彻落实党的二十大精神，总结 2022 年和过去 5 年工作，分析当前形势，谋划今后一个时期市场监管重点任务，部署 2023 年重点工作。会议传达了国务院领导同志重要批示。

1 月 18 日，国家药监局、市场监管总局、公安部、最高人民法院、最高人民检察院联合发布《药品行政执法与刑事司法衔接工作办法》，进一步健全药品行政执法与刑事司法衔接工作机制，加大对药品领域违法犯罪行为的打击力度，严防严管严控药品安全风险，切实保障人民群众用药安全有效。

2 月

2 月，中共中央、国务院印发《质量强国建设纲要》。纲要是指导我国质量工作中长期发展的纲领性文件，掀开了新时代建设质量强国的新篇章，对我国质量事业发展具有重要里程碑意义。纲要分为形势背景、总体要求、主要任务和组织保障四个板块。明确了到 2025 年，以定性与定量相结合的方式，从 6 个方面对实现质量整体水平进一步全面提高，中国品牌影响力稳步提升，人民群众质量获得感、满意度明显增强等目标进行了细化。到 2035 年，质量强国建设基础更加牢固，先进质量文化蔚然成风，质量和品牌综合实力达到更高水平。

2 月，最高人民法院、国家知识产权局联合印发《关于强化知识产权协同保护的意见》，从总体要求、建立常态化联络机制、加强业务协作、加强工作保障等方面提出了全面加强知识产权保护工作，健全知识产权行政保护与司法保护衔接机制的 13 项具体举措。进一步明确联络机构，建立会商机制，加强信息共享；推动协同保护相关法律政策完善，促进行政标准与司法标准统一；加强专业技术支撑、重点业务研讨，加强人才交流培训，推进跨区域协作共建、协同保护，深度参与全球知识产权治理。

2月，国家药监局发布《关于开展 2023 年医疗器械质量安全专项整治工作的通知》，部署开展 2023 年医疗器械质量安全专项整治工作。本次专项整治围绕十个方面重点任务开展，涵盖疫情防控医疗器械、集中带量采购中选医疗器械、无菌和植入性医疗器械等重点产品，医疗器械注册人委托生产、创新医疗器械企业、生产经营重大变化企业等重点企业，特定人群使用医疗器械、网络销售等重点环节和医疗美容医疗器械以及严查违法违规行为等重点领域，要求以点带面、点面结合，有针对性开展整治和加强监管。

2月1日，商务部、文化和旅游部、市场监管总局、文物局、知识产权局联合发布《中华老字号示范创建管理办法》，促进老字号创新发展，充分发挥老字号在商贸流通、消费促进、质量管理、技术创新、品牌建设、文化传承等方面的示范引领作用，服务构建以国内大循环为主体、国内国际双循环相互促进的新发展格局。

2月23日，全国市场监管系统执法稽查工作会议暨 2023 民生领域"铁拳"行动部署会在四川省绵阳市举行。会议强调，全国市场监管执法稽查机构要坚持以习近平新时代中国特色社会主义思想为指导，全面贯彻党的二十大精神，紧紧围绕"讲政治、强监管、促发展、保安全"工作总思路和"一个大市场、两个强国、三个监管、四个安全"工作着力点，努力打造"铁拳"品牌，在保障高品质生活上取得新突破；深入推进专项执法，在促进高质量发展上取得新突破；不断提升执法现代化水平，在推进高效能执法上取得新突破；努力锤炼过硬"铁军"，在塑造高素质执法队伍上取得新突破，以执法稽查新担当新作为做好中国式现代化市场监管答卷。

3 月

3月，国家知识产权局发布《2023 年全国知识产权行政保护工作方案》，从四个方面部署 14 项主要任务。一是加强行政保护法治保障，深入实施《意见》及其推进计划，切实发挥执法保护标准指南作用，推动知识产权保护制度完善实施，严厉打击非正常专利申请和商标恶意注册行为；二是筑牢行政保护工作基础，持续加大专利侵权纠纷行政裁决办案力度，扎实推进商标保护执法案件指导，深入开展地理标志保护监管；三是强化重点领域和关键环节行政保护，加强涉外知识产权保护，护航第 19 届亚运会、中国载人航天工程系列飞行任务等国际大型赛事、重大工程相关特殊标志保护，突出民生领域和关系人民群众切身利益的食品药品、种业、水泥、公共卫生以及绿色低碳技术等重点领域保护，聚焦知识产权保护规范化市场、电子商务平台等关键环节，紧盯五一、中秋、国庆等重要时间节点强化保护；四是优化行政保护工作机制，持续强化知识产权全链条保护，积极探索数字化保护新模式，着力发挥试点示范引领带动作用。

3月16日，农业农村部、最高人民法院、最高人民检察院、工业和信息化部、公安部、市场监管总局、中华全国供销合作总社等七部门在京联合召开视频会议，部署 2023 年全国农资打假专项治理行动。会议强调，要充分认识农资打假责任之重、任务之急、牵涉之广，坚持问题导向、深挖严查，不断健全问题发现机制，加大违法惩处力度，毫不松懈抓好今年工作。要重点聚焦种子、肥料、农药 3 类春耕农资，抓紧开展春耕农资质量隐患排查。加强监督抽检、执法办案和警示曝光，对不法分子加强震慑。组织开展农资打假"净网"行动，压实农资电商和平台主体责任。持续加强农民识假辨假宣传教育，推进放心农资下乡进村，畅通投诉举报渠道。加强作风建设，确保各项工作落细落地。

3月16日，公安部召开线上新闻发布会，对全国公安机关深入开展"昆仑 2023"专项行动作出全面部署，聚焦食品安全、药品安全、知识产权保护、污染防治、野生动物保护、环境资源安全和生物安全六大领域，持续深化"全环节、全要素、全链条"打击，突出"打源头、端窝点、摧网络、断链条、查流向"，切实保障群众"舌尖上的安全"，守护好绿水青山，促进人与自然和谐共生。

4 月

4月，市场监管总局组织开展 2023 年反不正当竞争"守护"专项执法行动，从创新发展、高质量发展的大局出发，坚持规范监管和促进发展并重，不断拓展反不正当竞争执法深度和广度，提升市场竞争整体质量和水平。

4月20日，2023年全国知识产权宣传周活动启动仪式在北京以线上形式举办，辽宁省、江苏省、湖北省、新疆维吾尔自治区、广州市等5个分会场同步举办现场活动。宣传周活动主题是"加强知识产权法治保障 有力支持全面创新"，由国家知识产权局、中央宣传部（国家版权局）、市场监管总局三部门共同牵头，会同最高人民法院、最高人民检察院、外交部、发展改革委等18家部门单位共同举办。中国贸促会首次成为组委会成员单位。

4月20日，最高人民法院发布2022年中国法院十大知识产权案件和50件典型知识产权案例。

4月25日，中国国家版权局与世界知识产权组织在北京更新签署了双边合作谅解备忘录，双方合作迈上新台阶。此次更新签署谅解备忘录，旨在巩固版权领域现有交流合作的同时，拓展和加强双方在制定实施国际版权条约、探讨数字版权保护问题、提升版权产业风险防控能力、分享版权激励中小企业创造创新、推动民间文艺传承发展中国方案等方面的合作。

4月26日，国家主席习近平向中国与世界知识产权组织合作五十周年纪念暨宣传周主场活动致贺信。

习近平指出，50年来，中国始终坚定维护国际知识产权多边体系，与世界知识产权组织合作不断拓展深化，取得丰硕成果。中国始终高度重视知识产权保护，深入实施知识产权强国建设，加强知识产权法治保障，完善知识产权管理体制，不断强化知识产权全链条保护，持续优化创新环境和营商环境。中国愿进一步深化同世界知识产权组织的友好合作，共同推动全球知识产权治理体系向着更加公正合理方向发展、更好增进人类福祉。

中国与世界知识产权组织合作五十周年纪念暨宣传周主场活动当日在北京举行，由全国知识产权宣传周活动组委会主办。这次活动的主题是"加强知识产权法治保障 有力支持全面创新"。

4月26日，国家质量强国建设协调推进领导小组办公室发布《中国打击侵权假冒工作年度报告（2022）》，分析了2022年国际国内经济形势，从优化顶层设计、健全法律法规、强化行政执法、注重司法保护、实施多元治理、加强宣传引导、深化国际合作7个方面全面阐述了2022年中国打击侵权假冒工作的进展和成效。《报告》以中英文双语形式发布，增强了国际社会对中国知识产权保护工作的了解。

4月26日，最高人民检察院举行"综合履行检察职能　加强知识产权法治保障"新闻发布会，发布《人民检察院办理知识产权案件工作指引》，分为总则、知识产权刑事案件的办理、民事和行政诉讼监督案件的办理、公益诉讼案件的办理等五个方面共45条。

5月

5月6日，"食品安全行刑衔接研究基地"揭牌仪式在中国人民公安大学举行。该基地依托公安大学食品药品与环境犯罪研究中心，由市场监管总局、公安大学共建，旨在加强食品安全行刑衔接研究，进一步落实食品安全"四个最严"要求，加大对食品安全违法犯罪的打击力度。

5月29日，市场监管总局召开"数字＋执法"能力提升三年行动部署推进会。会议总结交流各地的经验做法，分析当前在推进市场监管"数字＋执法"能力提升工作中存在的问题，研究部署下一步重点工作。会议指出，要深刻理解"数字＋执法"能力提升三年行动的重要意义，增强工作责任感和紧迫感；要准确把握"数字＋执法"能力提升重点目标任务，推动三年行动高标准高质量开展；要强化组织保障，确保市场监管"数字＋执法"能力提升工作取得实效。会议强调，要充分认识当前市场监管综合执法工作中面临的形势任务和存在的主要问题；要进一步通过数字赋能市场监管行政执法工作，加快构建现代化市场监管行政执法体系。

6月

6月，市场监管总局部署开展为期5个月的优化平台协议规则专项行动，督促平台企业严格落实法律法规规定，发挥示范引领作用，进一步优化平台协议规则，切实保障消费者、平台内经营者和平台企业合法权益，推动平台经济高质量发展。

6月1日，市场监管总局正式启动首届"企业商业秘密保护能力提升服务月"活动，部署全系统调动各方资源、采取有效措施，着力提升企业商业秘密保护意识和能力。会议指出，加强商业秘密保护是助力企业创新、提高核心竞争力的重要保障，实现产业升级、推动高质量发展的重要支撑，规范竞争秩序、优化营商环境的重要抓手，对标国际规则、提升国际市场竞争力的重要举措。要坚持问题导向，强化系统思维，对照广大经营主体商业秘密保护需求，准确把握我国加强商业秘密保护的关键所在，进一步提升企业加强商业秘密保护的意识和能力，健全商业秘密保护的制度体系，增强商业秘密保护服务高水平对外开放的能力。要把"服务月"活动与深入开展学习贯彻习近平新时代中国特色社会主义思想主题教育、大兴调查研究有机结合起来，聚焦影响和制约企业创新发展的商业秘密保护问题，拿出实招硬招，努力提升我国商业秘密保护整体水平。

6月14日，市场监管总局办公厅发布《关于开展重点工业产品质量安全隐患排查治理专项行动的通知》，通过专项行动，查处一批不合格产品，清理一批问题突出企业，曝光一批违法典型案例，移送一批违法违规生产销售企业，帮扶一批质量管理薄弱企业，提出一批需要完善的产品标准清单，督促企业严格落实质量安全主体责任，推动建立完善"隐患排查—风险整治—规范发展"的工业产品质量安全治理体系，严防质量安全事故发生，服务经济社会发展大局。

6月25日，市场监管总局公布修订后的《禁止滥用知识产权排除、限制竞争行为规定》（国家市场监督管理总局令第79号），自2023年8月1日起施行。主要修改内容包括：扩充"滥用知识产权排除、限制竞争行为"的内涵，健全利用行使知识产权的方式实施垄断行为的认定规则，加强对知识产权领域典型、特殊垄断行为的规制。这标志着中国知识产权领域反垄断制度规则在适用范围上实现了全面覆盖，在与相关反垄断指南的关系上实现协调一致，在具体内容上得到进一步细化和完善。

6月30日，国家知识产权局举办新闻发布会，发布《2022年中国知识产权保护状况》白皮书，从保护成效、制度建设、审批登记、文化建设、国际合作5个方面介绍了2022年度中国知识产权保护进展。

7月

7月6日，反不正当竞争能力提升现场评审活动在辽宁省大连市举行。活动总结交流各地经验做法，展示汇报反不正当竞争典型案例，现场评选出10个优秀案例。此次评审是市场监管总局组织的第二次反不正当竞争能力提升活动。市场监管总局组建5年来，全国共查处不正当竞争案件5万件，罚没25.7亿元。此次汇报案例从240个案例中层层筛选而出，类型涵盖反不正当竞争法规制的7种违法行为，具有典型性、代表性、时效性。

7月13—14日，第二届全国食品安全执法稽查优秀案例评审暨"不忘执法初心、牢记为民使命"红色教育主题活动在浙江省嘉兴市举办。参加本次现场评审活动的20个案例，是从300个案例中通过两轮专家评审筛选而出，涉及17个省（区、市），涵盖外卖、火锅底料、面皮米粉等多个食品种类。来自最高人民法院、最高人民检察院、公安大学和市场监管总局综合执法人才库的6位专家对每个案例逐一点评。经过两天的专家评审、现场打分、网络投票，本次活动评选出10个全国食品安全优秀案例和10个典型案例。

7月18日，中国—东盟打击侵权假冒合作发展论坛在广西壮族自治区梧州市举办。本次论坛是第20届中国—东盟博览会框架下的高层论坛，由世界知识产权组织、市场监管总局、广西壮族自治区人民政府共同主办。越南驻南宁总领事馆总领事发言，农业农村部、最高人民检察院有关司局负责人分享经验，相关行业协会、中外企业代表和专家作对话交流。广西壮族自治区打击侵权假冒领导小组成员单位，市场监管相关部门，以及部分东盟国家政府部门、驻南宁总领事馆官员和相关行业组织、企业代表参会。

8月

8月，国务院知识产权战略实施工作部际联席会议办公室发布《2023年知识产权强国建设纲要和"十四五"规划实施推进计划》，深入实施知识产权强国战略，加快建设知识产权强国，明确2023年度重点任务和工作措施。

8月，国家版权局、工业和信息化部、公安部、国家互联网信息办公室四部门联合启动打击网络侵权盗版"剑网2023"专项行动，这是全国持续开展的第19次打击网络侵权盗版专项行动。本次专项行动于8月至11月开展，将以开展学习贯彻习近平新时代中国特色社会主义思想主题教育为契机，聚焦版权领域人民群众最关心最直接最现实的利益问题和急难愁盼的具体问题，不断深化重点领域网络版权专项整治，充分发挥版权保护构建新发展格局、推进文化创新创造、满足人民文化需求、推动高质量发展的重要作用。

8月，中央网信办秘书局、中央宣传部版权管理局、杭州第19届亚运会组委会办公室印发通知指出，为做好杭州亚运会和亚残运会保障工作，决定自8月28日至10月29日开展"清朗·杭州亚运会和亚残运会网络环境整治"专项行动，将围绕赛事举办集中整治突出问题，包括片面、歪曲传播突发事件信息，假冒当事人或相关人员身份发声，关联翻炒旧闻旧事；未经授权在网上传播亚运会赛事节目、提供盗播链接的信息；未经许可擅自开展互联网新闻信息服务活动，利用生成式人工智能技术制作和发布有关虚假赛事视频；借赛事活动名义发布商品推广、服务招揽等信息从事违规营销行为等。

8月，国家知识产权局、中央网信办、公安部、海关总署、市场监管总局发布《关于开展杭州亚运会和亚残运会知识产权保护专项行动的通知》，切实加强亚运知识产权保护，将日常监管与专项治理相结合，快速反应、及时处置，严厉打击侵犯涉亚运知识产权行为，以杭州市为中心、浙江省为重点、全国各地协同配合，推动形成"一地举办、全国联动"的亚运知识产权保护工作格局，为杭州亚运会和亚残运会顺利举办营造良好的知识产权保护环境和氛围。

8月15日，市场监管总局印发《关于新时代加强知识产权执法的意见》，明确了今后一段时期知识产权执法的主要目标、重点任务和保障措施，针对当前侵权假冒行为的新特点，加强知识产权执法的法治保障，建立完善执法机制，依法平等保护各类经营主体的知识产权，为创新驱动发展战略实施提供有力支撑。到2025年，基本建成行政执法、行业自律、企业维权、社会监督协调运作的知识产权执法体系。

9月

9月1日，以"经济复苏中的质量变革与合作"为主题的中国质量（成都）大会在四川省成都市举办。本届大会由市场监管总局、四川省人民政府、成都市人民政府主办，国家发展改革委、教育部、工业和信息化部、住房城乡建设部、农业农村部、商务部、文化和旅游部、国务院国资委、国家知识产权局、中央广播电视总台、国家药监局、中国贸促会、全国工商联联合主办，四川省市场监管局、成都市市场监管局、中国质量报刊社承办。来自全球40个国家和地区，7个国际和区域组织，以及国内有关部门、部分地方政府、企业、科研院所、高等院校及有关技术机构等方面800多位代表参加大会。

9月4日，2023年中国国际服务贸易交易会打击侵权假冒高峰论坛在北京国家会议中心举办。本次论坛以"打击侵权假冒　提振消费信心"为主题，围绕打击侵权假冒、提振消费信心、推进社会共治三个议题，法国驻华使馆官员发言，最高人民法院、商务部、国家邮政局司局级负责同志及苏州市副市长分享经验，相关行业协会、中外企业代表、专家和新闻记者开展对话交流，在打击侵权假冒、促进消费提质增效等方面形成了广泛共识。本次论坛由世界知识产权组织、市场监管总局、国家质量强国建设协调推进领导小组办公室、北京市政府、中国消费者协会、全球服务贸易联盟联合主办，中国广告协会、北京市市场监管局、中国消费者杂志社共同承办。相关部委，市场监管相关部门，以及部分驻华使馆（团）、行业组织、中外企业代表260余人参会。

9月6—7日，中瑞（士）知识产权工作组第十二次会议在瑞士召开。来自中国农业农村部、海关总署、国家版权局、国家药监局、驻瑞士使馆的代表，以及来自瑞士联邦知识产权局和瑞士相关企业、机构的代表参加了会议。中瑞双方就知识产权立法、执法以及产业诉求等议题进行了深入沟通交流，并对下一步工作作出安排。双方高度评价中瑞知识产权工作组在加强知识产权交流合作、解决产业界关注诉求等方面发挥的积极作用。双方一致表示，将进一步用好知识产权工作组会议机制，深化议题交流，加强协调合作，推动双边经贸关系持续、健康发展。

9月14日，国家质量强国建设协调推进领导小组办公室、市场监管总局联合组织开展2023年侵权假冒伪劣商品全国统一销毁行动。主会场设在广东省惠州市，北京、天津、河北、山西、吉林、上海、江苏、浙江、安徽、福建、山东、河南、湖北、广西、海南、重庆、四川、贵州、甘肃、青海、宁夏等21个省（区、市）设分会场，主、分会场同步销毁。本次统一销毁行动是2023年中国公平竞争政策宣传周系列活动之一，是贯彻落实知识产权强国建设、质量强国建设的重要举措。据统计，此次行动全国共销毁侵权假冒伪劣防疫物资、食品药品、服装鞋帽、烟酒、化妆品和盗版出版物等200多个品种、重量4734.2吨、货值达8.3亿元。销毁采取绿色环保、无害化方式进行。

9月20日，市场监管总局发布中英文《中国反不正当竞争执法年度报告（2022）》，从工作综述、执法成效、法治建设、典型案例、地方工作和大事记六个部分，全面展现2022年中国反不正当竞争工作成效。

9月20日，市场监管总局发布第二批全国商业秘密保护创新试点地区名单，确定北京市、天津市、河北省、辽宁省、上海市、江苏省、浙江省、安徽省、山东省、河南省、广东省、广西壮族自治区、重庆市、四川省、贵州省15个地区作为第二批全国商业秘密保护创新试点地区，并同意将第一批试点中的4个地区试点范围由市辖区扩大为全市，进一步深入推进全国商业秘密保护创新试点工作，扩大试点覆盖面和影响力。

9月27日，市场监管总局公布《药品经营和使用质量监督管理办法》（国家市场监督管理总局令第84号），自2024年1月1日起施行。《办法》共7章79条，主要内容包括：完善药品经营许可管理，夯实经营活动中各相关方责任，加强药品使用环节质量管理，强化药品经营和使用全过程全环节监管。

10月

10月，市场监管总局在国家企业信用信息公示系统上线运行严重违法失信名单和行政处罚公示信息信用修复功能，助力经营主体高效便捷办理信用修复业务，有力促进经营主体高质量发展。

10月19日，市场监管总局办公厅发布《网络销售特殊食品安全合规指南》，进一步规范网络食品交易第三方平台和入网食品经营者销售特殊食品行为，提高其合规意识，落实食品安全主体责任，保障网络销售特殊食品安全。

10月27日，最高人民法院发布《关于修改〈最高人民法院关于知识产权法庭若干问题的规定〉的决定》。该决定于2023年10月16日由最高人民法院审判委员会第1901次会议通过，自2023年11月1日起施行。

11月

11月3日，最高人民法院发布电影知识产权保护典型案例，进一步加强电影领域法治宣传，激发电影产业创新创造活力，促进社会主义文化繁荣兴盛。典型案例既包括刑事案件，也包括民事案件，涉及盗录传播院线电影、保护作品完整权、改编权、信息网络传播权、著作权合理使用、商业秘密保护等多方面内容，对于推动在法治轨道上加快建设电影强国具有积极意义。

11月6日，第六届虹桥国际经济论坛保护知识产权打击侵权假冒国际合作分论坛在国家会展中心（上海）举办。论坛上，围绕国际合作、强化保护、社会共治三个议题，美国、丹麦驻华使馆官员、国际商标协会、中国欧盟商会代表分别发言，最高人民检察院、国家知识产权局、海关总署有关负责同志及杭州市副市长分享经验，相关行业协会、中外企业代表展开对话，交流保护知识产权、打击侵权假冒经验做法，凝聚中外智慧，增进理解共识，助力提升知识产权保护全球治理水平。本次论坛由商务部、市场监管总局、国家质量强国建设协调推进领导小组办公室、世界知识产权组织联合主办，上海市市场监督管理局、中国外商投资企业协会、市场监管总局发展研究中心共同承办。相关部委，市场监管相关部门，以及部分驻华使馆（团）、行业组织、专家学者、中外企业代表等共计300余人参会。

11月10日，国务院办公厅发布《专利转化运用专项行动方案（2023—2025年）》，对中国大力推动专利产业化，加快创新成果向现实生产力转化作出专项部署。方案旨在通过组织实施为期三年的专项行动，从提升专利质量和加强政策激励两方面发力，切实解决专利转化运用的源头质量问题、主体动力问题、市场渠道问题，从而有效提升专利转化运用效益，更好助力经济高质量发展。

11月23日，由国家版权局、世界知识产权组织主办，四川省版权局和成都市人民政府承办，以"版权新时代　赋能新发展"为主题的第九届中国国际版权博览会暨2023国际版权论坛在四川成都举办。2023国际版权论坛主题为"版权与创意产业在创意经济中的作用：新愿景和新机遇"，同时配套"中非版权合作论坛"与"版权赋能文化传承与发展论坛"两个分论坛。世界知识产权组织以及柬埔寨、日本等国家的版权主管部门官员参加了此次论坛。国家版权局主办的"版权助力建设中华民族现代文明主题展"同时展出，全面展现了我国版权工作在新时代推动中华优秀传统文化创造性转化与创新性发展所取得的丰硕成果。

12月

12月，国务院总理李强签署国务院令，公布《国务院关于修改〈中华人民共和国专利法实施细则〉的决定》，自2024年1月20日起施行，主要从以下方面对专利法实施细则作了修改。一是完善专利申请制度，方便申请人取得专利。二是完善专利审查制度，提高专利审查质量。三是加强专利保护，维护专利权人合法权益。四是加强专利服务，促进专利创造和转化运用。五是新增外观设计国际申请特别规定，与工业品外观设计国际注册海牙协定（1999年文本）相衔接。

12月，中国国家版权局与越南文化体育旅游部日前签署版权及相关权领域合作谅解备忘录。该备忘录作为中共中央总书记、国家主席习近平对越南进行国事访问期间的成果之一，标志着中越版权与相关权领域合作的进一步深化和拓展。根据该备忘录，中国国家版权局与越南文化体育旅游部将加强合作，定期交换版权及相关权领域法律和技术信息，鼓励两国版权管理公职人员和专业从业人员通过互访和培训等形式进行交流，并促进著作权集体管理组织间的合作。双方可根据备忘录联合制定并执行年度工作计划，开展具体活动，充分发挥该备忘录的作用。

12月27日至28日，全国市场监管工作会议在北京召开。会议以习近平新时代中国特色社会主义思想为指导，深入学习领会习近平总书记在中央经济工作会议上的重要讲话精神和系列重要指示批示精神，全面贯彻落实党中央、国务院决策部署，认真总结2023年工作，安排2024年重点任务。